Franzius

FREDERICK DODSON

INCREASE YOUR ENERGY

MEHR GESUNDHEIT, ERFOLG UND GLÜCK

Ratgeber

Ein Buch aus dem FRANZIUS VERLAG

Cover: Jacqueline Spieweg
Bildlizenzen: Frederick Dodson, pixabay.com, CureTogether, cracked.com
Übersetzung aus dem Englischen: Petra Liermann
Korrektorat/Lektorat: Petra Liermann
Verantwortlich für den Inhalt des Textes
ist der Autor Frederick Dodson
Satz, Herstellung und Verlag: Franzius Verlag GmbH
Druck und Bindung: BoD, Norderstedt

ISBN 978-3-96050-136-7

Die Deutsche Nationalbibliothek verzeichnet diese Publikation in der Deutschen Nationalbibliografie; detaillierte bibliografische Daten sind im Internet über http://dnb.dnb.de abrufbar.

INHALT

Rechtlicher Hinweis

Der Autor ist nicht für die Auswirkungen verantwortlich, die Leser durch dieses Buch haben oder haben sollen. Darüber hinaus ersetzen die in diesem Buch enthaltenen Informationen nicht die herkömmliche medizinische Hilfe.

Dieses Buch führt keine Diagnosen, Therapien oder Behandlungen im medizinischen Sinne durch und es wird auch keine sonstige Heilkunde im gesetzlichen Sinne ausgeübt.

Das Buch ersetzt keine ärztlichen oder heilpraktischen Behandlungen. Für medizinischen Rat konsultieren Sie bitte einen qualifizierten Arzt.

Die Verantwortung für Ihre medizinische Versorgung liegt allein bei Ihnen.

Befinden Sie sich in psychotherapeutischer oder ärztlicher Begleitung oder nehmen Medikamente, so ist ein klärendes Gespräch mit Ihrem Arzt vor Anwendung der in diesem Buch geschilderten Maßnahmen nötig.

Es werden keine Heilversprechungen abgegeben.

Der Verlag und der Autor haften für keine nachteiligen Auswirkungen, die in einem direkten oder indirekten Zusammenhang mit den Informationen stehen, die in diesem Buch enthalten sind.

KAPITEL EINS
TIEFENENTSPANNUNG

Entspannung hinein in die Fülle

»Reality Creation« lehrt dich zu leben, als ob die Wünsche deines Herzens bereits wahr wären. Du wirst bemerken, dass dies mehr Entspannung für dich bedeutet. Warum? Nun, würdest du dich nicht heiter und erleichtert fühlen, wenn deine Wünsche alle schon wahr wären?

Wir leben in einer Welt, in der Erfolg mit harter Arbeit und Angespanntheit in Verbindung gebracht wird. Ich möchte darauf hinweisen, dass dieser Weg zum Erfolg nur für niedrige und mittlere Bewusstseinsstufen gilt. Wenn wir wachsen, stellen wir fest, dass mehr mit weniger Anstrengung möglich ist, dass ein tiefes Empfinden von Entspannung und Wohlbefinden tatsächlich bessere Lebensumstände anziehen kann. Entspannung ist ein Zustand, in dem wir uns befinden, *nachdem* wir in etwas erfolgreich waren. Du hast einen Meilenstein erreicht, den perfekten Partner bekommen, finanzielle Sicherheit erreicht, Gesundheit erlangt ... Und dann ist da ein Gefühl von Erleichterung. Wir wissen auch, dass, wenn du lebst, als ob du bereits erfolgreich wärst, dein Erfolg schneller zu dir kommt. Als logische Konsequenz bedeutet dies: entspannen => so tun, als ob du bereits erfolgreich wärst => erfolgreicher werden und sein!

Die Entspannung, auf die ich mich hier beziehe, darf nicht mit Selbstgefälligkeit, Faulheit oder Selbstverständlichkeit verwechselt werden. Zeigt sich zum Beispiel der ideale Partner in deinem Leben, ist es nicht empfehlenswert, diesen nun als Selbstverständlichkeit zu betrachten und nicht länger etwas in die Beziehung zu investieren. Kommt das große Geld zu dir, solltest du es nicht als gegeben hinnehmen und keinerlei Anstrengung in neue Ziele stecken. Diese Art von Selbstgefälligkeit hat nichts mit Entspannung zu tun, sondern ist eine Reaktion darauf, zu hart gearbeitet und sich zu sehr bemüht zu haben.

Die Entspannung, die einen Überfluss magnetisch anzieht und auf die ich mich beziehe, ist ein beruhigter Geist. Es ist die Leichtigkeit des Experten, die entspannte Haltung des Milliardärs, die mühelose Ausstrahlung derer, die wissen, dass sie attraktiv sind, die innere Sicherheit derer, die sich in sich selber wohlfühlen. Zur Verdeutlichung:

Immer dann, wenn du verzweifelt etwas bekommen möchtest oder dich einer Sache verzweifelt widersetzt, dich mit unwichtigen Dingen ablenkst oder verschiedene gesundheitliche Probleme hast, weißt du, dass du dich nicht in einem idealen entspannten Zustand befindest.

Hier nun eine kleine Übung, um das Verständnis deiner eigenen Entspanntheit und deines idealen Zustands von Wohlbefinden zu vertiefen.

1. Schreibe auf, was dich entspannt

Beispiele:
Im Pool schwimmen
Meditations-CDs verwenden
Paintball spielen
Mit meinem Freund chatten
Essen
Rauchen
In Ruhe ein Buch lesen

Ich habe diese Beispiele gewählt, um aufzuzeigen, dass jeder Mensch ein anderes Verständnis davon hat, was ihn entspannt. Einige dieser Dinge, wie zum Beispiel das Rauchen, mögen schädlich sein, aber sobald jemand daran glaubt, dass sie entspannend wirken, wird er sie trotzdem nutzen.

2. Fühle die Entspannung schon vorher, die du mit diesen Dingen verbindest

Es ist gut, die Dinge zu kennen, die dich entspannen, sodass du sie tun kannst, wenn du eine Ruhepause benötigst. Aber es ist noch besser, wenn du in der Lage bist, ohne diese Hilfsmittel zu entspannen, sodass du deine Abhängigkeit von ihnen reduzieren kannst. Mit anderen Worten: Ich liebe es, spazieren zu gehen und Menschen zu beobachten – es entspannt mich zutiefst. Immer wenn ich mich entspannen möchte, gehe ich einfach spazieren. Aber es ist nicht so, dass ich spazieren gehen *müsste*, um zu entspannen. Manchmal verzichte ich bewusst auf den Spaziergang und entspanne in diesem Augenblick.

Schließe einfach die Augen und stelle dir vor, dass du diese Dinge bereits tust oder erfährst. Versuche dieselbe Linderung zu spüren, die du fühlen würdest, wenn du genau das in diesem Moment tun würdest. Kannst du es nicht, bedeutet es, dass du dich in einer Abhängigkeit befindest und infolgedessen die Verwendung des Objekts der Abhängigkeit reduzieren solltest.

Alternativ kannst du mentale Vorstellungen entwickeln, die dich entspannen. Wie fühlt es sich an, sich …

… Wolken am Himmel vorzustellen, die vorbeiziehen?
Oder schöne Hügellandschaften?
Oder den perfekten Strand?
Oder eine himmlische Welt?

Ich habe eine Vielzahl imaginärer Ort, die ich, in Kombination mit sanftem Atmen, betrete und dadurch sofortige Ruhe erschaffe. Wenn du bereits in allen Bereichen deines Lebens Überfluss verspürtest, wie tiefenentspannt wärest du?

Nimm dir eine Woche Zeit, um dies zu üben. Verlangsame deine Bewegungen. Wähle deine Aktivitäten wohlüberlegt. Nimm dir etwas Zeit, um einfach dazusitzen und die Welt zu beobachten. Die Zeit, die du dir nimmst, ist die Zeit, die du dir selber gibst. Es bedeutet, du wertschätzt dich selber. Wenn du dich selber wertschätzt, wirst du auch mehr geschätzt werden.

Frieden des Geistes

Die Menschen neigen dazu zu denken, dass Entspannung hauptsächlich auf physische Entspanntheit hinweist. Wenn ich davon rede, dass es »so wichtig ist zu entspannen«, denken sie daran, den ganzen Tag auf Sonnenliegen »abzuhängen« und Nachrichten zu empfangen. Wenn ich aber das Wort »Entspannung« benutze, beziehe ich mich nicht nur auf die physische Entkrampfung, sondern die **Entspannung des Geistes**. Man kann körperlich entspannt sein, kurz davor sein einzuschlafen zum Beispiel, aber der Geist rast immer noch. Die Entspannung des Geistes führt zu einem wahren Frieden des Geistes. Manchmal unterstützen physische Methoden die Beruhigung des Geistes, aber das reicht normalerweise nicht aus. Tatsächlich ist es so, dass Ruhephasen des Körpers *Angespanntheit* im Geist verursachen können, weil dann Gedanken wie »Sollte ich jetzt nicht Büroarbeit erledigen, anstatt hier den ganzen Tag herumzuliegen« in uns hochkommen.

Die Ruhe im Geist wird dadurch erreicht, dass nichts unerledigt ist. Kein abgebrochenes Gespräch, kein Vertrauensbruch, keine widersprüchlichen Absichten, Gedanken, Worte und Taten. Sie kann auch durch das geistige Fokussieren eines einzelnen Objekts erreicht werden. Wenn man fokussiert, wird Energie gesammelt und gebündelt. Das sorgt dafür, dass jegliche Ablenkung und jeglicher Druck verschwinden. Andere Wege zur geistigen Ruhe sind: Kontinuität des Lebens und Handelns, Gedankenfreisetzung (einfach loslassen, was immer in den Sinn kommt), Sitzen und Betrachten des aktuellen Moments, sanftes und engagiertes Lernen oder Lesen, Kontemplation und Reflexion, achtsame und langsame Bewegungen, Aufmerksamkeit bezüglich der Aufmerksamkeit oder Bewusstsein des Bewusstseins, Sport und körperliche Aktivitäten. Aber auch, wenn man verliebt ist oder etwas sehr wertschätzt (erkennbar an erweiterten Pupillen … Die Pupillen der Augen werden um 45 Prozent vergrößert, wenn man jemanden oder etwas betrachtet, das man liebt), und indem man Unterbrechungen und Ablenkungen nicht als solche bezeichnet, sondern sie »integriert« und »anerkennt« wie einen Teil des Ganzen.

Ist Leiden wirklich notwendig?

Wenn es eine Sache gibt, die ich in meinen 25 Jahren als »Reality Creation«-Coach wirklich gelernt habe, dann ist es, dass jeder Mensch durch das gesamte »menschliche Paket« von Hochs und Tiefs geht … **Keine Ausnahme!** Ich habe mit den Armen und mit den Reichen gearbeitet, mit den Jungen und den Alten, den Smarten und den weniger Intelligenten, aber sie **alle** haben bis zu einem gewissen Grad gelitten. Auf ihrem Weg haben sie alle Verluste erfahren, Fortschritte, Trauer und Ekstase, Glück und Unglück, Frustration und Freude. Ich denke, dass mit an Sicherheit grenzender Wahrscheinlichkeit jede Seele auf dieser Erde durch die komplette Bandbreite gehen muss.

Aber ist Leiden wirklich notwendig? Und wenn es so ist, zu welchem Zweck? Es scheint ein gemeinsames Glaubenssystem auf dem Planeten Erde daran zu geben, dass Leiden irgendwie gebraucht wird. Motivationsforscher und Psychologen sagen, dass wir in Momenten des Leidens zeigen, wer wir wirklich sind. Zum Beispiel ist man nicht in der Lage, Mut zu beweisen, wenn man niemals vor Herausforderungen gestellt worden ist, und man kann nicht wachsen, wenn es keinerlei Probleme gibt. Ich stimme hiermit überein. Missgeschicke helfen uns, Herausforderungen zu meistern. Ohne Versuche und Tests, Probleme und Blockaden können der persönliche Wille, die Entscheidungskraft und die Stärke nicht wachsen. Wir wollen eigentlich nicht wirklich weniger Belastungen. Im Geheimen träumen wir davon, möglichst breite Schultern zu haben, um die Belastungen tragen zu können. Das ist das Thema, um das sich die meisten Geschichten und Filme der Menschheit drehen.

Diese Idee kann aber auch zu weit gehen. Buddha lehrte, dass »das Leben Leiden ist«, und so sieht man einige Lamas in Tibet, die sich tagelang in der heißen Sonne auf den harten Wüstenboden niederwerfen, bis ihre Knie bluten. Das Leiden wird in Verbindung gebracht mit dem »Ausgleich schlechten Karmas«. Einige Christen glauben, dass Armut und Selbstaufgabe oder das Auspeitschen bis zum Bluten, um »das Kreuz zu tragen«, heilig und gut wäre. Wenn ich es vorziehe, in meinem BMW Cabrio am Strand entlangzufahren, macht mich dies zum Sünder in ihren Augen? Ich kenne einen Fußballtrainer, der glaubt, dass das Zufügen von möglichst viel Schmerz, Schweiß und Tränen in seinen Trainings der einzige Weg zum Erfolg sei. Er glaubt, dass die gewaltsame Erniedrigung seiner Spieler ein »Weg zu ihrer Erleuchtung« sei. Aber ich habe den Weg dieses Fußballtrainers nun über ein Jahrzehnt verfolgt und seine Methoden waren nie auf Dauer erfolgreich. Sie funktionieren vielleicht für eine Saison, dann geht er, um das nächste Team zu trainieren, und hinterlässt eine ausgebrannte Mannschaft. Soweit ich es beurteilen kann, weckt ein wenig Leiden auf, lässt dich achtsam und startklar sein. Zu viel Leiden brennt dich aus. Man kann und soll sich selbst fordern, aber wenn man sich überfordert, folgen Verletzungen.

Es ist auch eine Frage des Bewusstseinslevels. Ab einem bestimmten Punkt der Reife sind extremer Schmerz und Leiden weder wünschenswert noch notwendig. Stattdessen wird das Leiden zu einem Indikator für falsches Denken und Handeln, wohingegen Entspannung und Erfolg ein Zeichen von richtigem Denken und Handeln werden. Wenn man zum Beispiel ständig krank ist, bedeutet dies nicht, dass man »tugendhaft« ist, sondern dass es da etwas im eigenen Glaubenssystem gibt, das nicht kompatibel mit der Funktionsweise des Lebens ist. Wenn jemand konstant kein Geld hat, gibt es bei ihm ein fehlerhaftes Glaubenssystem bezüglich des Geldes. Es liegt nicht daran, dass dieser Mensch eine »reinere Person« wäre.

Ist also Leiden notwendig? Wenn du ein menschliches Wesen bist, wirst du wahrscheinlich nicht in der Lage sein, es komplett zu vermeiden. Aber wenn du bewusst lebst, wirst du in der Lage sein, das Leiden auf ein Minimum zu reduzieren.

Der Weg zu weniger Leiden verläuft zweigleisig:

1. Höre auf, das Leiden in dein Leben zu ziehen.
2. Höre auf, das Leiden zu verdrängen.

Du ziehst Leiden eher dadurch an, dass du es als »Tugend« bezeichnest, und du wirst es nicht dadurch los, dass du es verleugnest.

Der geistige Frieden ist keine Bedingung

An dieser Stelle nun einige Dinge, von denen Menschen annehmen, dass sie sie glücklich »machen« werden, was tatsächlich nicht der Fall ist. Sie mögen nett sein, sind aber nicht die endgültigen Faktoren des »Glücks«:

»Wenn ich den neuen Job bekomme, werde ich glücklich sein.«

»Wenn ich weniger Arbeit habe, werde ich glücklich sein.«

»Wenn ich einen Partner finde, werde ich glücklich sein.«

»Wenn andere Menschen ihr Verhalten ändern, werde ich glücklich sein.«

»Wenn sich die Dinge ändern, werde ich glücklich sein.«

»Wenn alles so bleibt, wie es ist, werde ich glücklich sein.«

»Wenn ich immer bekomme, was ich will, werde ich glücklich sein.«

Wenn du kündigst, in deinem Job bleibst oder einen neuen bekommst, wird eine Veränderung in deinem Leben passieren, trotzdem ist es nicht der endgültige Schlüssel zum Glück. Ob du nun Single bleibst, in einer Beziehung lebst oder in eine neue gehst, wird zwar einen Unterschied machen, der aber nicht tiefgreifend und dauerhaft Bestand haben wird, weil du im Grunde dieselbe Person bleibst, selbst wenn sich die Umstände ändern. Derartige Veränderungen sind vergleichbar mit dem **Wechseln des Films, den man sich ansieht, aber der Zuschauer bleibt der gleiche**. Eine grundlegende Veränderung findet nur dann statt, wenn sich der Zuschauer ändert, nicht jedoch der Film. Dein Erfahren des Lebens besteht zu 20 Prozent aus den Lebensumständen und zu 80 Prozent aus der Erfahrung dieser Umstände. Und so ist es von grundlegender Bedeutung, vorrangig den Erfahrenden (die 80 Prozent) anstatt die Umstände (die 20 Prozent) zu verändern.

Alle obigen Aussagen haben eine Gemeinsamkeit. Es handelt sich um Sätze mit Bedingungen: »Wenn ..., dann ...«

»Wenn X erreicht wird, werde ich mich besser fühlen.« Dies nimmt dich aus dem Hier und Jetzt, dem einzigen Moment, in dem du Macht besitzt, hinein in eine hypothetische Zukunft. **Die einzige Zeit aber, in der geistiger Friede erfahren werden kann, ist jetzt** und keineswegs in der Zukunft.

Glück ist ein erhöhter Bewusstseinszustand. Es bringt höhere Zustände, die in diesem energetisch dichten Bereich auf dem Planeten Erde nicht allzu häufig sind. Es ist die Erfahrung »eines Stücks des Himmels«. Es gibt nur wenige Menschen, die wirkliches Glück regelmäßig erfahren. Menschen, die ihren Partner, Kinder und Haustiere lieben, werden es hier und da einmal erfahren. Ein dauerhafterer Zustand des Glücks kann jedoch erreicht werden, indem man dem Geist erlaubt, Gedanken und Emotionen zu entspannen und loszulassen und indem man die weniger oberflächlichen Teile von sich selbst zulässt – das Unterbewusstsein, die Grundüberzeugungen, die Identität und das Bewusstsein selbst. Ein anderer Schlüssel zu Glück und Frieden ist, mit der Suche danach aufzuhören. Es ist leider offensichtlich, dass die Menschen, die niemals mit der Suche nach Glück begonnen haben, im Allgemeinen glücklicher sind. Das kommt daher, dass die Rolle des »Suchenden« impliziert, dass ein Mangel vorhanden ist, etwas fehlt. Aber was wäre, wenn gar nichts fehlte, was, wenn du bereits alles bist und hast, um Freude heute zu erfahren, nur durch deine bloße innere Absicht und Entscheidung?

Erfolgreiches Segeln und Surfen bei starkem Wind, Wellen und wilden Gewässern wird am besten in einem ruhigen Zustand erreicht. Nicht immer durch einen entspannten Körper, sondern tatsächlich durch einen entspannten Geist.

Stress ist subjektiv

Mit Ausnahme von traumatischen Vorfällen ist Stress meistens subjektiv. Im normalen täglichen Leben gibt es keinen Stress. Wäre das nicht richtig, könnte man auf Stress zeigen und sagen: »Das ist Stress«, so wie man auf einen Baum zeigen und sagen kann: »Das ist ein Baum.« Oder auf ein Auto: »Das ist ein Auto.« Bist du in der Lage, mir Stress zu zeigen? Du kannst es nicht, denn Stress ist keine objektive Realität. Du kannst benennen, was eine emotionale und physische Reaktion hervorruft, und dies als »Stress« bezeichnen. Mehrere Telefone klingeln, jemand schreit dich an, jemand kritisiert dich, der Kalender ist voll mit wichtigen Terminen, das Schreien eines Babys etc. Aber niemand zwingt dich, auf irgendeines dieser Dinge zu reagieren, schon gar nicht mit Stress. Ein schreiendes Baby ist einfach ein schreiendes Baby und ein Terminkalender ist nur ein Terminkalender. Einige Menschen reagieren stark, andere weniger. Was eigentlich mit »Stress« gemeint ist, ist ein innerer Widerstand und die Kontraktionen der Körpermuskulatur, was eine gewisse Spannung erzeugt. Diese konditionierte Reaktion auf Lärm und Unruhe können bewusst umgekehrt werden.

Aus meiner Erfahrung heraus gehen Krankheiten und selbsterschaffener Stress Hand in Hand. Wissenschaftliche Untersuchungen haben versucht, alles, von Krebs über Alzheimer bis hin zu Stress, miteinander in Beziehung zu setzen, da viele Patienten selbst bezeugen, dass Stress die Ursache davon ist. Der Grund, warum die Wissenschaft bisher nicht in der Lage war, schlüssige Beweise für das zu finden, was die meisten Menschen bereits wissen, liegt darin, dass die meisten Tests mit Personengruppen durchgeführt werden, die annehmen, dass Stress durch objektive äußere Faktoren verursacht wird. Die Forscher testen also Menschen, die sich in schwierigen äußeren Umständen befunden haben. Wie auch immer, nicht alle Menschen reagieren auf dieselbe Weise auf Situationen, sodass viele dieser Studien ein verzerrtes Bild liefern.

Es gibt einen geringen Prozentsatz an Zuständen, die Anspannung und psycho-spirituelle Wunden verursachen. Ein paar Beispiele hierzu sind der Verlust eines geliebten Menschen, sich inmitten eines Krieges zu befinden, einen Autounfall zu haben, verraten, betrogen oder gewalttätig angegriffen zu werden. Unter solchen Umständen wird es einige Zeit in Anspruch nehmen, die Wunden zu heilen – es wird nicht erwartet, am Tag danach bereits wieder zu grinsen und glücklich zu sein (tatsächlich wäre das eher ein Zeichen von Unterdrückung beziehungsweise Verleugnung des Ereignisses). Aber alle anderen Geschehnisse des täglichen Lebens, die wir als »Stress« bezeichnen, können in einem einzigen Augenblick aufgelöst werden – das überwältigende Gefühl, »zu viel zu tun« zu haben, Zeitdruck, Sorgen um Geld, Sorgen um die Zukunft, Bedauern der Vergangenheit, hohe Erwartungen von anderen, öffentliches Reden, kritisiert zu werden, im Stau zu stehen, ein unordentliches Büro zu haben, etc. Und du kannst dies erreichen, ohne deine Gefühle zu unterdrücken. Wenn man Stress unterdrückt, anstatt ihn zu befreien, wird man schnell oberflächlich und emotionslos. Lässt man ihn los, wird man ruhig und frei.

Aber wie macht man das? Man macht es genau in dem Moment, in dem die antrainierte Reaktion auf Druck von außen entsteht. Du stoppst, was auch immer du gerade tust, und beobachtest einfach, was auch immer gerade passiert. In genau diesem Moment bist du nicht länger der Reagierende auf das, was geschieht, sondern der Beobachter einer antrainierten Reaktion. In dem so entstandenen Abstand hast du die Wahl, ob du weiterhin reagieren möchtest oder nicht. In meinen Seminaren mache ich normalerweise eine 30-minütige Übung, in der ich Menschen bewusst in stressige und sie überwältigende Umstände versetze, während ich sie darin coache, sich zu beruhigen, ihre Reaktionen zu reduzieren und »Zeuge zu werden«, anstatt derjenige zu sein, der sich dem Ereignis widersetzt. Dies ist eine derart radikale Abweichung von der üblichen menschlichen Konditionierung, dass es sich wirklich befreiend anfühlt und das ganze Leben der Person zu einer brandneuen Erfahrung werden lässt. Ich sage den Menschen, dass sie »das Auge des Zyklonen« werden sollen. Ein Zyklon ist wohl einer der aggressivsten, chaotischsten, überwältigensten Stürme, die es gibt, aber im Zentrum eines Zyklonen, in seinem »Auge«, herrscht vollkommene Stille und Frieden.

Es ist wichtig anzumerken, dass diese bewusste Verringerung der eigenen Reaktion keine Unterdrückung oder Abflachung der körperlichen und emotionalen Reflexe darstellt. Man lässt sie einfach »durchlaufen«, ohne etwas mit ihnen zu tun. Wenn jemand dir zum Beispiel sein Missfallen deiner Person bekundet, kann es sein, dass ein leichter Schmerz im Solarplexus auftritt. Du tust nichts, um diesen Schmerz loszuwerden oder machst etwas mit ihm. Genauso wenig rennst du nun los und versuchst, es wieder in Ordnung zu bringen (das wäre reaktiv und würde nur zu noch mehr Schwierigkeiten führen). Auch nimmst du keine Tabletten oder isst Lebensmittel, um den Schmerz zu unterdrücken. Stattdessen wirst du einfach nur Zeuge der automatischen Abläufe und dessen, was sich abspielt. Je mehr du beobachtest und dir bewusst wirst, was gerade geschieht, umso besser kannst du mit der Zeit loslassen.

Das Reduzieren deiner Reaktion ist der eine Weg, um Stress aufzulösen. Ein anderer ist das Annehmen der Umstände, die den Stress verursachen, bis diese größer als der Stress als solches werden. Man ist immer größer als das, was man annehmen kann. Anstatt eine ablehnende Haltung zu projizieren, wird ein »Ja« zur Situation ausgesendet, so als ob man in der Lage wäre, mit Leichtigkeit noch weitere zehn Besorgungen, zehn weitere Telefongespräche und zehn weitere Unannehmlichkeiten zu übernehmen. Dieser Wechsel verpflichtet zu radikalen Änderungen in der eigenen Definition des Lebens. Definierst du das Leben als etwas, das deinen Wünschen zu entsprechen hat, es das dann aber nicht tut, wirst du Schwierigkeiten damit haben. Betrachtest du aber alles als dem Leben zugehörig, glaubst, dass alles aus einem guten Grund passiert, wird es relativ einfach sein und Stress wird der Vergangenheit angehören, zumindest die meiste Zeit. Auf diese Weise kannst du deine »Schwelle der Überforderung« (den Punkt, an dem du überfordert wirst und anfängst, Energie zu verlieren und emotional zu werden) auf ein ziemlich hohes Niveau erhöhen.

Mit anderen Worten: Vor einer großen Menschenmenge aufzutreten, kann eine Freude sein; es muss keinen Stress bedeuten. Hunderte von Kunden jeden Tag zu haben, kann zur Freude werden, anstatt in Stress auszuarten. Glaubst du an den Satz »Sie erwarten viel von mir«, dann ersetze ihn durch »Sie wollen nur Spaß haben«. Sich um den Haushalt zu kümmern, kann eine Freude sein, es muss nicht stressig sein. Hast du den Glaubenssatz »Aufräumen ist langweilig« in dir, ersetze ihn durch »Aufräumen ist Meditation«. Es wird dich unglaublich stark machen. Wenn du daran glaubst, dass Reisen Stress bedeutet, ersetze diesen Glauben durch den Satz »Reisen ist faszinierend, weil man so viele neue Dinge sieht und kennenlernt.« Glaubst du daran, dass ein Stau stresst, benutze den Satz: »Staus sind eine wundervolle Gelegenheit, über ein paar wichtige Dinge nachzudenken.«

Tiefenentspannung

Hast du dich jemals so in einer Geschichte oder in einem Musikstück verloren, dass du erschrocken aufgesprungen bist, als jemand gesprochen hat? Dieser tranceähnliche Zustand ist Entspannung.

Fühlt es sich manchmal so an, als ob du dir selber nicht erlauben würdest zu entspannen, weil du besorgt bist, den Fokus zu verlieren? Das entspricht nicht der Wahrheit.

Nimmst du an, dass du tiefe und umfassende Entspannung vermeidest, weil du nicht feinfühlig und bewusst genug werden möchtest, um festzustellen, wie elendig das Leben ist, das du führst?

Nun, das ist Unsinn.

Wenn du dir niemals die Zeit nimmst, es ein wenig langsamer angehen zu lassen, wird dein Leben an dir vorbeiziehen und du wirst es nie fühlen. Du wirst auch keinen kreativen Input bekommen, der deine Arbeit verbessert. Immer zu arbeiten, bedeutet, unklug zu arbeiten. Je besser und tiefer du entspannen kannst – bewusst und mit Absicht – umso mehr Energie hast du für spätere Aktivitäten. Alles hat seine Zeit und seinen Ort, sowohl Anspannung (Fokus) als auch Entspannung (Loslassen des Fokus').

Top 10 der Wege, um wirklich tief zu entspannen

1. Entspannung, Wohlbefinden und die Fähigkeit, sich zu konzentrieren und lernen zu können, tauchen immer zusammen auf. Wo das eine praktiziert wird, sind auch die anderen. *Tiefe* Entspannung bedeutet, dass man wach und bewusst bleiben kann, es geht nicht ums Einschlafen. Schlaf ist eine Form der Entspannung, aber die Fähigkeit, sich tief zu entspannen, während man wach ist, bietet ein noch umfassenderes Wohlbefinden. Wähle irgendeine der folgenden Methoden, um Erholung und Regeneration zu erleben.

2. Anspannen und entspannen. Spanne den rechten Fuß und dessen Zehen für einige Sekunden an. Entspanne sie wieder. Spanne den linken Fuß und dessen Zehen für einige Sekunden an. Entspanne sie wieder. Gehe auf gleiche Weise mit jedem einzelnen Körperteil von dir um, einschließlich des Gesichts.

Du kannst das gleiche mit deinen Gedanken machen: Halte an einem Gedanken stark fest (denke ihn intensiver) und entspanne dann wieder (lass ihn los).

Tue eins davon für 5 bis 15 Minuten. Genau das ist Entspannung!

3. Atmen und entspannen. Atme langsam, sanft und tief ein. Halte deinen Atem für 5 bis 20 Sekunden an (so lange, wie es sich angenehm anfühlt). Atme sanft und langsam aus. Wiederhole dies über 3 bis 5 Minuten. Fühlst du dich nun entspannt?

4. Fallen und entspannen. Schließe deine Augen und stelle dir das Gefühl des Fallens, des Loslassens, Sinkens, Befreiens von allem vor – beziehungsweise fühle es, wenn es dir möglich ist. Aber bleibe wach.

5. Schweben und entspannen. Wenn es in deiner Umgebung einen Floatation Tank gibt, geh hin und probiere es aus. Sensibilisierung in Verbindung mit keinerlei Muskelwiderstand, wenn man auf Salzwasser schwebt, ist der beste Weg, um sich zu entspannen und zu meditieren. Wenn du bereits da-

ran gewöhnt bist zu schweben, nimm dir eine meiner Audiomeditationen mit, um deine innere Arbeit zu beschleunigen.

6. Massage und Entspannung. Melde dich zu einer Massage an. Probiere alle Arten von Massagen aus, die angeboten werden. Wenn diese verfügbar ist, solltest du auf jeden Fall eine vierhändige Hawaiianische Lomi Lomi Massage durch einen dafür zertifizierten Masseur versuchen.

7. Halte inne und entspanne. Lege dich aufs Bett und bewege dich nicht. Halte deinen Körper für 15 Minuten oder länger ruhig (außer für die Atmung und eventuell zum Kratzen) und dabei die Augen geschlossen. Und bleibe wach.

8. Loslassen und entspannen. Lege dich hin und gib deinen Widerstand gegen alles auf. Vergiss alles. Atme jegliche Anspannung aus. Entspanne all deine Muskeln. Entspanne tief und gründlich. Body-Scan und Entspannung: Richte deine Aufmerksamkeit auf deinen linken Zeh. Fühle ihn. Sei mit den Gedanken komplett bei ihm. Gehe auf diese Weise durch jeden Teil deines Körpers. Dies beansprucht 10 bis 20 Minuten Zeit.

9. Beobachte und entspanne. Setze dich irgendwohin und halte deine Augen geöffnet. Es ist unerheblich, ob um dich herum viele Menschen sind oder nicht, es spielt keine Rolle. Sitz einfach da und beobachte. Lass alles los, deine Reaktionen, Absichten, Ungeduld, Analysen und sitze einfach da und beobachte, was du siehst, bis du einen tiefen und grundlegenden Frieden in dir spürst.

10. Visualisiere und entspanne. Setze oder lege dich mit der Absicht hin, nun einem Tagtraum zu folgen. Schließe deine Augen und träume dich selbst an einen schönen Ort. Tue das nicht mit der Absicht, etwas für einen späteren Zeitpunkt zu erschaffen, sondern mit dem Wunsch, genau in diesem Moment Schönheit zu erfahren.

Es ist eine generelle Empfehlung, während des Abdriftens in eine leichte Trance wach zu bleiben. Trance-Tiefe und die Fähigkeit wach zu bleiben variieren zu verschiedenen Tageszeiten. Im »normalen Leben« wird man entweder bei Entspannung müde oder angespannt, wenn man vollständig wach ist. Die perfekte Kombination ist jedoch der Zustand der Wachheit kombiniert mit Entspanntheit.

Entspannen bis hinunter zum Delta Stadium

Einige messen progressive Entspannungszustände anhand der Frequenz der Gehirnwellen. Traditionell reicht die Skala von Beta bis Delta. So sehen wir beim »Reality Creation« Coaching die Zustände:

High Beta

Panik, Spannung, Angst, geistige Unruhe, Kurzatmigkeit, Defensive, Kontraktionen.

Beta

Normales Wachleben, Aufwachen, Alarmbereitschaft, Aufmerksamkeit im Außen, viel Denken, Arbeiten, Reden.

High Alpha

Normales Wachleben, aber entspannt, ruhig, beobachtend, bewusst, offener.

Alpha

Entspanntheit, dösen, meditieren, nach innen gerichtete Aufmerksamkeit, Schläfrigkeit, kreatives Denken. In diesem Zustand ist man normalerweise kurz davor einzuschlafen. Wenn man es schafft, wach und bewusst zu bleiben, passieren interessante Dinge. Bleibt man in dem Zustand wach wird man klarer, die Intelligenz nimmt zu, man ist in der Lage, sowohl klarer als auch tiefer zu denken. In diesem Zustand ist das Erlernen von Sprachen unter anderem viel einfacher.

Theta

Für die meisten Leute ist dieser Zustand »nur« Schlaf. Wenn man es schafft, ein bisschen wach und bewusst zu bleiben, wird luzides Träumen möglich. Wenn man trotz der Ruhe des Körpers vollkommen wachsam bleibt, sind übersinnliche Wahrnehmungen, hohe Intuition, eine Neuprogrammierung des Geistes und seiner Überzeugungen, spontane Heilungen und andere veränderte Zustände möglich. Erfahrene Meditierende haben kein Problem, in Theta wach zu bleiben.

Delta

Dieser Zustand ist eine Nahtoderfahrung und ermöglicht deshalb Erlebnisse außerhalb des Körpers, übernatürliche Wahrnehmungen, Zeitsprünge und es ist wahrscheinlicher, Wunder zu erleben. Reisen zwischen den Dimensionen und der Zugang zu einem Paralleluniversum sind in diesem Zustand ebenfalls einfacher.

Für den Fall, dass du dich bisher gefragt hast, warum ich – und auch andere Lehrer der Esoterik, Spiritualität und Realitätserschaffung – immer und immer wieder über die Bedeutung von Entspannung, Meditation und Loslassen spreche: Hierin liegt der Grund. Alle besonderen Fähigkeiten entstehen auf der Basis von innerer Stille und tiefer Gelassenheit.

Die Leichtigkeit bei wichtigen Treffen fühlen

Steht ein Vorstellungsgespräch bei dir an? Oder ein wichtiges Telefongespräch? Ein Blind Date? Und bist du ängstlich, nervös oder besorgt, ob du erfolgreich sein wirst oder etwas misslingt? Wärst du nicht lieber in einer vollkommenen Leichtigkeit? Und wie würde dein Leben aussehen, wenn du das immer wärest, **vollständig entspannt**?

Mentale Entspanntheit ist gleichzusetzen mit Kraft, Gesundheit, Wohlstand und Glück. Das Gefühl des Unwohlseins hat keinerlei Wert. Es gibt einen gewissen Wert der Aufgeregtheit und Spannung, aber wenn man über Bord geht dabei, werden daraus schnell Furcht und Hemmung, was wiederum Fortschritt blockiert. Es ist unwahrscheinlich, einen Job zu bekommen, das Date zu beeindrucken oder einen Kunden zu überzeugen, wenn man sich in einem Zustand von Angst befindet.

Die Ursachen von Furcht oder Unwohlsein vor oder während wichtiger Treffen sind 1) die Sucht nach Erfolg, wobei der Erfolg als etwas außerhalb der Person selbst Befindliches und schwer zu Erreichendes angesehen wird oder 2) das Verlangen nach Anerkennung, wobei diese von anderen kommen muss und als schwierig zu erlangen angesehen wird.

Du kannst damit aufhören und diese Sorgen innerhalb weniger Minuten beseitigen. Und so geht's:

Setz dich einfach hin. Lege deinen Fokus auf deine Befürchtungen und versuche herauszufinden, woher sie kommen. Welches Bild von dir selbst hast du, welche Geschichte über dich selber erzählst du dir, sodass deine Energie in diesem Gefühl endet? »Was muss ich denken, damit es zu diesen Gefühlen kommen kann?« Hast du einmal herausgefunden, welcher Unsinn es ist, den du dir selber erzählst (und alle niederen Emotionen basieren auf Unsinn, denn das ist der Grund dafür, warum sie hochkommen: Um dich wissen zu lassen, dass du in Unsinn involviert bist), lässt du ihn auch automatisch los.

Dann bade in Wertschätzung und Respekt für dich selber für einige Minuten. Du wirst dich viel besser fühlen. Danach wiederhole diese Prozedur mit der Person, die du treffen wirst. Du wirst dich noch besser fühlen. Am wichtigsten jedoch ist es, den Energiefluss umzukehren. Höre auf, Bestätigung von außen zu wollen, stattdessen gib dir diese Anerkennung selbst. Deine komplette Ausstrahlung bei diesem wichtigen Treffen wird ansteigen. Oh, und noch eine Sache: Hör auf, es wichtig zu nennen. Das wird dich entspannen.

Die Kunst der Gelassenheit

Es ist noch nicht lange her, da habe ich eine Fahrradtour ins Blaue unternommen. Es gab kein bestimmtes Ziel oder eine andere Absicht, außer Fahrrad zu fahren. Keinen vorher geplanten Weg von A nach B zu haben, kann beim linear vorgehenden Geist Unruhe verursachen. Also bin ich solange Fahrrad gefahren, bis dieser erfolgsorientierte Teil von mir sich beruhigt hatte. Nach drei Stunden Fahrt bin ich auf einen sehr ruhigen und wunderschönen See gestoßen. Da es sich um den Morgen eines Werktags handelte, hatte ich fast den gesamten See für mich alleine. Grüne Hügellandschaften, riesige schattenspendende Bäume und urige Holzhäuser umgaben das Wasser. Es kam mir vor, als hätte ich eine andere Dimension betreten, da ich ja ein paar Minuten zuvor noch zwischen den Feldern und Wohngegenden hindurchgefahren war und es keine Anzeichen für einen See oder eine Hügellandschaft gegeben hatte. Der See war hinter ganz viel Grün versteckt gewesen.

Nach 15 Minuten des Sitzens am See bemerkte ich mein erfolgsorientiertes Selbst wieder, das aufstehen und weiterfahren wollte. Ich stellte fest, dass dies der Teil in mir war, der sich nicht beruhigen würde. Ich bin mir sicher, dass viele Menschen da draußen genauso eine quälende Stimme in sich tragen. »In Ordnung, du hast dich ausgeruht und nun ist es an der Zeit weiterzumachen!«

Obwohl ich mein Erfolgs-Ich schätze, gibt es eine bestimmte Zeit für dieses Ich, aber auch eine für das ruhige. Und das war nun die Zeit für das ruhige Ich. Um mich nun tiefer in diesem gegenwärtigen Moment entspannen zu können, habe ich das Erfolgs-Ich für diesen Zeitraum freigelassen. Ich habe dort so lange gesessen bis der Zwang zu gehen verschwunden war und bis ich keinen Drang mehr verspürte, mich mit meinem iPhone abzulenken. Die Ruhe wurde immer tiefer. Die Kunst der Gelassenheit war kultiviert worden. Später an diesem Tag, als ich zur Arbeit zurückkehrte und in die Hektik Downtowns, war meine Atmung ruhiger, meine Bewegungen geschmeidiger und mein Denken klarer.

Dein Schiff erreicht sein Ziel am besten auf einer ruhigen See. Gelassenheit und Ruhe haben enorm positive Auswirkungen auf deine Gesundheit. Ruhe steigert Wahrnehmung und Intelligenz. Ruhe ist ein Tor zum Beobachter-Selbst (deiner Seele), das immer ruhig und unberührt von den wilden Winden des Lebens ist. Das Lösen von Spannungen ist das ideale Sprungbrett, um eine gezielte Spannung zum Zweck einer Leistung zu erzeugen. Die Vorteile von Ruhe sind unzählig, daher ist die gezielte Übung von Ruhe eines der besten Dinge, die man zur Weiterentwicklung tun kann.

Atmungs-Walking

Ein Spaziergang an der frischen Luft oder das Sitzen, um die Atmung zu beobachten, würde für die meisten Menschen ausreichen, um zu einem natürlichen Zustand der Gelassenheit und Ruhe zurückzukehren. Aber beide kombiniert sorgen für eine tiefer regenerierende Pause. Ich werde dir zwei Techniken des Atmungswalkings erklären. Diese Techniken produzieren nicht nur Gelassenheit und Ruhe, sondern füllen auch noch deine Blutbahnen und dein Gehirn mit Sauerstoff, verbessern die Zirkulation und steigern den Energiestatus, sodass du dich besser konzentrieren kannst.

Die erste Methode besteht aus drei Schritten:

1. Atme tief ein, während du ein paar Schritte gehst.
2. Halten den Atem an, während du 10 bis 20 Schritte machst.
3. Atme langsam aus, während du ein paar Schritte gehst.

Wiederhole diesen Ablauf ununterbrochen für mindestens zehn Minuten, aber nicht länger als 30 Minuten ohne ausreichende Pause.

Die zweite Methode, die manche bevorzugen werden, ist diese:

Geh einen Schritt und atme ein, einen weiteren Schritt und atme aus. Gehe zwei Schritte, atme ein, zwei weitere Schritte, bei denen du ausatmest. Nun gehe drei Schritte beim Einatmen und vier Schritte beim Ausatmen. Zähle so weiter, bis du zehn erreicht hast (manche gehen vielleicht noch weiter). Anschließend zähle in dieser Weise rückwärts herunter. Bei jedem Schritt erhöht sich das Volumen deiner Atmung und verringert sich beim Rückwärtszählen. Dies kann über zehn bis hin zu 30 Minuten wiederholt werden.

Ich bin mir sicher, du wirst dieses natürliche Hoch genießen.

Gelassenheit und Ruhe sind keine Faulheit

Wie ruhig können die Dinge also werden? Es gibt kein Limit für die Menge an Ruhe, die durch dich hindurch fließen kann. Einige Menschen verwechseln Ruhe und Gelassenheit fälschlicherweise mit Faulheit, Müdigkeit oder Trägheit. Das Gegenteil ist der Fall. Dynamik, Schnelligkeit und Stärke finden ihren Ursprung in einer tiefen Entspanntheit. Gute Anspannung ist die Basis guter Entspanntheit, gute Entspannung wiederum die Basis guter Angespanntheit. Menschen, die müde werden, wenn sie sich entspannen, werden dies nicht durch die Entspannung, sondern wegen der verschiedenen Widerstände, die sich in ihnen im Laufe des Tages aufgebaut haben. Die beste Methode, in dem Fall die Widerstände abzubauen und den »Reset-Knopf« zu drücken, ist es, einfach zu schlafen. Mit der Zeit wird die tiefe Ruhe dich nicht mehr weniger aktiv, sondern super aktiv machen. Faulheit ist eine Konsequenz der Überforderung, der nicht ausreichenden Entspannung und Regeneration. Der Körper schaltet in den »Erschöpfungsmodus«.

Der »Face Dive«

Ich füge diese Methode für diejenigen hinzu, die nach einem Weg suchen, stärkere Schübe von zum Beispiel Panik, Angst oder Wut abzumildern. Gibt es einen dringenden Bedarf, ruhig zu werden, kannst du dies erreichen, indem du dein Gesicht in kaltes Wasser tauchst. Dazu kannst du zum Beispiel ein Waschbecken mit sehr kaltem Wasser füllen und dann einfach dein Gesicht für 30 bis 60 Sekunden hineinhalten. Nach dem Anheben des Kopfes aus dem Waschbecken dauert es noch mal weitere 60 bis 120 Sekunden, bis Angst, Panik oder Wut weichen.

Falls du nicht möchtest, dass dein Gesicht nass wird, kannst du auch einfach eine Plastiktüte mit Eis füllen und sie für 30 bis 60 Sekunden auf dein Gesicht halten. Dabei sollte die Eispackung dein Gesicht vom Haaransatz bis zu den Lippen bedecken.

Jegliches Lampenfieber oder Wutanfälle, die du hattest, werden schnell verschwinden. Dies ist im wahrsten Sinne des Wortes »Abkühlung«. Der Effekt hält bis zu einer Stunde an, danach kann der Tauchgang erneut angewendet werden. Da die meisten Angstzustände jedoch nur vorübergehend sind, ist die Wahrscheinlichkeit, dass eine Wiederholung notwendig wird, gering. Wenn du weiterhin Angstattacken hast, gibt es ein tiefer liegendes Problem, das angegangen werden muss.

Ich würde sagen, dass alles, was nicht Ruhe, Freude oder Liebe ist, Beachtung und Loslassen erfordert.

Sanfte Erleichterung

Wenn der Geist mit allerlei Bedenken, Besorgungen und wichtigen Gedanken beinahe verrückt wird, ist es an der Zeit, die Kunst der Gelassenheit und Ruhe wieder einzuführen. Lass dein Leben nicht unter Spannung stehen. Wenn du der Meister deines Lebens bist, kannst du dich hinsetzen, bevor du dich bewegst. Bei der Kunst der Gelassenheit und Ruhe geht es oft nicht darum, verschiedene Dinge zu tun, sondern nichts zu tun. Zum Beispiel geschieht das Atmen von alleine. Wenn du das Atmen kontrollieren wolltest, wäre es unberechenbar. In diesem Fall ist es **deine Einmischung,** die eine Spannung verursacht. Viele Dinge, so wie das Atmen, sind nicht dazu gedacht, verwaltet, manipuliert, kontrolliert, verändert zu werden. Einige sind es, viele jedoch nicht. Ruhe und Gelassenheit kommen vom Aufgeben des Versuchs, das zu manipulieren, was einfach ist, wie es ist. Wenn man zum Beispiel versucht, seine Schlafenszeit zu beeinflussen, sich selber sagt, dass man länger schlafen *muss* oder kürzer schlafen *muss*, setzt man sich selbst allen möglichen Arten von Spannung aus. Der beste Weg ist es immer noch, dann zu schlafen, wenn man müde ist, und nicht zu schlafen, wenn man nicht müde ist. Du löst deine Sorgen um alles, was dich in irgendeiner Form nervt oder beschäftigt, und die Ursache verschwindet.

Innere Anspannung schafft Intoleranz gegenüber anderen, Reizbarkeit, irrationales Denken und Verhalten, eine geringe Toleranz gegenüber Lärm, Pessimismus, Angst und Langeweile. Innere Anspannung kann zum Beispiel durch Deadlines (was für ein negatives Wort), Schuld (oder den Versuch, etwas zu verbergen), Eitelkeit (Inauthentizität), übermäßiger Ehrgeiz (zu viel zu tun, Überforderung der Kapazitäten), Angst und Furcht (Sorgen um die Zukunft), Frustration (zum Beispiel, wenn man eine sehr wichtige Botschaft hat, die man jemandem mitteilen möchte, diese Person aber nicht anrufen kann, weil man im Stau oder in einem Gebiet ohne Handyempfang steckt). Gier und Lust, Hetze, übertriebenes Verlangen und Widerstand verursachen innere Anspannung. Das Erlernen der Kunst der Gelassenheit und Ruhe ist das Lernen, die Anspannung in eine sanfte Erleichterung freizulassen.

Rückzug in die Komfortzone

Damit Anstrengungen von Erfolg gekrönt sind, ist es notwendig, die eigene Komfortzone viele Male zu verlassen. Aber wenn es einfach zu viel wird und die Nerven blankliegen, sollte man sich einfach zur Erholung in die eigene Komfortzone zurückziehen. Die Charakteristika eines angenehmen Bereichs, in dem man entspannen kann, sind:

- ❖ **Stille** – Dies ist ein Ort, an dem es keinen großen Krach oder schrille Geräusche gibt. Du machst die Tür hinter dir zu und betrittst eine glückselig machende Stille, in der niemand deine Aufmerksamkeit fordert und niemand eine Vielzahl von Erwartungen an dich stellt. Tempel, Kirchen und Spas sind ideale Orte für diese Art der Stille
- ❖ **Mangel an Reizen** – Es gibt keinen »Lärm« in Form von Formen oder Farben. Keine laufenden Fernseher oder Computerbildschirme, keine Werbung, keine Pop-ups, kein aggressives Neonlicht, keine faulen Gerüche. Stattdessen ist die Ausstattung bescheiden oder minimal und es gibt nicht viel zu tun. Denke zum Beispiel an ein Zen-Kloster oder Seeufer. Ein Mangel an Reizen umfasst auch frische Luft sowie eine geordnete Umgebung. Dem Müllhaufen mögen die Reize fehlen, aber seine Unordnung wird den Stress eher erhöhen als verringern.
- ❖ **Sicherheit, Komfort und Privatsphäre** – Deine Komfortzone ist sicher und privat. Es gibt niemanden dort und nichts, was bedrohlich, unerfreulich oder unvollendet wäre. Du trägst bequeme Kleidung, Stuhl, Sofa oder Bett sind gemütlich, die Temperatur ist angenehm (zwischen 17 und 26 Grad Celsius sind ideal für Nordeuropäer, während südlichere Länder höhere Temperaturen erforderlich machen, um sich wohlzufühlen). Wenn du über einen solchen Raum verfügst, um dich zurückzuziehen, um deine Gedanken zu sammeln, Perspektive zu gewinnen oder dich zu beruhigen, bist du in der Kunst der Ruhe und Gelassenheit gut vorangekommen.

Die Technik des Fokussierens

Ein schneller Weg, sowohl Geist als auch Gefühle zu beruhigen, ist es, sich einfach zu fokussieren. Auf was? Auf einfach alles! Fokussiere bewusst ein Objekt, einen Gegenstand oder eine Sache und halten deinen Fokus da, bis du ruhiger geworden bist. Ich habe Menschen erlebt, die mit diesem einfachen Weg alles von Schwindel und Übelkeit über Examensstress bis hin zu Herzschmerz lösen konnten.

Es funktioniert, weil alle Anspannung/Sorge durch den Geist/das Ego erschaffen wird. Und wenn man etwas fokussiert oder **irgendeine** bewusste Handlung vollzieht, wird der Geist gebremst. Man kann den Geist nicht wirklich dazu zwingen, langsamer zu werden, aber man kann den Bereich der Aufmerksamkeit durch Fokussieren beschäftigen. Wenn man sehr erschüttert, durcheinander oder verärgert ist, kann es einige Zeit dauern, bis man fokussieren kann. Eines der Merkmale der Verärgerung ist die scheinbare Unfähigkeit, sich auf irgendetwas zu konzentrieren. Aber während man versucht, etwas heranzuzoomen und zu untersuchen, beruhigt sich der Geist allmählich und die Emotionen kühlen ab.

Man kann diese Technik in jeder unruhigen Situation anwenden. Wenn zum Beispiel jemand dich anschreit, kannst du dich, anstatt dich auf das vorzubereiten, was du zurückschreien möchtest, auf das Herzchakra des anderen konzentrieren und ihm gute Wünsche senden. Oder du kannst dich auf die wunderschöne Landschaft außerhalb des Fensters konzentrieren, während der andere schimpft. Die Fokussierung erzeugt einen Zustand der Ruhe und Regeneration, der weder Medikamente noch Reize von außen erfordert.

Und hier noch eine andere Methode, Nervosität, Lampenfieber oder innere Unruhe zu lindern:

Die Technik der Oberflächenberührung

Eine Schullehrerin, die einem Kind befiehlt, während des Zuhörens nicht mit Objekten (z. B. Stiften) zu spielen, macht einen Fehler. Das Spiel mit dem Objekt versetzt das Kind in einen ruhigen Geisteszustand, in dem es tatsächlich verarbeiten kann, was der Lehrer sagt.

Sitze oder gehe zu Hause herum und berühre verschiedene Oberflächen. Nimm ein Objekt in die Hand, spiele ein wenig damit, untersuche es, berühre es und bekomme ein gutes Gefühl für seine Textur. Dann lege es beiseite und suche nach einer anderen Oberfläche, die du erkunden kannst. Ignoriere den Drang wegzugehen und etwas anderes zu tun; ignoriere den Impuls, dass dies eine langweilige Aufgabe sein wird, und gehe auf kindliche Weise weiter, bis du dich tief mit dem physischen Universum verbunden fühlst. Das Berühren einer Oberfläche, das Erfühlen einer Textur fokussiert ebenfalls, wenn auch mit den Händen.

Du fragst dich vielleicht, warum und wie die Technik des Berührens von Texturen funktioniert. Es ist ganz einfach: Zustände des Unbehagens und der Spannungen werden vom Verstand geschaffen. Sie zeigen an, dass man

»im Kopf lebt« und sich mit Sorgen über Vergangenheit und Zukunft beschäftigt hat. Durch das Berühren verschiedener Oberflächen verbindet man sich wieder mit dem **gegenwärtigen Moment**, verlässt den Geist und erlebt die Sinneseindrücke des **Physischen**. Der Geist ist niemals so gegenwärtig und entspannt, er betrachtet all diese Oberflächen und Objekte als langweilig. Der arglose Aspekt von dir hält diese Texturen sowie die Sinneserfahrung aber für äußerst interessant. Das Problem unserer durch den Geist beherrschten modernen Zeit ist, dass die meisten von uns in die Bildschirmrealität (Computer, Internet, Fernsehen) flüchten, um sich zu entspannen. Dies kann zwar in gewissem Maße funktionieren, ist aber auch ausschließlich auf den Geist bezogen und wird nicht die Ruhe erzeugen, die Berührung und Verbindung mit dem Körperlichen können.

Sicherlich ist die **beste Version dieser Technik, ein anderes menschliches Wesen anzufassen und von ihm angefasst zu werden.** Das einfache Auflegen der Hand auf die Schulter einer anderen Person kann sofort zu dessen Beruhigung beitragen und die Atmung verlangsamen (es sei denn, dieser Mensch versucht etwas zu verheimlichen. In diesem Fall wird er der Berührung widerstehen. Warum? Weil Berührungen Informationen von einem menschlichen Wesen zu einem anderen transportieren, was es schwieriger macht, etwas zu verbergen). Wenn du also grundsätzlich eine empfindsame Person bist, solltest du prüfen, ob du vielleicht zu lange alleine warst.

Wenn man sich in einem Zustand der Ungeordnetheit und Verwirrung befindet, sollte man ausprobieren, herumzulaufen und Sachen anzufassen. Man kann Dinge berühren, um sie zu fühlen und zu ergreifen. Tatsächlich kann das **Aufräumen eines Haushalts auf diese bewusste Art und Weise enorm entspannend sein.** Die Quintessenz ist, sich zu fokussieren beziehungsweise zu erden und so alle vom Geist geschaffenen Sorgen loszulassen.

Jetzt, jetzt, jetzt und jetzt.

Der Uhr beim Ticken zusehen, auf etwas zu warten, sich danach zu sehnen, dass endlich etwas passiert, sind Zustände von Unruhe. Dieser Zustand des Unbefriedigtseins ist der standardmäßige Zustand des Geistes/Egos. Die **Kunst der tiefen und ruhigen Gelassenheit** ist ein Tor zum wahren Ich, deiner Seele, denn das unerfüllte Welt-Ich/Ego-Ich wird dabei durch die Hier-und-Jetzt-Präsenz ersetzt. Du kannst in diesen Zustand eintauchen, indem du entscheidest, dir eine andere oder eine bessere Zeit zu wünschen und beginnst, **daran interessiert zu sein, was in diesem Augenblick passiert**, anstatt zu denken:

»Wenn er geht, kann ich endlich …«

»Sobald das Geld da ist, werde ich …«

»Ich warte darauf, dass sich die Dinge zum Besseren wenden, sodass ich …«

»In ein paar Stunden kann ich endlich nach Hause gehen …«

»Ich warte auf das Wochenende, um …«

»Wenn ich erst einmal weniger reisen muss, kann ich endlich …«

»Sobald ich in der Lage bin, mehr zu reisen, kann ich endlich …«

»Sobald ich aus der Kälte heraus bin, wird alles besser …«

»Sobald ich Vorräte erhalten habe, wird alles gut.«

Die Formel der inneren Anspannung ist immer die gleiche:

Vor X (Entlastung) muss Y (etwas, das man bekommen muss) da sein.

Die Formel für Ruhe und Gelassenheit ist ebenfalls immer dieselbe:

Für X (Entlastung) gib dein Denken auf, Y (etwas, das man bekommen muss) müsste vorhanden sein.

Siehst du: **Du hast immer den gegenwärtigen Moment, es gibt kein Entkommen daraus**. In dem Moment, in dem du die Gegenwart annimmst und den Versuch aufgibst, »etwas Besseres zu bekommen«, wendet sich alles zum Besseren. Anstatt den Versuch zu unternehmen, von einer Person wegzukommen, von einem Projekt, einem Ort oder einer Sache, versuche, diese erst einmal anzunehmen und zu schauen, was passiert. Sieh, wo der Strom des Lebens dich hinführt, wenn du aufhörst, dagegen anzuschwimmen.

Innere Gelassenheit wird durch den Glauben erreicht, dass man von der Lebenskraft, die alle Dinge erschaffen hat, **immer** mit allem ausgestattet ist und für alles gesorgt ist, was man braucht. Für diejenigen, die nicht mit spirituellen Gedanken vertraut sind, mag das auf den ersten Blick eine abstrakte Idee sein, aber sobald es praktiziert wird, wird es zur Realität. Ich kenne nichts anderes, das ein solches Maß an innerer Ruhe und Gelassenheit hervorruft wie die ultimative schöpferische Quelle, an die ich mich erinnere, die ich spiegle und anrufe bei jeder Art von Schwierigkeit.

Zu viel Abhängigkeit von Dingen außerhalb unseres Selbst ist kontraproduktiv für Ruhe. Ruhe und Gelassenheit sind nur hier, jetzt und in uns selbst verfügbar.

Ruhe und Gelassenheit kommen, wenn man sich nicht zu sehr von den Einzelheiten des Lebens gefangen nehmen lässt, sondern sich des Gesamtzusammenhangs bewusst bleibt. **Das Ego/der Geist sieht nur die Konse-**

quenzen, nicht die Ursachen. Das Auge sieht sich selber nicht, weshalb der ultimative Grund aller Dinge oftmals nicht erkannt wird. Das göttliche Energiefeld, das Bewusstsein genannt wird, ist die Ursache. Nichts Irdisches oder Weltliches kann möglicherweise Ursache sein. Der Körper verursacht von sich aus zum Beispiel nichts. Die Ursache liegt einen Level höher, im Bereich der Gedanken. Gedanken dagegen verursachen sich nicht selber. Ihre Ursache liegt wiederum einen Level höher, im Bereich des Bewusstseins. Aber das Bewusstsein an und für sich verursacht nicht sich selbst. Seine Ursache liegt auch einen Level höher. Die innere Ruhe und Gelassenheit, die durch die **Spiritualität** hervorgerufen wird, wird niemals von äußeren Unruhen beeinflusst werden. Sie ist wie die Stille im Auge eines Zyklons, während ein wilder Sturm um es herum wütet. Sie ist nicht anfällig für Medienhype, Weltuntergangswarnungen, Drohungen von Menschen, Volkshysterie und Angriffe durch negative Menschen. Warum? Weil dies der Aspekt von dir ist, der nicht aus oder von der Erde stammt, sondern aus einer spirituellen Dimension, die für immer von der Welt unberührt bleibt. Dies ist der Teil von dir, auf den während der Meditation zugegriffen wird.

An- und entspannen

In tiefer Ruhe **empfängst** du neue Ideen, die tiefergehen als die oberflächlichen Gedankenfetzen, die normalerweise unseren Geist beschäftigen. Ein interessanter Weg zur Entspannung ist der, gezielt Spannung herbeizuführen und diese dann wieder loszulassen. Bei einer Methode, die »Progressive Muskelentspannung« genannt wird, erzeugt man Spannung in jedem Muskel und lässt diese dann wieder los. Dies wiederholt man im ganzen Körper. Der daraus resultierende Zustand ist milde Wärme.

Unter dieselbe Kategorie fällt eine **gute Methode, um Lampenfieber aufzulösen, indem diese Angstzustände im Wechsel mit einem normalen Zustand übertrieben werden.** Wenn du also eine Rede halten sollst, ein Lied, eine Show oder eine andere Performance vortragen sollst, müsste ich dich dazu bringen, die Spannung aufzubauen und dich dann immer wieder zu entspannen, bis die Angst die Kraft verliert und der Körper locker ist. Ich empfehle außerdem, Grimassen zu schneiden, bevor du fotografiert oder gefilmt wirst, weil es deine Gesichtsmuskulatur entspannt und dir so einen ruhigeren Ausdruck verleiht. Diejenigen, die Sport treiben, sind normalerweise entspannter, weil sie daran gewöhnt sind, Spannung bewusst aufzubauen. Diese Spannung löst sich in der Regel auf, nachdem sie ihr

Workout, ihre Fahrradtour oder das Schwimmen beendet haben. Nicht zu vergessen alle anderen gesundheitlichen Vorteile, die Sport bringt.

Das Prinzip von »Anspannen und entspannen« kann auch auf die mentale Entspannung angewendet werden. Wenn du an einem Gedanken festhältst und ihn dann gehen lässt und dieses Muster einige Male wiederholst, wird dein Geist entspannter und flexibler werden und es wird für dich einfacher werden, starre und alte Denkmuster sowie mentale Gewohnheiten loszulassen.

Anspannung und Entspannung, Fokussieren und Loslassen, Kontraktion und Expansion, Anstrengung und Mühelosigkeit sind jeweils zwei Seiten der grundlegenden Dualität des Lebens. Diese Dualität sollte in einem Gleichgewicht erfahren werden, denn man kann die eine Seite nicht ohne die andere haben.

Pseudo-Entspannung

Von Pseudo-Entspannung spricht man, wenn Menschen etwas tun, um sich »zu entspannen«, was eigentlich grundsätzlich gar nicht entspannend ist. Beispiele hierfür sind:

- Filme anschauen
- Essen
- Besuch eines Kosmetikstudios
- Überfüllter Strandurlaub
- Einnahme von Arzneimitteln oder Medikamenten

Ich möchte nichts davon schlechtreden, nur herausstellen, dass dies keine wirklichen Methoden sind, um Ruhe und Gelassenheit im tieferen Sinne zu erlangen. Die meisten Filme bestehen aus rasanten Bildern, die den Geist in einen Zustand von Aufregung und Aufgewühltheit versetzen, anstatt in zu beruhigen. Der einzige beruhigende Vorteil von Filmen ist, dass die Aufmerksamkeit nach außen gekehrt wird. Während die Aufmerksamkeit im Außen ist, geht sie von inneren Gemütsbewegungen und emotionalem Geschwätz weg. Wenn es wirklich keinen anderen Weg gibt, um sich zu beruhigen, dann sind Filme das nächstbeste. Essen, der Besuch eines Kosmetiksalons, das Nehmen von Drogen einschließlich Alkohol und Tabak kreiert eine von außen verursachte Ruhe. Das genügt nicht, um dieses tiefe und beruhigende Gefühl von Heimat herzustellen, das die meisten Menschen so sehr vermissen. Es ist überflüssig zu sagen, dass viele sogenannte »Urlaube« nicht die Bedingungen bieten, in denen man regenerieren und kreative neue Ideen empfangen kann. Ein Strand ist ein wundervoller Ort, sich zu beruhigen, wenn er nicht überfüllt und laut ist. Solche »Urlaube« sind nur dann eine Option, wenn es in der eigenen Absicht liegt, Party zu machen und bis zum Umfallen zu trinken.

Zusammenfassend kann man sagen, dass dies alles Methoden sind, mit denen man **innerhalb kürzester Zeit entspannen** kann. Denke daran, dass immer die **Option** besteht zu entspannen und dies deinen Allgemeinzustand verbessert. Du kennst diese Mittel der Entspannung bereits; der Trick besteht darin, sich daran zu erinnern, dass du jederzeit die Möglichkeit hast, sie bewusst zu nutzen:

1. Bewusst durchgeführte langsame Bewegungen (gehen, sich hinsetzen, etwas langsam machen)
2. Langsames und tiefes Atmen
3. Dehnen von Körperteilen
4. Fokussieren eines Gegenstandes
5. Denken an jemanden, den du liebst, während du dreimal auf die Thymusdrüse klopfst und sagst: »Ha, ha, ha«
6. Einnehmen einer aufrechten Körperhaltung
7. Schließen der Augen und Beobachten der Phosphene
8. Kümmern um eine Kleinigkeit, die immer wieder verschoben wurde
9. Halten eines negativen Gedankens (Konfrontation) und lösen des Widerstands
10. Halten eines positiven Gedankens (Vorstellung)

KAPITEL ZWEI
WIE MAN DIE FURCHT STOPPT

Furcht ist der Magnet, der seltsame und unerwünschte Dinge in dein Leben zieht. Ihre Schwestern sind Schüchternheit, Paranoia, Zaghaftigkeit, Panik und Sorgen. Sie kann sich zeigen in einer Furcht vor Ablehnung, Furcht vor einem Jobverlust, Furcht vor dem Verlust des Partners, Furcht vor finanziellem Ruin, Furcht davor, im Mittelpunkt zu stehen, einer Klaustrophobie, einer Insektenphobie, einer Agoraphobie, der Angst vor Demenz, Angst vor dem Altern, Angst, einsam zu sein, Höhenangst, Angst vor Geräuschen, Angst vor Unbekanntem … Die Liste lässt sich endlos fortsetzen.

Neurotische vs. natürliche Furcht

Meiner Schätzung nach sind 95 Prozent aller Ängste neurotisch oder subjektiv und nur fünf Prozent natürlich bedingt oder legitimer Schutz vor Gefahr. Sie fühlen sich auch anders an. Ein Beispiel einer legitimen, gesunden und positiven Furcht: die Angst vor Giftschlangen. Diese Angst hilft, einen großen Bogen um die Gefahr zu machen, anstatt in den physischen Tod hineinzulaufen. Wie dem auch sei, auch diese Furcht kann neurotisch und subjektiv werden, sobald selbst der Anblick einer Schlange hinter einer sicheren Glasscheibe dich erstarren lässt oder du in Bezug auf Schlangen in deinem Schlafzimmer paranoid wirst, obwohl da gar keine sind. Gegenstände, bei denen neurotische und natürliche Angst miteinander vermischt werden, sind am schwierigsten zu überwinden, weil die Menschen erst einmal eine schwierige Phase damit verbringen, hier zu differenzieren. Ein anderes Beispiel hierfür ist die Höhenangst. Es ist nur natürlich, gegenüber Höhen skeptisch zu sein, um zum Beispiel nicht von einem Wolkenkratzer zu stürzen, den man mit seinen Kindern besucht. Aber es ist neurotisch, so viel Angst zu haben, dass man trotz eines hohen Schutzzauns krank und einem ab einer bestimmten Höhe schwindelig wird.

Im Folgenden werden wir über neurotische Ängste sprechen. Es versteht sich von selbst, dass man nicht zu einer Therapie gehen muss, um die Angst vor Giftschlangen oder ratterndem Maschinengewehrfeuer loszuwerden, falls und wenn diese sich in der Nähe befinden oder es wahrscheinlich ist, dass dies gleich passieren wird. Anstatt zu einer Therapie zu gehen, sollte man schnellstmöglich aus der Schusslinie verschwinden.

Warum das Unterdrücken von Furcht Lebensenergie verschwendet

Wenn eine Angst immer wiederkehrt, tendieren wir dazu, diese zu unterdrücken, weil wir es einfach nicht mehr aushalten können. Angenommen, in zwei Wochen findet ein Examen statt und du hast Panik davor, weil du nicht wirklich gut dafür gelernt hast. Anstatt nun mit dieser Angst umzugehen, indem du entweder deine Gedanken bezüglich des Examens (Glaubenssätze) oder deine Aktionen (Lernverhalten) im Hinblick auf das Examen änderst, machst du einfach so weiter und ignorierst sie (unterdrückst sie). Du wirst anfangen, dich ausgelaugt zu fühlen oder Kopfschmerzen zu haben. Die Furcht wird zwar nicht mehr so intensiv sein, aber du wirst dich weniger lebendig fühlen. Das Bild erklärt, warum:

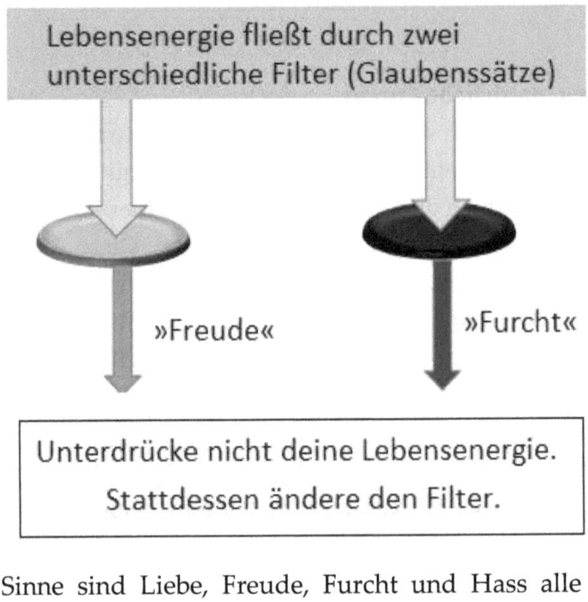

In diesem Sinne sind Liebe, Freude, Furcht und Hass alle die »gleiche Energie«, die durch verschiedene Filter fließt (Glaubenssätze/Gedanken). Sobald man die Emotion oder das Angstgefühl unterdrückt, unterdrückt man Lebensenergie, daher die Müdigkeit, daher die Kopfschmerzen, daher die Angst, die aus dem Unterbewusstsein schreit. Ich habe herausgefunden, dass dieses spirituelle Verständnis von Angst einen positiven Einfluss auf jeden hat, der es gelernt hat. Es gibt dem Leben eine andere Richtung. Man kann daraus ableiten, dass die Frage »Wie werde ich die Angst los?«

die falsche ist. Die richtige lautet: »Welcher Gedanke kreiert diese Empfindung?« Es ist der schmutzige Filter, den du austauschen willst, nicht die Energie. Um auf unser Examen in zwei Wochen zurückzukommen: Die Antwort könnte also sein: »Die Gedanken, die ich diesbezüglich habe, sind, dass ich nicht genug weiß.« Also frage ich: »Und was passiert, wenn du nicht genug weißt?« Du sagst: »Ich falle durch.« Und ich frage: »Was passiert, wenn du durchfällst?« Du sagst: »Meine Eltern werden mich als Versager ansehen und ich werde keinen Job bekommen.« Diese Art der Befragung führt zu tiefer sitzenden Gedanken, bis wir den einen finden, der das Angstgefühl kreiert.

Ist dieser Angst produzierende Gedanke einmal entdeckt, muss er durch einen besseren Filter ersetzt werden. Dieser neue Gedanke muss nahe oder realistisch genug sein, um sofort fühlbar zu sein. Wenn wir ihn gegen »Meine Eltern werden glücklich sein, wenn ich durchfalle« ersetzen, mag das vielleicht eine kurze Zeit funktionieren und einen Lacher hervorbringen, aber ich bin mir nicht sicher, dass dieser Gedanke »kleben bleibt«. Ein besserer Gedanke könnte sein: »Ich glaube daran, dass ich das Examen bestehen kann, wenn ich mit ein bisschen mehr Interesse und Engagement lerne. Und selbst wenn nicht, kann ich es wiederholen. Ich kann mein Bestes geben und dann sehen wir weiter. Entweder schaffe ich es oder nicht, ich habe genug Respekt vor mir selbst, um mich nicht um Dinge zu sorgen, die bisher noch gar nicht passiert sind. Und jetzt mache ich mich an die Arbeit.« Hast du einmal einen Gedanken gefunden, der realistisch ist und sich richtig anfühlt, sagst du ihn ein paarmal in Gedanken auf und gewöhnst dich an ihn. Der Grund hierfür liegt darin, dass man später darauf zurückgreifen kann, falls man in den alten Gedanken zurückfällt. Mit ein wenig Übung hat man die Angst überwunden und fühlt sich völlig anders.

Falls das Zurückfallen in alte Muster zu einfach geschieht, gibt es offenbar noch etwas zu tun. Lasse dann den alten Gedanken noch ein paar Mal laufen oder frage dich, ob hinter dem bereits entdeckten noch ein weiterer Gedanke steckt. Dann kehrt man zum neuen Gedanken zurück. Mit der Zeit wird das Erkennen und Ersetzen von Angstgedanken zur zweiten Natur und geschieht innerhalb einer Minute. Diese Idee wurde mir vor etwa zwanzig Jahren bewusst und heute dauert es nur wenige Sekunden, um den alten Filter fallen zu lassen und mein Denken hin zu etwas zu formulieren, das sich besser anfühlt. Anstatt die Angst zu unterdrücken, kann ich damit umgehen und das Leben ist gut.

Ein schneller und intensiver alternativer Ansatz

Eine alternative, schnellere Herangehensweise, bei der es nicht zu einer Reihe von Denkwechsel-Sitzungen kommt, besteht einfach darin, sich dem zu stellen, mit dem zu konfrontieren und das durchzugehen, was man befürchtet. Es basiert auf dem Grundsatz: »Mut ist nicht die Abwesenheit von Angst, er ist die Vorwärtsbewegung trotz Angst.« Dadurch verschwindet die Angst natürlich ziemlich schnell. Um was auch immer du dir Sorgen machst, gehe direkt darauf zu und nicht weg. Statt den Atem anzuhalten, atme ihn bewusst ein. Der Ausweg ist der Weg hindurch. Wenn man sich nur vor Angst scheut, weil man sich die ganze Zeit wohlfühlen möchte, wird man niemals die Energie fühlen, die so viel stärker und besser ist als nur »sich wohlfühlen«. Du wirst dich fantastisch fühlen.

Man bringt sich selbst in Situationen, vor denen man sich bisher gefürchtet hat, bis man sie mit Leichtigkeit handhaben kann. Keine Situationen, die das Überleben bedrohen, aber harmlose Sachen – so etwas wie eine Rede halten, einem Verwandten etwas eingestehen, jemandem den Hof machen, etc. Du benutzt diese Methode einfach bei Ängsten, die dich daran hindern, in vollem Umfang zu leben.

Hast du Angst zu versagen? Dann geh hinaus und versuche ein paarmal bewusst zu versagen. Umarme das Versagen. Versage! Es ist nicht so schlimm wie der Kopf denkt, dass es ist. Du bist nicht dein Geist, du bist nicht der Körper, also bist es nicht wirklich DU, der versagt. Jeder, der es zu wahrer Größe gebracht hat, musste hunderte von Malen versagen, bevor er es dahin geschafft hat. Es ist nicht das Versagen, das dein Leben bestimmt, es ist die Angst vor dem Versagen, die Starre, in die du fällst, wenn du nicht handeln willst, weil du Angst vor dem Versagen hast. Menschen, die niemals versagen, sind im Normalfall auch Menschen, die niemals Erfolg haben.

Hast du Angst vor Ablehnung? Dann geh hinaus und versuche, ein paarmal Ablehnung zu erfahren. Werde so oft abgelehnt, dass es langweilig wird. Du wirst herausfinden, dass du nicht wirklich abgelehnt werden kannst, wenn du dich nicht als erstes selbst abgelehnt hast. Indem du dich selbst in die Position begibst, die du am meisten fürchtest, dabei ausgeglichen und annehmend bleibst, überwindest du die Angst vor Ablehnung.

Hast du Angst vor einer bestimmten Person? Beginne ein Gespräch mit ihr. In neun von zehn Fällen wirst du feststellen, dass deine Angst unbegründet war und dass dein Geist dir nur vorgemacht hat, diese Person sei »besonders wichtig«. Wenn du dich diesem Menschen näherst, wird sie sich entweder als viel freundlicher als gedacht erweisen oder eben nicht so freundlich. Und falls sie nicht so freundlich ist: Wen interessiert es? Das ist nicht dein Problem, es ist ihres. Du verlangst ja nicht, dass jeder freundlich ist oder mit dir übereinstimmt, oder? Du bist kein Kind mehr.

Hast du Angst, dein Vermögen zu verlieren? Dann lass dir eines gesagt sein: Einige der reichsten Selfmade-Millionäre haben ihr gesamtes Geld einige Male verloren. Das ist, was sie frei gemacht hat. Sie hatten keine Angst, alles zu verlieren, was der Grund ist, warum sie alles gewonnen haben. Hast du gewusst, dass überdurchschnittlich viele Selfmade-Millionäre nicht aus der Mittelschicht stammen, sondern aus den unteren Schichten der Gesellschaft? Weißt du, warum das so ist? Weil sie hungriger sind. Aber es ist auch deshalb so, weil sie, nachdem sie den Tiefpunkt erreicht haben, keine Angst mehr haben. Wenn du alles verloren hast, dann hast du alles zu gewinnen.

Hast du Angst, deinen Ehepartner zu verlieren? Wenn es das ist, wovor du Angst hast, dann wird es auch passieren! Furcht neigt dazu, das anzuziehen, wovor man sich fürchtet. Also lass deine Angst gehen oder erlaube ihr, sich zu erfüllen. Sobald du authentisch diese Erlaubnis erteilt hast, wirst du erleben, dass es nicht eintrifft.

Um das alles einfacher zu machen: Manchmal genügt es, sich vorzustellen, diese Dinge zu tun und sie vollständig anzunehmen, um die Angst zu überwinden.

Die Angst vor dem Tod loslassen

Hinter vielen sekundären Ängsten steckt die primäre Angst vor dem Tod. Überwinde die Angst vor dem Tod und kleinere Ängste fallen automatisch weg.

Die Technik der Angstbefragung geht so:

1. Vor was fürchtest du dich?
2. Und was, wenn das passiert?
3. Und was, wenn das eintritt (bezugnehmend auf die Antwort auf die letzte Frage)?
4. Etc.

Wenn man diese Technik bis zum Kern der Sache anwendet, landet man normalerweise bei Tod, Vergessenheit, Aussterben, ewiger Gefangenschaft oder einem anderen Unsinn. Diese Technik kann bis zu einem extremen Punkt fortgeführt werden, wo die Antworten irgendwie albern werden.

Hier ist ein Beispiel (es ist aus einer originalen Coaching Aufzeichnung, die ich vor einigen Jahren mit einem Studenten angefertigt habe):

1. Wovor hast du Angst?

»Die Arbeit zu verlieren.«

2. Und was, wenn das passiert?

»Dann werde ich nicht in der Lage sein, die Miete zu bezahlen und für meine Familie zu sorgen.«

3. Und was, wenn das passiert?

»Dann werden sie mich als Verlierer betrachten und wir werden unglücklich sein.«

4. Und was, wenn das passiert?

»Dann werde ich von meiner Familie getrennt sein und obdachlos werden.«

5. Und was, wenn das passiert?

»Dann werde ich an einem dunklen und einsamen Ort sein.«

6. Und was, wenn das passiert?

»Ich weiß es nicht.«

7. Denk darüber nach. Was dann?

»Dann werde ich verhungern oder erfrieren.«

8. Und was, wenn das passiert?

»Nichts, ich werde tot sein.«

9. Aber was könnte dann passieren? Angenommen, es gäbe ein Leben nach dem Tod.

»Dann werde ich für mein Scheitern bestraft werden.«

10. Was für eine Art Bestrafung?

»Vielleicht werde ich an einen dunklen Ort verbannt. Oder ich muss als Insekt reinkarnieren.«

11. Und was, wenn das passiert?

»Ich komme als Insekt zurück und werde zerquetscht.«

12. Und was, wenn das passiert?

»Ich werde wieder sterben.«

13. Und was, wenn das passiert? Spekuliere mal. Was ist das Schlimmste, was dann passieren kann?

»Ich komme in die Hölle.«

14. Und was, wenn das passiert?

»Ich werde in der Hölle gefoltert.«

15. Und was, wenn das passiert?

»Ich werde noch mehr gefoltert. Für immer!«

16. Und was, wenn das passiert?

»Ich werde so viel gefoltert, dass ich noch nicht mal mehr existiere.«

17. Und was, wenn das passiert?

»Ich werde aufhören zu existieren.«

18. Und was, wenn das passiert?

»Nichts.«

Zu dieser Zeit hatte der Student schon ein riesiges Grinsen auf dem Gesicht. Also fügte ich hinzu: »Also drehen sich deine ganzen Sorgen, den Job zu verlieren, um … NICHTS?«

Wenn man mit der Befragung immer weiter fortfährt, führt es fast immer zu Tod oder Vernichtung und danach … zu nichts. Dieser Prozess wird durchgeführt, bis sich die Person gut fühlt. Der Grund für dieses Wohlbefinden ist, dass sie alle Stadien durchlaufen hat, mit allem konfrontiert worden ist und nichts mehr zu verlieren hat. Man bekommt auch ein Gefühl für die Wahrheit des Daseins, das heißt: Man kann nicht ausgelöscht sein. Und selbst wenn man es könnte, wäre es egal, weil man es nicht wissen würden, da man ausgelöscht ist.

Vertrautheit reduziert Angst

Als ich das erste Mal mit einer Frau ausgegangen bin – ich war fünfzehn – war ich verängstigt. Ihr Aussehen, ihr Geruch, ihre Art zu reden und sich zu benehmen, hatten mich unser Treffen schon viele Tage davor wieder und wieder im Geiste durchgehen lassen. Oftmals ist die Erwartung beängstigender oder erfreulicher als das Ereignis selbst. Wie dem auch sei, abgesehen von dem Gedanken, dass ich Glück hatte, mit ihr ausgehen zu dürfen, fühlte ich mich schlecht. Das Treffen war unangenehm, weil ich ständig im Denkmodus war (Überdenken ist ein Versuch, die Angst zu vertuschen). Um in der kurzen Zeit, die wir zusammen waren, einen »guten Eindruck« zu hinterlassen, unterdrückte ich die Angst bis zum Äußersten, nur um mich hinterher ausgelaugt zu fühlen. Der Wahn der Schüchternheit kommt von der falschen Vorstellung, dass die andere Person einen ständig beurteilt oder prüft. Dies wiederum ist verbunden mit zu viel Nachdenken darüber, wie einer dem anderen erscheint. Natürlich strahlte ich mein eigenes Unbehagen aus und sie fühlte sich auch unwohl, weshalb wir uns einig waren, »uns ein anderes Mal« zu treffen. Wenn ich bedenke, wie unwohl ich sie habe fühlen lassen, kann ich mich glücklich schätzen, dass wir uns überhaupt noch einmal getroffen haben. Sicherlich gibt es keinen Mut, ohne vorher Furcht empfunden zu haben, also habe ich tief durchgeatmet und sie ein zweites Mal getroffen. Beim zweiten Mal gab es eine gewisse Vertrautheit und ich begann in der Tat, ihre eigenen Unzulänglichkeiten zu bemerken. Im Eifer des Gefechts hatte ich sie vorher gar nicht gesehen. Je mehr ich nun bemerkte, desto mehr stellte ich auch fest, dass ich gar nicht so ängstlich sein musste.

Als wir uns das dritte Mal trafen, begann ich, wirklich Spaß zu haben. Wir näherten uns an. Vertrautheit verringerte die Angst. Man fängt an, Vertrautheit zu entwickeln bei den Dingen, auf die man für einige Zeit seine Aufmerksamkeit richtet. Mit der Vertrautheit nimmt die Furcht ab. Wir fingen an, uns miteinander wohlzufühlen und lachten das erste Mal herzlich miteinander. Und an diesem Punkt, als die Angst fast komplett verschwunden war, bemerkte ich ... IHRE ANGST! Meine Angst ließ dann schnell nach und wurde zu Mitgefühl und Verständnis und ich hatte den Wunsch, ihr zu helfen, sich wohlzufühlen. Wie beschäftigt mit mir selbst muss ich beim ersten Treffen gewesen sein, um ihre Angst nicht bemerkt zu haben?

Ich erzähle diese Geschichte, damit du ein grundlegendes Verständnis dafür bekommst, wie man die Angst überwinden kann. Der Schlüssel ist Bewusstsein, Vertrautheit und Mut. Man hat nur Angst vor dem, was man nicht kennt oder was man nicht beherrschen kann. Daher ist das erste Treffen mit jemandem vielleicht etwas angespannt, aber je mehr Zeit man mit der Person verbringt, umso mehr beginnen sich die Dinge zu entspannen. Der Grund, warum Menschen gerne ein Glas Wein oder Bier miteinander trinken, besteht darin, den Prozess des allmählichen Nachlassens zu verkürzen. Dies kann aber auch durch absichtliches Lösen und Entspannen erreicht werden.

Die Überwindung der Angst vor dem Tod folgt dann demselben Prozess. Wenn man sich mit den Erzählungen der Menschen über Nahtod-Erlebnisse oder mit denen, die zum Beispiel friedlich verstorben sind, vertraut macht, entspannt man sich bei diesem Thema. Alle Phobien sind im Wesentlichen Todesangst. Untersucht man genau, wovor man eigentlich Angst hat, während man den Widerstand reduziert, entspannt sich die Angst.

KAPITEL DREI
EMOTIONALE KLÄRUNG UND ENTLASTUNG

Wie man emotionale Freiheit erfährt

Wir halten an negativen Emotionen fest, weil wir denken, dass das Fühlen von ihnen gerechtfertigt ist oder dass es uns beschützen wird. Viele bevorzugen es, zynisch zu sein, anstatt zu vertrauen. Zu vertrauen, wird als naiv angesehen. Wohingegen Zynismus als Schutz vor Lügen und Übervorteilung betrachtet wird. Aber das stimmt nicht. Genau das Gegenteil ist wahr! **Menschen zu vertrauen, ist ein viel besserer Lügendetektor als zynisch oder paranoid gegenüber Menschen zu sein.** Das ist wissenschaftlich bewiesen.

Viele denken, dass furchtsam zu sein sie vor Gefahren beschützt. Also halten sie an dem falschen Glauben fest, dass es das Risiko verringert, dass etwas Schlimmes passiert. Noch einmal, genau das Gegenteil ist der Fall. Angst wird die Wahrnehmung verzerren und eher Gefahr als Ablenkung bringen. Sowohl Tiere als auch Menschen können Angst empfinden und greifen mit größerer Wahrscheinlichkeit jemanden an, der Angst hat. Mit wenigen Ausnahmen wie der Angst vor wirklichen Gefahren für das Leben gibt es keine berechtigte Angst.

Viele denken, dass Wut die richtige Reaktion auf Ungerechtigkeit ist. Jemand hat dir Unrecht getan oder dich betrogen und der erste Impuls ist, wütend zu werden. Der falsche Glaube ist, dass deine Wut diese Person als eine Art »Rache« verletzt oder einschüchtert. Was aber wirklich passiert ist, dass **der Ärger dir mehr schadet als dem anderen**. Es bringt dich außer Kontrolle, es schränkt deinen Körper und deinen Geist ein, es schränkt deine Sicht ein, sodass du an nichts anderes als an die Ungerechtigkeit oder an diese Person denken kannst. Die beste Rache ist kein Gefühl von Wut, sondern eine Befreiung der Emotion, eine Befreiung von dieser Person.

Mit nur sehr wenigen Ausnahmen schützen negative Emotionen nicht, noch rächen sie dich. Sie ziehen Lebensenergie ab und führen zu Erschöpfung, Krankheit und wenig wünschenswerten Lebensumständen. Die beste Option ist also fast immer das Frei- und Loslassen. Das konstante Frei- und

Loslassen von Emotionen wird zu wahrer emotionaler Freiheit führen. **Wie man das tut? Fühle ein Gefühl vollständig, lass es durch dich hindurchziehen (anstatt dich ihm zu widersetzen) und dann entscheide einfach, die Beschäftigung mit diesem Thema aufzugeben. Das kann jeden Tag und für alle Gegebenheiten wiederholt werden, um einen immer größeren inneren Freiraum und ein Wohlgefühl zu erreichen.**

Emotionen können genau dann freigelassen werden, wenn sie auftauchen. Eine Methode, die ich gerne anwende, ist, **mich bewusst in Situationen zu begeben, die alte Angst-Programme oder Wut-Programme oder Selbstbestätigungsprogramme hochbringen könnten**. Weil das Auftauchen dieser Gefühle die beste Zeit und Gelegenheit ist, sie aufzulösen. Ich bin dankbar für Ereignisse, die diese Emotionen hochbringen. In einer langen Schlange am Check-in am Flughafen zu stehen, könnte Gefühle von Langeweile oder Frustration hervorrufen. Also ist diese Schlange eine willkommene Gelegenheit, weil sie es mir erlaubt, mich selbst von schweren Gefühlen zu befreien, die mich an die Dichte der Realität fesselt. Die lange Schlange hat nichts mit meiner Frustration zu tun, die Frustration wird im Inneren erschaffen als Reaktion auf ein äußeres Ereignis.

Um die Suche nach Bestätigung oder eine Bedürftigkeit zu überwinden, kann man sich selbst bewusst in eine Situation begeben, in der man von jemandem kritisiert wird (wenn es dir keine Angst macht, kritisiert zu werden, kann es schwer werden, jemanden zu finden, der dich kritisiert).

Menschen laufen mit tausenden festgefahrener Emotionen herum. Dies sind Energien, die im Körper und dem persönlichen Energiefeld gespeichert worden sind. Je mehr davon man erlaubt, an die Oberfläche zu kommen, und sie damit freilässt, umso leichter und freier fühlt man sich. Die gute Nachricht ist: **Eine befreite Emotion entspricht in etwa eintausend befreiten Gedanken!** Eine einzige festsitzende Emotion kann mit Leichtigkeit mehr als tausend Glaubenssätze, Erinnerungen, Gedanken und Gesinnungen mit sich tragen. Indem man der Sache auf den Grund geht, weg von der Gedankengeschichte und direkt zu den Kernemotionen im Körper selbst, arbeitet man an der Wurzel und am Wesen statt an der Oberfläche. Emotionale Freiheit bringt Ruhe und eine schnelle Steigerung der allgemeinen Fähigkeiten, Intelligenz und Lebendigkeit.

Wie man unerfreulichen emotionalen Zuständen und Schmerzen erlaubt zu verschwinden

Um alle unangenehmen Emotionen, Spannungen, Empfindungen, Zustände und Schmerzen verschwinden zu lassen, muss man das Bewusstsein von den Gedanken, Etiketten und Gedankengeschichten auf **den Kern der Energie selbst verlagern.** Ich möchte dir ein paar Beispiele nennen.

Nehmen wir an, du wärst ein »Frustesser«, heißt, jedes Mal, wenn du eine innere Leere, Unsicherheit oder ein Verlangen fühlst, gehst du an den Kühlschrank und holst dir etwas zu essen. Mithilfe dieser Technik hättest du das Gefühl des Hungers oder der Leere innerhalb von ein oder zwei Minuten aufgelöst. Du würdest dir diese Minute genommen haben, um dich hinzusetzen und dich nicht auf deine Vorstellungen von Hunger, Leere oder Essen zu konzentrieren, sondern um dir deinen Körper und dein Energiefeld im Hinblick auf die Emotion selbst genauer anzusehen. Du verlagerst deine Aufmerksamkeit auf das vage Gefühl innerhalb deines Feldes oder in deinem Magen, deiner Brust, deiner Stirn oder wo auch immer in deinem Körper und du atmest damit. Während du atmest und dabei **voll und ganz die Emotion fühlst und erfährst**, während du jeglichen Widerstand, jede Etikettierung und Aversion gehen lässt, verschwindet das Gefühl innerhalb einer Minute. Bleib einfach dran, bis es verschwunden ist. Das bedeutet, dass Hunger mindestens zu 50 Prozent eine subjektive Schöpfung des Geistes ist und innerhalb einer kurzen Zeit aufgelöst werden kann. Was dann? Nun, dann hast du Energie gewonnen und fühlst weder Hunger noch das Gefühl, essen zu müssen, um ein Loch zu füllen. **Die Freude am Essen wird dann durch das Essen selbst erschaffen werden und keine geistige Kreation mehr sein.** Das ist der Punkt, an dem du anfangen wirst, natürlichen Hunger zu verspüren oder Freude, sobald du den ersten Bissen isst. Und das Essen wird deshalb auch besser schmecken.

Oder vielleicht hast du bereits dein »emotionales Essen« hinter dir und fühlst dich nun deswegen schuldig, weil du »zu viel gegessen hast«. Nun, **anstatt zu versuchen, die Schuldgefühle durch wahllose Aktivitäten zu kompensieren, könntest du auch einfach dieses Gefühl lösen und es verschwinden lassen.** Du würdest dich dann setzen und deine Aufmerksamkeit auf das Schuldgefühl im Körper richten. Alleine das Unterlassen des Benutzens des Etiketts »Schuld« bringt dich einfach dahin, wo die Ursprungsenergie sitzt. Du wirst bemerken, dass das, was du als »Schuld« bezeichnest, nur eine weitere widerstrebende Bewegung von Energie ist. So entspannst du dich hinein, gibst deinen Widerstand frei, bewegst dich zum

Kern der Emotion und sie wird innerhalb von Minuten verschwinden. Wenn du dies gründlich tust, musst du es nicht immer wieder freigeben. Wenn du es hastig tust oder wenn es noch einen subtilen Widerstand gibt, musst du möglicherweise den Vorgang wiederholen. Das Auflösen des emotionalen Hungers kann einige Tage dauern (einige Minuten pro Einheit), aber was ist das im Vergleich zu einer lebenslangen Sklaverei für solche Gelüste? Es ist nichts.

Was passiert, wenn sich zwei Menschen streiten? Nun, sie machen das Gegenteil von emotionalem Loslassen. Anstatt in sich selbst hineinzuschauen, auf die Energie, die sie erschaffen, schauen sie, was »der andere falsch macht«. Anstatt die Energie selbst zu betrachten, schauen sie auf die Geschichte der Gedanken, die aus ähnlichen vergangenen Ereignissen besteht. Natürlich ist auch hier emotionales Loslassen der beste Weg, um das ganze Problem zu lösen. Du schaust nicht auf die Energien, die von den anderen kommen, du schaust auf deine eigenen inneren Reaktionen und löst sie Schritt für Schritt auf.

Eine fortgeschrittene Version davon kann bei körperlichen Beschwerden und Schmerzen angewendet werden, die keinen medizinischen Eingriff erfordern (ein schlechter Zahn erfordert einen medizinischen Eingriff – man kann diese Technik auch für diesen Zahn verwenden, sollte dies jedoch bald auch physisch beheben lassen). In diesem Fall gehst du von deinen Erwartungen und der Geschichten deiner Gedanken weg und richtest einfach das Bewusstsein auf die Empfindung selbst und fühlst, was auch immer da ist. Während du deine Abneigung dagegen loslässt, bewegst du dich darin, spürst das Zentrum und die Peripherie und bist dir auch der Orte bewusst, an denen du keine Verbesserung erzielen kannst. Normalerweise identifizieren wir Schmerzbereiche durch unsere Aufmerksamkeit, aber mit Widerstand. Wenn man den Bereich genau bestimmen möchten, tut man dies am besten ohne Widerstand. Am besten folgst du deiner Aufmerksamkeit, indem du sie auf den Rest deines Körpers und auf Orte richtest, an denen du keine Schmerzen hast, sodass du die Gewohnheit verlierst, diesen Ort genau zu bestimmen. Alle Schmerzen, die keinen körperlichen Eingriff erfordern, können mit dieser Technik gelöst werden.

Alles, was es braucht, ist die **einmalige**, vollkommene Aufmerksamkeit. Das erspart dir die Mühe, immer und immer wieder Aufmerksamkeit darauf lenken zu müssen, weil deine Aufmerksamkeit bisher nie voll und ganz dieser Sache gegolten hat. Du magst mit dieser Vorgehensweise vertraut sein und sie vom Umgang mit Menschen kennen, die dich ständig nerven. **Sie werden dich weiter und weiter nerven, bis sie das Gefühl haben, die ihnen zustehende und volle Aufmerksamkeit von dir einmal bekommen zu haben, wodurch sie Erleichterung erfahren und ihre Wahrnehmung auf andere Dinge lenken können.**

Der emotionale Reinigungsprozess (Illustration)

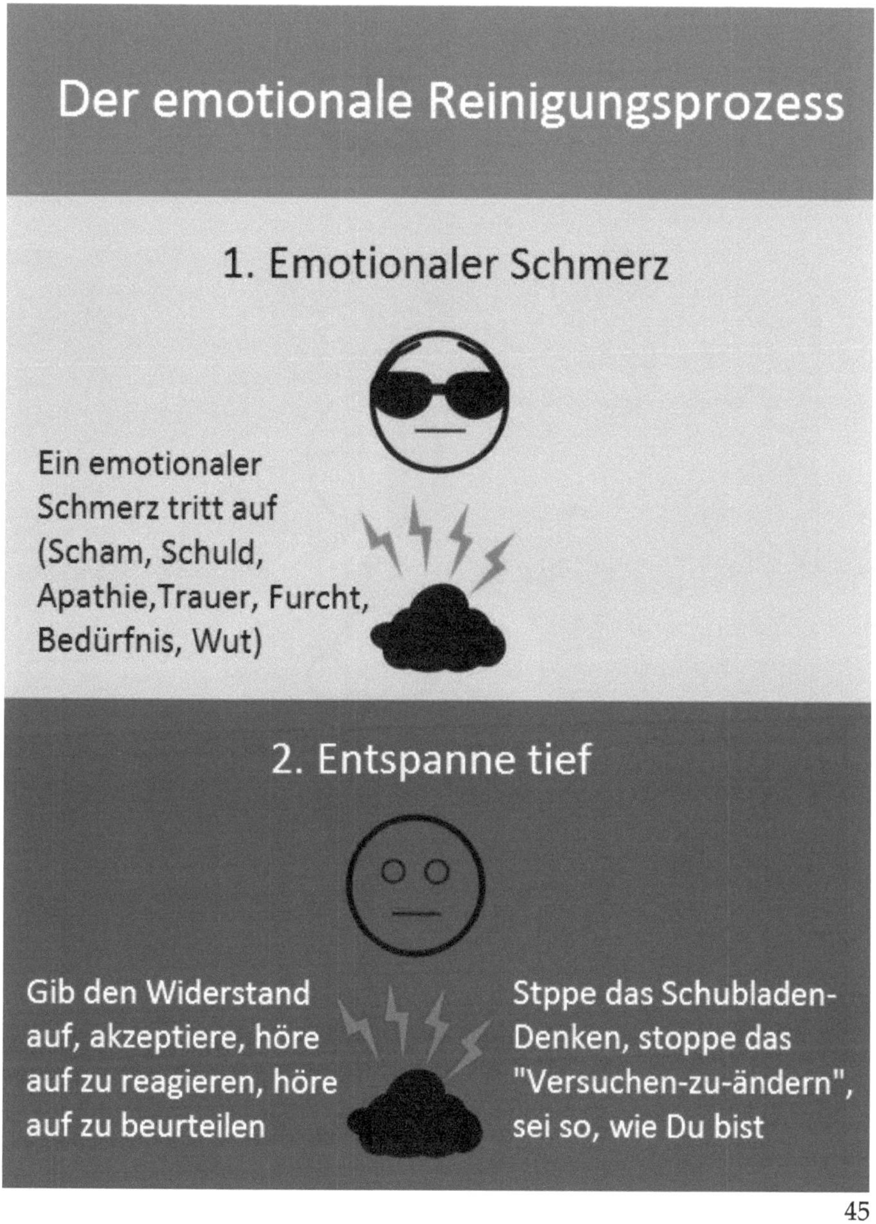

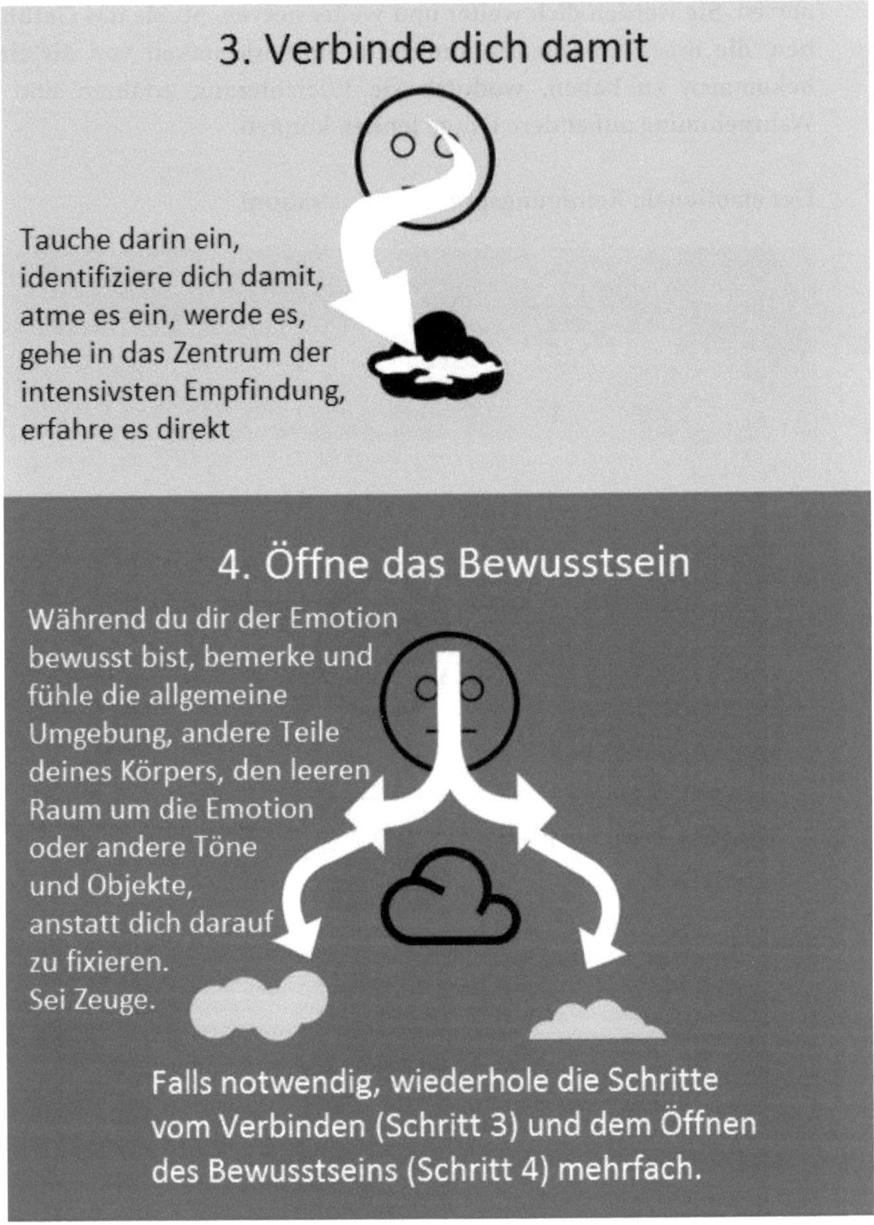
3. Verbinde dich damit
Tauche darin ein, identifiziere dich damit, atme es ein, werde es, gehe in das Zentrum der intensivsten Empfindung, erfahre es direkt
4. Öffne das Bewusstsein
Während du dir der Emotion bewusst bist, bemerke und fühle die allgemeine Umgebung, andere Teile deines Körpers, den leeren Raum um die Emotion oder andere Töne und Objekte, anstatt dich darauf zu fixieren. Sei Zeuge.
Falls notwendig, wiederhole die Schritte vom Verbinden (Schritt 3) und dem Öffnen des Bewusstseins (Schritt 4) mehrfach.

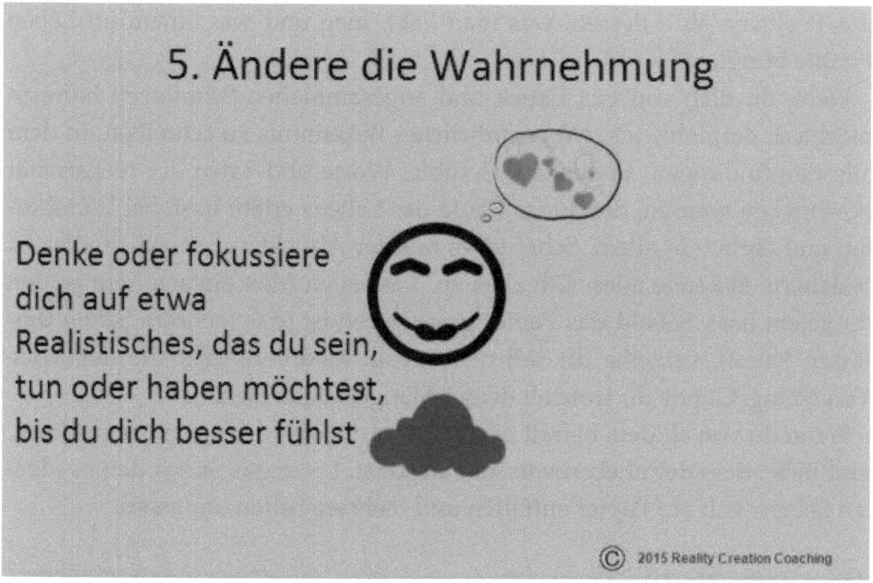

Die Kraft der Anerkennung

Was du zugibst, bekennst und vollständig anerkennst, wird dich nicht mehr kontrollieren. So kannst du zur Versöhnung mit dir selbst gelangen, indem du deine Übertretungen bekennst, zu deiner Negativität und deinen Mängeln stehst, deine negativen Überzeugungen anerkennst, die dich weiterhin festhalten, und alle Handlungen bekennst, die durch Wut, Groll, Schuld, Scham, Angst, Traurigkeit, und Frustration motiviert wurden. Nicht zuzugeben, auch nicht für sich selbst, und weiterhin zu sagen »Alles ist gut«, »Mir geht es gut«, »Alles ist gut« ist psychologische Verleugnung. Diese Art von Verleugnung wird leider von so vielen Lehren des »positiven Denkens« in der Psychologie und der Literatur des neuen Zeitalters gespeist. Das andere Extrem, das von Skrupellosigkeit genährt wird, besteht darin, sich ständig für seine »Sünden« kleinzumachen und niemals positiv zu denken. Das ist es, was die »Reality Creation«-Technik (dazu im Buch desselben Namens mehr) so einzigartig und wirkungsvoll macht: Man verleugnet weder das Positive noch das Negative. Die gesamte Technik ist dem Grunde nach eine »bekennende« Sitzung über den gesamten Müll und alle Negativität, an der man selbst und das Bewusstsein der breiten Masse festhält. In dem Moment, in dem man bekennt und anerkennt – mental, verbal oder geschrieben – hilft man all diesen Programmierungen dabei, befreit zu werden. Zur gleichen Zeit, um nicht im See der Negativität zu versinken, wechselt sich bei dieser Technik dies mit dem Fokussieren des Positiven ab – dessen, was man liebt, mag und was einem im Leben Freude bringt.

Wenn du dich von viel Druck und angesammelten Schmerzen befreien möchtest, empfehle ich, ein ausführliches Bekenntnis zu schreiben, in dem alle Empfindungen, Gedanken, Gefühle, Worte und Taten der Negativität beschrieben werden, die du im Laufe des Lebens erlebt hast. Sei brutal offen und ehrlich in allem. Schreibe es mit der Absicht auf, wirklich alles zu bedauern. Bekenne alles. Gib alles zu. Lass allen Mist einfach heraus, den du gelebt hast. Sobald das Papier geschrieben ist (das mehrere Seiten umfassen kann!), verzeihe dir selbst liebevoll. Meditiere über die liebevolle Vergebung. Gönne dir trotz all deiner Mängel etwas Liebe.

Wenn du von all dem befreit und erlöst bist, notiere dir, was du möchtest, und liebe, dass dein Leben von nun an so ist. Lasse das Skript deines idealen Lebens sich auf Papier entfalten und mehrere Seiten umfassen.

Zerquetsche die Zitrone

»Zerquetsche die Zitrone« ist ein Satz, den ich in meinen Coachings immer wieder gerne verwende. Jede problematische oder festgefahrene Wirklichkeit hat irgendeine Energiequelle, eine emotionale Ursache. Lass die aufgestauten Gefühle heraus und deine Wirklichkeit verändert sich, manchmal drastisch. Wenn jemand scheinbar nicht in der Lage oder nicht willens ist, festgefahrene angestaute Energie hochzubringen, bringe ich Fragen auf den Tisch wie: »Was wäre das Schlimmste, das dir in Bezug auf dieses Thema passieren könnte?«, »Wovor fürchtest du dich am meisten?« oder »Stell dir vor, du wirst nie im Leben erfolgreich sein.« Oder: »Stell dir vor, du wirst diese Tatsache nie ändern.« Einer Sache auf den Grund zu gehen oder sich das Schlimmste vorzustellen, ist das **Zerquetschen der Zitrone**. Es bringt im Normalfall selbst bei Vermeidern und Ungeübten Energien/Emotionen hervor.

Denke einfach an eine Realität, die du gerne erschaffen würdest, aus irgendeinem Grund aber bisher noch nicht erschaffen hast. Nun stelle dir das genaue Gegenteil davon vor und dass diese erwünschte Wirklichkeit niemals Realität werden wird und du für immer in dem, was du heute hast, feststecken wirst. Erlaube dem Gefühl oder der Energie nun hochzukommen, erlaube dir selbst, das zu fühlen. Nur auf diese Weise wird es aus dir herauskommen und verschwinden. Fahre damit fort, *die Zitrone zu zerquetschen*, bis da keinerlei Belastung mehr in Bezug auf diese Sache vorhanden ist und bis es dich wirklich nicht mehr kümmert, ob etwas passieren oder niemals passieren wird.

Hast du einmal einen Zustand jenseits von Besorgnis oder Betroffenheit erreicht, lenke deinen Fokus zurück auf die Realität, die du lieber kreieren würdest. Du wirst sehen, dass es jetzt viel einfach ist, sie weiterzuverfolgen.

Heilendes Schamgefühl

In diesem Abschnitt findest du eine Übung, mit der du das festgefahrene Gefühl von Scham, verdrängter Scham und Wertlosigkeit für einen erheblichen Gewinn an Lebensenergie und die Heilung von Zwängen heilen kannst. Scham ist eine niederfrequente Energie, die dich üblicherweise aufhält. Wenn es ein natürliches Schamgefühl in Bezug auf falsches Handeln ist, ein Gefühl von Reue, wenn man jemanden verletzt hat, dann kann man dieses Gefühl freilassen und überwinden, indem man liebevoll Wiedergutmachung betreibt, bis man das Gefühl hat, die eigene Schuld beglichen zu haben. Aber oftmals ist das Schamgefühl, das Menschen festhält, nicht natürlichen Ursprungs, es ist neurotisch. Wenn Sie die Grenzen anderer nicht wirklich überschritten haben, gibt es keinen Grund, sich zu schämen. Unnatürliche Scham, die ein Gefühl der Wertlosigkeit ist, rührt davon, in der Kindheit und im Erwachsenenalter zu sehr gedemütigt und niedergemacht worden zu sein. Um die Schande zu vertuschen, verstecken sich die Menschen hinter Zwängen und Rollen, indem sie sich selbst und andere ständig niedermachen und sich selbst und andere „falsch" machen. Einige Ticks und Kuriositäten, die die Menschen seit Jahrzehnten mit sich herumtragen, stammen aus verdrängtem Schamgefühl. Ich habe Heilungen von Menschen erlebt, die ihre Scham heilen, sodass selbst Ärzte verwirrt waren.

Um die festsitzende Energie der Scham zu befreien, muss sie **bewusst** hochgeholt werden. Wenn man es mit Absicht bewusstmacht, ist es ganz anders, als würde es automatisch auftreten. Betrachte also Situationen, in denen Schamgefühl auftritt:

Wann glaubst du, etwas Unangebrachtes gesagt oder getan zu haben, wünscht dir, du hättest es nicht gesagt?

Was hast du für ein Geheimnis, das niemand erfahren sollte?

Wo bist du besorgt, dass die Leute »herausfinden, wer ich wirklich bin«?

Auf welche Weise denkst du, dass du fehlerhaft bist, egal, was du tust?

Schämst du dich, andere ignoriert, missbraucht oder misshandelt zu haben oder dass du kein Mitgefühl oder nicht genug Leistung erbracht hast?

Hast du jemanden betrogen?

Schreibe jedes Schamgefühl auf, das dir in den Sinn kommt. Es **aufzuschreiben,** ist hilfreich, um noch mehr zu fokussieren und das Gefühl aus dem System herauszubekommen. Während und nach dem Aufschreiben solltest du **deinen Körper überprüfen,** wo genau die Energie sitzt. Ist es am Ende der Wirbelsäule, im Hinterkopf, in der Mitte des Magens, den Genitalien, der Brust oder woanders? **Atme mit** und in diese Körperpartien, um **die Verstopfung zu lösen.** Hinter der Scham finden sich möglicherweise auch andere Emotionen, die befreit werden müssen. Diese zugrundeliegenden Energien können nur entdeckt werden, wenn die anfängliche Energie zuerst aufgeweicht wird. Lokalisiere sie und **werde Zeuge** von dem, was auch immer erscheint, und tue dies mit **Selbstrespekt,** Liebe und Wertschätzung. Dich selbst zu respektieren, bedeutet, dich selbst als »in Ordnung« und liebenswert ansehen zu können. Du kannst dir sogar selbst sagen **»Du bist in Ordnung, genau so, wie du bist, mein Freund«**, während du diese Übung machst. Während du schreibst, scanne deinen Körper, atme und strahle Liebe aus. Das festsitzende Schamgefühl wird sich auflösen und du wirst einen **Überschuss an** Energie fühlen. Es ist ratsam, dass du etwas Zeit damit verbringst und es wiederholst, bis du dich leicht und immer weniger beschämt fühlst. Schamfrei bedeutet nicht, dass man ausgehen und sich schamlos im Sinne von respektlos benehmen kann. Schamlos zu sein, bedeutet, dass man nicht länger das Bedürfnis verspürt, sich zu verstecken, sich zu schützen oder Rollen zu spielen, wenn man mit Menschen kommuniziert.

Überwindung der Angst vor Zurückweisung

Hier nun eine Schritt-für-Schritt-Anleitung, um die Angst vor Zurückweisung zu überwinden:

1. Schreibe **verborgene Absichten** gegenüber der Person auf, deren Zurückweisung du fürchtest.

2. Schreibe **projizierte Absichten** auf – das sind die Absichten, von denen du meinst, dass die andere Person sie hat.

3. **Befreie** all diese Ideen, Gefühle und Glaubenssätze, die du aufgeschrieben hast. Benutze dafür eine Technik, die du bereits kennengelernt hast.

4. Nähere dich in deiner Vorstellung vielen Menschen und lass sie dich zurückweisen. Fahre damit so lange fort, bis es für dich in Ordnung ist und

du entspannt dabei bist. Dann fahre so lange fort bis du es fast genießt, zurückgewiesen zu werden.

5. Nähere dich nun vielen Menschen in deiner Vorstellung an und lass sie dich wertschätzen und billigen. Fahre damit so lange fort, bis du es wirklich genießt, von anderen wertgeschätzt und akzeptiert zu werden.

6. Setz dich hin und meditiere. Gib die Ablehnung und den Ärger auf dich selbst auf und bade in Liebe, Vergebung und Respekt.

7. Nähere dich verschiedenen Personen im wirklichen Leben, egal ob du unsicher bist oder nicht. Während du dich ihnen näherst (besonders denen, bei denen du Angst hattest, dass sie dich ablehnen werden) und mit ihnen redest, halte deine wertschätzende Aufmerksamkeit zu ihnen aufrecht.

a) Nähere dich ihnen, egal wie du dich fühlst. Sollten da immer noch Gefühle von Unzulänglichkeit vorhanden sein, erlaube ihnen, an die Oberfläche zu kommen. Atme und entspanne, so gut es trotz dieser Gefühle geht. Vermeide nicht den Kontakt, nur weil du unsicher bist.

b) Bemühe dich, deine Aufmerksamkeit über deine eigenen Anliegen hinaus zu richten und die Liebe auf die andere Person auszudehnen. Anstatt zu fragen: »Welchen Eindruck mache ich?«, erweitere einfach die Wertschätzung.

Wiederhole dies, bis keine »Angst vor Ablehnung« mehr in deinem Leben vorhanden ist.

Wie man die Schuld stoppt

Schuld gehört zu den energieabbauendsten Emotionen. Es ist ein Gefühl der Reue oder des Bedauerns über wahrgenommenes oder echtes Fehlverhalten. Ihre Schwestern sind Selbstbeschuldigung, Scham und Schande.

In meiner Arbeit habe ich herausgefunden, dass die meisten (zirka 95 Prozent) Schuldgefühle noch nicht einmal auf einem wirklichen Fehlverhalten basieren. Mit anderen Worten, kein Mord, keine Entführung, Vergewaltigung, kein Diebstahl oder keine Misshandlung ist begangen worden. Stattdessen sind die meisten Schuldgefühle durch starres Denken verursacht worden. Neueste Beispiele aus privaten Sitzungen mit Klienten umfassen: »Schuldgefühle, weil man ärgerlich geworden ist«, »tiefes Schuldgefühl wegen des Selbstmordes eines Freundes«, »Schuldgefühl, weil man selbst erfolgreicher ist als der Rest der Familie« und »unverzeihliche Schuld wegen einer außerehelichen Affäre«, »Schuldgefühl, finanzielle Schulden nicht beglichen zu haben«, »Schuldgefühle, weil das väterliche

Geschäft verlassen wurde«. Ein genauerer Blick auf jeden dieser Punkte zeigt, wie die Schuld gestoppt oder gelöst wird.

Das »Schuldgefühle, weil man ärgerlich geworden ist« war verbunden mit dem Glauben daran, dass es »schlecht ist, ärgerlich zu werden«, weil es »meinem bevorzugten Lebensstil von Frieden und Harmonie widerspricht«. Dieser Klient hat seinen Ärger unterdrückt. Indem *Schuld* der Gleichung hinzugefügt wurde, wurde der Ärger fixierte. Mit anderen Worten, es wurden mehrere »Widerstandsschichten« gesammelt, die garantierten, dass er diese Emotionen immer wieder erlebte. Zuerst wurde er laut und wütend auf jemanden. Später kam ein Schuldgefühl auf, weil er diese Person angeschrien hatte. Später wurde das Bedauern über Schuldgefühle hinzugefügt. Die Konversation war gemäß der Werte von »sollte« und »darf nicht« verlaufen: »Ich sollte keinen Ärger fühlen«, »Ich weiß, dass ich keine Schuld empfinden sollte« usw. Anstatt die Gefühle freizulassen und zu fühlen und authentisch wütend zu sein, ohne Schuldgefühle (was dazu führen würde, dass der Ärger innerhalb weniger Minuten verschwindet und nicht immer wiederkommt), benutzte er seine Interpretation von »positivem Denken« und »positiven Gefühlen«, die er in Büchern gelesen hatte, bestrafte sich mit Schuld und Reue. Sein Verstand hatte positiv denkende Lehren zu einer überstrengen Religion gemacht. Infolgedessen litt er an »ADHS« und sein Gehirn leistete Überstunden. Übermäßiges Denken wurzelt darin, Gefühle zu unterdrücken und nicht zu atmen. Sobald der Klient sowohl seinen Ärger als auch seine Schuld vollständig zugelassen hatte, ließ seine Anspannung und Angst nach und er wurde wieder ganz er selbst.

Das »tiefe Schuldgefühl wegen des Suizids eines Freundes« war jemand, der die Schuld für die Handlungen eines anderen Menschen auf sich nahm. Aber tatsächlich ist es so, dass niemand sonst als die Person, die Suizid begeht, dafür verantwortlich ist. Es sind sie, die »keinen anderen Ausweg« sehen. Sie fühlen sich der Aufmerksamkeit entzogen. Selbst wenn so jemand behauptet, ein Opfer zu sein, stirbt er durch seine eigenen Hände aus dem einfachen Grund, dass er sein Bewusstsein so eingeschränkt hat, dass er keine Optionen mehr sieht. Der Student, der sich in Schuldgefühlen wälzte, sagte in diesem Fall etwas Aufschlussreiches, das sich als der Schlüssel zur Erleichterung erwies: »Wenn ich mich nicht schuldig fühle, ist es, als würde er mich nicht interessieren. Wie kann ich mich nicht um ihn kümmern?« Was sich herausstellte, war, dass »Schuld« in seinem Kopf mit »Fürsorge« verbunden war. So haben wir den Unterschied zwischen

Schuld und Mitgefühl gespürt (was eine viel aufmunterndere Emotion ist). Nachdem wir uns ein paar Mal zwischen den beiden hin und her bewegt hatten, konnte er seinen Zustand leichter auswählen und fortan Mitleid wählen, wenn er an seinen verstorbenen Freund dachte.

Das »Schuldgefühl, weil man selbst erfolgreicher ist als der Rest der Familie«, mag verrückt klingen, ist aber tatsächlich ein gängiges Gefühl und das, was am stärksten für globale Armut verantwortlich ist. Diese Menschen halten sich unbewusst oder bewusst arm, um sich nicht von ihren Angehörigen oder der Gemeinschaft getrennt zu fühlen. »Erfolgreich« kann jedoch auch anders verstanden werden: als Gelegenheit, Familie oder Gemeinschaft zu inspirieren und zu unterstützen. Diese Umrahmung befreit die Schuld teilweise. Die verbleibende Schuld kann dann dazu führen, dass die erfolgreiche Person den größten Teil ihres selbstverdienten Geldes an Freunde und Familie weitergibt (Almosen aus Schuld statt aus Mitgefühl). Dieses Verhalten wurzelt in mehreren falschen Vorstellungen wie »Geld ist die Quelle des Glücks« und »Meine Familie/Freunde können ohne mich nicht leben«. Eine tiefere Untersuchung und Bewegung hin zu mehr lebensunterstützenden Überzeugungen wird die Situation dieser Personen (und die Situation der Menschen um sie herum) erheblich verbessern.

Bei der »unverzeihlichen außerehelichen Affäre« wälzte sich die Frau so sehr in Schuld, dass ich sicher war, dass sie es wieder tun würde (eine Affäre haben). Diese Aussage könnte dich überraschen. Die Menschen gehen davon aus, dass »Schuldgefühle wegen Fehlverhaltens« eine Person daran hindern, sich wieder so zu verhalten. Aber übertriebene Schuld trägt den Unterton »Mir kann nicht vergeben werden« (und die unterbewusste Erweiterung: »... denn so bin ich! Ich werde es wieder tun!«). Anders ausgedrückt: Ihre exzessive Unterdrückung der Sexualität führte zu ständigen Sexfantasien, die zu einer Erleichterung dieser Fantasien führten. Vielleicht erinnerst du dich an eine Zeit in der Kindheit, als deine Eltern dir nicht erlaubten, bestimmte Süßigkeiten zu essen. Wenn du es trotzdem getan hast, hast du dich möglicherweise schuldig gefühlt. Wenn du dich übermäßig schuldig gefühlt hast, war es fast sicher, dass du es in ein paar Tagen wieder tun würdest. Wenn du dich hingegen etwas leichter fühltest, war die Wahrscheinlichkeit, dass es immer wieder vorkommt, nicht gegeben. Die Frau in diesem Beispiel versicherte mir, dass sie es »nie wieder tun würde« und wie sehr sie sich vor ihrer Familie und ihrer angeheirateten Familie fürchtete. Bei einer so ernsten und strengen Atmosphäre rund um das

Thema Beziehung, Romantik, Affäre und Sex, dass sie mit niemandem über diese Dinge sprechen konnte, geschweige denn mit ihrem Ehemann, war es garantiert, dass sie sich wieder an anderer Stelle umsehen würde. Mit anderen Worten: Nur ein eingesperrter Vogel hat das dringende Bedürfnis wegzufliegen.

»Schuldgefühl, finanzielle Schulden nicht beglichen zu haben« und »Schuldgefühle, weil das väterliche Geschäft verlassen wurde« waren zwei gute Beispiele dafür, dass »Schuld fühlen« *absolut nichts für die Person tut, der man angeblich Unrecht tut.* Hilft dir dein Schuldgefühl, jemandem Geld zu schulden, dabei, dass er sein Geld zurückbekommt? Nicht im Entferntesten. Mit anderen Worten: Schuldgefühle sind eigentlich eher Ego-Trips als echte Versuche, anderen zu helfen. Anstatt Wiedergutmachung zu leisten oder das Geld zurückzugeben, sitzt man zu Hause und lehnt sich schuldbewusst selber ab. Ich habe oft die Frage verwendet: »Wie hilft deine Schuld den anderen?«, um Situationen schnell neu zu formulieren und die Schuld zu befreien. Selbst in Fällen legitimer Schuld, wo echte Opfer aufgetreten sind, kann das Schuldgefühl nichts für das Opfer tun. Es ist total egoistisch. Viel hilfreicher wäre es tatsächlich, etwas zu tun, um das, was passiert ist, wiedergutzumachen. Wenn du meinem Auto eine Schramme zugefügt hast, nimm es lieber mit in die Reparaturwerkstatt, als zu Hause zu sitzen und dich schuldig zu fühlen.

Unabhängig davon, aus welchem Blickwinkel wir es betrachten, wird die Aufhebung der Schuld den eigenen Energiezustand, die Beziehungen zu anderen, die Gesundheit und den eigenen Wohlstand verbessern. Man lässt die Schuld los, indem man sie vollständig fühlt und dann bewusst umdenkt, wie man die Situation aus einem ehrlicheren Blickwinkel sehen sollte. Wenn du an die Situation denkst, die die Schuld verursacht, wo fühlst du sie im Körper? Schaue dir den Gedanken, die Idee oder den Glauben an, durch die die Schuld entsteht. Dann ersetze diesen Gedanken durch einen ehrlicheren, realeren und optimistischeren. Führe das einige Male durch, bis ein neues Denkmuster gesetzt ist. Verwende deinen Atem, um die alten Emotionen zu verarbeiten und die neuen zu fühlen. Wenn du der Meinung bist, dass du es mit einem seltenen Fall von echtem Fehlverhalten zu tun hast, schreibe auf, wie du das wieder wettmachen könntest oder was – in deinem Kopf – erforderlich wäre, um die Dinge auszugleichen.

Selbst ein mäßig bewusster Mensch braucht keine Schuld und Androhung von Schmerz, um richtig von falsch unterscheiden zu können. Man kann sich seiner Fehler und Schwächen ohne Schuldgefühl oder Scham sehr wohl bewusst sein. Schritte zu unternehmen, um diese Schwächen zu überwinden, ist ohne das schwere emotionale Gepäck viel einfacher.

Die Übung »Geist entstauben«

Meine Gedanken absichtlich von dem Staub der Negativität zu befreien, ist etwas, das ich spontan etwa alle zwei bis drei Monate tue, während ich im Bett bin und bevor ich einschlafe. Ich mache es jedes Mal ein wenig anders, aber die wiederkehrenden Komponenten der Technik bestehen darin, negative Gedanken zu entdecken, negative Gedanken zu halten und dann bewusst zu entscheiden, zuerst die Bedeutung und Wichtigkeit loszulassen, die ich ihnen gebe, und dann die Gedanken selbst freizugeben. Normalerweise zieht die Negativität des Geistes einfach so durch, ohne das Loslassen, und man fällt einfach in den Schlaf. Aber durch das, was ich als Übung »Geist entstauben« bezeichnen möchte, wirst du etwas Leichtigkeit und Gewissenhaftigkeit zurückgewinnen und dem Ansturm der Negativität Einhalt gebieten. Du entdeckst einen Gedanken und bremst ihn ab, indem du ihn festhält. Um ihn klarer zu sehen, fühlt man ihn absichtlich, verschmilzt mit ihm oder untersucht ihn. Vielleicht erkennst du die Bedeutung oder Wichtigkeit, die du einem Ereignis gibst, und lässt diese Bedeutung los.

Dann gibst du diesem Gedanken einen Namen. Durch das Benennen dieses Gedankens, durch die Einordnung in eine Kategorie, entziehst du ihm etwas Energie. »Das ist der Gedanke zum bevorstehenden Auftritt.« »Das ist der Gedanke über das kaputte Auto.« »Das ist der Gedanke an Julie.« Durch das Benennen eines Gedankens ist es, als ob du diesen bewusst neu erschaffst und etwas Kontrolle über ihn gewinnst. Du lässt dann absichtlich los, indem du einfach Aufmerksamkeit entziehst. Lass ihn einfach fallen. Wenn das zu einfach ist, kannst du dir so etwas sagen wie: »Das bin ich nicht, das ist, was ich erschaffen habe. Ich erlaube mir, das loszulassen.« Auf diese Weise gehst du nun Gedanken für Gedanken und Thema für Thema vor, bis der gesamte Abfall an der Oberfläche des Geistes verarbeitet ist. Du erkennst, keiner dieser Gedanken hat etwas zu bedeuten. Sie sind nur reaktives Verhalten, das nichts mit der schönen und kraftvollen Seele zu tun hat, die du bist. Du kannst sie alle erkennen, freigeben und dann in tiefem Frieden einschlafen und in den kommenden Tagen frei von diversen Belästigungen sein. Sobald du mit dem Festhalten dieser Gedanken aufgehört hast, verschwinden die Ärgernisse aus diesem Erfahrungsbereich.

Das Loslassen von Gedanken

Weder sollte man schwierige Gefühle unterdrücken noch sie ausdrücken, sondern sie einfach loslassen. Das Loslassen von lästigen Dingen ist so einfach, den negativen Gedanken oder die Emotion zu entdecken, ihn sanft zu begrüßen, einzuatmen und dann beim Ausatmen die Aufmerksamkeit davon zu lösen. Diese einfache und elegante Technik kann viel Ärger ersparen. Bei schwierigeren Themen muss man die Empfindungen oder Manifestationen mehr als einmal loslassen.

Unterdrückung würde bedeuten, dass man versucht, die Negativität zu ignorieren oder von ihr abzulenken. Sie geht aber nicht weg, wenn man sich einfach entscheidet, nicht damit umzugehen. Das Ausdrücken würde bedeuten, darüber zu sprechen, zu schreiben, zu schreien und zu jammern. Die verbreitete Weisheit besagt, Negativität auszudrücken oder sie immer wieder im Kopf abzuspielen, würde sie freigeben. Aber sie geht nicht durch Wiederholung weg, im Gegenteil. Sogar die Wissenschaft stimmt mir in dieser Hinsicht zu.

Auszug aus dem »British Journal of Psychiatry« von April 1998, Seite 303:

»Missbrauch im Detail zu erleben (›Abreaktion‹) ist kein notwendiger Schritt auf dem Weg zur Heilung. Loftus (1997) überprüfte 30 zufällig ausgewählte Fälle aus 670 Anträgen, die beim Washington Victims Compensation Program eingereicht wurden. Sechsundzwanzig hatten eine Erinnerung an den Missbrauch durch die Therapie ›wiederhergestellt‹. Alle 30 waren nach drei Jahren noch in der Therapie, 18 davon länger als fünf Jahre. Nach der Behandlung waren 20 im Vergleich zu drei vor Beginn der Behandlung suizidgefährdet, 11 wurden in ein Krankenhaus eingeliefert (vgl. mit zwei vor der Behandlung), acht nahmen Selbstverstümmelung vor (siehe vorher) und in fast allen Fällen kam es zu einer Trennung der Ehe. Es hat den Anschein, dass in diesen Fällen die Genesung und die Abreaktion schwerwiegende Nebenwirkungen hatten.« – Sydney Brandon, M. D., et al. »Wiedererlangte Erinnerungen an sexuellen Missbrauch in der Kindheit: Auswirkungen auf die klinische Praxis.«

Du lässt einen bestimmten Gedanken oder ein bestimmtes Gefühl los, indem du dich darauf konzentrierst und dann den Wunsch loslässt, ihn ändern oder daran festhalten zu wollen. Dann hörst du auf, dem Gedanken so viel Bedeutung beizumessen, und entscheidest dich absichtlich dafür, ihn einfach fallen zu lassen, ihm deine Aufmerksamkeit zu entziehen, dich beim Ausatmen zu entspannen. Auf diese Art. Du sparst Energie, anstatt sie aufzubrauchen. Gedanken auszudrücken oder zu unterdrücken, verbraucht Energie, sie zu umarmen und loszulassen, setzt festgesetzte Energie frei. Die Realität ist eine Geschichte, die du dir immer wieder selbst erzählst. Du kannst die gleiche Geschichte weiter erzählen oder sie beenden. Und wenn du aufhörst, die Geschichte zu erzählen, wird sich deine Lebenserfahrung ändern.

In der Tat, wenn du jemals ...

(Ich habe mitten im Satz aufgehört, um zu zeigen, wie leicht es ist, einen Gedanken loszulassen. Ich muss den Gedanken nicht ausführen oder seine Richtigkeit beweisen.) Warum lässt du nicht einfach fallen, was dich stört? Keine deiner Geschichten hat etwas mit dem zu tun, was hier und jetzt los ist. Der Verstand spielt sie immer wieder ab, weil er der Meinung ist, dass du diese Gedanken zum Überleben brauchst. Er stellt sich ständig die Frage, ob Ort, Zeit, Menschen, Gespräche, Lebensmittel, Gebäude, Ideen, Ziele, Emotionen, die er erlebt, richtig sind oder nicht. Aber das Ganze kann sofort fallengelassen werden und erlaubt dir, in den gegenwärtigen Moment einzutreten, der lebhafter, bewusster und lebendiger ist als alles, was der Geist sich vorstellen kann. Der Geist kalkuliert nur Vor- und Nachteile, versucht, Zustimmung zu erhalten und Missbilligung zu vermeiden. Er hat keine Ahnung von der Lebendigkeit und Spontanität der Gegenwart. Lass es fallen. Lass es alleine laufen. Hast du jemals ...

Loslassen

Der selbsterhaltende Problem-Kreis

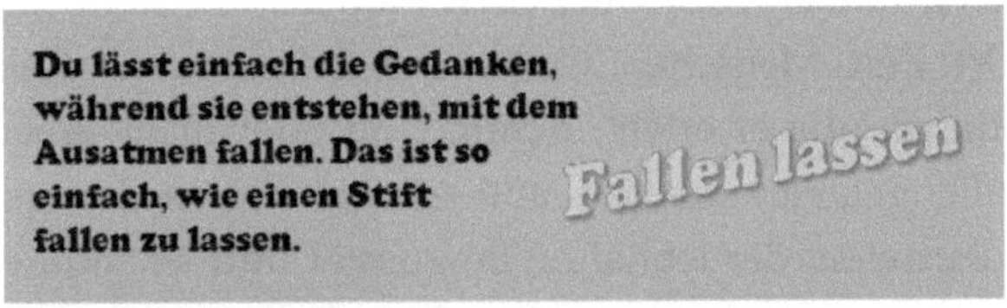

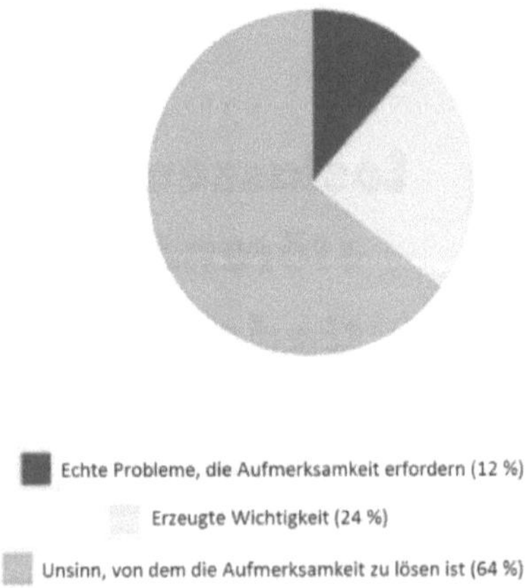

Sobald du mehrere Male bewusst die Aufmerksamkeit von einem Gedanken fallen gelassen hast, kommt dieser Gedanke nicht mehr auf. Einige Gedanken gehen nicht weg, wenn du sie fallen lässt, weil sie echte Probleme betreffen, die Handlung oder echte Ansprache benötigen. Aber selbst bei diesen Gedanken gilt: Sich darüber zu sorgen, ist keine Hilfe und du kannst die Sorge fallen lassen, während du an einer Lösung arbeitest.

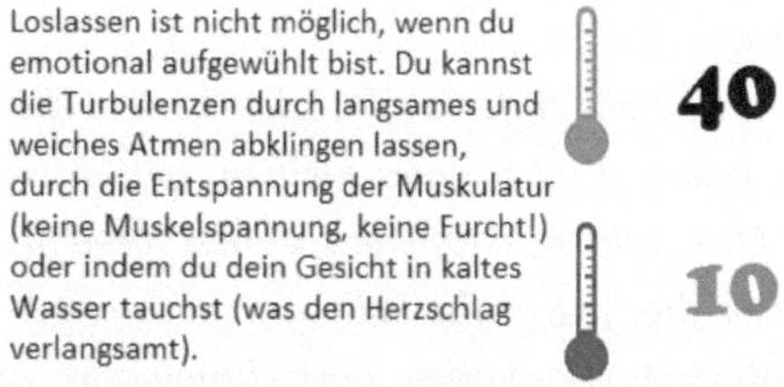

Sobald du etwas loslässt, hinterlässt es ein Vakuum. Es fühlt sich leichter und leerer an. Du kannst es so belassen oder stattdessen mit einem Gedanken füllen, den du gerne hättest.

Der selbsterhaltende Reality Creation Kreis

Der magische Fingerhut

Aus Wikipedia (engl.):

»Der magische Fingerhut ist ein einfaches Puzzle, bei dem die Finger des Opfers (oft die Zeigefinger) an beiden Enden eines kleinen, gewebten Bambuszylinders eingeschlossen werden. Die erste Reaktion des Opfers besteht darin, die Finger nach außen zu ziehen, aber dies macht die Falle nur noch enger. Die Lösung zum Entkommen aus der Falle ist, die Enden nach innen zur Mitte zu drücken, wodurch die Öffnungen vergrößert und die Finger freigegeben werden, bevor sie langsam aus der Falle gedreht werden, um den Spannreflex nicht erneut auszulösen. Eine zweite Form der Flucht ist, die Finger zusammenzudrücken und dann mit den mittleren Fingern und Daumen an den Enden der Falle zu greifen. Die Finger können dann leicht herausgezogen werden. Die chinesischen Fingerfallen sind auch eine gängige Metapher für ein Problem, das durch Lockerung überwunden werden kann, d. h. nicht zu sehr versucht wird, es zu lösen, oder für ein Glaubenssystem, das Bestrafung für den Unglauben in sich selbst beinhaltet.«

Anstatt das übliche »Kampf- oder Fluchtverhalten« zu verwenden, versucht man also, sich zu entspannen und sich dem zu nähern, was man zu lösen versucht. Der magische Fingerhut ist ein ideales Lehrmittel, um das Prinzip zu demonstrieren, dass »das, was man ablehnt, bestehen bleibt«.

Die missverstandene Kraft der Akzeptanz

Akzeptanz als transformative Lebenskraft wird oft als eine Art Resignation oder Apathie missverstanden. Ich unterrichte und predige in all meiner Arbeit Akzeptanz und die Leute sagen dann: »Aber wenn ich die Situation akzeptiere, wie sie ist, werde ich sie nicht ändern. Es wird immer so bleiben und ich will nicht, dass es so bleibt. Ich will, dass es sich ändert!« Sie sagen mir auch immer: »Wenn ich meine Realität akzeptieren würde, wie sie ist, würde ich nicht diesen ›Reality Creation‹-Workshop besuchen.«

Die Art, wie ich Akzeptanz unterrichte, impliziert nicht, dass die Realität sich nicht verändert oder dass man nicht nach Besserem streben sollte. Tatsächlich aber geht es hier um das weitestgehend unbeachtete Gesetz der Anziehung, demzufolge der Wunsch, Dinge zu ändern, gleichbedeutend mit einem vorhandenen Mangel ist. Es zieht sich wie ein roter Faden durch die Geschichte, dass jeder, der unglücklich war, Dinge »ändern wollte«. Daraus sind zahllose philosophische, politische, ökonomische und soziologische Lehren entstanden – die alle auf dem Unglücklichsein basieren, alle auf der Idee, dass »etwas mit der Welt nicht stimmt«. Wir schwärmen für Filme, Literatur, Organisationen, Ideen, die bestätigen, dass »etwas mit der

Welt nicht stimmt«. So wie du und viele andere der Überzeugung sind, dass du oder die Welt Veränderung braucht, dass du oder andere nicht absolut perfekt sind, wie sie sind – eine Illusion. Im unendlichen Kontext ist alles perfekt, genau so, wie es ist.

Lässt du erst einmal den Wunsch los, dich selbst oder die Welt verändern zu wollen, und erlaubst den Dingen, so zu sein, wie sie sind, akzeptierst du. Du erlaubst dir selbst und dem Leben, normal zu sein. Aber »normal« ist nicht länger ein Schimpfwort, stattdessen umarmst du die Normalität, du umarmst das Hier und Jetzt, wie es ist. Du lässt den Wunsch los, »auszusteigen« und »woanders zu sein« und akzeptierst voll und ganz deine Grenzen ohne jeglichen Widerstand.

Was dann passiert, ist paradoxerweise, dass du plötzlich viel einfacher in der Lage bist, die Realität zu ändern. Warum? Weil du glücklicher bist. Von einem Stadium des Glücks aus ist es so viel einfacher, die Änderungen vorzunehmen, die du gerne machen würdest. Du willst die Dinge nicht länger ändern, was bedeutet, dass du nicht länger einen Mangel empfindest. Nicht länger Dinge ändern zu wollen, impliziert ganz einfach die Änderung der Dinge. Wenn du nicht länger gegen die Realität ankämpfst, kämpft die Realität nicht länger gegen dich.

Oft sind alte Leute darin besser als wir jungen Leute. Es sind weise alte Leute, keine apathischen. Sie sehen, dass alle Kämpfe und der Kampf gegen die Welt Energieverschwendung sind. Niemand kann einen Kampf gegen den Strom des Lebens gewinnen, gegen die Kraft, die Universen erschafft. Du kannst genauso gut den Kampf aufgeben und mit dem Fluss des Lebens gehen, mit dem Leben arbeiten, mit dem arbeiten, was das Leben zu bieten hat.

Egal wie viele Revolutionen, Transformationen und Änderungen du umsetzen möchtest, am Ende des Tages wirst du immer wieder in deinem Bett aufwachen und das Leben wird weitergehen. Der Strom des Lebens ist die einzige Konstante. Wenn du akzeptierst, dass Leiden ein normaler Teil des Lebens ist, wirst du weniger davon abhängig sein. Die Menschen, die am meisten leiden, sind diejenigen, die das Leiden nicht als normalen Teil des Lebens akzeptieren können.

Zum Beispiel eine Person, die altert und fragt: »Wie kann ich deine ›Reality Creation‹-Technik anwenden, um das Altern anzuhalten?« Woraufhin ich antworte: »Zuerst sollte es inzwischen offensichtlich sein, dass das Altern ein natürlicher Prozess des Lebens ist und wir nur allmählich unsere irdische Lebensspanne vergrößern. Kannst du das akzeptieren?« Und dann könnte mir diese Person antworten: »Nein, das kann ich nicht akzeptieren. Ich werde woanders nach einer Lösung suchen!« Oh, na dann ... Wäre sie nur ein wenig länger geblieben, hätte ich ihr beibringen können, dass die Akzeptanz des Alterns als ein natürlicher Fakt ihr Gewebe im Gesicht entspannt hätte und ihr weitere zehn Jahre jugendlichen Aussehens gegeben hätte. Sie war zu ungeduldig bei ihrer Suche nach Veränderung.

In dreißig Minuten von der Qual zur Glückseligkeit

Dinge können sich radikal ändern, wenn du es ihnen erlaubst. Vor Kurzem hatte ich eine laufende Nase, hämmernde Kopfschmerzen und eine Mail, die mir mitteilte, dass ich eine Geldstrafe von 10.000 Dollar zu zahlen hätte. Ich befand mich in einem miserablen Zustand, also tat ich, was ich normalerweise tue, wenn ich mich in einem solchen Zustand befinde: ins Bett zurückziehen und in mich gehen. Ich wiederholte die Feststellung »Alles ist in Ordnung und ich fühle mich gut«, gefolgt von langsamem und tiefem Atmen, dem Willkommenheißen aller inneren Unruhen und dem Loslassen während des Ausatmens. Wie ich so dalag in der Dunkelheit, wiederholte ich diese Feststellung rund 50 Minuten, immer gefolgt von der tiefen Atmung, bevor sich alles entspannte und verlagerte. Nach rund 30 Minuten war der Kopfschmerz verschwunden, die laufende Nase war weg und der nächste Tag brachte mir eine Mail meines Anwalts, der mit mitteilte, dass ich überhaupt keine Strafe zu zahlen hätte. Keine Strafe zahlen zu müssen, ließ mich mich gut fühlen.

Emotionale Reinigung (Illustriert)

Stress ist meistens subjektiv

Stress ist meistens subjektiv, ein inneres Problem des Bewusstseins, keine äußere Realität. Verschiedene Menschen reagieren auf verschiedene Situationen auf unterschiedliche Weise. Ein weinendes Baby verursacht Stress bei einer Person und Mitleid bei einer Mutter. Das liegt daran, dass die Mutter dem weinenden Baby eine andere Bedeutung beimisst als ein Fremder. Eine Person nimmt einen Transatlantikflug mit mehreren Zwischenstopps, Verspätungen und überfüllten Räumen als anstrengend wahr, eine andere wird es als reizvoll empfinden. Ob man Stress fühlt oder nicht, hängt vom Bewusstseinslevel ab.

Neulich sah ich eine Frau, die immer wieder weinte und wiederholte: »Ich habe meine Brieftasche verloren! Ich habe meine Brieftasche verloren!« Ihr ganzer Körper zitterte und sie weinte, als würde die Welt untergehen. Ich erinnerte mich an eine Zeit, als ich meine Brieftasche verloren hatte und das eher amüsiert als mit Schrecken betrachtet hatte. Ich konnte die subjektive Bedeutung erkennen, die die Frau dem Ereignis zuschrieb: Sie hatte ihr Geld verloren, es war für sie jetzt vorbei und sie war nun nicht mehr in der Lage, sich selbst versorgen zu können. Weil sie fast hysterisch war, griff ich ein. Ich trat auf sie zu und sagte ruhig: »Sie müssen zur Bank gehen und Ihre Karten sperren lassen. Dann können Sie neue Karten bekommen. Tun Sie das sofort.« Mein ruhiges Benehmen beruhigte sie und ihre Augen leuchteten auf. »Ja, natürlich!«, sagte sie, als würde sie am Ende des Tunnels Licht sehen. Es stellte sich heraus, dass sie nur 50 Dollar in ihrer Brieftasche gehabt hatte und ihre Darstellung als Drama sehr übertrieben war. Aber in diesem Moment in der Öffentlichkeit hatte sie für viel Stress und Besorgnis gesorgt – für nichts.

Vor nicht allzu langer Zeit hat ein Kunde ein Corporate-Coaching-Projekt abgebrochen, an dem ich gearbeitet habe. Bei dem bestehenden Bewusstseinslevel, den ich vor fünfzehn Jahren hatte, hätte dies viel Stress »verursacht«. Ich hätte mich vielleicht geärgert: »Bin ich nicht gut genug?«, »Was werde ich ohne all das Geld tun?« etc. Heute freue ich mich über solche Ereignisse, denn sie geben mir die Zeit, viele, viele andere wunderbare Dinge zu tun. Meine Stressreaktion geht gegen Null.

Während einer kürzlich durchgeführten Gruppencoaching-Sitzung erwähnten einige Schüler, dass eine bestimmte Übung »schwierig« und »anstrengend« sei, während andere sagten, sie wäre »anregend« und »spaßig«. Ein Teil der Gruppe sah erfrischt und glücklich aus, ein anderer Teil müde. Was passiert ist? Nun, manche haben Widerstand gegen die Übung (und damit das Leben selbst) geleistet, andere nicht. Die Meditation, die im »Glückskurs« gelehrt wird, der »Probleme« und »Stress« umfasst und »Ja« dazu sagt, anstatt »Nein«, löst die ganze Angelegenheit elegant. In dem Moment, in dem ich gegen Stress vorgehe, nimmt der Druck zu. In dem Moment, in dem ich ihn völlig begrüße und sogar „mehr, bitte" sage, löst er sich auf.

Angenommen, es gäbe hunderte von Dingen, die du in deinem Haushalt tun könntest: Wechseln der Windeln, Erledigen von Besorgungen, Treffen mit Kunden, Treffen mit Freunde, Kochen, Arbeit - alles an einem Tag. Du wärest gut beraten, deine Körperbewegungen zu verlangsamen und dich immer nur auf eine Sache zu konzentrieren, anstatt deine Aufmerksamkeit zu teilen. Es wäre auch ratsam, diese Aktivitäten in Freude zu verrichten und als Tor zu größerer Erleuchtung zu betrachten, anstatt sich gegen sie als »dumme und weltliche Aufgaben« zu sträuben. Dies ist der Zen-Umgang mit Dingen.

Das Energieniveau bestimmt das Ergebnis. Wenn man auf der Ebene der Apathie ist, wird man die Zeitung öffnen und alle schlimmen Dinge auf der Welt bemerken. Ist man auf der Ebene des Ärgers, findet man Dinge, über die man sich beschweren kann. Wenn man auf der Ebene der Begeisterung ist, wird man beim Lesen der Zeitung alle möglichen interessanten Möglichkeiten entdecken. So einfach ist das. Das bedeutet nicht, dass alles subjektiv ist. Natürlich enthalten die Nachrichtenmedien unserer Zeit eine inhärente Ausrichtung auf Negativität und Sensationismus. Wenn du dich nicht in einem guten Zustand befindest, ist es eine gute Idee, keinerlei Nachrichten zu verfolgen.

Die Schnittstelle von Subjektivem und Objektivem ist bei Pharmazeutika leicht zu erkennen. Eine Droge hat einen inhärenten objektiven Effekt, der jedoch durch die Bewusstseinsstufe der Person verändert wird. Ein Entspannungsmittel kann jemanden, der in Apathie ist, in den Schlaf versetzen, ihn in einen entspannten Zustand bringen, und bei jemandem, der bereits entspannt ist, kaum etwas bewirken. Deshalb sage ich, dass Stress meist subjektiv ist, wenn auch nicht vollständig. Wenn in deiner Nachbarschaft Bomben abgefeuert werden, reagiert dein Körper auf fast jeder Ebene des Bewusstseins. Aber selbst hier, wenn man sich in einem erleuchteten Zustand befindet, verursachen nicht einmal Bomben Stress. Trotzdem lösen Bomben bei den meisten Menschen ein objektives Maß an Stress aus. Dieser Stress wird normalerweise so weit unterdrückt, dass die Menschen in die Apathie geraten, in der sie nicht einmal mehr Angst haben. Anstatt hysterisch zu sein, sitzen sie einfach da und sind teilnahmslos.

Fast alle Alltagssituationen können jedoch stressfrei sein. Ist der Stau, in dem man sich befindet, eine schlechte oder guten Sache? Es hängt von der Bedeutung ab, die man ihm gibt. Da ich viele wunderbare Hörbücher im Auto habe, ist ein Stau eine großartige Gelegenheit, um zu lernen. Wann würde ich sonst die Zeit haben, Hörbücher zu hören? Ich würde meinen täglichen Stau auf dem Weg zur Arbeit vermissen, wenn die Straßen plötzlich frei sein würden. Staus sind wunderbar, nicht schrecklich. Und trotzdem würden mir die meisten nicht zustimmen und sagen, was für eine schlechte Sache Verkehrsstaus sind. Gib auf spielerische Art den sogenannten »schlechten« Situationen im Alltag zu deinem eigenen Vorteil einen neuen Rahmen. Wenn du sie neu gestaltest, ändern sich die Situationen und werden wirklich nützlich. Letztendlich ist Stress ein Mangel an Liebe, der fehlende Wille, das Beste aus einer Situation zu machen. Stattdessen beschuldigt man das Äußere für die eigenen Missstände. Das Äußere zu beschuldigen, ist das Gegenteil davon, ein Realitätsschöpfer zu sein.

Wenn dein Ehepartner auf dich wütend ist, was bedeutet das? Bedeutet das, dass du ein schlechter Mensch bist, oder bedeutet es, dass er erschöpft ist? Die eine Bedeutung erzeugt Ärger oder Angst, die andere Mitgefühl. Was der Wahrheit näher kommt, erzeugt eine positive Emotion. Wenn du dir also sagst: »Er/Sie muss erschöpft sein, um so wütend zu sein«, ist dies näher an der Wahrheit dessen, was Ärger bedeutet, sodass du Mitleid statt selbst Ärger empfindest. Ein verärgerter Ehepartner muss keinen Stress in dir erzeugen.

Wenn du ein Fußballspieler bist und jemand dich foult, läufst du dann auf dem Spielfeld herum und beschwerst dich über das Foul oder siehst du es einfach als Teil des Spiels an, stehst wieder auf und spielst weiter? Letzteres ist eine Erfolgsstrategie. Während sich ein Spieler noch beschwert, hat der andere bereits ein Tor geschossen.

Besitze es, bevor du es freilässt

Bevor du eine Sache freilässt, musst du sie **besitzen**. Wenn du zum Beispiel ständig sehr ärgerlich auf eine Person bist und du würdest diesen Ärger gerne freilassen, wäre es besser, wenn du den Ärger zuerst besitzen würdest. Andere Ausdrücke für »etwas besitzen« sind:

❖ Vollkommen bei etwas sein
❖ Etwas vollkommen eingestehen
❖Vollkommen okay mit etwas sein
❖ Etwas vollständig nachahmen
❖ Etwas stark festhalten

Im Falle von Ärger und Wut macht es nicht viel Sinn, sich selbst zu sagen, damit »aufzuhören, so wertend zu sein«, damit »aufzuhören, wütend zu sein«, dass »es nicht gut ist, wütend zu sein« oder »Ich darf nicht wütend sein«, denn das wäre die Überlagerung von Widerstand durch Widerstand. Du siehst, Ärger und Wut sind eine Form des Widerstands gegen das Leben. Sich selbst zu sagen, dass man »nicht wütend sein soll«, ist eine weitere Widerstandsschicht. Dann ist eine weitere Widerstandsschicht, wenn man sich selbst dafür verurteilt, weil man verurteilt.

In der Tat ist es von Zeit zu Zeit okay, wenn man wertet und urteilt. Es ist okay, wenn man Menschen als ____________ (trage hier irgendeine Beleidigung ein) betrachtet. Sobald du deinen Ärger vollkommen besitzt und anerkennst und dir erlaubst, ihn zu fühlen, und ihn zum Abschluss bringst, ist es viel einfacher, ihn freizulassen.

Dasselbe gilt für alle anderen Probleme oder Missemotionen. Diese »Kreationen«, wie ich sie nenne, warten auf ihre Fertigstellung. **Wenn sie von dir oder anderen nicht anerkannt oder nicht abgeschlossen, sondern stattdessen abgelehnt werden, wiederholen sie sich, und wiederholen sich und wiederholen sich und gehen dir nicht aus dem Kopf.** Genauso wie Songs, die man in der Mitte unterbricht, bevor sie abgeschlossen sind und durch andere Songs ersetzt werden, werden sie vom Verstand immer wiederholt. Wenn sich ein Song in deinem Kopf wiederholt, löst du ihn mit dem folgenden »Trick«: Finde den Song und höre ihn bis zum Schluss an. Dann nimm ein anderes Lied und höre es bis zum Ende. Du hast das alte Lied gelöscht. Das gleiche gilt für alle anderen Gedanken.

Alles, was sich im Kopf wiederholt, sehnt sich nach Vollendung. Bei starken Problemen kann dies einen gewissen emotionalen Mut von dir erfordern, sich einfach mit etwas auseinanderzusetzen, bis es sich erledigt. Oder so lange das zu kommunizieren, was dich stört, bis entweder der andere oder du selbst es anerkennt. Das Eigentümliche ist, dass die Leute sich beschweren, bis ihre Beschwerde ohne Widerstand anerkannt wird. Wenn man einen Beschwerdeführer dazu bringen will, endlich die Klappe zu halten, sollte man ihn bis zum Schluss anhören und jedes Detail seiner Beschwerde bestätigen. Dies ist übrigens der Zweck der Reality Creation-Technik, die in meinem gleichnamigen Buch beschrieben wird.

Bevor du es freilässt - besitze es. Man kann nur das loslassen, was man BESITZT. Die größten Lehren im Leben sind in den Dingen enthalten, die sich ständig wiederholen.

Die Welle des Lebens

Der Grund, warum wir Emotion empfinden, liegt in unserer Lebensfreude. Jede Art von Missemotion weist auf ein tiefes Interesse und Besorgnis für das Leben hin, das weder die distanzierte apathische Person (niedrige Energie) noch die distanzierte gleichmütige Person (hohe Energie) hat. Du kannst mit dem Leben wie mit einer Welle oder dem Ozean umgehen. Die Welle zu sein bedeutet, sich mit dem Leben zu identifizieren, viel Gefühl zu empfinden und hin und her getragen zu werden. Wie das Meer zu sein, ist mehr wie der Beobachter, der das größere Bild sieht und über den Dingen schwebt. Wenn du zu distanziert, zu lässig oder dissoziiert bist, kannst du mithilfe verschiedener Wellen und Emotionen zurückkehren. Aber das Problem der meisten Menschen ist nicht Loslösung, sondern Anhaftung.

Schauen wir uns an, wie man sich gerade genug loslöst, um ein bisschen Macht über alle Wellen zu gewinnen, die versuchen, dich herumzutragen. Um sich mehr mit der Welle als mit dem Meer zu identifizieren, wirst du zum stillen Beobachter, der sich immer im Hintergrund des Lebens befindet. Beachte, wie das Leben in Wellen kommt und geht. Gedanken kommen und gehen in Wellen. Länder steigen und fallen in Wellen. Die Börse steigt und fällt in Wellen. Gute Zeiten und schlechte Zeiten kommen und gehen in Wellen. Du bist nicht diese Auf- und Abbewegungen, du bist ihr Beobachter. Du bist nicht der Körper, nicht deine Gedanken, nicht das Leben, du bist das, was sich all dessen bewusst ist. Der ruhige Beobachter zu sein, ist das Geheimnis der Gelassenheit. Du wirst nicht zu sehr ins Negative oder Positive geraten. Es ist schön, wenn etwas Gutes passiert, aber das ist nicht das Ende der Dinge, es ist nur eine weitere Welle. Wenn du versuchst, an der Welle festzuhalten, wirst du sicherlich enttäuscht sein. Manche Menschen versuchen ganze Jahrzehnte lang, eine längst vergangene Welle zurückzugewinnen. Wenn etwas Gutes passiert, stellst du fest, dass der Film des Lebens weitergeht und du morgen mit einem neuen Tag aufwachen wirst. Selbst wenn du zehn Millionen Dollar gewonnen hast, ist dies im Vergleich zum Ozean nur eine Welle. Auch dies wird vorübergehen. Und obwohl es schwierig sein kann, wenn etwas Schlimmes passiert, ist dies auch nicht das Ende der Dinge, sondern nur eine weitere Welle. Gehe nicht davon aus, dass es morgen noch genauso ist, wenn du aufwachst. Das Negative ist genauso wankelmütig und kann sofort verschwinden, wenn du es zulässt. Der Film des Lebens geht weiter und du wirst morgen wieder zu einem neuen Tag aufwachen. Ob nun jemand dich kritisiert oder dich lobt, ob du eine Million gewinnst oder verlierst, ob die Sonne scheint oder nicht, der Ozean bleibt der Ozean, meist unberührt von all diesen Veränderungen. Du musst dich nicht zu stark mit den ständig wechselnden Strömungen identifizieren. Identifiziere dich stattdessen mit dem Wesentlicheren. Und was ist das? Es ist das, was immer da ist - Bewusstsein. Unendlichkeit. Göttlichkeit. Das Alpha und das Omega. Das ICH BIN.

Wut und cholerisches Verhalten

Dieser Abschnitt hilft dir, chronischen Ärger aufzulösen. Er wird nicht helfen, Ärger im Allgemeinen aufzulösen, da Emotionen im Allgemeinen nicht dazu gedacht sind, aufgelöst zu werden. Das wäre, als würde man sein Lebensnavigationssystem auflösen wollen. In normalen Dosen ist Ärger ein gesunder Indikator dafür, dass man von einer alten Situation oder von Unterdrückung genug hat. Weise genutzt, hebt Wut uns aus den niederen Gefühlen von Scham, Schuld, Angst und Trauer heraus. Chronische Wutprobleme sind: täglich oder wöchentlich wütend zu werden, Wutanfälle, eine allgemeine cholerische Haltung. Diese erfordern Heilung. Wenn du »Wutprobleme« hast, die deine Lebensfreude behindern, ist dieser Abschnitt für dich.

Hinter der chronischen Wut findet man im Allgemeinen unerfüllte Wünsche. Wut sendet die Energien in die entgegengesetzte Richtung dieser Wünsche. Wut ist eine sehr starke innere Haltung, dass »meine Wünsche keine Realität werden«. Jeder Anfall von Ärger sendet Vibrationswellen ins

Universum, die dich vom Strom des Glücks abtrennen. Versuche stattdessen Folgendes:

1. Schreibe ein paar Dinge auf, die dich ärgerlich machen.

2. Schreibe Dinge auf, die du durch Ärger motiviert getan hast.

3. Schreibe einige unbedeutende Forderungen und Erwartungen auf (»Er/Sie *sollte* ...«), die du hast. (Beispiel: Sie darf nicht in mein Büro kommen, während ich arbeite!«)

4. Schreibe auf, wem du etwas übelnimmst und warum.

5. Schreibe auf, wer deiner Meinung nach dumm ist, böse oder beides (Beispiel: Menschen, die anders denken als du).

6. Schreibe auf, was dich in einen Zustand des Überwältigtseins versetzt - als wütende Person hast du ein sehr geringes Toleranzniveau, bei dem selbst kleinste Ereignisse und Aussagen zu viel sind (Beispiel: ein Stau).

7. Schreibe auf, welche Bezeichnungen, Urteile, Wörter und Ausdrücke du verwendest, um bei der Wichtigkeit oder Schlechtigkeit bestimmter Dinge im Leben zu übertreiben (Beispiel: »Zuspätkommen ist inakzeptabel!«)

8. Schreibe Beispiele auf, wie du Nachrichten, Aussagen und Handlungen verzerrt hast, um ihnen eine schlimmere Bedeutung zu verleihen.

9. Schreibe einige deiner größten unerfüllten Wünsche auf.

10. Schreibe einige deiner früheren Enttäuschungen und Verletzungen auf.

11. Schreibe einige Beispiele auf, bei denen du die Menschen nicht überzeugen oder dich nicht durchsetzen konntest. Schreibe auf, wenn du etwas nicht erfolgreich kommunizieren konntest oder über was du die Kontrolle und Macht haben möchtest.

12. Schreibe auf, ob du der Meinung bist, dass irgendwelche physischen oder umweltbedingten Faktoren zu deinem Ärger beitragen, z. B. Blutzucker, Hormone, Schlafmangel, Drogenmissbrauch, Koffein, stressiges Arbeitsumfeld, Feuchtigkeit, Sonnenmangel, Gesundheitsprobleme und Giftstoffe in deiner Umgebung, zu viele Kohlenhydrate und so weiter. Wenn einer dieser Punkte auf dich zutrifft, versuche diesen Faktor zu reduzieren oder zu entfernen und siehe, was passiert.

Durch das ausführliche Aufschreiben deiner Ängste bist du dir nun deines Narzissmus' bewusst und der inneren Begrenzungen, die dahinter stehen.

a) Erkenne, dass chronischer Ärger lächerlich narzisstisch ist. Nimm dir einen Moment Zeit, um dich selbst als einen narzisstischen, selbstsüchtigen

Idioten zu sehen, der der Meinung ist, dass sich die Welt um ihn dreht. Mach weiter, es ist therapeutisch, Demut zu finden. Vielleicht möchtest du diesen Übungspunkt irgendwo aufschreiben und einige Zeit damit verbringen, chronischen Ärger in anderen zu untersuchen.

b) Erkenne, dass du nicht wirklich das Recht hast, anderen deine emotionale Schwingung aufzuzwingen. Eine gängige Weisheit besagt, dass man kein Recht hat, anderen physischen Kontakt aufzudrängen, aber die metaphysisch reifen Personen wissen, dass energetische Schwingungen auch sehr reale Auswirkungen auf die physische Welt haben. Man kann jemanden in eine Krankheit verfluchen oder ihn in die Gesundheit loben. Du bist für die Emotionen verantwortlich, die du ausstrahlst. So wie du nicht das Recht hast, einen Müllhaufen über eine andere Person zu legen, hast du auch nicht das Recht, deinen Ärger über ihnen zu entladen. Eine der Ursachen für chronisch cholerisches Verhalten ist der Glaube, dass es keinen Schaden anrichtet, dass es »gut ist, zu lüften«, dass die Person »nur ehrlich ist«. Wenn du erkennst, dass es in deiner **Verantwortung** liegt, deine Emotionen zu steuern und deine Wutanfälle zu reduzieren, ändert sich deine Position vom bloßen Opfer deines reaktiven Selbst hin zu einem Erwachsenen. Schreibe diesen Gedanken (»Ich habe kein Recht, meinen Müll auf andere zu werfen. Ich bin in der Lage, meine Gefühle sanft und allmählich in bessere Richtungen zu lenken.«) auf, um ihn immer wieder zu betrachten.

c) Wut will dominieren und kontrollieren, will sich behaupten und deinen Ansichten Bedeutung geben, fühlt sich aber machtlos, dies geschehen zu lassen. Man denkt daher, dass mehr Kraft in der Stimme, im Ton und im Verhalten benötigt wird, um das zu bekommen, was man will. Konzentriere dich stattdessen auf das, was du willst, anstatt auf das, was du nicht willst. **Wenn du deine Kraft tatsächlich fühlst und einige gute Ergebnisse erzielst, wird sich deine Wut verringern.** Auf der Skala der Energie ist Wut unter Frustration angesiedelt und Frustration unter Langeweile. Wenn du dich nicht konzentrieren willst, verfällst du in Langeweile. Dann in Frustration. Und schließlich in den Ärger und die Wut. Entwickle die Fähigkeit, dich auf das zu konzentrieren, was du bevorzugst.

d) Wenn du eine chronisch wütende Person bist, können du auch verschiedene Möglichkeiten kennenlernen, um dich durchzusetzen, deine Meinung und deinen Standpunkt gegenüber anderen durchzusetzen. Du kannst lernen zu kommunizieren. Hat die Kommunikation im Ärger auf lange Sicht funktioniert? Ich vermute, das hat sie nicht. Wenn du deinen Willen durchsetzen willst, sprich leiser. **Es gibt Möglichkeiten, Menschen**

zu beeinflussen, aber Ärger und Wut gehören nicht dazu. Finde heraus, wie du das bekommst, was du willst, indem du den Beteiligten das gibst, was sie wollen. Um verstanden zu werden, muss man zuerst verstehen. Um das Interesse der Menschen zu wecken, gib ihnen zuerst Interesse. Schreibe diesen Übungspunkt irgendwo auf, um ihn wiederholt zu betrachten.

e) Ich empfehle dir, verschiedene "Musterunterbrechungen" einzurichten. Das ist eine neue Gewohnheit, die du etablierst, um eine alte Gewohnheit zu durchbrechen. Etwas, das du wiederholst und lernst, jedes Mal zu tun, wenn du dich ärgerlich fühlst. Beispiele:

»Jedes Mal, wenn ich wütend bin, gehe ich auf die Toilette und spritze kaltes Wasser über mein Gesicht.«

»Jedes Mal, wenn ich mich wütend fühle, zähle ich schnell bis Zehn und weiter.«

»Jedes Mal, wenn ich fühle, wie die Wut aufsteigt, verlasse ich den Raum, gehe an einen ruhigen Ort und atme tief durch, bis die Wut nachlässt.«

Die Musterunterbrechungen müssen immer wieder wiederholt werden, bis sie das alte Verhalten ersetzt haben. Du beherrscht dann dein emotionales Selbst und nicht dieses dich. Notiere dir deine Musterunterbrechungen, um sie wiederholt anzusehen.

f) Es gibt eine Art und Weise, wie die Welt ist, und es gibt eine, von der du denkst, dass die Welt so sein sollte oder nicht sein sollte.

Je stärker das »sollte« wird, umso mehr Ärger und Wut kommt hoch. Die Welt zum Besseren zu verändern, lohnt sich zwar, übertriebene Nichtakzeptanz führt jedoch zu Wut. Ärger und Wut können ein Katalysator für positive Veränderungen sein, aber wenn diese positive Veränderung nicht auftritt, wird Ärger chronisch.

In einem negativen Zustand betrachtet man normalerweise das, was von anderen kommt (in Bezug auf Energie, Worte, Handlungen) als ob es von einem selbst käme. Man fordert, dass sich andere ändern, ohne die Notwendigkeit einer Veränderung in sich selbst zu sehen. **Versuche, während eines Streits »Ich«-Aussagen zu verwenden anstelle von »Du«-Aussagen.** Wenn du dich auf etwas konzentrierst, das du nicht kontrollieren kannst (andere oder Geschehnisse in der Welt), fängst du an, dich wie ein Opfer zu fühlen. Wenn du dich hingegen darauf konzentrierst, was du kontrollieren kannst, fühlst du, wie deine Stärke zurückkehrt. Ärger und Wut sind in der Regel Zustände außerhalb der eigenen Kontrolle. Verglichen mit der Furcht sind Ärger und Wut eine Stärkung, aber verglichen mit fast allem anderen ist es eine Schwächung.

g) Wenn du dich oder eine andere Person dazu bringen kannst, Videoaufnahmen deiner Wutanfälle zu machen, hast du eine Chance, den Ärger in Erheiterung aufzulösen. Wut verhält sich immer gleich, egal durch welche Person er spricht. Es ist fast immer Schuld in irgendeiner Form. Wenn du mit deinem Leben nicht zufrieden bist, suchst du automatisch nach jemandem, dem du die Schuld geben kannst, dir Unrecht getan zu haben. Es geht immer darum, dass jemand anders sich verändert, anstatt sich selbst zu ändern, darum, dass jemand anderes seine Meinung ändert, nicht du.

Betrachte die folgenden Aussagen mit »X«, stellvertretend für eine Sache, über die du verärgert bist:

»Vielleicht bin ich nicht glücklich darüber, dass X passiert ist, aber ich akzeptiere, dass es geschehen ist.«

»Obwohl X geschehen ist, würde ich etwas anderes vorziehen.«

»Ich kann X vom Standpunkt der anderen Person betrachten.«

»Ich kann erkenne, wie der andere denkt, dass er im Recht ist.«

»Ich möchte in der Lage sein, meine Ziele zu erreichen.«

»Ich würde es vorziehen, gut behandelt zu werden.«

Diese Affirmationen können Ärger und Wut innerhalb einer Minute auflösen.

h) Wenn du dieses Buch liest, um chronische Wutprobleme zu heilen, ist das Wichtigste, das du wissen musst, dass Wut immer noch deine eigene Entscheidung ist. Du hast immer die Wahl, ob du dich wie ein Säugling verhältst und dich zum Narren machen oder dein Muster unterbrechen und die Fassung wiederfinden willst. Ärger ist nur dann legitim, wenn man ihn dazu verwendet, sich aus niederen Zuständen zu erheben oder als Reaktion auf eine echte äußere Bedrohung. Abgesehen davon hält dich die Wut nur in einem negativen, unproduktiven, unkreativen Rätsel, einem Trugbild täuschenden Denkens fest.

i) Wenn du ein Narzisst bist, denkst du, dass fehlende Übereinstimmung ein Grund für Ärger anstelle von Humor ist. Die Menschen sind verschieden und es ist nicht deine Aufgabe, sie alle von deinen Einstellungen zu überzeugen. Jede Meinungsverschiedenheit ist eine Gelegenheit für dich zu lernen. Wenn du deine narzisstische Großartigkeit einmal gehen lässt, fängst du damit an, anderen dabei zuzuhören, was sie zu sagen haben, anstatt darauf zu bestehen, dass sie dir zuhören.

j) Schnellkorrekturen für Wutausbrüche:

- ❖ Atme sanft, langsam und tief. Bewusstes Atmen ist immer eine gute Idee, auch für Menschen ohne Wutprobleme.
- ❖ Ziehe dich für eine Auszeit zurück und kehre in einem besseren Zustand zurück.
- ❖ Beiße dir auf die Zunge oder die Lippen. Indem du den sofortigen schmerzhaften Effekt der Wut lernst, lässt diese nach.
- ❖ Drücke oder presse etwas zusammen. Kanalisiere die Wut-Energie in etwas anderes als auf dein Gegenüber.
- ❖ Senke deine Stimme, verlangsame deine Sprechgeschwindigkeit.
- ❖ Entspanne die Muskelanspannung – es ist unmöglich, wütend zu sein, während deine Muskeln entspannt sind.
- ❖ Sehr wichtig: Wenn du ein Wut-Mensch bist, lies diesen Abschnitt mehrere Male.

Gedanken und Gefühle klären

Die Begrenzung von Gedankenformen und Emotionen zu beseitigen, ist ein wichtiger Bestandteil des »Reality Creation«-Coachings. Techniken des emotionalen Loslassens und des Auflösens von Glaubenssätzen haben ihre Wurzeln in Meditationstechniken, die seit unendlichen Zeiten praktiziert werden. Ihr Zweck ist es, Gedankenformen und innere Geschichten, Bindungen/ Wünsche (= Mangel) und Abneigungen/ Widerstände (= Mangel) und Emotionen nach und nach loszulassen. Das Loslassen einer Emotion kann tausende von Gedanken freisetzen, die über diese eine Emotion gelegt wurden. Und während viele Menschen schon Monate, Jahre und sogar Jahrzehnte und Leben eine Emotion mit sich herumtragen, dauert es nur wenige Minuten, um solche Muster zu beseitigen. Es ist sowohl meine Erfahrung als auch meine Garantie an dich, dass das Freigeben, Klären, Loslassen von Gedankenformen und Emotionen, die dir nicht dienen, besser funktioniert als viele andere tausend Methoden, Techniken, Programme und Glaubenssysteme. Aus dem »Loslassen« tägliche Praxis zu machen, kann dir viel Geld für einen Diätassistenten, einen Anwalt, einen Yogalehrer, einen Therapeuten, einen Urlaub usw. ersparen. Das Einzige, wovon die Menschen einen »Urlaub« brauchen, ist ihr eigener innerer Widerstand gegen ihre Emotionen.

Das Freilassen ist ein Prozess, der über Jahre hin verläuft, so wie das Schälen einer Zwiebel. Du erlaubst, dem, was in dir unterdrückt wurde und verborgen war, an die Oberfläche zu gelangen, um damit konfrontiert zu werden und es loszulassen. Wenn jemand einen starken inneren Widerstand hat, können diese Prozesse sehr schmerzhaft sein. Wie auch immer, mit einiger Übung und bewussten Anstrengung – und der allgemeinen Lebensintention der psycho-spirituellen Weiterentwicklung – wirst du leichter und leichter und leichter, je mehr du loslässt und klärst. Ohne diese energetischen Hindernisse kommt das, was im Leben wahr und gut ist, leichter zu dir.

Innerer Widerstand (nicht der äußere, physische Widerstand) hält alles, was du nicht willst, an Ort und Stelle und **innere Sehnsucht** (Verlangen, Bedürftigkeit) hält alles, was du willst, von dir fern. Ein Leben ohne große Widerstände oder Sehnsüchte ist ein ziemlich angenehmes Leben (so angenehm, wie es auf dieser dichten Ebene des planetarischen Bewusstseins möglich ist). Anstatt zu begehren, **beabsichtige und entscheide**.

Die Fähigkeit des Loslassens/der Klärung beinhaltet das Erlernen des Zulassens von Gefühlen (Energie) und Gedanken (Energie), um **einfach hindurchzugehen**, zu lernen, sie nur kurz zur Kenntnis zu nehmen, anstatt wirklich involviert zu werden. Es kann manchmal Jahre dauern, diese Kunst zu erlernen. Das beste Programm für Anfänger, um die Kunst des Loslassens zu erlernen, ist Teil des »Glückseligkeitskurses«. Hier ein Beispiel, um ein Gespür dafür zu bekommen, wie einfach das Loslassen ist:

Wechsle zwischen den folgenden zwei Aktionen hin und her:

a) Wähle ein Objekt aus. Nimm es hoch und halte es fest. Dann lass es los.

b) Wähle einen Gedanken. Halte daran fest. Lass ihn gehen.

Übe dies für ein paar Minuten oder länger, bis es einfach wird, loszulassen, ziehen zu lassen, sein zu lassen, Frieden im Geist zu spüren.

Eine grundlegende Technik des Freilassens

Die Basis-Meditation zum Freilassen ist sehr einfach. Du setzt oder legst dich hin, schließt die Augen und fragst: »*Was stört mich?*«

Was auch immer dir zuerst einfällt, solltest du näher betrachten und im Fokus behalten. Konfrontiere dich damit. Entspanne dich damit. Und dann frage: »*Kann ich es gehen lassen?*«

Dann wendest du den Fokus davon ab, entscheide dich einfach, dem Gedanken deine Aufmerksamkeit zu entziehen.

Und das ist die Art, wie du weiter vorgehst, mit nur diesen beiden Fragen: »*Was stört mich?*« und »*Kann ich es gehen lassen?*«, solange, bis nichts Störendes mehr vorhanden ist. Tut man dies regelmäßig, wird es dir zur zweiten Natur, einfach mit dem Fokussieren von Dingen aufzuhören, der nicht einem bestimmten positiven Zweck dient. Das Ziel ist es, sich irgendwann die Möglichkeit zu geben, verschiedene Gedanken und Emotionen einfach zu **bemerken**, ohne sie persönlich zu nehmen. Wenn du sie so wahrnimmst, als würdest du Wolken am Himmel oder das Wetter wahrnehmen, machst du keine große Sache daraus, sondern erkennst einfach an, was ist. Dadurch werden Gedanken, die du als »schwierig« oder »problematisch« ansiehst, aus dem Gedächtnis gerissen. Tatsächlich kannst du dein eigenes »Zwiebelschälen« beschleunigen, indem du manchmal absichtlich schwierige oder herausfordernde Aufgaben wählst und dann alle Ängste, Frustrationen und Wut durcharbeitest, die auftauchen. So kann eine schwierige Aufgabe oder ein schwieriger Job dazu beitragen, Lebensphase über Lebensphase voller negativer Emotionen zu beseitigen.

Das Wollen loslassen

Setz dich hin, schließe deine Augen und meditiere über das Folgende:

Nimm wahr, wie du …

… die Dinge ändern willst. Und dann lass los, was du willst.
… Dinge verstehen willst. Und dann lass los, was du willst.
… Dinge lösen willst. Und dann lass los, was du willst.
… Aufmerksamkeit bekommen willst. Und dann lass los, was du willst.
… Bestätigung bekommen willst. Und dann lass los, was du willst.
… Dinge kontrollieren willst. Und dann lass los, was du willst.
… von etwas frei sein willst. Und dann lass los, was du willst.
… getrennt von jemandem sein willst. Und dann lass los, was du willst.
… mit jemandem zusammensein willst. Und dann lass los, was du willst.
… die Vereinigung mit jemandem willst. Und dann lass los, was du willst.

All dieses *Wollen* ist lediglich die Affirmation eines Mangels. Lass das Wollen los, dann kannst du **haben**.

Erlaube dir selbst zu fühlen, wie es sich anfühlt, …

… Änderung
… Verständnis
… Lösungen
… Aufmerksamkeit
… Bestätigung
… Kontrolle
… Freiheit
… Einheit

zu haben, anstatt dies nur zu *wollen*.

Es mag einige Wiederholungen benötigen, Stunden, Tage, Wochen oder vielleicht sogar Jahre, damit dies in Fleisch und Blut übergeht. Aber indem du dich selbst von diesen Mangelhaltungen befreist, kannst du durchaus ein Gefühl der inneren Freiheit entwickeln.

Konfrontationsprobleme

Unterschätze nicht die Einfachheit dieser Übung. Die Reinheit liegt in der Einfachheit.

1. Schreibe eine Liste mit Problemen, die du gerne lösen würdest.
2. Schreibe auf, wie du vorhast, mit jedem einzelnen umzugehen.

Das war´s.

Auf den ersten Blick erscheint es offensichtlich. Aber das ist es nicht. Sich mit eigenen Problemen zu konfrontieren, ist in der Tat eine Seltenheit. Sie aufzuschreiben umso mehr. Und dann noch positive oder lösungsorientierte Gedanken dem hinzuzufügen, noch viel mehr.

Blockaden auflösen

Vervollständige den Satz »*Mein Leben ist nicht perfekt, weil* ____________«. Schließe deine Augen und beobachte das Formen des Gedankens/Glaubenssatzes aufmerksam. Achte darauf, nicht davon abgelenkt zu werden, sondern alle Details wahrzunehmen. Nun stelle dir vor, du wärest jemand, der von diesem Problem/Glaubenssatz *noch mehr will*. Sauge es auf. Mache es größer. Nimm es vollständig in dir auf. Liebe es. Sehne dich danach. Übertreibe es. Atme es durch deine Nase ein, inhaliere es, gehe vollkommen darin auf. Mache dieses Problem in deiner Vorstellung viel viel größer, als es in Wirklichkeit ist. Wenn zum Beispiel das Problem »kein Erfolg« ist, sieh dich selbst als sterbenden Bettler, der von Fußgängerstiefeln getreten wird. Mache ein Drama daraus. Fahre fort damit, das Problem zu übertreiben und blähe es auf, **bis du einfach laut auflachen musst**. Das Lachen ist ein Indikator dafür, dass du den Widerstand losgelassen und in Energie umgewandelt hast.

Als nächstes stellst du dir das Problem als grausames und verrücktes Monster in einem bösen Zoo vor. Du beobachtest dieses Monster hinter einem dicken Glasfenster. Sieh zu, wie es hinter dem Glas wütet. Dann, bevor du den Raum betrittst und dich der Bestie stellst, mache dich selbst zum Monster. Mache aus dir ein Monster, das größer ist, verrückter, schrecklicher und grausamer. Mach dich wirklich groß, sodass das Monster hinter dem Glas im Vergleich klein aussieht. Dann betritt den Raum. Achte darauf, wie sich das Monster vor Angst zurückzieht. Aber es gibt kein Entkommen. Zerquetsche das Monster in deinen Händen oder Füßen.

Schließlich verlagerst du deine Aufmerksamkeit auf einen Ort der Ruhe oder Schönheit. Ziehe dich in deiner Vorstellung dorthin zurück. Ruhe dich dort eine Weile aus.

Diese Vorgehensweise kann mit weiteren »*Mein Leben ist nicht perfekt, weil* ____________« wiederholt werden.

Vier Wege, um die Aufmerksamkeit freizugeben

1. Suche dir etwas aus, das du versucht hast zu lösen, zu verändern, zu heilen, zu korrigieren. Beachte, dass du dieser Sache dadurch immer mehr Aufmerksamkeit schenkst. Lass von dem Versuch ab, es zu lösen, zu verändern, es zu heilen. Erforderliche Zeit: einige Sekunden.
2. Finde etwas, auf das du in letzter Zeit häufig deine Aufmerksamkeit gerichtet hast (Person, Problem, Objekt). Drehe nun den Spieß um: Stelle dir vor, er/sie/es würde die Aufmerksamkeit auf DICH richten. Erforderliche Zeit: eine Minute.
3. Finde etwas, dem du viel Beachtung geschenkt hast. Entscheide, ob du es a) abbrechen, b) es beenden, c) es ändern oder d) damit fortfahren möchtest. Erforderliche Zeit: ein paar Minuten.
4. Finde etwas anderes, dem du viel Beachtung geschenkt hast. Richte nun deine Aufmerksamkeit auf etwas Besseres. Und dann auf etwas noch Besseres als das. Erforderliche Zeit: ein paar Minuten.

Jede dieser vier Techniken stellt einen wirksamen Ansatz für das Loslassen, Freigeben und Löschen dar. Der Grund, warum ich so viele verschiedene Techniken anbiete, ist, dass Bewusstseinsentwicklung/ Selbstverbesserung nie langweilig werden sollte.

Glücklicherweise hat der Verstand die Fähigkeit, seinen eigenen Müll loszulassen. Ich weiß, es mag zu schön sein, um wahr zu sein, oder zu einfach, wenn man sich an den harten Kampf gewöhnt hat, den die Leute als »normales Leben« bezeichnen, aber das Loslassen ist letztlich einfach und mühelos.

Typische Vermeidungsstrategien

Smartphones sind nur die neuesten in einer breiten Palette von Methoden, mit denen Menschen vermeiden, in den gegenwärtigen Moment zu kommen, um zu fühlen, was sie fühlen, damit sie es loslassen und freigeben können. Sie bevorzugen es, vorübergehende Beschwerden auf Kosten einer höheren Gesamtenergie zu vermeiden. Wenn sie bereit wären, das zeitweilige Unwohlsein zu erleben und es nicht mit endlosem Sprechen, Surfen im Internet, SMS, Reisen, Rauchen, Pillen, Feiern, Fernsehen, endlosem Lesen, ständigem Reisen, unaufhörlichem Essen und übermäßigem Verhalten, exzessiver Geselligkeit, täglichem Anschauen von Filmen zu unterdrücken und stattdessen einfach bei dem, was ist, wie es ist, sein würden, könnten sie einen großen Energieschub erleben. Kurzfristige Unannehmlichkeiten für Langzeitenergie sind einer zeitweiligen Ablenkung (»Wohlbefinden«) auf Kosten der Langzeitenergie vorzuziehen. Bei der Klärung, dem Freigeben und Loslassen musst du beispielsweise dein Smartphone zur Seite legen und einfach fühlen, was immer du fühlst, und dann loslassen. Diese Praxis ist natürlich völlig unmöglich, wenn du dich mit zu viel »Unterhaltung« überlädst. Hättest du alles für einen Moment beiseite gelegt, würdest du dich vielleicht ein paar Minuten lang müde und erschöpft fühlen, aber wenn du beginnst, dich selbst zu fühlen, kommst du an einen Ort, an dem du diesen Zustand loslassen und fortan deinen Tag mit mehr Präsenz und Vitalität verbringen kannst.

Während tiefere emotionale Traumata ein wenig vorübergehender Unterdrückung erfordern, um sie Stück für Stück freizulassen, können die normalen Ängste, Befürchtungen und Belastungen des Alltags in kürzester Zeit gelöst werden, indem sie einfach »auslaufen«. Dies geschieht, indem man sie »bemerkt«, ohne dem Wunsch zu widerstehen, sie zu vergrößern, zu handhaben, loszuwerden, zu verändern, zu drücken oder in die Länge zu ziehen.

Verlangen & Widerstand

Die hauptsächlichen inneren Energien, die man freisetzt, sind tatsächlich Verlangen und Widerstand. Widerstand bezieht sich hier auf inneren Widerstand, mentalen Widerstand, nicht auf Widerstand von außen, beispielsweise gegen ein unterdrückerisches Regime oder etwas Ähnliches. Diese Art von Widerständen können sich manchmal lohnen, wenn es um eine besonders unvorhergesehene Agenda geht. Die Lehre »Was du bekämpfst, bleibt bestehen« bezieht sich auf Energie und den Inhalt des Bewusstseins. Das bedeutet nicht, dass man zu ungerechten Dingen nicht Nein sagen sollte. Es bedeutet zu erkennen, dass das, wogegen man sich mental sträubt, das ist, was man stärker fokussiert. Wenn du also „Nein,

nein, nein!" zu einem Unfall sagst, wird sich deine Energie tatsächlich auf Unfälle richten und somit die Wahrscheinlichkeit von Unfällen erhöhen.

Widerstand ist, nicht zu wünschen, zu vermeiden, zu verteidigen, abzulehnen, zu ignorieren, zu kämpfen, zu verschieben, dagegen vorzugehen, dagegen zu sein, »anti« im Allgemeinen zu sein. Was du verdrängst, erdrückt dich. Wem du widerstehst, dem gibst du Aufmerksamkeit und Kraft.

Verlangen ist das innere Wollen, Wünschen, Brauchen und Fehlen. Wollen ist gleich Nicht-Haben. Zu viel Wollen trennt dich von dem, was du willst. Möchtest du lieber eine andere Realität oder etwas haben? Einige spezifische Wünsche / Widerstände, die uns von dem trennen, was wir wollen:

Aufmerksamkeit wollen

Das Verlangen nach Liebe, Zustimmung, Lob, Applaus, Bestätigung, Beachtung oder der Wunsch, wahrgenommen zu werden. Widerwille gegen Missbilligung, Kritik, Ablehnung, Liebesentzug.

Das positive Gegenteil: Aufmerksamkeit bekommen. Aufmerksamkeit geben.

Macht wollen

Das Verlangen nach Kontrolle, es »geschehen zu lassen«, Recht zu haben, zu überzeugen und zu zwingen, zu manipulieren, festzuhalten, zu rebellieren, zu verstehen, etwas herauszufinden, zu dominieren. Widerstand gegen mangelnde Kontrolle, der Opferrolle, jemanden, der sich kümmert, keine Antworten zu haben, andere zu haben, die »es machen«.

Das positive Gegenteil: Konzentriere dich auf das, was du kontrollieren kannst, und nicht darauf, was du nicht kontrollieren kannst.

Sicherheit wollen

Das Wollen von Sicherheit, Überleben, Schutz, Sicherstellen, Risikominimierung, Zusicherung, Wahrscheinlichkeit. Dem Tod, Risiko, Abenteuer, dem Unbekannten, der Ungewissheit widerstehen.

Das positive Gegenteil: Sich sicher fühlen. Sich nur auf das Sichere verlassen (nämlich das Unendliche und Ewige).

Freiheit wollen

Das Verlangen nach Abgetrenntheit, einzigartig zu sein, anders zu sein, anderswo zu sein, wegzugehen, alleine zu sein, zu fliehen, zu flüchten, sich zu distanzieren, sich von jemandem zu trennen. Sich gegen das Alleinsein zu wehren, dagegen zu sein, eine Einheit zu bilden, sich mit Menschen oder Gruppen zu verbinden, Mitglied oder Teil von etwas zu sein, dazuzugehören, zu bleiben, normal zu sein, wie andere zu sein, zu lieben, Sex zu haben, eins zu sein mit dem Leben.

Das positive Gegenteil: die Freiheit zu haben, sich auf den bereits freien Aspekt von dir selbst zu konzentrieren.

All dieses mentale und emotionale »Wollen« (anstatt Haben) kann erkannt, gefühlt und gelöst werden, um mehr Freiheit, mehr Haben, Sein und Tun zu ermöglichen. All dieses Nicht-Wollen (Widerstand) kann freigesetzt werden, um mehr Freiheit zu fühlen und zu erleben.

Hast du eine Änderung in deinem Leben *gewollt*? Hast du *gewollt*, dich selbst zu ändern? Nun, das ist genau der Grund, warum du es nicht hast. Wenn das **Wollen** einer Veränderung auch Veränderung bewirken würde hättest du dich bereits vor langer Zeit verändert. Hast du es *gewollt*, ein Ziel zu erreichen? Das hast du vielleicht, aber es benötigt sehr viel mehr Anstrengung, wenn du dich weiterhin emotional trennst vom *bereits* Haben.

Ein Verlangen ist der erste Schritt hin zu einer Veränderung, aber wenn du in diesem Stadium steckenbleibst, gibt es keine Erfüllung. Ein Verlangen ist ein Schritt **vor** dem tatsächlichen **Glauben** oder Wissen, dass du es tun, haben oder sein kannst. Starkes Verlangen erschafft die Realität »Ich will es, aber ich kann es nicht haben.« Das ist der Grund, warum Buddha sagt: »Verlangen ist die Wurzel allen Leidens.« Während es nur natürlich ist, Verlangen zu spüren, und Verlangen eine treibende Kraft im Leben ist, wird dich das Verlangen ohne den Glauben daran, dass du dein Ziel auch erreichen kannst, blockieren.

Beabsichtigen ist etwas sehr anderes als »wollen«. Du kannst dir das selbst sehr schnell beweisen: Beabsichtige, deinen Arm zu heben. Jetzt tue es. Danke. Das ist Beabsichtigen. Kein überflüssiger Ballast durch Wollen, Sehnen, Brauchen; versuche, es geschehen zu lassen, versuche, etwas zu bekommen, versuche, etwas zu ändern. Ganz einfach.

Die Schlussfolgerung daraus ist: Weder Verlangen noch Widerstand helfen dir, die Realitäten zu erfahren, die du erfahren möchtest. Denke für einen Moment an etwas, das du willst oder brauchst. Fühle, wie es sich anfühlt, es zu wollen oder zu brauchen. Und nun lenke deine Aufmerksamkeit davon weg und stelle dir vor, du hättest es bereits. Fühle, wie es sich anfühlt zu mögen, wertzuschätzen, zu erlauben, es zu haben, zu sein und es zu tun. Kannst du den Unterschied feststellen?

Umarmen und Freilassen

Diese Technik ist einfach, aber wirkungsvoll. Ich habe sie oft zuvor schon beschrieben und werde es hier wieder tun. Sie besteht aus nur zwei Schritten:

1. Erfasse und umarme einen Gedanken/eine Emotion (konfrontiere, heiße willkommen, betrachte, genieße).
2. Lasse den Gedanken/die Emotion frei (höre auf zu reagieren, wieder Aufmerksamkeit darauf zu verwenden, entspanne).

Diese zwei Schritte können im Laufe deines Lebens tausende Male hin zu großer geistige und spiritueller Freiheit angewendet werden.

Zu leicht? Zu einfach? Nicht effektiv? Dann möchte ich dir noch einmal sagen: Wir machen normalerweise keinen dieser Schritte, wenn uns etwas stört. Unsere »normale« Reaktion ist, entweder das Unerwünschte auszudrücken oder zu unterdrücken.

Es gibt etwas, das uns stört, und entweder wir ignorieren, widerstehen, unterdrücken, stoßen weg, versuchen, uns abzulenken, zu trivialisieren, versuchen zu überwinden, zu analysieren, versuchen zu lösen, versuchen eine Lösung zu finden (anderswo), versuchen es mit positivem Denken zu überdecken oder Negativität auf die Welt zu projizieren (alle Übel »da draußen« zu bemerken). Dies sind Verdrängung (Bewusstsein) und Unterdrückung (Unterbewusstsein) der Energie. Oder wir reden darüber, erklären es, rechtfertigen es, gehen in die Katharsis (schreien oder weinen) oder beginnen mit der Aktion, um damit umzugehen. All dies sind Ausdrücke der Energie. Ausdruck ist besser als Unterdrückung, aber es ist immer noch eine Aufrechterhaltung der Energie, die du besser einfach umarmst und freigibst. Und das ist der einzige Grund, warum wir jahrelang bestimmte Themen mit uns herumtragen und nicht nur Minuten oder Sekunden, sondern nur darauf warten, dass eine »Lösung« von »da draußen« erscheint, bevor wir uns erlauben, das Problem einfach zu lösen. Denke über diese beiden Punkte nach:

- ❖ Du kannst nur etwas loslassen, das du besitzt. Das ist der Grund, warum wir zuerst die Gedanken und Emotionen *umarmen*, bevor wir sie loslassen.

❖ In einem vorhergehenden Teil dieses Kapitels habe ich dich aufgefordert, etwas in die Hand zu nehmen und es fallen zu lassen. Bitte *wiederhole* diese Übung. Nimm etwas in die Hand. Lasse es fallen. (Bitte nimm etwas, was dabei heile bleibt.) Nimm den Gegenstand wieder in die Hand. Lass ihn fallen. Wiederhole dies einige Male, bis dein Körper lernt, wie es sich anfühlt freizulassen und loszulassen und ebenso lernt, wie einfach es in Wirklichkeit ist. Es ist mehr wie ein »Beenden, etwas zu tun« als ein wirkliches Tun.

❖ Quizfrage: Ist der Gegenstand verschwunden, nachdem du ihn hast fallenlassen? Ist er »weg gegangen«? Bist du ihn nun für »für immer und ewig losgeworden«? Nein. Aber du verschwendest nicht länger deine Aufmerksamkeit oder Energie an ihn. **Du kannst im Leben nichts »loswerden«.** Alles, was ist, hat seinen Platz im unendlichen Universum. Aber was du tun *kannst*, ist die Relevanz oder Wichtigkeit bestimmter Sachen freizulassen, was darin endet, dass deine Energie und Aufmerksamkeit nicht länger darin gefangen ist und dein Bewusstsein wächst. (Aber nimm dies keineswegs zum Anlass nie wieder aufzuräumen.)

❖ Nimm ein anderes Objekt auf. Und halte es sehr, sehr fest umschlossen. Was du nun tust, ist das, was die meisten Menschen als »normales Leben« bezeichnen. Lockere deinen Griff. Siehst du? Das Objekt ist immer noch da. Es ist nicht verschwunden. Und nun lass es auf den Boden fallen. Siehst du? Es existiert immer noch. Wenn du es wirklich »brauchst«, kannst du es jederzeit wieder aufheben. Das zeigt uns, dass wir nicht nur das Unerwünschte loslassen können (Widerstand), sondern auch das Gewollte (Verlangen), ohne es zu verlieren. Wenn du ein erfreuliches Gefühl loslässt, als Beispiel, kommt meistens ein noch besseres Gefühl hoch. Du musst an etwas Positivem nicht *fest*halten.

❖ Fokussiere eine winzige Stelle an der Wand des Zimmers, in dem du sitzt. Und nun lasse den Fokus gehen und nimm die gesamte Wand wahr. Und jetzt lass diesen Fokus ebenfalls los und nimm den gesamten Raum wahr! Du hast gerade zwei Stufen des Freilassens erfahren.

❖ Genauso, wie du vorhin eine Sache in die Hand genommen hast, nimm jetzt einen Gedanken auf. Fokussiere diesen Gedanken. Jetzt lass ihn frei. Deine Aufmerksamkeit richtet sich nun auf »leer«. Fokussiere einen anderen Gedanken. Und lass diesen Gedanken los, entspanne. Das Freilassen ist eine Entscheidung und kann innerhalb von Sekunden zugelassen werden.

Eine andere Variante des Freilassens

1. Was fühlst du gerade? Oder: Welche Angelegenheit würdest du gerade gerne freilassen? Bemerke: Selbst »nichts zu fühlen« ist ein Gefühl.

2. Könntest du dieses Gefühl umarmen? Oder: Könntest du dieses Gefühl willkommen heißen? Oder: Könntest du dieses Gefühl zulassen? Oder: Könntest du dich in dieses Gefühl hinein entspannen? Oder: Könntest du zum Ursprung dieses Gefühls gehen? Dies sollte man nicht länger als 10 bis 60 Sekunden tun. Macht man es zu lange, »verliert« man sich in dem Gefühl.

3. Erlebe alles was hochkommt. Alle Gedanken, Erinnerungen, Assoziationen, das Nichts, Empfindungen, Bilder und Töne, die auftauchen, sind vollständig, ohne Vorbehalt, Analyse oder Diskussion, erlaubt. Was dabei auftaucht, kann vage oder klar sein, wichtig oder unwichtig erscheinen. Dies macht man nicht länger als 10 bis 30 Sekunden.

4. Könntest du jetzt deine Aufmerksamkeit von dieser Sache lösen? Oder: Könntest du sie freilassen? Oder: Könntest du loslassen? Hinweis: Dies fordert dich nicht auf, wirklich loszulassen, sondern zu fragen, *ob du loslassen könntest. Wenn du mit »Ja« antwortest, ist das in Ordnung, wenn du mit »Nein« antwortest, ist dies in Ordnung. Selbst wenn du die Erlaubnis erhältst, »Nein« zu sagen, erleichtert dies die Befreiung von einem Problem.* Wenn du die lange Version dieses Schrittes ausführen möchtest, frage auch: »Möchte ich das freilassen?« und »Wann möchte ich es freilassen?« Entspanne dich. Keine Analyse, keine Debatte. Dies macht man nicht länger als 2 bis 20 Sekunden.

5. Richte deine Aufmerksamkeit auf dasselbe oder ein anderes Problem und wiederhole die Schritte. Normalerweise werden die Schritte mit demselben Thema wiederholt, bis man sich frei und friedvol fühlt. Dies mag nur eine oder auch mehrere Wiederholungen erfordern. Wichtiger Hinweis: Wenn du Probleme beim Freigeben hast, gib dir die Erlaubnis, an diesem Problem festzuhalten, bevor du damit fortfährst, es freizugeben. Dann kannst du den Prozess entweder beenden oder mit etwas anderem oder einem anderen Problem fortfahren, das du freilassen möchtest.

Jedes Problem ist ein Vertieftsein

Jedes »Problem«, das du deiner Meinung nach hast, ist nichts weiter als ein Vertieftsein. Festsitzende Aufmerksamkeit. Es zeigt an, dass du zu viel Nachdenken in einen Lebensbereich investierst, während alle anderen Bereiche stagnieren. Die Lektion hier ist, dein Vertieftsein zu lösen und kleine

Verbesserungen in ANDEREN Bereichen deines Lebens vorzunehmen. Wenn sich ein Bereich nicht so verbessert, wie du es erwartet hast, und du versuchst es weiter und weiter und er verbessert sich immer noch nicht, dann lenke deine Aufmerksamkeit auf etwas anderes, das nicht mit so viel Frustration beladen ist. Durch die schrittweise Verbesserung anderer Bereiche wird sich das ursprüngliche Thema ebenso verbessern. Dies ist so, weil das Leben wirklich holographisch ist und wenn man eine Sache verbessert, verbessern sich alle anderen Dinge ebenfalls. Wenn jemand seit Jahren versucht, Liebe zu finden, und immer noch nicht gefunden hat, könnte er sich in eine bessere körperliche Verfassung bringen oder neue Fähigkeiten erlernen. Bei den meisten Menschen, die angeblich »keine Liebe finden können«, liegt das daran, dass sie sich selbst nicht lieben und nichts tun, was sie attraktiv macht … Zum Beispiel das Erlernen einer Fähigkeit. Wenn jemand seit Jahren einer Karriere nachgeht und sich trotz seiner Bemühungen immer noch auf dem gleichen Jobniveau befindet, könnte er sich auf die Verbesserung anderer Bereiche konzentrieren, die nicht energetisch blockiert sind. Man könnte an faszinierende Orten reisen oder einen Wellnessurlaub machen. Etwas, das das Selbstbewusstsein stärken wird. Wenn jemand ein ungelöstes Gesundheitsproblem hat und »alles versucht« hat, um es loszuwerden, empfehle ich, es loszulassen, stattdessen an etwas zu arbeiten, das sich freier und frischer anfühlt. Vielleicht am eigenen Charakter arbeiten. Vielleicht sich einer Bewegung anschließen. Vielleicht neue Freunde kennenlernen. Vielleicht ein neues Hobby beginnen. Es ist hilfreich, alle Aufmerksamkeit zu wecken und sich weniger damit zu beschäftigen, wo sie feststeckt. Denn wenn man das Vertieftsein in eine Sache loslässt, darf das, was festgefahren ist, sich von alleine erledigen.

Ein Weg, das »Loslassen« zu praktizieren, ist ganz einfach, etwas anderes in den Fokus zu rücken. So einfach dies auch klingen mag, entscheiden sich viele, sich weiterhin auf das zu konzentrieren, was nicht gut für sie ist. Warum? Weil es, so schmerzhaft es auch sein mag, für sie vertraut und komfortabel ist. Vielleicht kannst du dich an einen Juckreiz oder eine Wunde, die du hattest, oder einen lockeren Zahn erinnern und daran, dass du ständig daran herumgespielt hast, obwohl du genau wusstest, dass es nicht gut ist. Dasselbe gilt für das Freigeben. Es kann manchmal eine bewusste Absicht sein, das Stöbern durch den Mülleimer zu beenden, nur weil es bekannt ist. Du musst nicht im Müll graben, um den Müll freizugeben. Alles, was du tun musst, ist, den Müll anzuerkennen und ihn in den Abfalleimer zu werfen. Wenn du das Problem mit einem Therapeuten oder einer

Freundin besprichst, verlängert sich die Dauer des Problems, wenn es nicht absichtlich freigelassen wird. So haben Therapeut oder Freundin besser gute Ideen, um sich auf etwas anderes zu konzentrieren.

Die süße Erleichterung des Loslassens

Die Praxis, alle Gedanken und Emotionen loszulassen, wenn sie entstehen, ist eines der schnellsten Werkzeuge zur Erleuchtung, die ich kenne. Das Ergebnis dieser Übung ist eine süße Erleichterung. Sobald du dich mit dieser Praxis befasst, wie ich es vor etwa zwanzig Jahren getan habe, wirst du bemerken, dass der Teil von dir, der »Geist« genannt wird, von bestimmten Themen besessen ist und immer wieder an sie denkt. Als ich das bemerkte, ließ ich diese Themen immer wieder los. Die Antwort auf die häufig gestellte Frage »Was soll ich tun, wenn ich etwas loslasse und es wiederkommt?« lautet: »Lass es wieder los!«

Der Geist, in dem wir leben, besteht aus einem sehr kleinen Radius von festgefahrener Aufmerksamkeit. Wenn du ihn ruhig beobachtest, wirst du feststellen, dass er normalerweise in einer Endlosschleife steckt und den gleichen Gedanken alle paar Minuten wiederholt. In meinen frühen Zwanzigern war dies das Thema Sex. Wo auch immer ich hinging, meine Aufmerksamkeit wurde vom inneren Lustmolch beherrscht und kontrolliert. Ich bewertete die Leute danach, wie attraktiv sie waren. Ich ignorierte Männer und schenkte Frauen übermäßig viel Aufmerksamkeit. Ich konnte es nicht wirklich genießen, irgendwohin zu gehen, weil der Geist nicht frei war. Durch kontinuierliches Loslassen der **Emotionen hinter diesen Gedanken** und dem bewussten Lenken der Aufmerksamkeit (die zwei hauptsächlichen Verfahrensweisen und Juwelen des »Reality Creation«-Coachings) wurde das Lustmolch-Ich innerhalb weniger Wochen freigelassen. Kein weiteres Denken an Sex und kein weiteres Brauchen davon führte, natürlich, dazu, dass er leicht verfügbar war.

Das nächste Thema des Feststeckens, das ich in meinen Zwanzigern feststellte, war das Geld. Der Verstand wiederholte immer wieder dieselbe Platte: Geld, Geld, Geld, Geld, Geld – ich war besessen davon. Es war das arme Ich, das diese Platte immer wieder abspielte. In aller Ruhe beobachtete, sah ich, dass es **alle paar Minuten** zum Thema wurde. Ich konnte an einem See stehen und überlegen, wie ich Geld verdienen konnte. Ich bezahlte vielleicht ein Ticket für ein Boot und überlegte, ob ich mir das leisten konnte. Ich konnte duschen und dabei darüber nachdenken, wie ich an diesem Tag Geld verdienen konnte. Beim Loslassen bemerkte ich, dass es wieder hochkam, egal wo ich war, egal was ich tat. Diese Filter färbten und verzerrten meine ganze Welt. Ein Gefühl beherrschte mein ganzes Leben und machte es kleinherzig und verzweifelt. Diese Schicht der Zwiebel wurde freigegeben, freigegeben, freigegeben, durchgekaut, durchgekaut, durchgekaut. Und dahinter war eine süße Erleichterung.

Dies ist natürlich eine völlig andere Funktionsweise als die Suche nach Lösungen in der Außenwelt. Das macht »Reality Creation« so wertvoll. Ich kann tausend Methoden »draußen« herausfinden, um mir bei diesen Wahnvorstellungen zu »helfen«, oder ich kann einfach das verzweifelte innere Kind loslassen, das diese Dinge sucht.

Wenn die Zwiebelschichten abgeschält werden, werden darunter neue Schichten entdeckt. Manchmal vergessen wir jahrelang, diese Schichten anzusprechen. Dann kann uns ein Thema jahrelang verfolgen. Und dann lesen wir einen Artikel wie diesen und erinnern uns noch einmal an unsere Kraft des Loslassens und lassen los, was uns nicht dient. Dem Geist ist der Freisetzungsmethode zuwider, weil er der Meinung ist, alle diese Wiederholungen zum Überleben zu benötigen. Er glaubt, dass Angst, Wut, Frustration und Verlangen tatsächlich notwendig sind. Aber es ist nicht so. Du bist viel stärker, klarer und glücklicher ohne sie. Da wir in der Regel die Dinge vergessen, die wir losgelassen haben, scheint es manchmal so, als ob die Technik des Freilassens »nicht funktioniert« und wir vergessen es. Aber es funktioniert tatsächlich so gut, dass ganze Realitäten aufhören zu existieren! **Ein gutes Mittel gegen den Glauben, dass es nicht funktioniert, ist, deine Fortschritte und Errungenschaften im Laufe des Lebens aufzuschreiben.**

Wenn die üblichen Anliegen wie Sex, Geld, Gesundheit, Körper, Überleben, Anerkennungsbedürfnis usw. freigelassen wurden, öffnete sich eine neue Welt, hell und strahlend. Die neuen Ebenen, die freigelegt werden sollen, sind abstrakter und der normalen Welt unbekannt. Glücklicherweise hat der Affengeist die Fähigkeit, sich selbst zurückzusetzen.

Die Art und Weise, in der dies geschieht, besteht darin, **alles loszulassen**, was in den Bereich des Bewusstseins über das Thema fällt, das man verbessern möchte. Nehmen wir an, du hast Schwierigkeiten, einen Partner zu finden. Jedes Mal, wenn dir dieses Thema in den Sinn kommt, lässt du es los. Wenn du überlegst, ob du für einen Partner gut genug bist, lässt du den Gedanken los. Wenn du dich fragst, wie du einen findest, lässt du ihn los. Wenn du dich fragst, wo du einen finden könnest, lässt du ihn los. »Wenn ich das alles loslasse, ist es mir egal, einen Partner zu finden und ich werde auch keinen finden!« Das stimmt aber nicht. Das ist der Affengeist, der versucht, seine Wichtigkeit durchzusetzen. Wenn du loslässt, wird dein Verstand und dein Energiefeld hell und klar und **alles, was du dir jemals gewünscht hast, wird in Erfüllung gehen.** Der Prozess wird beschleunigt, indem man sich der wiederkehrenden Gedanken und der dahinter liegenden Emotionen bewusst ist. Deine Aufmerksamkeit hängt von starken Emotionen ab. Wenn du zulässt, dass diese Emotionen auftauchen, und ihnen erlaubst, auszulaufen und sich selbst zu lösen, immer und immer und immer wieder, in einer ausreichenden Zeit, werden die Emotion verschwunden sein und klar für immer (oder bis du dich wieder dafür entscheidest, von ihnen besessen zu sein). Der Trick besteht darin, keinem dieser Gefühle zu widerstehen. Indem sie auftauchen und auslaufen, entstehen ihre tiefer sitzenden Variationen. Diese Emotionen können intensiver und unangenehmer sein. Wenn ja, ist das eben so! Lasse sie laufen, um dich von ihnen zu befreien. Andernfalls sind sie immer direkt unter der Oberfläche vorhanden. Du würdest sie überallhin mitnehmen, bis sie freigelassen werden. Die richtige innere Freisetzung ersetzt Therapie, Workshops zur Selbstentwicklung, Anziehungsgesetz, Bücher, Gurus und alle Arten und Methoden der Heilung. Die Person, die diese Bücher liest, ist normalerweise eine Person, die nicht freigelassen hat. Hätte sie freigelassen, würde sie das Buch nicht lesen.

Wenn du dies auf eine höhere Ebene bringen möchtest, mache zwei Listen. Eine Liste trägt den Titel »Dinge, die in mein Leben gehören«. Die andere trägt den Titel »Dinge, die nicht in mein Leben gehören«. Und was auch immer nicht zu deinem Leben gehört: Habe den Mut, es loszulassen. Lasse es geistig und emotional los und dann, wenn zusätzliche äußere Handlung erforderlich ist, lass es auch dorthin gehen. Es könnte eine Person geben, von der du sagst, dass sie nicht in dein Leben gehört. Du gibst also deine Gedanken und Gefühle an diese Person frei. Und dann, wenn nötig, höre auf, diese Person im wirklichen Leben zu sehen. Wenn du jedoch emotional loslässt, **passen sich die äußeren Umstände oft wie durch Magie an**. Diese Person kann sich nicht einmal mehr an dich wenden und du musst dafür nichts tun. Du nimmst ein Thema von deiner Liste und machst es so lange, bis alles aufgelöst, freigegeben und losgelassen ist. Du beobachtest, wie oft es dir den ganzen Tag über in den Sinn kommt, und lässt es bei jedem Auftauchen los. Du siehst den Gedanken, bemerkst die Emotion dahinter, atmest mit dieser Emotion und beim Ausatmen entspannst du dich. Die Technik selbst ist extrem einfach. Es geht nur darum, daran zu denken, es zu tun. Es gibt drei wichtige Punkte, um deinen Fortschritt darin zu beschleunigen:

1. Konzentriere dich auf das Wesentliche der Gefühle selbst, nicht auf Gedanken. Die Gedanken sind nur der Rest der Emotion, sie sind wie die Bombensplitter, nicht die eigentliche Bombe. Um die Bombe zu entfernen, konzentriere dich auf das wesentliche Körpergefühl selbst, nicht auf die Geschichten darum herum. Lass es auslaufen und durch dich hindurch laufen.

2. Befreie dich von Skepsis und Vergesslichkeit der Technik selbst gegenüber. Unser Ego mag diese Technik nicht, weil es sein eigener Ruin ist. Konzentriere dich also auf deine Skepsis und Vergesslichkeit dieser Technik selbst gegenüber und löse die Emotionen dahinter.

3. Schreibe auf, was du gewinnst. Wenn man etwas loslässt, wird man es wahrscheinlich bald vergessen. Das ist das Paradoxe. Es funktioniert, aber es funktioniert so gut, dass du vergessen wirst, dass es funktioniert hat. Schreibe also für eine spätere Überprüfung auf, was du erfolgreich losgelassen hast, damit du nicht in die Überzeugung verfällst, dass diese Technik nicht funktioniert.

Schneller Problemlöser

Du lernst nun, wie du jedes Problem lösen kannst. Bevor du losziehst und irgendein Produkt zur Selbsthilfe holst, probiere diesen »Schnellauflöser« aus. Der erste Schritt besteht darin, **das Problem genau zu identifizieren**. Du kannst eine Reihe von Themen wie »Anspannung«, »Depression«, »einsam sein«, »unzufrieden sein«, »keine Zeit haben«, »eine Arbeit machen, die ich nicht mag« usw. finden, aber falls du das Problem falsch identifiziert hast, wirst du feststellen, dass es nicht aufgelöst wurde. Beachte, dass nichts, was in der äußeren Realität passiert, ein Problem ist. Das Problem liegt in deiner inneren Reaktion und der anschließenden Interaktion mit den Dingen, die du nicht willst. Alle »Probleme« sind nur Etiketten, die du verwendest, um die tatsächliche innere Anspannung zu überdecken. Diese Anspannung kann im Körper gespürt werden und durch ein offenes Bewusstsein kann sie sich lösen und entspannen.

Denke jetzt an eines deiner sogenannten Probleme. Wenn du daran denkst, wirst du subtile oder spürbare Veränderungen des Körperempfindens bemerken. Dies sind Reaktionen, die du bewusst oder unbewusst erzeugt hast. Eine andere Möglichkeit, dies auszudrücken, ist, dass du »festgefahrene Energie« in dir hast. Wenn ein unangenehmes Ereignis eintritt, kommt es zu einer natürlichen Reaktion, die als recht kurzes Schmerzgefühl oder Missemotion empfunden wird. Wenn du diese Energie durchlässt und verstehst, dass es völlig in Ordnung ist, auf diese Weise zu fühlen, und ganz natürlich, auf diese Weise zu reagieren, löst sich die Energie von selbst rechtzeitig auf. Aber wenn du dich dagegen wehrst und es weiter beschriftest, diskutierst, versuchst, es zu ändern, versuchst, es zu beseitigen, versuchst, es zu lösen, misst du ihm eine Bedeutung bei, gibst der Energie Schwung und sie beginnt sich zu drehen und bleibt in deinem Energiefeld stecken. Sie bleibt dort aufgrund deiner ständigen Beschäftigung mit ihr stecken. Der Weg, um diese Energie freizusetzen, ist die Verlangsamung - so drastisch abzubremsen, dass der Widerstand abfällt und die Energie sich selbst auflösen kann. Der »Glückskurs« bietet verschiedene Prozesse, um dich dabei zu unterstützen. Es gibt jedoch einige, die sogar Prozesse wie den »Glückskurs« missbrauchen, um weiter Widerstand zu leisten und »sich nicht damit auseinandersetzen zu müssen«. Ich werde daher detaillierter auf die Tricks eingehen, mit denen der Verstand weiter Widerstand leistet, und wie man diese Tricks entdeckt und verbannt.

Der erste Schritt dahin ist es, massivst herunterzufahren. Verlangsame deine Bewegungen, dein Atmen, dein Sehen. Erlaube allem, weicher und langsamer zu werden, sodass du **einfach nur dasitzen und bewusst werden kannst**, ohne jegliches Verlangen oder einen Antrieb. Wenn du das tust, kann alles, was gelöst werden will, zum Vorschein kommen. Dann, anstatt der festsitzenden Energie einen Namen zu geben, über sie nachzudenken oder sie zu diskutieren, fühle einfach die Energie, wie sie tatsächlich da ist. Jedes »Problem«, das du denkst zu haben, ist nichts weiter als das Empfinden dieser Energie. Wie in einem vorhergehenden Abschnitt bereits erwähnt, gibt es einen Unterschied zwischen Schmerz und Leiden. Schmerz ist der anfängliche Stich der Energie, aber Leiden ist, wenn man ihm widersteht und ihn zeitlich ausdehnt. Wenn du zum Beispiel an Depressionen leidest, musst du dich eine Weile hinsetzen und üben, keinen Widerstand dagegen zu leisten. Man müsste sich hinsetzen und die Etiketten »Depression« und »schweres Gefühl« entfernen und sich tatsächlich solange hinsetzen und nachforschen, bis klar ist, was tatsächlich da ist und wirklich passiert. Wenn der Verstand mit all diesen Etiketten rast, kannst du möglicherweise nicht auf die tatsächliche Energie zugreifen, die alles erzeugt. Du sitzt also mit dem »Problem« (nicht einmal mit dem Etikett »Problem«) und du sitzt weiter mit ihm, atmest mit ihm und prüfst es sanft, bis es sich von alleine löst. Du bist nicht der, der es auflöst. Es löst sich von selbst auf, wenn du aufhörst, es unter Druck zu setzen. Schrittweise gibst du deinen Wunsch auf, irgendetwas damit zu machen. Dein einziger Wunsch ist es, dir selbst und der Emotion oder dem Problem genug **Zeit, Raum und Aufmerksamkeit** zu geben, um sich selbst zu entwickeln, in welche Richtung auch immer es sich entwickeln möchte. Dies führt in der Regel zu einer Art »Energieabgabe«, die von Weinen, einem Seufzen oder einer Stimmungsverschiebung begleitet sein kann.

Alles ändert sich, nichts ist dauerhaft, außer das Bewusstsein. Wie kannst du nun feststellen, ob du immer noch subtil Widerstand leistest oder dabei bist, die Energie aufzulösen? Wenn du Widerstand leistest, macht die Übung dich müde. Wenn du etwas auflößt, gewinnst du allmählich Energie zurück. Möglicherweise benötigst du mehrere »Sitzungen« mit dem, was dich gestört hat. Das Ziel ist es, auf das Wesentliche hinzuweisen, das, was es genau ist und einen tiefen Einblick in den Kern dessen zu bekommen, was du als Problem bezeichnet hast. Sobald es keinen inneren Kern mehr gibt, wird der äußere Umstand, der mit dem Problem verbunden ist, aus deiner Erfahrung verschwinden. Oder dachtest du, es wäre ein Zufall, dass bestimmte Dinge dir und nicht anderen passieren?

Kapitulation

Ich werde dir jetzt eine Abschrift einer echten Coaching-Sitzung als Beispiel für die Verwendung dieses einfachen Prozesses vorstellen. Es gibt verschiedene Möglichkeiten, aber es geht im Wesentlichen darum, Widerstand aufzugeben.

Klient: Bei mir wurde Depression diagnostiziert.

Coach: Was meinst du mit Depressionen? Ich frage das, damit wir uns mit unserer Definition auf derselben Seite befinden.

Klient: Ich freue mich einfach über nichts.

Coach: Hast du eine Therapie oder Medikamente ausprobiert?

Klient: Ja.

Coach: Und?

Klient: Ich fühle mich immer noch nicht sehr glücklich im Leben.

Coach: Gibt es etwas, worüber du dich freuen kannst?

Klient (weinerlich): Ich möchte die Aufregung mit meinen beiden Kindern teilen können, aber ich täusche sie vor.

Coach: Also lehnst du dich ab, weil du nicht so energiegeladen bist wie deine Kinder?

Klient (immer noch weinerlich): Ja. Ich erlaube mir nicht, mich einfach nur mies zu fühlen und versuche etwas darzustellen, was ich nicht bin. Es ist anstrengend.

Coach: Alles klar.

Coach: Könnte Depression tatsächlich eine **angemessene** Antwort auf bestimmte Dinge sein, die geschehen sind oder gerade passieren?

Klient (denkt nach): Ich weiß es nicht.

(Anmerkung: Keine der bisherigen Fragen bezieht sich auf die Anwendung des Prozesses. Sie dienen lediglich dazu, die Dinge abzumildern und vorzubereiten.)

Coach: Alles klar. Ich werde dich bitten, deinen Widerstand gegen deine Depression zu lösen.

Klient: Ich würde nicht wissen, wie das geht ...?

Coach: Setz dich einfach ein paar Minuten damit hin. Setz dich zu dem, was du fühlst. Sag dir mehrmals »Es ist okay, so zu fühlen« und entspanne dich in den gegenwärtigen Moment. Ich werde den Raum für ein paar Minuten verlassen, damit du nicht abgelenkt wirst. Sieh, ob du einfach fühlen kannst, was du fühlst und lasse es einfach sein. Versuche nicht, es zu verschieben oder zu verzerren, es loszuwerden oder zu verändern, etwas größer oder kleiner zu machen. Sei bei dem, was ist – so wie es ist. Gib dem keinen Namen, was du als »Depression« empfindest. Wenn du tiefer schaust, wirst du eine Art Schwere in Körper, Geist oder sogar um deinen Körper herum bemerken, eine Art von Energiefeld, das als »Depression« bezeichnet wurde. Benenne es nicht, nicht einmal mit »Schwere« und vielleicht nicht einmal mit »Energiefeld«. Setz dich einfach zu der Empfindung. Ich komme wieder.

Klient: Okay.

(Fünf Minuten später)

Coach: Alles klar. Vielen Dank.

Klient: (nickt)

Coach: Was ist passiert?

Klient: Nun, es ist interessant. Es ist immer noch da und es ist immer noch unangenehm. Aber ich habe eine klarere Vorstellung davon, wie es sich anfühlt.

Coach: Könntest du es noch etwas weiter beschreiben?

Klient: Es ist irgendwie matt und grau. Es macht meine Stirn müde. Meine Brust ist wie »geschlossen« oder so etwas. Hat das etwas mit Chakren zu tun?

Coach: Vielleicht.

Klient: Aber es ist immer noch da. Es ist nur ein freudloses Gewicht, das da hängt. Es ist schon lange dort.

Coach: Wenn du sagst »es ist noch da«, bedeutet das, dass du versuchst, es loszuwerden?

Klient: Ähm … Na ja … Ist das nicht der Zweck unserer Sitzung?

Coach: In gewisser Weise ja. Aber letztendlich möchten wir nichts loswerden, sondern die Art und Weise verändern, wie du auf die verschiedenen Energien reagierst. Und speziell in dieser Sitzung bitte ich dich, es nicht loszuwerden, sondern es zu begrüßen und anzunehmen. Solange es Widerstand gibt, drückst du es immer noch als äußere Erscheinung weg, deren »Opfer« du bist. Stattdessen werde ich dich bitten, dich noch etwas zu setzen. In der Tat werden wir mit dem Gefühl sitzen, bis es weg ist.

Klient: Das kann lange dauern. Ich könnte den ganzen Tag hier sitzen!

Coach: Na, dann soll es so sein.

Klient: Aber soll das nicht ein »schneller« Problemlöser sein?

Coach: Und das ist es. Einige Leute tragen dieses Zeug ein Leben lang mit sich. Einige für mehrere Leben. Was sind im Vergleich dazu ein paar Tage Aufmerksamkeit?

Klient: Ich weiß nicht, ob ich den ganzen Tag hier sitzen möchte. Es erscheint mir irgendwie sinnlos.

Coach: Nun, du kannst entweder deinen Widerstand vollständig aufgeben und dadurch eine brandneue Erfahrung der Energieauflösung machen, oder du kannst von einem Selbsthilfebuch zum nächsten, von Therapie zu Therapie, von Methode zu Methode oder irgendwo anders hin – irgendwo anders suchen als bei dem eigentlichen Thema. **Alles, was ich von dir fordere, ist, bei dem eigentlichen Problem zu sein.**

(Anmerkung: Die Abneigung des Klienten, dem Thema mehr als fünf Minuten Zeit, Raum und Aufmerksamkeit zu widmen, ist Teil des Widerstandes, der die Depression aufrechterhält. Während Depressionen auch chemische, soziologische und vererbte sowie psychologische Komponenten haben, macht Widerstand das Problem viel akuter als es sein muss.)

Klient: Okay, ich sitze noch ein bisschen rum. Wie lange noch?

Coach: Bis es ausläuft. Zeug läuft aus. Alles läuft aus. Alles ist zeitlich und räumlich begrenzt. Nichts ist dauerhaft, außer Bewusstsein.

Klient: Wie lange dauert es, bis die Depression ausläuft?

Coach: Wenn es keinen Widerstand gibt, ist sie im Nu buchstäblich aufgebraucht. Wenn es Widerstand gibt, könntest du mehrere Stunden, Tage oder sogar Monate hier sitzen, bevor das Ganze endgültig erlebt wird. Alles, was erschaffen wird, will erfahren werden. Wenn es vollständig erfahren ist, zieht die Aufmerksamkeit das Interesse davon ab, lässt es verschwinden, hört damit auf, Wichtigkeit daraus zu ziehen, und du wirst keine Depression mehr haben.

Klient: Ich habe keine Monaten Zeit, hier zu sitzen.

Coach: Es dauert so lange, wie es dauert. Aber das Auflösen festgehaltener Energie ist das Beste, was du tun kannst. Es bedeutet, dass du im Leben weitergehen kannst ... zum nächsten Problem. Wenn du es richtig machst, kannst du es in kürzerer Zeit überwinden. Man muss es nur vollständig und ohne jeglichen Widerstand erleben. Dies nennt man **Kapitulation**. Lass uns versuchen, es zu ändern, versuche es zu verstehen, es zu heilen, es zu lösen und einfach aufzugeben. Lass los!

Klient (denkt)

Coach: Wo bist du?

Klient: Was meinst du?

Coach: Wo bist du mit deinen Gedanken, mit deiner Aufmerksamkeit? Bist du voll anwesend? Kannst du vollständig präsent sein, als ob dieser Moment der wichtigste wäre?

Klient (Augen aufgerissen): Okay …

Coach: Jetzt noch präsenter werden. Als würdest du zum ersten Mal alles fühlen, sehen, atmen und alles wahrnehmen. Sei voll verbunden mit dem, was gerade passiert.

Klient: Okay.

Coach: Sei für die nächsten Minuten anwesend. Ich komme wieder.

Klient: Okay.

(Fünf Minuten später)

Coach: Hallo. Wie war es?

Klient: Interessant …

(Der Klient spricht jetzt weniger und erlebt mehr.)

Coach: Was ist passiert?

Klient: Mir ist aufgefallen, dass ich ständig versuche, in einem anderen als dem gegenwärtigen Moment zu sein. Ich denke, das ist ein großer Stopper.

Coach: (hört zu)

Klient: Ich verstehe, was du damit meinst, einfach nur zu sitzen.

Coach: (hört zu)

Klient: (schweigt)

Coach: Ich lasse es fürs Erste. Lass uns in etwa einer Woche noch einmal reden.

Klient: Was ist, wenn die Depression auftritt?

Coach: Was meinst du mit »Depression«?

Klient: Was ist, wenn dieses Gefühl zurückkommt?

Coach: Dann werde wie immer präsent. Es ist eine Erweiterung des Blickes, ein **wachsendes Interesse** an dem, was gerade passiert. Wenn du etwas loswerden möchtest, habe **null Interesse** daran. Deshalb bettelt es wie ein kleines Kind um deine Aufmerksamkeit. Sobald du ein echtes Interesse zeigst, ist es kein Problem mehr. Und sobald es ausläuft, bleibst du verwundert zurück und fragst: **»Okay, was kommt als nächstes? Was sind meine Einstellungen dazu?«** Von diesem Punkt an kommst du nicht mehr aus der Reaktivität, aus dem Versuch, etwas zu lösen, du kommst aus der Freiheit, aus dem Wohlbefinden, aus dem offenen und ruhigen Bewusstsein.

Die Zwiebel schälen

Dieser Prozess erkennt die **absolute Tatsache** an, dass alles einen Anfang und ein Ende hat. Wenn es nicht zeitlich oder räumlich begrenzt wäre, wäre es das Infinite/Ultimative. Das Gefühl negativer Energie deutet auf etwas Unfertiges, Unvollendetes hin. Sobald es fertig ist, gibt es keine Emotionen mehr und kein Interesse mehr daran. Es nimmt seinen Lauf, es ist ausgebrannt. Dies gilt für positive und negative Realitäten.

Es kann von Vorteil sein, zu wissen, wann das Problem begonnen hat, da dies deine Perspektive etwas außerhalb der Blase platziert, die das Problem enthält. Wenn man einen **Anfang** genau feststellt, gibt es ein **Ende**. Und es kann auch deine Rolle bei der Entstehung des Problems zeigen.

Was auch immer dich stört, denke absichtlich daran, und lasse die »Belastung« durch deinen Körper laufen. Lasse den Film absichtlich immer und immer wieder laufen. Das ist ganz anders, als würden dir Probleme automatisch durch den Kopf gehen. Du siehst, es ist eine bewusste Kreation, die dich kontrollieren lässt, die dich in eine Perspektive vor dem Problem versetzt, außerhalb der Blase mit dem Problem. Alternativ lasse den Film ohne Eingreifen laufen, wenn es absichtlich ausgeführt wird, so wie ein »Schieben«. So oder so ist es gut. Das eine ist proaktiv, das andere ist nicht reaktiv.

Wenn kein Anzeichen von Widerstand mehr besteht, platzt das Problem einfach auf. Es löst sich auf. Wenn das Problem äußerlich war - in der Welt oder in Form einer anderen Person - löst es sich nicht auf, aber es versetzt dich in eine Position, in der du dir tatsächlich helfen kannst.

Hier ist ein weiteres Transkript der Coaching-Sitzung, das eine Variation des auf Angst angewandten schnellen Problemlösers zeigt. Beachte, wie wir uns einfach ergeben und in diese Furcht fallen lassen, ohne Vorbereitung, Ablehnung oder Abneigung.

Coach: Wovor hast du Angst?

Klient: Dass meine Frau einen anderen Mann trifft.

Coach: Alles klar. Was passiert, wenn deine Frau einen anderen Mann trifft?

Klient: Sie könnte sich in ihn verlieben und mich verlassen.

Coach: Okay. Was passiert, wenn sie sich in ihn verliebt und dich verlässt?

Klient: Ich werde abgelehnt. Ich werde alleine sein.

Coach: Was passiert, wenn du abgelehnt wirst und alleine bist?

Klient: Meinem Leben fehlt es an Sinn. Ich werde versagt haben.

Coach: Was passiert, wenn du versagt hast und dein Leben keinen Sinn hat?

Klient: Ich weiß nicht ...

Coach: Was könnte dann passieren?

Klient: Ich könnte deprimiert werden. Oder ich muss vielleicht noch einmal reinkarnieren, weil ich die Lektion nicht geschafft habe.

Coach: Und was passiert, wenn du depressiv wirst und dann wiedergeboren werden musst?

Klient: Vielleicht wird die Lektion schwieriger. Oder ich bin einfach vergessen und verblasse. Meine Seele stirbt.

Coach: Und dann?

Klient: Und dann bin ich ausgestorben.

Coach: Und dann?

Klient (lacht): Und dann nichts.

Coach: Du scheinst das jetzt ziemlich humorvoll zu nehmen?

Klient: Nun ... Ja, es ist irgendwie komisch, wenn man es so zusammenfasst. Ich wusste, dass alle Angst tatsächlich die Angst vor dem Tod ist, aber jetzt habe ich es gerade erlebt.

Coach: Gibt es noch Angst?

Klient: Nun, vielleicht sterbe ich nicht. Vielleicht komme ich in die Hölle.

Coach: Alles klar. Und was passiert, wenn du in die Hölle kommst?

Klient: Ich werde von grausamen Monstern angegriffen.

Coach: Und was passiert, wenn du von grausamen Monstern angegriffen wirst?

Klient: Sie greifen mich an, quälen mich, fressen mich auf.

Coach: Und was passiert, wenn sie dich angreifen und dich quälen und dich auffressen?

Klient (lächelt): Dann bin ich aufgegessen! (lacht)

Coach: Und was passiert, wenn du aufgegessen bist?

Klient: Ich weiß es nicht.

Coach: Gibt es noch Angst?

Klient: Nun, diese Vorstellung, aufgefressen zu werden, hat immer noch etwas Beängstigendes.

Coach: Okay. Stelle dir vor, von grausamen Monstern aufgefressen zu werden.

Klient: Wer hätte gedacht, dass meine Angst, dass meine Frau mich verlässt, auf die Angst vor Monstern zurückzuführen ist?

Coach: Was passiert, wenn du total gefressen bist?

Klient: Nichts, denke ich.

Coach: Dann gehe zurück zur Idee, dass deine Frau dich verlassen hat.

Klient: Okay.

Coach: Wie fühlt es sich jetzt an?

Klient: Nun, verglichen mit diesen Monstern ist es nichts (lacht).

Coach: Ist die Angst weg?

Klient: Nein, da gibt es immer noch Bedenken. Nur ein wenig.

Coach: Okay. Schauen wir uns das mal an. Was könnte passieren?

Klient: Es geht darum, abgelehnt und einsam zu sein. Um Zugehörigkeit.

Coach: Und was passiert, wenn du nicht dazugehörst?

Klient: Dann bin ich isoliert.

Coach: Und was passiert, wenn du isoliert bist?

Klient: Dann hat jeder Spaß auf einer Party und ich stehe draußen und komme nicht rein. Ich habe dieses Bild von Kindheit an. Es kam gerade auf.

Coach: Okay. Sieh dir dieses Bild für eine Minute an.

Klient: Okay.

Coach: Was passiert, wenn du draußen stehst und nicht reinkommst?

Klient (lacht): Dann komme ich woanders rein!

Coach: Das ist sicher. Noch etwas?

Klient: Dann finde ich heraus, wie man reinkommt.

Coach: Gut. Noch etwas?

Klient: Ich habe jetzt dieses Bild von einer Insel. Das Bild ist nicht einmal aus diesem Leben oder irgendwie so etwas.

Coach: Was passiert, wenn du dich auf einer Insel aufhältst?

Klient: Ich sterbe langsam und schmerzhaft.

Coach: Und was passiert, wenn du einen langsamen und schmerzhaften Tod stirbst?

Klient: Nichts. Es ist dasselbe wie zuvor. Ich drehe mich im Kreis. Ich denke, es geht ums Sterben.

Coach: Die meisten Ängste betreffen das Sterben. Die oberflächliche Angst verdeckt die Angst vor dem Tod. Du siehst es sehr deutlich.

Klient: Okay.

Coach: Wie fühlst du dich?

Klient: Leichter.

Coach: Kannst du akzeptieren, dass deine Frau dich verlassen könnte?

Klient: Ja, ich kann.

Coach: Und kannst du akzeptieren, dass sie bleiben könnte?

Klient (lächelt): Sicher.

Wie du in diesem Beispiel sehen kannst, fühlt sich das Problem, wenn es vollständig aufgedeckt ist, nicht mehr wie eine Bedrohung an. Anstatt ein Opfer der Blase zu sein, wirst du größer als sie.

Diejenigen, die geistiges und emotionales Loslassen beherrschen, werden feststellen, dass einige »Probleme« im Körper und in den Muskeln gespeichert werden. Wenn man meditiert oder einem bewusst wird, wie man atmet, und sich die Muskeln entspannen, sprudeln diese Probleme einfach in das Bewusstsein und lösen sich in seinem Licht auf.

Antworten durch das Loslassen der Frage

Es gibt zahlreiche Methoden zur Problemlösung und zum Finden von Antworten. Die meisten von ihnen basieren auf intellektuellen Überlegungen. Die hier vorgestellte Methode ist nicht intellektuell, es ist eine geistige Fähigkeit, es ist die metaphysische Art, Fragen zu beantworten.

Die Methode ist: Prüfe zuerst, welche Frage oder Fragen du dir selbst gestellt hast. Das sind die sich wiederholenden Gedanken, die sich in deinem Kopf herumtreiben und einer Lösung zu trotzen scheinen. Dann lasse einfach die Frage selbst los, lasse den Wunsch los, die Antwort herauszufinden, herauszuarbeiten, lasse den Wunsch nach einer Antwort los und vor allem das Gefühl, das die Frage erzeugt.

Das klingt ungewöhnlich, nicht wahr? Du könntest nun sagen: »Nun ja, wo keine Frage ist, ist keine Antwort erforderlich.« Aber es steckt mehr dahinter: Die Frage wird durch eine Emotion hervorgerufen. Jeder Gedanke, den du denkst, wird auf eine Emotion gesetzt. Und diese Emotion ist genau das, was dich daran hindert, eine Antwort zu sehen oder zu empfangen.

Wieso das? Nun, du bist ein Energiewesen und als solches bist du mit jedem und allem anderen **verbunden**. Du hast Zugriff auf alle Antworten im Universum. Aber der Glaube, dass du nichts weißt, und die Emotionen (Energien), die du in deinem persönlichen Bereich hast, hindern dich daran, bereits dort Antworten zu sehen. Wenn du eine Frage hast, glaubst du, du wüsstest die Antwort nicht. Aber das ist nur ein Glaube. Gib diesen Glauben frei und du wirst es wissen.

Prüfe, ob es Gedanken und Fragen gibt, die immer wieder auftauchen. Dann **prüfe, welche Emotion hinter diesem Gedanken oder dieser Frage steckt**. Dahinter steht ein tieferes Motiv, eine bestimmte Frage zu stellen oder einen bestimmten Gedanken zu denken. Fühle diese Emotion vollständig, atme sie ein und atme aus, lasse sie frei und lasse sie los. Wiederhole dies, bis sich die Emotion auflöst und du die Frage losgelassen hast. Wenn du dies richtig gemacht hast, wird sich die Antwort **zeigen**.

Das Aussehen, die Größe und die Farbe von Emotionen

Dies unterscheidet sich wesentlich von dem rein intellektuellen Ansatz, der umständlicher ist. Wenn du diese Technik auf die Spitze treiben möchtest, kannst du mit Leichtigkeit eine ganze Woche damit verbringen, ALLE Fragen zu beantworten, die in deinem Kopf auftauchen. »Was soll ich nächstes Wochenende tun?«, »In welches Restaurant sollten wir gehen?«, »Wie kann ich geduldiger sein?«, »Was ist die richtige Karriere für mich?« Hinter solchen Fragen lauern tiefere Gefühle, die am besten losgelassen und aufgelöst werden. Mit dem neuen Gefühl der Befreiung und Leichtigkeit werden Antworten nicht mehr gesucht oder sie entstehen als Einsichten, Intuition, »Zufälle«, Träume oder sogar konkrete Antworten und spontane Lösungsansätze. Im unendlichen Bewusstsein gibt es keine Frage und keine Antwort, weil nichts unbekannt oder ungesehen ist.

Wirf deine Gedanken einfach weg

Der folgende Artikel wurde von Professor Richard Petty von der Ohio State University veröffentlicht. Petty ist Mitglied der American Academy of Arts and Sciences, der American Association for the Advancement of Science, der Association for Psychological Science, der Society of Experimental Social Psychology und der American Psychological Association. Der Artikel ist die Schlussfolgerung aus einer Studie, finanziert von der U.S. National Science Foundation. Er bestätigt, was ich im Rahmen des Reality Creation Coachings die letzten 20 Jahre unterrichtet habe – nämlich dass »Gedanken wie Dinge behandelt werden sollten« und dass man schwere Gedanken freilassen kann und sollte und auch loslassen kann.

Gestört von negativen, unerwünschten Gedanken? Wirf sie einfach weg.

Wenn Sie unerwünschte negative Gedanken loswerden möchten, zerreißen Sie sie einfach und werfen Sie sie in den Papierkorb.

In einer neuen Studie fanden die Forscher heraus, dass wenn Menschen ihrer Gedanken auf einem Blatt Papier schrieben, das zerrissen und dann weggeworfen wurde, sie auch ihre Gedanken verwarfen.

Auf der anderen Seite benutzten die Menschen eher ihre Gedanken, um Urteile zu fällen, wenn sie sie zuerst auf ein Blatt Papier niederschrieben und das Papier in eine Tasche steckten, um es zu schützen.

Einige psychologische Therapieformen verwenden Variationen dieses Konzepts, indem sie versuchen, Patienten dazu zu bringen, ihre negativen Gedanken zu verwerfen. Aber Petty sagte, dass dies die erste Studie sei, von der er wisse, die diesen Ansatz bestätigt habe. »Wie auch immer Sie allerdings Ihre Gedanken kennzeichnen – als Abfall oder als schützenswert – scheint einen Unterschied in der Verwendung dieser Gedanken zu machen«, sagte Richard Petty, Mitautor der Studie und Professor für Psychologie an der Ohio State University.

»Auf einer gewissen Ebene mag es dumm klingen. Aber wir haben festgestellt, dass es wirklich funktioniert – indem Sie Ihre Gedanken physisch wegwerfen oder schützen, beeinflussen Sie, wie Sie diese Gedanken verwenden. Alleine sich vorzustellen, wie man sich an diesen Handlungen beteiligt, hat einen Einfluss auf den Ausgang.«

Die Ergebnisse legten nahe, dass Menschen ihre Gedanken wie materielle, konkrete Gegenstände behandeln könnten, sagte Petty. Das zeigte sich in der Sprache, die wir verwenden.

»Wir sprechen über unsere Gedanken, als könnten wir sie visualisieren. Wir halten unsere Gedanken. Wir nehmen Stellung zu Themen, wir neigen zu diesem oder jenem Weg. All dies macht unsere Gedanken für uns realer.«

Petty führte die Forschung mit Pablo Briñol, Margarita Gascó und Javier Horcajo, der gesamten Universidad Autónoma de Madrid in Spanien, durch.

Die Ergebnisse werden online in der Zeitschrift »Psychological Science« veröffentlicht und erscheinen in einer zukünftigen Druckausgabe.

Für die Studie führten die Forscher drei verwandte Experimente durch.

Im ersten Experiment nahmen 83 spanische Gymnasiasten an einer Studie teil, in der ihnen gesagt wurde, sie würde das Körperbild behandeln. Jeder Teilnehmer wurde aufgefordert, innerhalb von drei Minuten positive oder negative Gedanken über seinen Körper aufzuschreiben.

Alle Teilnehmer wurden gebeten, sich ihre Gedanken anzusehen. Die Forscher forderten die Hälfte der Schüler auf, über ihre Gedanken nachzudenken und sie dann in den Mülleimer im Raum zu werfen, »weil ihre Gedanken nicht bei ihnen bleiben sollten.« Die andere Hälfte wurde aufgefordert, ihre Gedanken zu betrachten und nach Grammatik- oder Schreibfehler zu suchen.

Die Teilnehmer bewerteten dann ihre Einstellung zu ihrem eigenen Körper auf drei 9-Punkte-Skalen (schlecht–gut, unattraktiv– attraktiv, mögen–nicht mögen).

Die Ergebnisse zeigten, dass es für diejenigen, die ihre Gedanken behalten und sie auf Fehler überprüft hatten, wichtig war, ob sie positive oder negative Gedanken über ihren Körper erzeugten. Wie zu erwarten, hatten Teilnehmer, die positive Gedanken verfasst hatten, einige Minuten später mehr positive Einstellungen zu ihrem Körper als diejenigen, die negative Gedanken aufgeschrieben hatten.

Diejenigen, die ihre Gedanken verworfen hatten, zeigten jedoch keinen Unterschied in der Bewertung ihrer Körper, unabhängig davon, ob sie positive oder negative Gedanken verfasst hatten. »Als sie ihre Gedanken wegwarfen, haben sie nicht mehr in Betracht gezogen, ob sie nun positiv oder negativ waren«, sagte Petty.

In einer zweiten Studie nahmen 284 Studenten an einem ähnlichen Experiment teil, mit der Abwandlung, dass sie dazu aufgefordert wurden, negative oder positive Gedanken über etwas aufzuschreiben, was die meisten Menschen für gut halten: die Mittelmeerdiät (die Diät betont den hohen Konsum von Obst, Gemüse, Hülsenfrüchten und (unraffiniertem) Getreide, mit Olivenöl als Grundfett).

In diesem Fall warfen einige die Zettel mit Gedanken weg, einige ließen sie auf ihrem Schreibtisch, und einigen wurde gesagt, sie sollten das Papier in die Tasche, die Brieftasche oder die Handtasche stecken und bei sich haben.

Alle Teilnehmer wurden dann gebeten, ihre Haltung gegenüber der Diät und die Absicht, die Diät für sich selbst anzuwenden, zu bewerten.

Wie in der ersten Studie wurden diejenigen, die die Liste der Gedanken auf ihrem Schreibtisch aufbewahrten, bei der Bewertung der Diät stärker von ihnen beeinflusst als diejenigen, die sie weggeworfen hatten. Diejenigen, die ihre Gedanken schützten, indem sie sie in eine Tasche oder ein Portemonnaie gesteckt hatten, wa-

ren sogar noch mehr beeinflusst als diejenigen, die die Gedanken auf ihrem Schreibtisch aufbewahrten.

Mit anderen Worten: Diejenigen, die positive Gedanken über die Mittelmeerdiät schrieben und diese Gedanken in die Tasche steckten, bewerteten die Diät günstiger als diejenigen, die positive Gedanken schrieben und diese Gedanken einfach auf ihrem Schreibtisch aufbewahrten. Und diejenigen, die negative Gedanken geschrieben und in die Tasche gesteckt hatten, bewerteten die Ernährung negativer als diejenigen, die ihre Gedanken auf dem Schreibtisch aufbewahrt hatten.

»Dies legt nahe, dass Sie Ihre Gedanken vergrößern und sie für Sie wichtiger machen können, indem Sie sie in Ihrer Brieftasche oder in Ihrem Portemonnaie behalten«, sagte Petty.

Aber wie wichtig ist die körperliche Aktion, diese Gedanken wegzuwerfen oder in der Tasche zu behalten? Um das herauszufinden, führten die Forscher ein drittes Experiment mit Computern durch. In diesem Fall schrieben 78 spanische College-Studenten ihre Gedanken in einem Computer-Textverarbeitungsdokument auf. Einige verwendeten später die Maus, um die Datei in den Papierkorb des Computers zu ziehen, während andere die Datei auf einen Speicherdatenträger verschoben.

Genau wie in den vorangegangenen Studien nutzten die Teilnehmer die negativen Gedanken, die sie verworfen hatten, weniger, indem sie sie in den Papierkorb zogen, als diejenigen, die die Gedanken retteten, indem sie sie auf eine Diskette brachten.

In einer anderen Situation sollten sich einige Teilnehmer einfach vorstellen, ihre negativen Gedanken in den Papierkorb zu ziehen oder auf einer Festplatte zu speichern. Dies hatte jedoch keine Auswirkungen auf ihre späteren Urteile.

»Je überzeugter die Person ist, dass die Gedanken wirklich verschwunden sind, desto besser«, sagte Petty. »Nur vorzustellen, dass Sie sie wegwerfen, scheint nicht zu funktionieren.

Selbst wenn Sie die Gedanken in einen Mülleimer werfen oder in den Papierkorb des Computers legen, sind sie nicht wirklich verschwunden - Sie können sie wiederherstellen. Aber die Repräsentationen dieser Gedanken sind zumindest vorübergehend verschwunden und es scheint einfacher zu sein, nicht an sie zu denken.«

Petty sagte, die Forscher hätten vor zu sehen, ob diese Technik funktionieren könnte, um Menschen zu helfen, die immer wieder negative Gedanken haben, die aufdringlich und störend sind, wie etwa Gedanken über den Tod eines geliebten Menschen.

»Es ist oft schwierig, diese Gedanken loszuwerden. Wir möchten herausfinden, ob es einen Weg gibt, dass diese Gedanken zumindest für längere Zeit nicht zurückzukommen.«

In meiner Coaching-Praxis der letzten zwanzig Jahre habe ich die Menschen gebeten, die **Größe, Grenzen, Farben, das Aussehen und das Gefühl** ihrer Emotionen zu definieren. So genau, umschrieben und begrenzt, ist eine Emotion leichter zu handhaben und loszulassen oder zu steigern, wenn dies bevorzugt wird. Eine der größten Hemmungen im Umgang mit den eigenen Emotionen besteht darin, dass sie ein vager und undefinierter Nebel bleiben. Klarheit weiß jedoch, was ein Gefühl ist, wo es ist und wo es nicht ist.

In diesem Zusammenhang hat die Forschung der Aalto Universität in Finnland den Ort verschiedener Emotionen bestimmt. Um aus ihrer Studie zu zitieren:

„Die Forscher der Aalto University haben gezeigt, wie Emotionen im Körper erlebt werden.

Emotionen passen unsere mentalen und körperlichen Zustände an die Herausforderungen an, die in der Umgebung entdeckt werden. Diese Empfindungen, die sich aus den körperlichen Veränderungen ergeben, sind ein wichtiges Merkmal unserer emotionalen Erfahrungen. Angst kann zum Beispiel als Schmerz in der Brust empfunden werden, wohingegen beim Verlieben warme, angenehme Empfindungen im gesamten Körper ausgelöst werden können. Neue Forschungsergebnisse der Aalto University zeigen, wie Emotionen buchstäblich durch den Körper erlebt werden.

Die Forscher fanden heraus, dass die häufigsten Emotionen starke körperliche Empfindungen auslösen und die körperlichen Karten dieser Empfindungen waren für verschiedene Emotionen topographisch unterschiedlich. Die Wahrnehmungsmuster waren jedoch in verschiedenen westeuropäischen und ostasiatischen Kulturen einheitlich und hoben hervor, dass Emotionen und ihre entsprechenden körperlichen Empfindungsmuster eine biologische Grundlage haben.

– Emotionen passen nicht nur unsere mentalen, sondern auch unsere körperlichen Zustände an. Auf diese Weise bereiten wir uns darauf vor, schnell auf Gefahren zu reagieren, aber auch auf die Möglichkeiten, die in der Umwelt angenehme soziale Interaktionen bieten. Das Bewusstsein für die entsprechenden körperlichen Veränderungen können in der Folge die bewussten emotionalen Empfindungen auslösen, wie beispielsweise das Glücksgefühl, sagt der Assistenzprofessor Lauri Nummenmaa von der Aalto University.

– Die Ergebnisse haben große Auswirkungen auf unser Verständnis der Funktionen von Emotionen und ihrer körperlichen Basis. Andererseits helfen uns die Ergebnisse, verschiedene emotionale Störungen zu verstehen und neuartige Instrumente für ihre Diagnose bereitzustellen.

Die Forschung wurde online durchgeführt und über 700 Personen aus Finnland, Schweden und Taiwan nahmen an der Studie teil. Die Forscher lösten bei ihren finnischen und taiwanesischen Teilnehmern unterschiedliche emotionale Zustände aus. Anschließend wurden den Teilnehmer Bilder von menschlichen Körpern am Computer gezeigt und sie wurden gebeten, die Körperregionen zu färben, deren Aktivität sie als zunehmend oder abnehmend empfanden.«

Weniger ist mehr

Die Redewendung »Weniger ist mehr« bezieht sich auf das Prinzip des Minimalismus in den Bereichen Haltung, Mode, Innenarchitektur, Architektur, Musik, Wirtschaft, Wissenschaft … Nun ja, in jedem Bereich. In diesem Abschnitt wird erklärt, wie der Minimalismus und sogar die künstliche Schaffung von Knappheit (für sich selbst) »paradoxerweise« mit dem Überflussbewusstsein verbunden ist. Fünf Beispiele für Minimalismus:

- Meine vorherige Website war mit Farben überladen, während die aktuelle Website einfach auf weißem Hintergrund schwarz geschrieben ist. Es werden keine auffälligen Werbebanner gezeigt und kaum fremde Seitenleisten oder Pop-ups lenken die Aufmerksamkeit von den Artikeln selbst ab. Im Gegensatz zum einfachen Minimalismus der Seite wirken die Bilder heller. Wenn die Seite auch voller Farben wäre, wäre dies eine »Farbüberladung« und würde den Genuss der bereits bunten Bilder verringern.
- Wer nur zwei Farben wie Schwarz und Weiß oder Schwarz und Blau oder Weiß und Rot oder Orange und Blau trägt, praktiziert Minimalismus in der Mode. Wenn es sich nur um eine Farbe handelt, wird sie möglicherweise zu minimal und langweilig, aber ein Farbspritzer bietet genau den richtigen Kontrast. Solche Leute in der Modewelt werden als »nobel« betrachtet, während diejenigen, die zu viele Farben tragen, insbesondere solche, die nicht zusammenpassen, Gefahr laufen, dumm auszusehen.
- In Japan ist das Innere von Häusern tendenziell weniger gefüllt und überfüllt als bei uns. Sie haben weniger Möbel und weniger Gegenstände.

- ❖ Einige Eltern verstecken das Spielzeug ihrer Kinder für ein oder zwei Wochen, damit die Kinder mehr inneren Reichtum und Kreativität entwickeln und nicht durch zu viel äußeres Zeug abgelenkt werden. In Abwesenheit von Spielzeug erhalten Kinder plötzlich neue Ideen, wie aus normalen Alltagsgegenständen Spielzeug hergestellt werden kann.
- ❖ Manchmal lege ich Tage ein, an denen ich nach draußen gehe, ohne mein Smartphone mitzunehmen. Diese künstliche Schaffung von Knappheit hilft mir nicht nur, die Umgebung mehr zu schätzen, als würde ich die ganze Zeit auf mein Handy starren, sondern diese Vorgehen hilft mir auch, das Smartphone zu schätzen, wenn ich es zurückbekomme.

Was hat das alles mit Knappheitsbewusstsein vs. Überflussbewusstsein zu tun? Wo es einen inneren Mangel gibt, neigt der Geist dazu, diese Leere mit äußeren »Dingen« füllen zu wollen. Und wo es innere Fülle und Erfüllung gibt, braucht der Geist nicht so viele äußere »Dinge«. Deshalb leben so viele spirituelle Weise ein einfaches Leben. Aus diesem Grund scheinen Menschen, die aus armen Ländern in reichere Länder gezogen sind, eine größere Wertschätzung für den Wohlstand zu haben.

Verstehe mich nicht falsch, ich verurteile keine materiellen Gegenstände und Geräte – ich liebe sie! Sobald sich jedoch ein Mensch der Tatsache bewusst wird, wie voll und reich das Universum wirklich ist, besteht die Tendenz, das Einfache zu genießen und aus dem inneren Reichtum Freude zu ziehen. Gedankenreichtum, Vorstellungskraft, Gefühlsfülle. Die große Freude an einer guten Karriere liegt nicht im Endergebnis der Arbeit, sondern im kreativen Prozess. Es liegt nicht im schicken Haus selbst, sondern in der Schaffung des schicken Hauses. Beim Bau oder beim Anziehen in dein Leben. Es liegt nicht im fertigen Projekt, sondern in allem, was auf dem Weg dorthin passiert ist. Nicht im Geld, sondern in der **Gewinnung**.

Wenn du dich mit dem Universum verbunden fühlst und weißt, dass du wirklich alles haben kannst, was du möchtest, hast du kein Problem, das Smartphone (beispielsweise) für einen Tag beiseite zu legen und auf dein Spielzeug für einen Tag zu verzichten. Es ist nur der Geist, der verzweifelt im Mangelbewusstsein versunken ist, der sein Smartphone umklammern und niemals loslassen würde. Das gleiche Prinzip gilt für alles – Arzneimittel, Gebäude, Menschen, Fernseher, Möbel, Kleidung, Autos, Bargeld, Arbeitsplätze, Lebensmittel, Standorte – nichts davon definiert dich, weil es sich um Äußerlichkeiten handelt. Dein Wohlbefinden hängt von nichts davon ab. Das »Paradoxon« dabei ist, dass das »ohne etwas okay zu sein« es dir leichter macht, Dinge in dein Leben zu ziehen. Das heißt, wenn du nicht an ein bestimmtes Objekt oder einen bestimmten Status oder eine bestimmte Position gebunden bist, kannst du es leichter haben, sein oder tun. Durch Minimalismus und Einfachheit demonstrierst du dir selbst, dass du mit wenig vollkommen glücklich sein kannst, weil du weißt, dass dein inneres Ich alles hat.

Es gibt viele Dinge, die du minimieren kannst. Manchmal ist weniger Sprechen und mehr Zuhören besser als viel zu sprechen. Durch das Tragen von weniger Zubehör fällst du mehr auf. Wenn du nur ein Buch zu einem Thema anstelle von zehn liest, kannst du eigene Gedanken dazu entwickeln. Manchmal hilft ein kleinerer Einkauf, die Artikel, die du bereits besitzt, besser zu genießen. Oft ist eine Qualitätsstunde mit einer Person mehr als zehn Stunden wert. Meistens ist ein einfacherer Arbeitsplan einfacher zu implementieren als ein komplizierter. Normalerweise ist ein Restaurant am schönsten, wenn es nicht überfüllt (oder unterbesetzt) ist. Ein aufgeräumtes Zuhause ist für deinen Geisteszustand vorteilhafter als ein chaotisches. Fast immer sind durchdachte Geschenke besser als teure. Der Kauf eines Bildes für dein Zuhause ist viel aufregender, wenn nicht bereits hundert Bilder dort hängen.

Schamlos

Das Wort »schamlos« hat in den meisten Kulturen einen negativen Beigeschmack, wie seine Synonyme zeigen: unangemessen, unverschämt, dreist, frech, unhöflich, unbescheiden, prinzipienlos. Ich möchte das Wort in einem positiveren Licht präsentieren. Klärende Scham. Die niedrigste Stufe auf der Skala der Emotionen führt nicht dazu, schroff, unhöflich, unbescheiden und unbestimmt zu sein, sondern eher glücklich, mutig und authentisch. Auf einer Skala gibt es an einem Ende »totale Hemmung« und am anderen Ende »totale Enthemmung«. Beide sind ungesunde Extreme. Die Mehrheit ist jedoch zu gehemmt und zu schüchtern, um einen großen energetischen Erfolg zu erzielen. Es gibt nur eine kleine Gruppe mit zu geringer Hemmung: Kriminelle und Angeber, die anderer Menschen Grenzen ohne Respekt überschreiten.

Als ich neulich einen Zug verließ und durch den Bahnhof lief, entdeckte ich einen Mann, der wiederholt seine Fäuste in das Gesicht einer jungen Dame stieß. Hier war ein Mann, in dessen Abteilung für Scham/Hemmung offensichtlich etwas fehlte. Die gehemmte Mehrheit ging an der Szene vorbei, schaute tatsächlich nach unten oder weg und es brauchte Sicherheitspersonal, um den Mann zurückzuhalten. Das Mädchen blutete aus ihrem Mund und während die Sicherheitsbeamten den Mann wegzogen, zeigte sein Gesichtsausdruck immer noch kein Anzeichen von Bedauern. Bei näherem Betrachten stellen wir jedoch fest, dass diese Art der völligen Enthemmung nicht das Gegenteil von Hemmung, sondern in Wirklichkeit das Ergebnis einer unterdrückten Hemmung ist. Kriminelle Schamlosigkeit = unterdrückte Scham. Es ist eine Rebellion gegen die Scham, nicht die Freiheit davon. Wirklich gehemmte Menschen haben keinen Wunsch zu provozieren, körperlich zu konfrontieren, zu verletzen, zu demütigen. Der schamlose Zustand, auf den ich mich beziehe, ist für sich und andere meist harmlos. Harmlosigkeit geht mit einer gesunden Psychologie einher. Dies bedeutet jedoch nicht, dass ein harmloser Mensch sich nicht selbst verteidigt oder eingreift, wenn er unerhörte Ungerechtigkeiten sieht. Das hohe Bewusstsein ist harmlos in dem Sinne, dass es nicht angreift – aber es wird verteidigen.

Es gibt drei Hauptmedikamente, die die Scham unterdrücken und es so scheinen lassen, als wäre eine Person schamlos: Alkohol und in größerem Maße Kokain und Amphetamine. Wenn du jemals Menschen auf Kokain gesehen hast, wirst du feststellen, dass ihre Scham scheinbar ausgelöscht ist. Sie werden endlos reden und grinsen (zum Ärger derer, die ihren Zustand nicht teilen) und verhalten sich im Allgemeinen so, als wären sie unbesiegbar. Ein alter Trick, den die Mafia bis heute benutzt, um Politiker zu erpressen, besteht darin, ihnen Kokain und eine Prostituierte zu geben und sie dann zu filmen. Wenn der Politiker derart enthemmt ist, kümmert er sich nicht darum, bei der Tat gefilmt zu werden, und kann sich sogar in der Aufmerksamkeit sonnen. Oder eine Kamera ist versteckt installiert und er achtet nicht darauf, das zu überprüfen. Später stellt er mit Scham und Bedauern fest, dass jetzt jemand das Video hat, das seine Karriere ruinieren könnte. Die Erpresser benutzen dann seine Scham zu Erpressungszwecken.

In Kriegssituationen, in denen man hemmungslose, gefühllose Soldaten braucht, findet man immer viel Speed und Meth. Hitler selbst war süchtig nach Methamphetamin – und das ist in der Tat der eigentliche Treibstoff seines größenwahnsinnigen Treibens in ganz Europa. Alle modernen bewaffneten Konflikte, die du in den Nachrichten siehst, sind auch teilweise methangetrieben. Ohne einen veränderten Zustand, der die Scham unterdrückt, könnte man anderen nicht schaden.

Bei der Schamunterdrückung werden die eigentlichen Emotions- und Unterbewusstseinsbereiche jedoch nicht wirklich behandelt. Wenn dies der

Fall wäre, wäre die »Schamlosigkeit« immer noch da, nachdem der Drogenstand zurückgegangen ist. Je unterdrückter die Scham ist, desto auffälliger wird eine Person handeln, während sie Drogen einnimmt. Sie tun also nichts dafür, um das Problem der niedrigen Energie zu bewältigen, sondern halten es nur aufrecht. Das Gehirn glaubt dann, dass Drogen der »beste Weg« sind, um mit Scham umzugehen.

Positive Schamlosigkeit ist eine ganz andere Sache. Sie ist das bewusste Erkennen, Fühlen und Loslassen von Schamgefühlen, das zur Freiheit von geistiger Sklaverei führt, der Verringerung übermäßiger Selbstzensur und dem Loslassen von »Was halten andere von mir?« - Angst. Es ist eine grundlegende Komponente für ein erfolgreiches und freies Leben.

Die »netten Mädchen« und »netten Jungen«, Gestalten, mit denen wir herumlaufen, wurden in der Kindheit geformt. Sie sind übermäßig bemüht darum, dass sie es anderen recht machen, andere erfreuen, niemals jemanden belästigen, falsche Demut zeigen, sich zu schnell entschuldigen (Entschuldigung ohne Prüfung), sich schämen zu sprechen, Beschimpfungen zu besänftigen, nach Zustimmung zu suchen, Kritik zu vermeiden.

»Aber ist es nicht gut, sich zuerst um andere kümmern zu wollen und nicht immer um sich selbst?«, könntest du jetzt fragen. Nun, beachte, dass ich im obigen Absatz »übermäßig« geschrieben habe. Zweitens hängt es davon ab, woher dein Wunsch kommt, sich um andere zu kümmern. Es kann aus einem Gefühl der unterwürfigen Angst resultieren. Man könnte es auch als fehlendes gesundes Ego bezeichnen. Oder es kann aus einem Gefühl der Freiheit und des Vertrauens entstehen. Dann ist es Mitleid oder Freundlichkeit. Es ist wichtig, hier zu unterscheiden.

Wie in meinem Buch »Levels of Energy« gelehrt, sollte man das Ego aufbauen, bevor man das Ego vergisst. Wenn ein Mensch im Bewusstsein auf einer Skala von Eins bis Zehn voranschreitet, dann sind die Stufen Null bis Zwei ohne Ego, Drei bis Sechs bauen allmählich Ego, Charakter und Persönlichkeit auf und von Sieben bis Zehn wird man wieder ego- oder selbstlos. Der Zustand ohne hohes Selbst unterscheidet sich vom niedrigen Zustand. Der niedrige ist weniger Ich im Sinne von keine Meinung, keine Haltung, keine Persönlichkeit, keine persönlichen Grenzen, keine Rechte, keine Identität, keinen Name, keinen Ruf, keine Wünsche, keine Ziele zu haben. Der hohe Zustand ohne Ego ist ego- beziehungsweise selbstlos im Sinne von voller Mitgefühl, Freundlichkeit, Weisheit, Freiheit, unbewegt durch Schwierigkeiten, ohne Bedürftigkeit usw. Am unteren Ende gibt man seine Wünsche auf, weil man nicht glaubt, dass man sie erreichen kann. Oben gibt man seine Wünsche auf, weil man sie bereits erreicht hat. Ein gesundes und ausgeglichenes Ego aufzubauen, ist ein Teil der Bewusstseinsbildung.

Als Kinder haben wir gefragt: »Wer soll ich sein und was soll ich tun, damit ich gemocht werde?« Die Veränderung unseres wahren Herzens in Übereinstimmung mit den Erwartungen anderer Menschen war eine Frage des Überlebens. Dann tragen wir im Erwachsenenalter entweder dieses unauthentische und nicht-selbstausdrückende Ich mit uns herum oder wir rebellieren dagegen, indem wir zu »bösen Mädchen« und »bösen Jungen« werden. Das Höhere Selbst ist keins davon. Es ist weder ein »netter Junge« (auf Scham beruhend) noch ein »böser Junge« (auf der Schamunterdrückung beruhend). Es definiert sich nicht durch die Erwartungen anderer, sondern durch seine eigenen Entscheidungen.

In positiver Schamlosigkeit muss man nicht immer zensieren, was man sagt, man kann frei und spontan sprechen. Die Motivation, gemocht und angenommen zu werden (was paradoxerweise dazu führt, dass man nicht gemocht wird) wird allmählich durch die Motivation ersetzt, zu denken, zu sagen und zu tun, was sich richtig und gut anfühlt.

Wenn du eine authentischere Persönlichkeit entwickelst, stellst du fest, dass »kritisiert zu werden« kein Problem mehr ist. Einige Kritik hat ihre Berechtigung, andere nicht. In einem Zustand natürlicher Ruhe kannst du erkennen, was was ist. Und verstehst du, dass du auf unberechtigte Kritik nicht reagieren musst? Niemand zwingt dich zu reagieren. Und dass, selbst wenn Kritik berechtigt ist, du deine Antwort darauf verzögern kannst, sodass die Antwort aus einer ruhigen Position kommt?

Stelle dir vor, du gehst zu einem Blind Date. Die meisten Leute glauben wirklich, dass sie etwas sagen, tun oder sein müssen, um die andere Person »wie sich selbst« zu machen. Das Selbst ohne Hemmungen glaubt nicht, dass es etwas sein muss. Wenn du das verstehst, wirst du dich nie wieder bei anderen unwohl fühlen. Es gibt nichts, was du sagen, tun oder sein musst, um »gemocht zu werden«. Du kannst einfach sein, wer du in diesem Moment bist. Du kannst etwas sagen, musst aber nicht. Dein natürlichstes Selbst ist mühelos. Und wenn du dich nicht mehr dem widersetzt, wer du bist, weißt du, was dann passiert? Es ist einfacher, eine bessere Version von dir zu werden. Die Motivation, besser zu werden, kommt dann aus dem Inneren, nicht dem Außen.

In deinem Lächeln und Stirnrunzeln kannst du leicht erkennen, ob du echt und enthemmt bist oder ob du mit einer Maske lebst. Versuche Folgendes: Wenn du nicht lächeln möchtest, tue es nicht. Wenn du deine Stirn nicht runzeln möchtest, tue es nicht. Versuche, dein Lächeln oder dein Stirnrunzeln oder neutrales Aussehen unabhängig von den Erwartungen anderer und der Umgebung zu machen. Du »musst« nicht lächeln, nur weil jemand anders es tut und du auf seiner Geburtstagsfeier bist. Du »musst« auch nicht die Stirn runzeln, nur weil jemand anderes schlechte Laune hat. Dies ist eine interessante Übung, um zu erfahren, wer du wirklich bist oder wem du dich anpasst. Klar, manchmal lächle ich trotzdem, wenn ich keine Lust habe zu lächeln. Aber nicht, um andere zu besänftigen, sondern um meinen eigenen Zustand zu verbessern. Der Unterschied liegt darin, »wo das Lächeln herkommt«, welches Motiv dahintersteckt.

Positive Schamlosigkeit bedeutet, Scheu zu verlieren. Bist du schüchtern bei bestimmten Leuten? Hier ist eine kurze Übung: Stelle dir vor, bei welcher Art von Person du schüchtern bist. Nun stelle dir vor, wie sie unter den Achselhöhlen Mundgeruch hat und riecht. Wenn dich das nur zum Lachen gebracht hat, dann ist es so, weil der Kontext von »sie sind über mir« zu »sie sind nur menschlich« verschoben wurden. In diesem Augenblick verblasst ein großer Teil deiner Schüchternheit. Du brauchst nicht wirklich sechs Jahre Therapie, um »Scheu zu überwinden«, du musst lediglich dein Denken korrigieren.

Hast du Angst vor deinem bevorstehenden Interview im Fernsehen? Dann stelle dir vor, du gäbst diese Interviews seit zehn Jahren. Oder die letzten siebzig Jahre. Wie fühlt es sich an, sie seit siebzig Jahren zu geben? Schmerzhaft langweilig? Allein dieser Gedanke reduziert einen großen Teil deiner Angst.

Empfindest du dich als schüchterne Person? Dann sprich etwas lauter. Nur diese kleine Maßnahme wird das schüchterne Selbst innerhalb von Sekunden auslöschen.

Bist du anderen gegenüber sehr klar, wenn du sagst, was du willst? Oder hältst du aus Gründen der Harmonie die Klarheit zurück? Wenn ja, schaffe das Gegenteil von Harmonie. Erschaffe Chaos. Harmonie entsteht, wenn du klar bist und dein Denken, Fühlen und Sprechen miteinander in Einklang stehen.

KAPITEL VIER
ENERGIE, FLOW UND GLÜCK

Im Fluss sein

Das folgende Bild ist von einer Diagrammzeichnung, die ich in einer privaten Coaching-Sitzung gemacht habe. Es zeigt, wie das »im Fluss sein«, der Flow, funktioniert. Es stellt die Herausforderung oder den Schwierigkeitsgrad einer Aufgabe deinen verfügbaren Fähigkeiten gegenüber. Wenn die Herausforderung viel höher ist als deine Fähigkeiten, erlebst du Überwältigung, Stress, Anspannung, Belastung und Frustration. Wenn die Herausforderung viel geringer ist als deine Fähigkeiten, erlebst du Unterwürfigkeit, Langeweile und mangelndes Lernen. Wenn die Herausforderung mit der Stufe deiner Fähigkeiten übereinstimmt oder sogar noch besser ist, erfährst du den »Fluss«, den Spaß, das Wachstum und ein allgemeines inneres Feuer.

Man kann mit Sicherheit sagen, dass jeder, der unzufrieden ist, entweder überfordert oder unterfordert ist. Entweder stellen sich dir dann Aufgaben, die weit über deiner Qualifikation liegen, oder du bekommst Aufgaben, die weit unter deinen Fähigkeiten liegen. Keines von beiden erreicht viel.

Wenn man Anfänger eines Sports ist und gegen einen Profi spielt, was wird man lernen? Nichts. Man wird »ausgelöscht«. Und wenn man ein Profi ist und gegen einen Anfänger spielt, was wird man lernen? Wieder nichts. **Es ist am besten, gegen jemanden zu spielen, der auf oder über der eigenen Fertigkeitsstufe liegt.** Wenn etwas über deinem Niveau liegt, fühlst du dich herausgefordert, glaubst jedoch immer noch, dass du das Niveau erreichen kannst. Hier kommt der Spaß ins Spiel. Es ist eine Herausforderung, aber es liegt nicht außerhalb deiner Reichweite.

Und so wird ein Zustand des Fließens aufrechterhalten. Indem du dich Herausforderungen stellst, die nicht zu hoch und nicht zu niedrig sind, sondern nur geringfügig über deinen eigenen.

Wie man den Zustand des Fließens erschafft

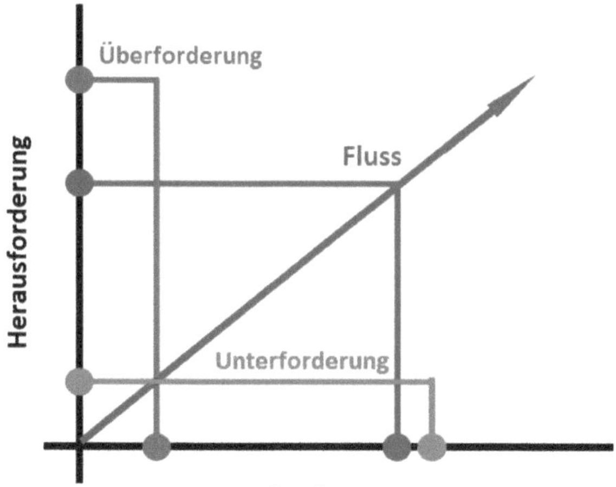

Wenn die Herausforderung sehr hoch und die Fähigkeit oder das Leistungsvermögen gering sind, wird der Status der Überforderung erzeugt. Wenn die Herausforderung gering und das Leistungsvermögen oder die Fähigkeit groß sind, wird der Status der Unterforderung erzeugt. Wenn das Niveau der Herausforderung der Fähigkeit oder dem Leistungsvermögen angepasst oder etwas höher ist, wird der Zustand des Fließens erzeugt. Über- und Unterforderung nehmen Energie, der Zustand des Fließens gibt Energie.

Der Zustand des Fließens hat ein verbessertes Gefühl und eine verbesserte Wahrnehmung zur Folge, bei dem die Realität flüssiger, mühelos und synchron erscheint. Wenn man „im Fluss" ist, passieren gute Dinge. Man reitet eine Welle positiver Impulse. Dann zieht man die richtigen Leute an. Der Zustand des Fließens wird nicht permanent erlebt, da jede Welle auf- und abfällt. Wie ein Surfer des Lebens kann man jedoch lernen, zahlreiche Wellen zu reiten, während sie steigen und fallen, anstatt sich im Sog zu verfangen.

Ich habe herausgefunden, dass »der Flow« nur selten etwas ist, das von selbst auftaucht. Er ist nicht etwas, mit dem man einfach anfängt. Er ist etwas, in das man **hineinkommen kann**. Egal, ob man für ein Theaterstück übt, in ein Sportmatch involviert ist, ein neues Projekt beginnt oder einen romantischen Abend für sich selbst und den Partner gestaltet - diese Dinge beginnen in der Regel nicht mühelos, sondern erfordern einige Zeit/Mühe, um **hineinzukommen**. Man kann in eine Stimmung kommen, in ein Spiel, in eine Rolle, ein Projekt etc. Und der Weg, dies zu tun, führt über den Willen/die Konzentration. Wenn man zum Beispiel daran gewöhnt ist, sich ständig mit seinem Partner zu streiten, wird es einige mentale Disziplin erfordern, um nicht wieder in alte Muster der Konversation zurückzufallen und wirklich in den Flow eines erfreulicheren Abends zu kommen. Aber wenn der Flow erst einmal begonnen hat, braucht es keine Disziplin mehr und die Wirklichkeit wird **fließend**. Häufe jede Menge fließende Wirklichkeit an und du wirst **»flüssig« (wohlhabend)**.

Wenn eine Sportmannschaft eine Niederlage hatte, kann es einige mentale Disziplin erfordern, sich nicht an das zu erinnern, sondern sich stattdessen auf das Gewinnen zu konzentrieren ... bis sie in einen neuen Fluss gerät.

Ein anderes Wort für Flow ist **Impuls**. Wenn man zum ersten Mal das Fahrradfahren erlernt, ist Konzentration und Anstrengung erforderlich, um das Rad ins Gleichgewicht zu bringen, in die Pedale zu treten und die Spur zu halten. Aber wenn man sich damit beschäftigt, wird das Fahren immer einfacher. Wenn man sich beim Treten etwas Mühe gibt, wird man bemerken, dass das Rad beschleunigt und die Beine sich ausruhen können. So funktioniert im Wesentlichen die gesamte Realität.

Das Strömen des Flows hängt auch damit zusammen, dass man sich so richtig auf eine Aufgabe konzentriert, dass man den Überblick über Raum und Zeit verliert. Eine tiefe Entspannung folgt, wenn man sich in einem Projekt oder Gegenstand verliert und sich auch die Sinneswahrnehmung ändert. Die Dinge sehen in diesem Zustand heller aus. Man **erinnert sich an Dinge, an die man sich in einem normalen Zustand nicht erinnern konnte.**

Du willst also einen Flow erzeugen. Dann musst du zuerst etwas auswählen, um in den Fluss zu gelangen. Dann wiederholst du das konsequent, konzentrierst dich darauf, machst es. Wenn du die verschiedenen Widerstandsbarrieren durchbrichst, brichst du schließlich zur anderen Seite hindurch, wo der Flow fließt. Dies erfordert jedoch ein bewusstes Eingehen auf Dinge, denen du zuvor Widerstand geleistet hast. Dann, was immer du auch tust, strömt es einfach ständig durch dich hindurch, ohne dass du das Gefühl hast zu fallen. Die Aufgabe wird dann nicht nur mühelos, sondern auch fast zu einer Sucht. Ich kann dir versichern, dass alles, was du tun möchtest, für das du dich aber zu faul, müde oder untalentiert fühlst, zu einer Sucht werden kann. Zu faul zum Joggen? Du hast das Potenzial, daraus eine Sucht zu machen. Du hast das Gefühl, nicht genug Talent zu haben, um Regisseur zu werden? Mit Hingabe kannst du daraus eine Obsession machen, die dich extrem produktiv macht. Du denkst, du hast nicht das Zeug dazu, ein öffentlicher Redner zu sein? Wenn du beginnst, wird es Widerstand geben. Wenn du es immer wieder tust und weiter tust, wird Widerstand schließlich zu Selbstvertrauen und dann zu Freude und dann zu einer fast süchtig machenden Angewohnheit. Ich benutze »Sucht« und »Gewohnheit« im positiven Sinne, um zu vermitteln, dass du wirklich jede Art von Langeweile, Müßiggang, Trägheit, Phlegma in Zustände von Herzensfreude, Helligkeit, Schwindel, Lebhaftigkeit und Realität fließen lassen kannst. »Aber was ist, wenn ich nicht weiß, was ich wählen soll, worauf ich mich konzentrieren soll?« Darauf antworte ich: »Dann wähle alles, was dich interessiert.« Weil du fast alles in den Flow bekommst. Dein Zustand wird nicht von einem externen Element erschaffen. Wenn du das nächste Mal einen Fluss, einen Strom oder eine Strömung siehst, meditiere darüber. Identifizieren dich damit. Fühle, wie es sich anfühlen würde, ein **fließender Fluss zu sein**. Vergleiche es mit der unbeweglichen Starrheit der umgebenden Erde. Diese Erde bietet zwar mehr Stabilität und Sicherheit, aber auch sie braucht fließendes Wasser, um produzieren zu können. Die Qualität des Wassers im Vergleich zur Erde gibt dir eine gute Vorstellung davon, wie du den Flow erreichst. Es kann erforderlich sein, den Halt an Stabilität/Sicherheit (Element Erde) etwas zu lockern und stattdessen die unbeständigen, weicheren und leichteren Eigenschaften von fließendem Wasser zu übernehmen. Und solltest du jemals »in tiefe Gewässer geraten«, kehre einfach zu den Erdqualitäten zurück.

Hebe deinen Bewusstseinslevel an

Um in einen positiveren Fluss zu gelangen, musst du dein Bewusstsein erhöhen. Wenn du die Antworten in der folgenden Liste aufschreibst, erhältst du eine genaue Karte, woran du arbeiten musst, um dein Niveau zu erhöhen. Diese Karte erhöht deine Energiefrequenz, egal wer oder wo du bist.

1. Schreibe auf, wo du dich anderen Menschen gegenüber **schlecht verhalten**, sie unfreundlich behandelt oder verraten hast. Schreibe nach jedem Eintrag einen Weg auf, wie dir vergeben werden kann oder du **Wiedergutmachung leistest**.

2. Schreibe jeden kleinen und großen **Widerstand** und jede Abneigung auf, die du im Leben hast. Schreibe nach jedem Punkt auf, wie du den Widerstand durch Verständnis, **Loslassen**, Freilassen oder geistige Neutralisierung abschwächen kannst (wie im „Glückskurs" gelehrt).

3. Schreibe auf, wie du **gezweifelt** hast, und gib konkrete Beispiele für deinen Zweifel und inneren Konflikt an. Schreibe nach jedem Punkt auf, wie du deinen Zweifel in Vertrauen verwandeln könntest. Schreibe alternativ auf, worauf du heute **vertrauen** kannst.

4. Schreibe auf, wie du **Bedürftigkeit über Freude**, Geld über Beziehungen, Materielles über den inneren Zustand gestellt hast. Dies sind Formeln zum Scheitern. Schreibe auf, wie du üben kannst, das wirklich Wichtige **an erste Stelle zu stellen**, so wie du möglicherweise Liebe und Freude über äußere Faktoren gestellt hast.

5. Schreibe auf, wie du **klein gedacht** hast. Schreibe nach jedem Punkt auf, wie du stattdessen **groß denken** könntest. Wechsele vom Erkennen von Problemen zum Erkennen von Möglichkeiten. Wechsele vom Erkennen von Problemen zu den Herausforderungen. Wechsele vom Geizhals zum Großzügigen. Gehe von »realistisch« zum Träumen. Bewege dich von Mangel zu Überfluss. Bewege dich von Angst zu Mut.

6. Schreibe auf, wie du von dir und anderen **distanziert** oder entfremdet wurdest. Schreibe nach jedem Punkt auf, wie du **gegenwärtiger**, bewusster, einnehmender und authentischer werden kannst.

7. Schreibe auf, wie du dich **beschwert, kritisiert und beschuldigt** hast. Schreibe nach jedem Punkt auf, wie du die Verantwortung übernehmen kannst. Schreibe außerdem etwas auf, was **lobens-** und **schätzenswert** ist.

Wie fühlest du dich nach dieser kleinen Übung? Ich erwarte nichts anderes als ein neues Hochgefühl. Dieses Gefühl wird zunehmen, wenn du regelmäßig auf deine Karte schaust und die von dir verbesserten Elemente abhakst.

Nutze den Tag

Es ist nicht die beste Gewohnheit, »Energie für später zu sparen« in der falschen Annahme, dass die Energie begrenzt ist. Wenn du aus dieser Annahme heraus handelst, was meinst du, was passiert? Du hast nicht genug Energie. Um dir einige Mustern zu verdeutlichen, findest du hier einige Beispiele:

- »Ich werde meine beste Leistung für einen Kunden zurückhalten, der mehr bezahlt.«

- »Vielleicht wird eines Tages ein besserer Partner auftauchen, DANN werde ich alles geben.«
- »Ich werde im nächsten Spiel mein Bestes geben, weil das nächste Spiel wichtiger ist.«
- »Ich werde dieses schöne Shirt für einen wichtigeren Tag aufheben.«
- »Ich werde die Liebe zurückhalten, weil ich meine Energie für die Arbeit behalten muss.«

Mit dem Athleten, der sagt: »Ich spare meine Energie für ein wichtigeres Spiel« wird folgendes passieren: Wenn das wichtigere Spiel an der Zeit ist, wird er nicht in diesem Moment seine Hochleistung bringen und wird eine harte Zeit haben, um auf den Peak-Status zu gelangen. Hätte er im vorherigen »unwichtigen Spiel« auf den Peak-Status zugegriffen, wäre er in der Gewohnheit und im Fluss gewesen und hätte sich im aktuellen Spiel gut behauptet.

Nimm das Beispiel einer Beziehung: Es gibt keinen zukünftigen Tag, an dem es sinnvoller ist, Liebe zu geben. Es wird kein Plus an Energie für die Arbeit, indem dem Partner die Liebe vorenthalten wird. Im Gegenteil, das Geben von Liebe motiviert zur Arbeit. Alles ist EINE Energie und wenn du dich einer Sache näherst, näherst du dich allem.

Die Energiemenge im Universum ist unbegrenzt. Und wenn du heute alles gibst, wirst du morgen mehr haben, weil der Schlaf dazwischen dich wieder belebt. Nutze den Tag und dann bist du wieder im Fluss.

Lebendig und energisch

Das Gefühl purer Überschwänglichkeit, das wir in unserer Kindheit verspürten … wir hätten nichts dagegen, es wieder zu fühlen, oder? Als Kinder fühlten wir uns selten ausgebrannt, erschöpft, verschwendet.

Es gibt ein spanisches Wort, »Duende«, das ursprünglich bedeutete, dass höherer Geist in dich eingedrungen ist und dich dazu gebracht hat, deine Umgebung, andere Menschen und die Natur mit Ehrfurcht und Staunen zu betrachten. Laut dem heutigen Wörterbuch bezieht sich das Wort auf »eine geheimnisvolle Kraft, die ein Kunstwerk innehat, um eine Person tief zu bewegen«. Aber ich bevorzuge die ursprüngliche Definition. Wenn du mit Geist erfüllt bist, hat etwas - nicht nur Kunst - die Kraft, dich tief zu bewegen. Kunst und Musik werden verwendet, um die Verbindung wiederherzustellen, nachdem die Seele verlorengegangen ist. Du kannst »Duende« erleben, wenn du von deiner Lebensauffassung zur tatsächlichen Lebenserfahrung wechselst und wenn du die Welt mit den Augen der Seele statt denen des Geistes siehst.

Es gibt einen Unterschied zwischen deiner Vorstellung des Stuhls, auf dem du sitzt, und der Erfahrung. Es gibt einen Unterschied zwischen deiner Vorstellungen von anderen Personen und der tatsächlichen Person. Vergiss für einen Moment all deine Erinnerungen an Stühle, darüber, was Stühle sind und was sie bedeuten. Und reduziere einfach alle Erwartungen, die du an Stühle hast. Lenke deine Aufmerksamkeit stattdessen auf den Stuhl (oder das Sofa oder das Bett), auf dem du sitzt, *werde* zum Stuhl, ohne Langeweile oder Widerstand. Du erlebst jetzt tatsächlich den Stuhl, anstatt ihn dir nur vorzustellen. Versuche dasselbe mit einem anderen Menschen und stellen fest, wie intensiv du ihm begegnen kannst.

Einige der Kernaussagen des Geistes/Egos lauten in etwa so:

»Nichts passiert.«

»Es ist nicht viel los.«

»Nichts bewegt sich.«

»Nichts ändert sich.«

»Die Dinge sind mittelmäßig.«

»Die Dinge sind langweilig.«

Der Verstand/das Ego sieht die Dinge so, weil es ein Aufnahmegerät ist, das Ereignisse während des gesamten Lebens auf der Erde aufzeichnen soll. Wenn man alles tausendmal gesehen hat, wird es langweilig. Ein gutes Beispiel ist die Art und Weise, wie man den Mond sieht und wie ein Kind (oder die Seele) den Mond sieht. Man hat schon tausende Aufnahmen des Mondes gemacht und er ist nichts Besonderes. »Es ist nur der Mond. Na und? Hier passiert nichts. Nichts bewegt sich. Nichts ändert sich.« Daher strebt das Ego immer nach Veränderung, bekommt sie aber nie. (Veränderung wollen = fehlende Änderung). Ein Kind, das zum ersten Mal auf den Mond schaut, ist verblüfft. »Beeindruckend! Der Mond! Der Mond! Schau dir das an, Mami!« Bis zum Alter von drei Jahren ist das Kind EKSTATISCH, weil es den Mond sieht. Und es passiert viel, viel bewegt und verschiebt sich, aber das Ego-Ich sieht es nicht, weil es in früheren Aufnahmen lebt, nicht in der Gegenwart. Das Kind wiederholt: »Es ist der Mond! Der Mond!« Und Mami sagt: »Ähm … der Mond. Ja.«

Wenn du dir ab und zu etwas Zeit nehmen kannst, setze dich einfach nur hin und beobachte ein paar Minuten. Beobachte, was passiert. Es gibt Milliarden von Dingen, die gerade passieren. Und es ist ALLES unglaublich schön. Aber der Verstand sagt: »Ich weiß es bereits.« Dieser Standpunkt ist in Wirklichkeit eine subtile Blockade für Expansion, Entdeckung und Abenteuer, denn wenn du »bereits weißt«, gibt es nichts Neues zu sehen. In Anbetracht dessen, dass das Unendliche unendlich ist, weißt du eigentlich nicht viel von allem. »Ich weiß es schon« ist eine Lüge, die sich in folgenden Aussagen äußert:

»Ich habe alles gesehen.«

»Du kannst einem alten Hund keine neuen Tricks beibringen.«

»Ich habe schon so viele Bücher gelesen.«

»Ich habe schon so viele Dinge getan.«

»Ich habe das alles schon durchgemacht.«

Aber hast du all das mit den Augen der Liebe »durchgemacht«? Es gibt Millionen von Möglichkeiten, eine Rose zu riechen. Hast du sie alle erlebt? Ich bezweifle das.

Die Leute neigen dazu, das »Ich weiß es schon« anzulegen, um eine Überforderung zu vermeiden. Es gibt so viele Dinge, dass wir manchmal das Bewusstsein verschließen. Je stumpfer das Bewusstsein wird, desto mehr Anreize sind erforderlich, um überhaupt etwas zu fühlen. Ein Kunstwerk oder ein guter Film oder ein gutes Buch, sich zu verlieben oder Kinder zu gebären, ein Spiel zu gewinnen oder nachts die Sterne zu betrachten, wird nicht viel ausmachen. Das Ego-Ich ist gegen alles davon desensibilisiert. Aber nicht die Welt ist langweilig, sondern der Beobachter.

Wenn ich die Nachrichten und alle Grausamkeiten der Welt sehe, wird mir klar, dass auch ich etwas abgestumpft bin. Das heißt, ich fühle nicht viel. Jeden Tag gibt es neue Grausamkeiten, und wenn man es immer und immer wieder sehen (und dazu noch tausende Hollywood-Filme hinzufügt, die dasselbe zeigen), fühlt man nicht wirklich viel. Der volle Horror und die Schwere der Situation kann nur dann erlebt werden, wenn man sich mitten in den Szenen befindet, in den Ländern, in denen sie stattfinden. Dieses übersättigte Abstumpfen der Gefühle wirkt in beide Richtungen, bis weder positive noch negative Ereignisse eine Wirkung haben. Deshalb schaue ich nicht oft Nachrichten. Ich möchte nicht zu einer Person werden, die dort sitzt und den Krieg auf einem Bildschirm beobachtet, während sie bequem auf der Couch mit einer Dose Limo und Popcorn sitzt. Ich bin eher die Person, die durch Handeln etwas Positives zur Welt beiträgt. Ganz zu schweigen davon, dass die Aufmerksamkeit und Sendezeit, die Psychopathen gewidmet wird, nur ihre Motivation stärkt. Hast du dich jemals gefragt, warum gute Menschen, die unterrichten, heilen, transformieren, sich verbessern, in den Nachrichten fast keine Sendezeit erhalten und diejenigen, die plündern, vergewaltigen und morden, die meiste haben? Man kann dies nicht einfach den Medien zum Vorwurf machen, da die meisten Leute die Nachrichtenmedien in ihren Blogs, Facebook, Diskussionsforen und so weiter kommentieren. Es ist wichtig zu wissen, was los ist, aber es ist keine Hilfe, die Gräueltaten ständig zu wiederholen, als ob die, die sie begehen, eine Art Superheld sind. Wenn du den Bildschirm ausschaltest und dich im Alltag auf die Realität konzentrierst, wird die Lebendigkeit gesteigert.

Wenn du mehr vom Leben fühlen möchtest, lasse das rein Konzeptionelle und Informative los und gehe mehr zum Erlebnis hin. Wenn du etwas Neues lernen willst, lasse »Ich weiß es schon« los und öffne dich. Schaue dir das Leben an, als ob du es zum ersten Mal sehen würdest. Mit offenen Augen umhergehen. Das Leben ist voller Überraschungen. Überraschungen können jede Minute passieren, wenn du es zulässt. Lege die Informationen und dein Wissen für einen Tag beiseite und sieh, was passiert, wenn du stattdessen Freude empfindest.

Wenn du einen neuen Job bekommst oder an einen anderen Ort ziehst, dich verliebst oder auf eine unerwartete Reise gehst, bekommst du das Gefühl von Aufregung und Lebhaftigkeit. Aber wie sieht es mit dem Rest der Zeit aus? Für den Rest der Zeit geben manche vor, sich lebendig zu fühlen, während sie eigentlich kaum etwas fühlen. Wenn du in einem Job befördert wirst und jeder gratuliert dir und du fühlst ein Hochgefühl und nach drei Wochen lässt das Spannende am Neuen nach und du musst so tun, als wärst du immer noch in diesem Hochgefühl. Klingt bekannt? Wenn du in deinem zehnten Jahr verheiratet bist und plötzlich feststellst, dass die Intensität der ersten Wochen der Beziehung verlorengegangen ist. Klingt bekannt? Du fühlst dich ab und zu toll, aber wie sieht es mit dem Rest der Zeit aus?

Zwischenzeiten sind das, was man als »normales Leben« bezeichnet, wo du auf die nächste Welle des Hochs hinarbeitest. Es gibt jedoch einen Weg, um unabhängig von diesen Wellen zu werden, von diesen Spitzenerlebnissen, die nur gelegentlich auftauchen. Und das heißt, einfach vom Konzept zum Erleben und **Fühlen** zu gehen. Dich mit deiner inneren Natur vertraut zu machen, steht in direkter Verbindung damit, wie viel Glücklichsein du hast. Alles, was die Leute tun oder kaufen, hat irgendwie damit zu tun, mehr zu fühlen. Wenn du jedoch lernst, diese Lebendigkeit von innen heraus zuzulassen, wirst du von äußeren Umständen unabhängig. Nicht, dass mit ihnen etwas nicht stimmen würde. Du wirst sie sogar mehr als zuvor genießen. Aber im Leben geht es nicht darum, wie du dich manchmal fühlst, es geht darum, wie du dich täglich fühlst, im Alltag. Selbst ein Profisportler, der sich durch den Gewinn einer Goldmedaille einen enormen Höhepunkt verschafft hat, hat nur wenige Minuten Zeit. Was ist mit dem Rest des Jahres davor und dem Rest des Jahres danach? Dein typischer Hollywoodfilm in drei Akten erweist der Realität einen schlechten Dienst, indem er den Anschein erweckt, als würde das Leben in dieser kurzen Zeitspanne stattfinden. Das wirkliche Leben ist weder Triumph noch eine Tragödie, es liegt vielmehr dazwischen.

Nimm dir die Zeit, um dein inneres Selbst zu erfahren. Warte nicht, bis ein Notfall eintritt, bevor du deine Aufmerksamkeit auf deine innere oder höhere Natur richtest. Alle Krankheiten, alle Abhängigkeiten, alle Depressionen, alle Zwänge, alle Störungen entstehen, weil die Gefühle zu lange ignoriert und verdrängt werden. Du kannst Probleme viele Jahre lösen, bevor sie auftreten, indem du dich dieser Art von Energiearbeit widmest.

Alle Ungeduld, alle Wut, alle Furcht, jede Verleugnung kommt von der Trennung vom Fühlen und vollständigem Erleben. Mit dem Gefühl des Lebens meine ich nicht, die ganze Zeit herumzusitzen und nach Problemen zu suchen, die sich lösen lassen. Das Gefühl des Lebens kann auch bedeuten, sich Zeit zu nehmen, um Blumen zu riechen, Kindern beim Spielen zuzusehen, dem Rascheln der Blätter zu lauschen oder eine Woche zu grübeln. Erlebe die körperlichen Empfindungen in deinem Körper. Erlebe die Objekte um dich herum. Schau dir deinen Computer an. Lenke deine Aufmerksamkeit und dein Bewusstsein in deinen Computer und spüren ihn. So erfährst du den Computer.

Menschen, die ihre Emotionen stark unterdrücken, entwickeln seltsame Obsessionen, Zwänge, Muskelzucken und Ticks. Man kann jeden Zwang durch emotionale Klärungsprozesse loswerden. Diese Dinge überdecken tiefere verborgene Schmerzen, die verarbeitet werden sollen, damit du sie erfährst, du lädst sie ein, aufzusteigen. Erlebe auch deine tiefsten Wünsche und die dahinterliegenden verborgenen Emotionen. Erlebe deine Impulse und Stimmungen vollständig. Du kannst auch Räume erleben und fühlen. Wenn du einen Raum betrittst, erlebe diesen Raum vollständig. Dieser Raum hat eine Geschichte. Dieser Raum hat eine Schwingungsfrequenz, ein Energiemuster. In diesem Raum erfährst du alles, was in ihm passiert ist. Höre auf, darüber zu konzeptualisieren, und fange an, es tatsächlich zu erleben.

Gefühle sind Energien. Energien wollen integriert werden. Du integrierst Energien, indem du sie vollständig fühlst, ohne sie festhalten oder loswerden zu wollen. »Fühle sie bis zum Ende.« Jede Energie ist räumlich oder zeitlich begrenzt. Selbst die größte Angst läuft aus, wenn du es zulässt. Es gibt eine Menge Leute, die vor Jahrzehnten schon ihre Gefühle hätten integrieren sollen. Übergewicht ist ein Indikator dafür, dass man unintegrierte Gefühle hat. Ständig auf der Suche nach dem nächsten großen Adrenalinstoß ist ein Indikator für unintegrierte Gefühle. Häufige Wutanfälle sind unintegrierte Gefühle. Ständige Verschwörungstheorien zu verbreiten und sich regelmäßig in hitzige politische Debatten einzubringen, ist ein unintegriertes Gefühl. Unintegrierte Gefühle bedeuten Entmachtung. Integration bedeutet Ermächtigung. Wie Gefühle und Energien sich anfühlen, wird nicht von Ereignissen bestimmt, sondern von unseren Gedanken zu Ereignissen, unseren Etiketten, Urteilen, Überzeugungen usw.

Auf der Reise der emotionalen Integration tauchen immer mehr Gefühle auf, die verarbeitet werden wollen. Gefühle aus der Vergangenheit, aus der Kindheit, aus anderen Leben, aus dem universellen Bewusstsein, aus dem Planeten, aus Parallel-Existenzen usw. Mit jeder Integration von Energie erhält man einen Energiegewinn. Je mehr du integrierst, umso mehr Energie hast du. Die Leute fragen mich immer, warum ich so viel Energie habe. Ich habe ein Dutzend unveröffentlichter Bücher auf meinem Computer und schreibe immer noch. Warum sind sie nicht veröffentlicht? Weil es komisch aussehen würde, jede Woche ein Buch zu veröffentlichen. Wie konnte ich so etwas erreichen? Ganz einfach, weil ich ständig von Energie überflutet bin.

Wenn du eine Energie integrierst, geht sie von der Form in die Formlosigkeit zurück. So funktioniert das. So wird die gesamte Realität de-erstellt. Was man im Fernen Osten »Erleuchtung« nennt, ist nichts anderes als die Rückkehr zur Formlosigkeit. Wenn mehr und mehr integriert wird, wirst du kreativer, intuitiver und energetischer.

Das Gefühl des Lebens ist nicht mit Katharsis oder über Identifikation mit Gefühlen oder „emotional zu sein“ zu verwechseln, geschweige denn mit Überempfindlichkeit und Weinen, sondern es ist einfach das Annehmen, Erlauben und Akzeptieren von allem, was da ist. Du ignorierst, meidest, medikamentierst, unterdrückst, spannst an, lenkst ab, träumst nicht von deinen Gefühlen, aber du versuchst auch nicht, daran festzuhalten oder dich in Gefühlen zu verlieren. Wenn du dich in deinen Gefühlen verlierst, bedeutet dies, dass du keine Trennung zwischen dir und dem, was du fühlst, sehen kannst, und du wirst die Wirkung und nicht das Zeugnis davon. Widerstehe deinen Gefühlen und sie werden schlimmer oder verwandeln sich in Probleme und Dramen und Tragödien. Integriere deine Gefühle und sie werden reine Energie und viele verschiedene Arten von Strömungen. Du kannst es überall und jederzeit fühlen. In der Tat empfehle ich, in verschiedenen Situationen aktiv zu fühlen, da wir in bestimmten Kontexten empfinden können und in anderen das Gefühl abschalten. Die meisten unserer Gefühle sind passiv und reaktiv als automatische Reaktion auf das, was vor sich geht. Das hat aber nichts mit aktivem Gefühl zu tun. Man kann das Leben auf einer Parkbank mühelos erleben. Möglicherweise ist dies jedoch nicht möglich, wenn dein Großvater oder Chef in der Nähe ist. Die beste Zeit, um das Gefühl zu üben oder vom Konzept her zum Erleben zu gehen, ist, wenn du es scheinbar nicht kannst, wenn du unbewusst oder in die gedankliche Welt gegangen bist. An der gedanklichen Welt ist nichts falsch. Wenn du jedoch zu viel Zeit damit verbringst, verlierst du tendenziell deine Lebendigkeit, weil du dann in Gedanken über die Welt lebst, anstatt mit der Welt selbst zusammenzusein. Das ist so, als würde man ständig über Liebe nachdenken, anstatt verliebt zu sein. Es ist, als würde man über das Fallschirmspringen nachdenken, anstatt es zu tun. Es ist wie das Lesen über saftige Früchte, anstatt sie zu essen. Es ist, als würde man Bilder von einem Land betrachten, anstatt dorthin zu gehen.

Möchtest du lieber das Leben studieren oder das Leben erleben?

Atmen hilft dir, die Welt zu fühlen. Wenn eine Person vorbeikommt, kannst du tatsächlich mehr über diese Person erfahren, wenn du mit ihr »atmest«. Das heißt, deine Aufmerksamkeit ist bei ihr und du »atmest sie ein«. Wenn du eine Kontraktion in deiner Brust spürst, liegt dies daran, dass die Energie steckenbleibt. Du kannst diese Energie auflösen, indem du mit ihr »atmest«. Wenn du es fühlst, solltest du auch wissen, dass es kein »kein Gefühl« oder »nichts fühlen« gibt. Wenn du der Meinung bist, dass dies der Fall ist, fühlst du tatsächlich etwas, nämlich Taubheit oder Dumpfheit oder Enge oder Dissoziation. Das sind auch Gefühle, auch wenn sie nicht so offensichtlich sind.

Emotionale Integration

Wir sind es gewohnt, unsere Gefühle als Ärger, Trauer, Angst usw. zu klassifizieren, aber wenn du diese Energien integrierst, musst du sie nicht so benennen. Wenn du sie einfach als Energie erlebst, als Energie oder Gefühle bezeichnest (oder gar nicht erst kennzeichnest), lassen sie sich leichter integrieren. Eine andere Möglichkeit, sie zu transformieren, besteht darin, sie anders zu etikettieren. Dies ist eine alternative Methode zur Integration der Energien. Du würdest beispielsweise Angst als »Aufregung« bezeichnen und versuchen, mehr und mehr und mehr davon zu erfahren, indem du so tust, als würdest du das wirklich erleben wollen. Du wirst überrascht sein, wie schnell sich die Angst löst. Vor einem Moment hattet du noch wirklich Angst und dann bist du völlig frei von dem, was »Angst« genannt wird.

Manchmal kann es gut sein, bewusst zu deinen Gefühlen »Hallo« zu sagen oder sie mit Dankbarkeit zu begrüßen. Sie leisten einen fantastischen Dienst für dich. Du möchtest dein Navigationssystem, das solch wertvolles Feedback liefert, gar nicht loswerden. Es gibt verschiedene Möglichkeiten, mit Emotionen zu »kommunizieren«. Du kannst fragen: »Woher kommt ihr?« Und sehen, ob deine Aufmerksamkeit das Gefühl nicht auf eine vergangene Erfahrung zurückführt. Man könnte fragen: »Was müsste ich denken, um mich auf genau so zu fühlen?« Und es auf einen Glaubenssatz zurückführen. Du könntest fragen: »Was wollt ihr?« Du könntest fragen, was der Wert eines bestimmten Gefühls ist oder ob es sich auszahlt. Aufrichtigkeit ist der Schlüssel. Ich kenne einige Leute, die es tatsächlich schaffen, meine emotionalen Clearing-Audios zu nutzen, um Gefühle nicht zu erforschen und zu integrieren, sondern noch mehr zu unterdrücken. Es geht um die Aufrichtigkeit, mit der du diese Audios verwenden. Verwende sie nicht, um »das Zeug schnell loszuwerden«, sondern um es zu erkunden und zu integrieren.

Ein Trick, um die emotionale Integration und das Loslassen zu vertiefen, ist, nicht nur das Gefühl zu begrüßen, sondern auch den Teil von dir, der versucht, das Gefühl, die Hintergrundgeschichte, den Teil von sich selbst, der versucht, das Gefühl zu »handhaben« oder »loszuwerden«, die Hintergrundgeschichte zu dem Gefühl, den Teil, der es beurteilt, und den Teil von dir, der es zu überwinden beabsichtigt. Prüfe, ob du unbewusst Etiketten an das Gefühl angebracht hast, und atme diese Etiketten ab/ löse sie los.

Kannst du dein Gefühl verstärken? Kannst du es de-intensivieren? Kannst du auf einer Skala von Eins bis Zehn die Intensität nach oben und unten verschieben? Kannst du Farbe, Gewicht und genaue Position bestimmen? Wenn es sich in der Brust befindet, wie viel Zentimeter hinter der Hautoberfläche deiner Brust ist es? Kannst du sehen, wo es ist und wo es nicht ist? Kannst du die Energie zu einem anderen Teil deines Körpers fließen lassen und dann dorthin zurück, wo sie gewesen ist? Könntest du das entgegengesetzte Gefühl erzeugen und dann zwischen dem ursprünglichen Gefühl und seinem Gegenteil hin und her wechseln? Gibt es ein tieferes, hinter diesem Gefühl liegendes Gefühl als das, was du erlebst? Einige Dinge sind nicht sofort sichtbar.

Was passiert, wenn du in die Mitte gehst? Wenn du das erreichst, wirst du feststellen, dass hinter dem Gefühl ... nichts steht. Du hast es verschwinden lassen. Es wird dann durch ein noch tieferes Gefühl ersetzt.

Was veranlasst dich, damit aufzuhören oder aus dem Gefühl zu gehen, deine Natur vollständig zu erleben? Was sind die Blockaden, die dich hindern, deine Emotionen zu verarbeiten? Die Hauptblockade ist Widerstand. Dieser Widerstand kann sich jedoch in vielerlei Hinsicht manifestieren. Einige, die versuchen, tiefer zu gehen, begegnen neuen Arten von Blockaden: Sie verlieren die Kontrolle, verlieren das Bewusstsein, werden verwirrt und lassen sich durch etwas ablenken, das in ihrer Umgebung passiert. Ich kann dir nicht sagen, wie oft ich einen Coaching-Prozess mit jemandem begonnen habe, nur damit er plötzlich von etwas Großem in seinem Leben abgelenkt wurde, plötzlich viel Arbeit hereinkam und plötzlich die Frau / den Mann der Träume traf usw. Sogar positive Ereignisse können eine Ablenkung vom vollständigen Erleben sein. »Ja, ich habe gerade den Prozess des Gefühlelebens begonnen, wie du mir empfohlen hast, aber vor ein paar Tagen traf ich die Frau meiner Träume und vergaß, es zu praktizieren.« Es gibt Millionen Gründe, um nicht mit dem Prozess des Fühlens des Lebens anzufangen. Diese Gründe werden unbewusst erschaffen, um zu verhindern, dass du **leichter** wirst. Warum hindert du dich daran? Weil es mit der Amnesie kollidiert, mit der du absichtlich auf die Welt gekommen bist.

Denke daran, dass du niemals von einem Gefühl, sondern von deinem Widerstand dagegen überwältigt wirst. Es ist dein eigener Druck, der sich intensiv anfühlt, nicht das Gefühl selbst. Versuche, deine Schwelle der Überforderung zu erhöhen, damit du mehr zulassen kannst, sodass du zu mehr »Ja« sagen können. Wenn du auf alles, was auftaucht, mit »Ja« reagieren und es in dir aufnehmen kannst, um es zu integrieren, musst du nicht mehr auf der irdischen Ebene reinkarnieren. Was folgt, sind Beispiele von Dingen, die die Menschheit noch emotional integrieren muss, aber diese Traumata, Wunden und Verstimmungen können emotional geklärt werden.

Krieg
Kriminalität
Missbrauch
Vergewaltigung
Verlust
Unfälle
Verletzung
Plötzlicher Tod
Misserfolg/Verlieren
Schulversagen
Liebesverlust
Verrat
Schock
Verlegenheit
Erniedrigung
Entbehrung
Aufgabe
Betrogen werden
Missbrauch des Vertrauens
Schamgefühl
Ablehnung
Isolierung / Entfremdung
Dissoziation / Taubheit
Verwechslung
Sich unbegabt fühlen
sich verrückt fühlen
Angst, normal zu sein
Angst, anders zu sein
Verletzlichkeit
Kontrolle brauchen
Widerstand, kontrolliert zu werden
Kontakt mit anderen vermeiden
Nähe / Gemeinsamkeit wollen
Besessen davon, anderen zu gefallen
Sadistisch
Masochistisch
Süchtig nach Arbeit
Süchtig nach Informationen

Einsamkeit
Gefühl des Anspruchs
Gefühl der Überlegenheit
Minderwertigkeitsgefühl
Bestätigung brauchen
Ich suche Antworten
Beschwerde
Perfektionismus
Mangel an Disziplin
Besessene sexuelle Fantasie
Verlangen
Unerfüllter Wunsch
Schmerzen
Feedback vermeiden
Zwänge
Massen vermeiden
Kontakt vermeiden
Positive vergangene Erinnerungen (hindern uns am Hier und Jetzt)
Besorgt über das Selbstbild
Negatives Selbstbild
Besorgt darum, gut auszusehen
Schmerzen von anderen
Dissoziation aus dem Alkoholismus
Dissoziation von Drogen abgeleitet
Eskapismus (sehr beliebt in der Selbstverbesserung / New Age-Szene)
und viele mehr.

Alle Gefühle werden im Körper oder im Energiefeld des Körpers gespeichert. Sobald etwas integriert ist, wirst du eine Erleichterung bemerken oder an Energie gewinnen. Ein guter Teil deiner Emotionen steckt in den Muskeln, weshalb Sport dabei hilft, steckengebliebene Emotionen und traumatische Vorfälle freizusetzen. Wenn du eine Abneigung gegen Sport hast, wäre es gut, diese Haltung noch einmal zu überdenken.

Um ein Gefühl stärker wahrzunehmen, solltest du deine Handfläche auf den Ort des Gefühls platzieren. Der Grund, warum wir Menschen beim Heilen die Hände auflegen, besteht darin, dabei zu unterstützen, die Energie zu integrieren. Deine Handfläche auf die Stirn, den Hinterkopf oder auf dein Herz zu legen, kann auch dein Gefühl für dich selbst verstärken.

Wenn du zwei Finger in die Kerbe unter der Nase drückst, kannst du das Gefühl aktivieren. Eine andere Möglichkeit besteht darin zu fragen: »Was ist, wenn ich dies für immer erlebe?« oder »Was ist, wenn ich das nie wieder erlebe?« Absolute Aussagen neigen dazu, unbewusste Emotionen hervorzubringen. Viele Gefühle sind mit Erinnerungen verbunden. Daher kann eine emotionale Clearing-Sitzung Dinge ansprechen, an die du dich schon lange nicht mehr erinnern kannst.

Die meisten Stellen steckengebliebener Energie sind im Rumpf und dort in den verschiedenen Chakren, insbesondere im Bauch, im Solarplexus und in der Brust. Aber sie müssen nicht unbedingt dort sein. Eine Energie kann sich unter deiner Achselhöhle befinden, auf deiner Stirn, in deinem Fuß, etwas außerhalb deines Gesichts, etwas außerhalb deines Rückens oder an einem anderen Ort in deinem Energiefeld. Bekomme ein Gefühl dafür, wo sich die Energie oder das Stocken befindet. Erlebe es voll. Kehre zur Gelassenheit, Liebe und Kraft zurück.

Spontanität

Es gibt einen hohen meditativen Zustand, der fast gedankenlos ist. Diese Gedankenlosigkeit bedeutet nicht Dummheit, sondern Spontanität. Wenn man diese Ebene des Bewusstseins noch nie zuvor erlebt hat, kann man sie dennoch nachahmen, indem man selbst etwas spontaner ist. Du brauchst beispielsweise nicht immer Notizen verwenden, wenn du Vorträge, Ansprachen oder Präsentationen halten willst. Ich selbst habe vor Jahren aufgehört, mich auf meine Vorlesungen und Kurse vorzubereiten, damit ich dem gegenwärtigen Moment und meinem Höheren Selbst erlauben kann, die Entfaltung der Realität von Moment zu Moment zu übernehmen. Ich empfehle das nicht, wenn man sich unsicher fühlt. Sollte das bei dir der Fall sein, empfiehlt es sich, jedes Detail genau zu planen. Bei hoher Energie ist jedoch keine Vorbereitung erforderlich. Die richtigen Worte und Handlungen zeigen sich von Moment zu Moment. Sie kommen nicht aus dem Ego-Ich, dem Teil von dir, der normalerweise gehemmt wird, sondern aus dem Höheren Selbst, das humorvoller ist. Dieses spontane Selbst kann durchkommen, wenn du dich wohlfühlst und zuversichtlich bist und deinen Tag nicht bis ins kleinste Detail planen musst. Wenn du deinen Tag auf Makro-Ebene planst, das heißt, du sorgst dafür, dass dein eigener Zustand entspannt ist, deine allgemeinen Absichten klar und dein Auftreten liebevoll und freundlich, dann werden die Mikros des Tages für sich selbst sorgen – spontan. Die Idee eines spontanen Lebens ist, dass du das tust, was du tust, wenn du es tust, und dass du nicht das tust, was du nicht tust, wenn du es nicht tust. Das Ego-Ich ist erfüllt mit »Was wäre wenn ...« Was ist, wenn dies passiert? Was ist, wenn das passiert? Was machen wir, wenn das passiert? Wie würden wir damit umgehen, wenn dies geschieht? Wenn es eine Sache gibt, der ich mir sicher bin, dann, dass die meisten dieser »Was wäre wenns« nutzlos sind. Sie sind ein Versuch zu kontrollieren, was nicht kontrolliert werden kann. Nimm die Dinge dann in Angriff, wenn sie in deinem Leben erscheinen. Du weißt nicht, was morgen sein wird. Überprüfe dich selbst und durch andere, wie viele deiner Handlungen in der Annahme unternommen werden, dass du vorgibst zu wissen, was morgen passieren wird. Wenn du alles in Geist vorbereitest, hält das Morgen keine Überraschungen bereit. Wenn du das Morgen ständig vorbereitest, dann mache es zumindest mit positiven Gedanken. Bereite dich auf das Beste vor. Aber auf einer noch höheren Ebene beschäftigst du dich überhaupt nicht mit »Was wäre wenn«. Du beschäftigst dich mit dem, was spontan aufkommt. Bereite dich heute nicht auf das Morgen vor. Bereite dich niemals auf negative Ereignisse vor. Es gibt vielleicht kein Morgen.

Die Kraft der Zurückhaltung

Zu viel von etwas desensibilisiert dich für dessen Freuden. Wenn du die Verbindung zu deiner inneren Energie verlierst, machen dich Freude und Glück zunehmend von äußeren Umständen abhängig. Wenn du deine Willenskraft benutzt, um Zurückhaltung zu üben, kann die Freude an bestimmten Dingen zurückkehren. Hier sind einige Beispiele:

- Wenn du ständig Filme ansiehst, wirst du desensibilisiert. Versuche, für einige Wochen oder Monate **ohne** sie zu sein, und sieh dann, wie sehr sie dich erfreuen können.
- Wenn du jeden Tag rauchst, verspürst du keine Auswirkungen des Nikotins mehr. Rauchst du einen Tag lang nicht und rauchst du dann am nächsten Tag eine Zigarette, wirst du dich fühlen, als **würdest du abheben**. (Wenn du Nichtraucher bist, tust du dies natürlich nicht.)
- Wenn du jeden Tag Kaffee trinkst, verzichte eine Woche darauf. Und dann stellst du fest, wie **köstlich** er schmeckt.
- Wenn du süchtig nach dem Lesen von Büchern bist, mache einen Monat Pause. Und stelle dann fest, wie **besonders** und gesegnet man sich mit dem Lesen eines einzelnen Buchs fühlt.

- ❖ Wenn du jeden Tag auf Instagram, Facebook, Twitter, Tumbir, usw. unterwegs bist, stelle dies für einen Monat ab. Und stelle dann fest, wie viel Spaß es macht, sie neu zu erkunden.
- ❖ Wenn du jeden Tag isst, mache einen Tag Pause davon. Stelle dann fest, wie **gut** Essen schmeckt.

Übersättigung macht dich unempfindlich und wertet die Sache ab, an der du Spaß haben möchtest. Deshalb ist das Internet nicht immer eine gute Sache. Zu viele Informationen entwerten einzelne Informationen. Alles, was im Internet »kostenlos« zur Verfügung steht, tendiert dazu, Unzufriedenheit, nicht Genuss zu erzeugen. Weniger ist mehr.

Zugriff auf höhere Frequenzen

Dies ist eine Übung, um auf die Seele zuzugreifen. Der Geist kann nur auf Informationen zugreifen, die er während dieser Lebenszeit aufgezeichnet hat. Alles, was der Verstand weiß, bezieht sich nur auf dieses Leben. Der Geist hat keinen Zugang zu vergangenen Leben, zukünftigen Leben, anderen Leben und anderen Dimensionen. Eine einfache Möglichkeit, auf die Seele zuzugreifen, besteht darin, an Dinge zu denken oder sich anzuschauen, an die du noch nie zuvor gedacht oder die du nie zuvor gesehen hast.

Ein solches Verhalten lenkt die Aufmerksamkeit über die engen Grenzen des Aufnahmegeräts hinaus, das als »Geist bezeichnet wird, da du keine Beispiele dieses neuen Gedankens oder Gegenstands aus der Vergangenheit hast.

Du bist wahrscheinlich noch nie auf einer einsamen Insel gestrandet. Aber wenn du es wärst, würdest du schnell auf deine Seele zugreifen, weil du neues Wissen benötigst, um mit der unbekannten Situation umzugehen. Deshalb ist das Unbekannte befähigend. Wie gehe ich mit einer neuen Situation um? Der Verstand weiß es nicht. Das hat er noch nie getan. Die Seele weiß es. Intuition weiß es. Aus diesem Grund beschäftigen starke CEOs manchmal Typen, mit denen sie nicht vertraut sind, oder sogar Personen, die sich ihnen entgegenstellen. Deshalb sollte ein Urlaub nicht immer absolut sicher sein. Deshalb solltest du nicht nur Bücher deines Fachgebiets lesen oder Bücher, die dein eigenes Glaubenssystem bestätigen.

Kannst du einen Gedanken denken, an den du noch nie gedacht hast? Wenn ja, hast du diesen Gedanken nicht aus dem Kopf bekommen. Du hast ihn von anderen Ebenen der Realität bekommen.

Übung: Siehe, ob du dich diese Woche auf fünf Dinge konzentrieren kannst, auf die du noch nie zuvor geachtet hast, und etwas Neues lernst. Achte darauf, wie es sich anfühlt.

Tausend Arten des Glücks

Es gibt nicht nur »glücklich oder nicht glücklich«, sondern wie bei einem Spektrum oder einer Treppe gibt es tausende von Nuancen und Level des Wohlbefindens. Das entdeckst du, wenn du während deines Lebens aufsteigst. Es gibt…

Zufriedenheit
Freude
Vergnügen
Optimismus
Glückseligkeit
Fröhlichkeit
Auftrieb
Sonnenschein
Begeisterung
Heiterkeit
Jovialität
Seelenfrieden
Gelassenheit
Überschwang
Jubel
Brausen
Überschwänglichkeit
Unbeschwertheit
Erheiterung
Seligpreisung
Ekstase
Euphorie
Verzauberung
und tausende Arten von Glück mehr.

Lies diese Liste einfach noch einmal langsam durch und denke über jedes Element nach, um dich beim Lesen weiterzuentwickeln.

In höheren Bereichen als der des Planeten Erde sind solche Zustände alltäglich. Das Erleben dieser Emotionen ist daher der schnellste Weg, höhere Welten zu berühren und etwas von ihrer Qualität auf die Erde zu bringen.

Ich habe Seminare durchgeführt, in denen Leute diese Wörter in Wörterbüchern nachschlagen und Musterbilder für jeden Ausdruck des Glücks sammeln. Warum? Wenn du nicht weißt, was du anstrebst, wirst du nicht dorthin gelangen.

Verzauberung

Nomen:

– ein Gefühl, von etwas Interessantem, Schönem usw. angezogen zu werden: der Zustand des Verzauberns

– eine Qualität, die Ihre Aufmerksamkeit auf sich zieht und hält, indem Sie interessant, hübsch usw. ist

Was während einer Taxifahrt mit einem meiner Seminarübersetzer passiert ist, war, dass sich unsere eigene Stimmung tatsächlich hochbewegte, wenn wir uns auf diese Worte konzentrierten und Beispiele lasen, wie sie verwendet werden. Als das Ziel erreicht war, fühlte ich mich absolut glücklich und war begeistert. Da ich mich an Beispiele für Ekstase und Begeisterung aus meinem Leben erinnern und sie meinem Übersetzer erklären musste, musste ich mich in diese Zustände begeben. Und so hatte ich die glücklichste Taxifahrt meines Lebens.

Die Lektion, die wir hier gelernt haben, ist, dass unsere normalen täglichen Zustände nur Gewohnheiten sind. Es ist nur eine Angewohnheit, ein Taxi in einem normalen Zustand zu fahren. Der Grund, warum wir keine höheren Zustände gewohnheitsmäßig erleben, ist, weil wir uns ihrer nicht bewusst sind, nicht an sie denken, nicht an sie gewöhnt sind. Wir verwenden nicht nur selten Vokabeln wie »Fröhlichkeit«, »Heiterkeit«, »Jovialität«, »Erheiterung«, »Euphorie«, »unbeschwert« usw., sondern wir denken auch nur selten darüber nach, was sie bedeuten und wie sie erlebt werden könnten. Allein das Nachschlagen, Definieren und Verwenden von Vokabeln mit hoher Energie ist ein großartiger Wechsel des Zustands.

Das Paradies ist eine Geisteshaltung

Das Paradies kann als ein Ort betrachtet werden, an den man geht. Und sicherlich ist es in schönen und friedlichen Umgebungen leichter, sich besser zu fühlen, als in anderen. Aber wenn du im Bewusstsein wächst, erkennst du, dass das Paradies mehr *eine Zeit als ein Ort* ist. Es geht um die guten Zeiten, die du an einem bestimmten Ort hattest.

Ich bin einmal auf eine wunderschöne Insel im Norden der Niederlande zurückgekehrt, weil ich mich an das letzte Mal erinnerte, als ich dort war. Es war ein Paradies. Wir hatten Gitarre gespielt und bei Sonnenuntergang gesungen, Fangen in den Dünen gespielt und uns von den Wellen des Meeres treiben lassen. Aber als ich dorthin zurückkam, fehlte etwas: die Gruppe von Leuten, mit denen ich zusammen gewesen war. Während die Insel noch schön war, konnte ich die Zeiten, die ich damals an diesem Ort gehabt hatte, nicht wieder neu erleben. Allein an diesem Strand entlangzuspazieren war anders als mit dieser Gruppe von Leuten von damals.

Wenn du weiter wächst, erkennst du, **dass das Paradies weder ein Ort noch eine Zeit ist, sondern ein Zustand des Seins.** Nachdem ich diese Insel besucht hatte, arrangierte ich ein Treffen, eine Art Wiedervereinigung dieser Gruppe. Aber nur fünf Jahre später hatten sich viele von ihnen stark verändert. Das Zusammensitzen in diesem speziellen Restaurant war interessant, aber die Atmosphäre, die wir damals gehabt hatten, konnte nicht kopiert werden. Wenn dein Bewusstsein wächst, hörst du auf zu versuchen, vergangene Paradiese wiederzuerlangen, und machst stattdessen das Beste aus dem Hier und Jetzt. Das kann gute Erinnerungen oder Zukunftsvisionen beinhalten, aber du erschaffst keine Trennung zwischen den vermeintlichen »besseren Zeiten« und dem heutigen Tag. Neue Paradiese können sich heute entfalten.

Auf dieser **Bewusstseinsstufe** kann das Paradies fast überall und zu fast jeder Zeit erreicht werden. Du kannst diesen Zustand durch deine Aufmerksamkeit auf den gegenwärtigen Moment und Gedanken der Einzigartigkeit und des Mysteriums der Gegenwart unterstützen. Es gibt einen Teil von dir, der von allen bisherigen Erfahrungen unberührt bleibt, unberührt von allem, was zuvor passiert ist. Dieses Beobachterselbst ist dem wahren Selbst näher und kann den gegenwärtigen Moment anders einschätzen als der Teil von dir, der beschäftigt ist.

Freude ist ansteckend

Freude – ein Gefühl von Leichtigkeit und Übermut, das oft durch solide Gesundheit, neue Entdeckungen oder neue Errungenschaften ausgelöst wird. Kinder sind im Allgemeinen freudiger, weil sie häufiger Neues entdecken und neue Fähigkeiten erlangen.

Freude ist eine innere Eigenschaft, die auch entstehen kann, wenn es keine äußeren Ursachen dafür gibt. Zu abhängig von äußeren Einflüssen zu sein, bevor Freude empfunden werden kann, ist eine der größten Einschränkungen der Menschheit.

Freude kann auch definiert werden durch das, was sie nicht ist, wie das Fehlen von Schweregefühl, strenger Ernsthaftigkeit, Zynismus, Verzweiflung, Klagen, Reue.

Das Erleben von Freude liefert Treibstoff für deine täglichen Aktivitäten. Da die Energie von höheren Ebenen geleitet wird, wirkt sich dies positiv auf deine Gesundheit aus und die Wahrnehmung wird klarer.

Wie entsteht also Freude und gibt es etwas, was du machen oder tun kannst, damit mehr davon fließen kann? Freude kann in einem Zustand der meditativen Ruhe oder während eines Momentes der Einsicht oder des Lernens entstehen. Sie kann sich durch eigene Sorgfalt und Freundlichkeit zeigen, da das Geben ein einzigartiges »natürliches Hoch« erzeugt. Freude kann kommen, indem du deine Aufmerksamkeit auf bestimmte Erinnerungen richtest, in denen Freude empfunden wurde. Jeder hat Erinnerungen an Frieden und Lachen. Freude kann zurückgewonnen werden, indem man anderen Freude und Glück wünscht. Wenn ich in der Stadt spazieren gehe, ziele ich manchmal auf zufällige Personen und sage telepathisch: »Mögest du Freude finden.«

Eine der einfachsten Möglichkeiten, Freude zu erleben, ist die Ansteckung. Wenn du es zulässt, ist die Freude ansteckend. Natürlich kannst du an einem Tisch voller glücklicher Menschen sitzen und dich nicht von ihrem Glück beeinflussen lassen. Wenn du anders fokussierst als sie, kannst du mürrisch bleiben. Du kannst auch an einem Tisch voller mürrischer Menschen sitzen und freudig bleiben. Letztendlich richtet sich deine Stimmung nach innen. Indem du jedoch Menschen beobachtest, die fröhlich sind, und dich in sie hineinfühlst, lässt du zu, dass ihre Stimmung dich berührt und deine eigenen Freudenpartikel zum Vorschein gebracht werden. Freude ist daher oft gemeinsame Freude, die Freude, die entsteht, wenn zwei Menschen zusammen etwas unternehmen.

Echte spontane Freude kann oft bei sehr alten und sehr jungen Menschen beobachtet werden, da sie ihre Freude am wenigsten filtern. Wenn du also jemanden kennst, der vor Freude überläuft, verbringe Zeit mit ihm oder denke an ihn. Schätze, wer er ist und wie sein Herz großzügig und offen ist. Es gibt mehr zu lernen von jemandem, der fröhlich ist, als von einem anderen, der alles zu wissen scheint, aber keine Freude ausstrahlt. Wenn ich zufällig eine Vorlesung oder ein Seminar besuche, wo viel Wissen vorhanden ist, aber keine Freude, gehe ich schnell wieder.

Das Leben ist ein Gleichgewicht aus Dunkelheit und Licht. Es ist auch vorteilhaft, das Gegenteil – die Traurigkeit – nicht zu unterdrücken, sondern diese Emotion durchzulassen, wenn sie entsteht. Es ist überhaupt nicht notwendig, ständig zu versuchen, es den fröhlichen, grinsenden Gesichtern gleichzutun, die dich in der Werbung anstarren. Wenn du deinen niedrigeren Emotionen Raum und Platz gibst, wirst du paradoxerweise die Möglichkeit haben, höhere Emotionen zu erleben.

Hier ein Experiment: Wenn du das nächste Mal versuchst, dich mit deinem Handy oder Computer abzulenken, lege es stattdessen beiseite und spüre einfach, was du fühlst. Erlaube, dass das Gefühl, das da ist, einfach da ist und sich »rauslässt«. Dann, wenn du dich in einem ziemlich ruhigen Zustand befindest, sage: »Ich fühle Freude« und atme tief und sanft ein. Wiederhole das einige Male und beobachte, wie du deinen Status gerade innerlich verschoben hast, unabhängig von der äußeren Situation.

Leidenschaft, Begierde und Eifer

Wenn man den *mangelhaften* Teil der **Begierde** entfernt, wird daraus **Eifer** und **Leidenschaft**. Dies sind mit die stärksten kreativen Kräfte auf der Welt. Das Wörterbuch definiert das Wort »Eifer« als »einen Zustand, in dem man etwas sehr stark tun oder haben will« und »charakterisiert durch eine hohe Erwartung oder ein hohes Interesse«. Einige Synonyme hierfür sind:

an etwas interessiert
passioniert
inbrünstig
eifrig
begierig
leidenschaftlich
ungeduldig
ängstlich
besorgt
begeistert
gierig

Wenn Eifer oder Begierde mit Mangelbewusstsein vermischt werden – der Glaube, dass man etwas wirklich will, es aber nicht haben kann – wird man destruktiv, wie bei Gier, Ungeduld, Anspruch, Sehnsucht, Sucht, Egozentrik, Nervosität, Angst, Verzweiflung. Wenn jedoch das Gefühl besteht, dass man das sein kann, tun oder haben, was man will, dann wird es zu einer mächtigen Kraft-, Konzentrations- und Energiebewegung. Mangel an Verlangen kann dich zu einer langweiligen Person machen, deren Leben ohne Bewegung ist. Starkes Verlangen bringt die Dinge für dich ins Rollen. Glaube gepaart mit Verlangen bringt Dinge zum Ausdruck, die sich für dich manifestieren. Menschen, die lehren, dass man keine Wünsche haben oder diese Wünsche überwinden sollte, werden entweder getäuscht oder sprechen von einer Bewusstseinsebene, die nicht für 99,9 Prozent der Menschheit gilt. Das Ergebnis der Umwandlung eines Verlangens in einen Glauben an deine Fähigkeit, etwas zu sein, zu tun oder zu haben, führt zu einem Gefühl der Ermächtigung und bringt dich auf eine Reise der Errungenschaft. Du erreichst es und was folgt, ist eine große Erleichterung, und du erkennst, dass die Reise noch wichtiger war als das Ziel. Dann wählst du einen anderen und wieder einen anderen Glauben, der dein Bewusstsein mehr und mehr ausdehnt, weil es nach oben keine Grenze gibt.

Lebendiger fühlen? Reduziere deine Zeit vor Bildschirmen

Durch das Verkürzen der Bildschirmzeit (Zeit vor dem Bildschirm von Computern, Internet, Smartphones, Fernsehgeräten usw.) wirst du dich lebendiger fühlen. Eine metaphysische Faustregel besagt, dass das, **worauf du deine Aufmerksamkeit richtest, das ist, was du fühlen wirst**, und wenn du einem Flachbildschirm viel Aufmerksamkeit schenkst, darfst du dich nicht wundern, wenn du dich »flach« fühlst. Ich mag wie ein Heuchler klingen, wenn ich das sage, aber das Internet wird überschätzt. Es ist nur eine Ansammlung von Informationen, nicht mehr. Information ist keine Erfahrung. Information ist keine Transformation. Information ist nicht ein höherer Bewusstseinszustand. Informationen sind nur … ein paar Worte. Wörter sind nützliche Hinweise und Anleitungen für den Unterricht, aber mehr Wörter als Erfahrung zu haben, ist wie eine Menge Enzyklopädien über das Essen, aber nichts zu essen. Wenn Informationen nicht angewendet und verwendet werden, handelt es sich nicht wirklich um Informationen, es handelt sich oft um reine Zeitverschwendung. Du musst nicht wirklich die neuesten Nachrichten kennen, musst nicht wirklich jede Episode der letzten Show sehen, musst dich nicht wirklich auf dem Laufenden halten, was alle auf Facebook tun.

Hier eine Idee, die für mich sehr gut funktioniert hat: Wenn du viel Zeit vor einem Bildschirm verbringst, ist es besser, wenn du dies **als Schöpfer tust, nicht als Konsument**. Warum also nicht prüfen, wie viel Zeit du im

Konsummodus oder im Schöpfermodus verbringst? Und wenn du dich entspannst und für eine Weile ein Konsument sein willst, warum solltest du nicht anspruchsvoller und wählerischer sein, was für deine Augen zu sehen erlaubt ist, deine Ohren hören könnten und deinen Geist berühren soll? Alles, was du deinem Bewusstseinsfeld erlaubst, wirkt sich auf dich aus, auch wenn dieser Effekt zunächst gering ist. Die Korrelation wird oft übersehen. Zum Beispiel kannst du nicht mehr als eine Stunde am Tag damit verbringen, Nachrichtenseiten voller Angst und Wut zu lesen, und dann erwarten, dass du deinen Tag voll ruhiger Harmonie verbringst. Dies wäre viel wahrscheinlicher, wenn du die gleiche Zeit damit verbracht hättest, im Park spazieren zu gehen.

Qualität über Quantität

In vielerlei Hinsicht ist **Intensität** wichtiger als **Dauer**, Qualität wichtiger als Quantität. Was selten ist, wird mehr geschätzt. Diejenigen, die Quantität vor Qualität stellen, kommen von einem Ort des geistigen oder körperlichen Hungers. Nur ein paar Beispiele, die das verdeutlichen:

- ❖ Bei nahrhafteren Lebensmitteln werden geringere Mengen benötigt, um zu sättigen und Energie bereitzustellen.
- ❖ Diejenigen, die trainieren, wissen, dass Intensität wichtiger ist als Umfang oder Zeitaufwand für das Training.
- ❖ In einer Beziehung kann man viel Zeit miteinander verbringen, aber nicht wirklich zusammen. Offensichtlich ist die aufgewendete Zeit weniger wichtig als die Qualität der Aufmerksamkeit. Bei einem Kind ist es eindeutig wichtiger, ob die Zeit genossen wurde, als wie viele Stunden miteinander verbracht wurden. Natürlich ist die aufgewendete Zeit nicht unerheblich, aber sie steht an zweiter Stelle nach der **Qualität dieser Zeit**. Eine erfüllte Spielstunde mit einem Kind oder eine gute Stunde mit deinem Partner sind mehr wert als zehn Stunden, in denen man neben einer Person lebt, diese aber nicht wirklich wahrnimmst.
- ❖ In meinen Zwanzigern unterrichtete ich Englisch. Es hat mich verwundert, dass die Schüler in erster Linie wissen wollten, wie viele Stunden sie buchen und was diese Stunden kosten. Ich habe einen Englisch-Grundkurs abgehalten, der sechs Tage gedauert hat. Die Leute beschwerten sich, dass es teuer sei, weil »es nur sechs Tage sind«. Aber ich habe nicht in Tagen gezählt, sondern in der Anzahl der gelernten Vokabeln. »In sechs Tagen lernst du tausend neue Wörter und Redewendungen. Am sechsten Tag werde ich dich mit allen tausend Wörtern testen

und du wirst sie und mehr kennen. Das ist mehr, als du in derselben Zeit an einem anderen Ort lernen wirst.« Was man leicht übersieht, ist, dass Zeitersparnis eine Möglichkeit ist, Geld zu sparen. Während es also vielleicht nur sechs Tage waren, waren es nicht nur tausend Wörter.

- Fünf Minuten Anwesenheit oder fünf Minuten bewusster Gedanken können mehr als drei Stunden Arbeit bringen. Drei Stunden leidenschaftlicher Arbeit können mehr als eine Woche zerstreuter oder langweiliger Arbeit bringen. Konventionelle Arbeitsweisen sind ineffizient. Wenn ich jemanden anstelle, gebe ich ihm nie die täglichen Arbeitszeiten vor oder sage ihm, wie lange er arbeiten soll. Ich sage stattdessen: »Dieses Projekt sollte bis zu diesem Datum abgeschlossen sein. Schaffst du das?« Es liegt an ihm, seine tägliche Arbeitszeit zu bestimmen.
- »Einige Ihrer Bücher sind zu kurz!«, hat sich kürzlich jemand beschwert. Die Idee scheint zu sein, dass je dicker ein Buch ist, umso besser. Aber es geht nie um die Menge an Wissen, sondern um die Intensität und Qualität. Je schlagfertiger jemand ist, desto weniger muss ich ihm sagen, damit er etwas versteht. Manchmal - bei sehr intelligenten Leuten - beginne ich nur einen Satz und sie verstehen bereits das gesamte Konzept von dem, worüber ich spreche, bevor ich überhaupt fertig bin. Einige lesen nur den Titel eines Zeitungsartikels und erfassen bereits den gesamten Artikel. Geistesblitz und Intelligenz hängen offensichtlich mit dem Energiezustand und dem Bewusstsein zusammen. Wenn jemand müde ist, muss mehr geredet werden, damit er versteht.
- Die meisten Leute, die ein Geschäft führen, denken: »Je mehr Kunden, umso besser!« Ich bin anderer Ansicht. In meiner Welt ist ein angenehmer Kunde mehr als hundert mittelmäßige Kunden wert.
- Ein Tag tiefer und vollständiger Entspannung hat eine viel stärkere Wirkung als drei Wochen »Urlaub« voller Druck und Erwartung.

Die Lebensqualität steigt, wenn man sich selbstlos mit erhöhter Aufmerksamkeit dem gegenwärtigen Moment widmen kann, anstatt egoistisch mit vergangenen/zukünftigen Ereignissen beschäftigt zu sein oder zu versuchen, etwas aus jemandem herauszuholen. Du kannst die Qualität von allem, was du tust, steigern, indem du dich eingehender darum kümmerst. Egal, ob du duschst, dein Auto wäscht oder eine Rede im Fernsehen hältst, es gibt immer eine bessere und eine mittelmäßige Version davon.

Die Freude an der Überraschung

Überraschung ist eines der Gewürze des Lebens. Sie tritt auf, wenn man eine Reihe von Annahmen darüber hat, was passieren wird, und etwas völlig anderes passiert. Sie tritt auf, wenn man einen festen Satz von Regeln und Routinen hat und die Fixierung ein wenig öffnet, um sich auf etwas Neues einzulassen. Du hast die Fähigkeit, positiveres Überraschen, Staunen und Erstaunen zu erleben. Eine der Türen dazu ist die positive Überraschung für andere. Wenn du andere positiv überraschst, wirst du zur Quelle der Überraschung und öffnest die Schleusentore für das Universum, dich zu überraschen. Wie könntest du heute jemand anderem eine angenehme Überraschung bereiten?

Eine andere Möglichkeit, positivere Überraschungen zuzulassen, besteht darin, sich von Dingen, die du normalerweise als normal abtust, überraschen zu lassen und sie wahrzunehmen. Wenn du genau hinschaust, passiert mehr, als das gewohnte Auge vermuten lässt. Schaue dir als praktische Übung etwas vermeintlich Alltägliches an und tue für einen Moment so, als wäre es tatsächlich erstaunlich. Hebe die Augenbrauen, als wärest du überrascht, runzele die Stirn, öffnen den Kiefer und weite die Augen. Dies ist die Körpersprache der Überraschung, die einen bestimmten Zustand und eine bestimmte Wahrnehmung hervorruft. Du wirst feststellen, dass deine Emotionen folgen, wenn du bestimmte Zustände physiologisch nachahmst.

Prüfe mit einem solchen Gesichtsausdruck, ob früher alltägliche Dinge wie einen Parkplatz, ein Einkaufswagen, Menschen, die auf den Straßen oder in den Gebäuden um dich herum laufen, etwas heller und interessanter aussehen. Du wirst feststellen, dass du mit zunehmender Bereitschaft zum Staunen in dir selbst präsenter wirst. Du kannst das Leben so leben, als wäre nichts ein Wunder oder als wäre alles ein Wunder. Ich finde letzteres angenehmer.

Die Wissenschaft vom Glück

Die wissenschaftliche Forschung hat die folgenden Faktoren ermittelt, die anscheinend zum allgemeinen Glück einer Person beitragen:

Serotonin & Dopamin
Gutes Wetter
In einer liebevollen Beziehung sein
Finanzielle Sicherheit
Sport

Humor als höherer Bewusstseinszustand

Humor kann eine Menge beeinflussen. Humor ist das beste Aphrodisiakum. Humor schließt große Geschäfte ab. Lachen lindert die Schmerzen. Humor lässt die Dinge reibungslos laufen. In meinem Buch »Levels of Energy« wird Humor als eine tatsächliche Energieform beschrieben, deren relative Stärke und Wirkung im Vergleich zu anderen Zuständen und Emotionen spürbar ist. Er wird als eine der stärksten Kräfte beschrieben, die der Menschheit zur Verfügung stehen. Er ist so viel mehr als eine nette Ablenkung. Ich meine damit nicht, dass du ein Clown werden sollst. Aber ich sage, dass du diese Energie fühlen und übertragen kannst - auch ohne Witze zu machen oder zu scherzen - nur nonverbal, und es wird ein Lächeln auf die Gesichter der Menschen zaubern. Wenn du diese Stimmung ausstrahlst und jemanden fragst: »Warum so ernst?«, wird er einknicken.

Das Vorhandensein oder Nichtvorhandensein von Humor wird zu einer Messlatte, anhand derer du den Bewusstseinsgrad jeder Gruppe, Aktivität, jedes Seminars, jeder Beziehung usw. bestimmen kannst. Als Coach für die Selbstverbesserung besuchte ich viele Seminare, Workshops und Exerzitien und lachte immer wieder darüber, wie düster und ernst so viele dieser »Lehrer« waren. Wenn du einen Lehrer ohne Humor siehst oder einen, der ohne das geringste Anzeichen eines Lächelns zu einer Besprechung kommt, ist mein Rat, weit wegzulaufen.

Wenn jemand Schwierigkeiten hat, einen Partner zu finden, liegt hier der Schlüssel. Wenn du Mann/Frau nicht zum Lachen bringen kannst, hast du kaum eine Chance, es sei denn, du fühlst dich mit anderen äußerst ernsten Köpfen wohl. Lachen ist ein sehr starkes Aphrodisiakum. Deshalb verwenden die Casanovas dieser Welt Humor als Hauptwaffe der Verführung. Deshalb gewinnt das Lachen die Herzen von verdrossenen Männern / Frauen.

Wenn du Humor als eine tatsächliche energetische Fähigkeit kultivierst, als etwas, das du nach außen ausstrahlst, kannst du jede Situation damit nonverbal beeinflussen, selbst wenn du ein ernstes Gesicht beibehältst. Wenn es eine Gruppe von Menschen gibt, die sich streiten oder bekämpfen, und du die sanfte Welle des Humors ausstrahlst, kannst du ihren Kampf durch die Kraft deiner Energie zerstreuen. SO mächtig ist Humor.

Es gibt drei grundlegende Bewusstseinsebenen:

1. animalisch
2. intellektuell/roboterhaft
3. spirituell.

Liebe und Humor unterscheiden dich vom Tier- und Roboterbewusstsein und erheben dich zum spirituellen Bewusstsein. Ich würde behaupten, dass ein Komiker möglicherweise mehr Heilkraft hat als die meisten Heiler da draußen.

Jemanden in einem düsteren Gemütszustand zu fragen: »Warum bist du so ernst?« durchbricht sofort dessen Geist/sein Ego und öffnet ihn. Zu viel Ernsthaftigkeit wirkt wie ein Klebstoff, der Probleme an ihrem Platz hält. Humor hingegen wirkt wie ein Lösemittel, das »harte« Energien verdampfen lässt.

»Warum so ernst?«, ist eine Frage, die du dir auch den ganzen Tag über selbst stellen kannst. Wenn du die Natur des Universums kennen würdest, wärst du nicht so ernst, wie du es bist, denn du würdest wissen, dass die Welt eine Bühne ist, ein episches Theaterstück, in dem wir die Schauspieler vieler Rollen sind. »Humor« bedeutet in diesem Sinne nicht, Tragödien zu verspotten oder sich über Leiden lustig zu machen. Und es bedeutet nicht, die Welt als das Einzige und Wichtigste zu betrachten, das es gibt. Es bedeutet nicht, sich selbst und die Ereignisse, die geschehen, so ernst zu nehmen wie jemand, der sich zu sehr mit dem Lauf des Lebens identifiziert. **Engel können fliegen, weil sie sich leichtnehmen.**

Mangel an Humor ist in den Bereichen Spiritualität, Psychologie und Religion weit verbreitet und das Hauptsymptom des Zerfalls verschiedener Bewegungen/Gruppierungen. Aus der Perspektive des unendlichen Bewusstseins sind die Welt und ihre kleinen Dramen und Bühnenstücke lustig, ein Witz, eine Komödie. Humor durchschneidet das Bewusstsein des Weltselbst (Ego), das sich selbst, seine Meinungen, seine Ziele und Probleme viel zu ernst nimmt. Übertriebener Ernst ist ein Indikator für den Glauben an ein Problem oder dass das Leben problematisch ist. Mangel an Humor ist auch ein Hinweis darauf, dass eine Person etwas zu verbergen hat. Da versteckte Pläne viel Unterdrückung, Verdrängung und Energie kosten, bleibt nicht viel für Leichtigkeit und Humor übrig. Vertraue also keinem, der niemals einen Sinn für Humor hat, niemals lacht oder ununterbrochen angespannt und finster ist.

Auf dem Gebiet des spirituellen Coachings weist ein Mangel an Humor darauf hin, dass jemand in engen Positionen und starren Regeln/Formen fixiert ist, anstatt mit dem Spontanen der Realität im Hier und Jetzt verbunden zu sein.

Mit Humor kann der Aspirant leichter und klarer mit den Problemen und Widerständen des Lebens umgehen, anstatt ihnen überzogene Bedeutung und Angst zuzuweisen. Humor ist das Schmiermittel, das die Motoren von Körper und Geist im Fluss hält.

Sich Komödien anzusehen, ist eine spirituelle Aktivität. Lachen setzt lebenswichtige Energien und Chemikalien für deine Gesundheit und dein emotionales Wohlbefinden frei. Humor entsteht, wenn man mit dem Paradoxen und mit Abweichungen von der Norm konfrontiert wird. Der Beweis, dass es so etwas wie einen universellen Standard oder eine universelle Norm gibt, besteht darin, dass wir lachen, wenn dieser Standard gebrochen wird, wenn sich Menschen und Natur anders verhalten, als sie »sollen«. Eine erfolglose Komödie (Komödie, die uns nicht zum Lachen bringt) ist, wenn zu viele Abweichungen von der Norm auftreten, sodass die Abweichung alltäglich wird. Das heißt, wenn du zu viele Witze erzählst, wird es langweilig. Wenn alles verrückt ist, wird verrückt zur neuen Norm. Humor funktioniert nur im Gegensatz zum Normalen.

Was ich lustig finde, muss nicht zwangsläufig das sein, was andere als lustig empfinden. Meine Lieblings-Comedy-Shows der letzten zehn Jahre waren »Curb your Enthusiasm«, »An Idiot Abroad« und »Blackadder goes Forth«, aber wenn ich versucht habe, sie mit anderen zu sehen, haben sie oft nur ein leichtes Kichern bei ihnen hervorgerufen, während ich mich vor Lachen weggerollt habe. Was sagt mir das? Es sagt mir, dass wir in sehr unterschiedlichen Bezugssystemen leben und was für den einen urkomisch ist, ist es vielleicht nicht für einen anderen. Ich zum Beispiel kann bei Monty Python oder George Carlin oder 30 Rock noch nicht einmal kichern. Etwas ist nur dann lustig, wenn es von dem abweicht, was man persönlich gewohnt ist. Und so ist es auch mit allen anderen Dingen im Leben. Die Frustration einer Person ist der Sport einer anderen Person, die Romantik einer Person ist die Langeweile einer anderen Person.

Tue dir selbst den Gefallen und finde eine gute Serie, die dich zum Lachen bringt. Wenn es dich nicht zum Lachen bringt, wirf es weg und finde etwas anderes. Wenn du einen Produzenten von Komödien gefunden hast, der auf deiner Wellenlänge ist, sieh dir alle Werke dieser Person an. Du wirst dich leichter und freier fühlen.

Top 7 Möglichkeiten, deinen Sinn für Humor wiederzuentdecken

Leute, denen der Sinn für Humor fehlt, haben viele Emotionen und soziale Unsicherheiten, von denen sie sich vieler nicht einmal bewusst sind. Das Leben ist sehr amüsant, wenn man genau hinschaut, aber ich bin oft der einzige, der über die verschiedenen Szenen lacht. Es scheint, als würden die Menschen durch Not unterworfen werden. Sie gehen dann herum und glauben und fühlen tatsächlich, dass das Leben ernst ist. Aber in einem größeren, universelleren Kontext ist das Leben überhaupt nicht ernst.

Manchmal, wenn ich jemanden treffe, der nicht einmal den geringsten Sinn für Humor zeigt, habe ich den Verdacht, dass er etwas zu verbergen hat, und ich vermute, dass es sich um Betrug handelt. Warum sonst wäre er so angespannt?

Hier sind die sieben besten Möglichkeiten, deinen Sinn für Humor wiederzugewinnen, falls er verloren gegangen ist.

1. Lasse dich durch eine Reihe intensiver Massagen entspannen

Es mag einige überraschen, aber eine Sache, die du tun kannst, um deinen Sinn für Humor wiederzugewinnen, ist, dich tief zu entspannen. Entspanne dich und lasse dich massieren oder etwas in der Art. Einige Massagen lösen so viel Anspannung, dass du dich danach stundenlang leicht und beschwingt fühlst.

2. Komme mit einem Freundeskreis ins Gespräch

Manchmal trifft man sich mit einem Freundeskreis und es scheint nicht viel zu passieren. Dann gibt es jene Tage, an denen man zusammen am Tisch sitzt und der ganze Tisch ein Lachflash nach dem anderen hat, sodass andere Tische verwundert zu dir herüberblicken. Jeder fühlt sich beschwingt und im Einklang mit der Gruppe. Dies geschieht normalerweise, wenn die Menschen ihre eigene Bedeutung aufgegeben haben, aufgehört haben, gut auszusehen und einfach mit dem Fluss gehen und dorthin kommen, wo das Gespräch gerade stattfindet. Das Gruppengespräch wird dann zu einer Art komödiantischem Brainstorming, bei dem sich alle Teilnehmer als Einheit und danach hocherfreut fühlen.

3. Gute Komödie ansehen

Es kann eine Weile dauern, bis du eine Komödie findest, die wirklich zu deinem Charakter und der allgemeinen Stimmung deines Lebensabschnitts passt. Aber sobald du den Comedian, den Stand-up-Act oder die Fernsehserie gefunden hast, die dich zum Lachen bringt, hast du eine gewisse Chance, dein herzliches Lachen wiederzugewinnen.

4. Unterdrückte Emotionen verarbeiten

Eine der besten Möglichkeiten, den Sinn für Humor langfristig wiederzugewinnen (was sich nicht immer als Lachen äußert, sondern auch einfach eine warmherzige oder unbeschwerte Stimmung sein kann), ist die emotionale Verarbeitung. Hole dir alle Hilfsmittel für emotionale Verarbeitung, die du in die Finger bekommen kannst, und löse diese festgefahrenen Traumata, Schocks und inneren Kündigungen.

5. Ändern deine Physiologie

Die Art und Weise, wie du deine Beine, Arme, Körper- und Gesichtsmuskeln bewegst, kann einen Unterschied zwischen einem niedrigen und einem hohen Zustand ausmachen. Das bewusste Lächeln wirkt sich positiv auf deinen Zustand aus, auch wenn du keine Lust dazu hast. Versuche es. Lächeln. Und lächle noch ein bisschen, bis du die positive Veränderung spürst. Jetzt höre auf, deine Schultern hängen zu lassen. Nimm eine gerade Position ein, strecken deine Brust ein wenig aus. Du wirst dich jetzt besser fühlen. Versuche nun, dich lustig oder unbeholfen zu bewegen, und du wirst spüren, wie etwas von dieser Humor-Stimmung entsteht.

6. Unterbrich die Routine

Durchbrich deine Denk-, Sprech- und Handlungsroutinen. Wenn dein Partner es gewohnt ist, dass du aufstehst und duschen gehst, stehe stattdessen auf und beginne zu frühstücken. Wenn du daran gewöhnt bist, darüber zu sprechen, wie großartig und wichtig du bist, sprich über die peinlichsten Momente deines Lebens (dies wird eine Menge Humor erzeugen!). Das Durchbrechen von Routinen befreit dich von festen und starren Gefühlen und macht dich frei für das **Unerwartete, Überraschende und Spontane**. All dies fördert den Humor. Humor kann nicht vorgetäuscht werden, weil er spontan ist. Er ist echt.

7. Siehe das Leben durch einen lustigen Filter

Beabsichtige, dein tägliches Leben mit einem lustigen Filter zu beginnen, indem du nach lustigen Dingen suchst, indem du versuchst, alltägliche Dinge aus einer amüsierten Perspektive zu sehen, indem du die Leute fragst, welche lustigen Dinge ihnen heute passiert sind oder welche sie erlebt haben, indem du Leute und ihr Verhalten in einer ein wenig distanzierteren Weise beobachtest.

»Bleib niemals auf den kargen Höhen der Klugheit, sondern komm in die grünen Täler der Albernheit.«

Ludwig Wittgenstein

KAPITEL FÜNF
ENERGIE, POLARITÄT UND BEWUSSTSEIN

Männliche und weibliche Energien

In privaten Sitzungen habe ich oft jemandem mehr oder weniger »Yin«- oder »Yang«-Energie oder »weibliche« oder »männliche« Energie verordnet. Wenn ein Mann oder eine Frau zu aggressiv, gewalttätig, herrschsüchtig, unruhig, gestresst, sexsüchtig ist, empfehle ich ihm oder ihr mehr Yin: Meditation, kreatives Schreiben, Musik, Gefühlsentspannung, Befriedung helfen, sich friedlicher und empfänglicher zu fühlen für die Geschenke des Lebens. Wenn ein Mann oder eine Frau durchsetzungsfähiger, dominanter, finanziell erfolgreicher oder sexuell attraktiv und aktiv sein muss, empfehle ich mehr Yang-Energie.

Leider erkennt das Mainstream-Denken die Yin-Yang-Energie nicht an. Wenn ich mit Menschen arbeite, die mit spirituellem Vokabular nicht vertraut sind, verwende ich daher wissenschaftlich anerkannte Begriffe, um dieselben Konzepte auszudrücken. Ich sage dann: »Es wäre gut, wenn du deinen Testosteronspiegel erhöhen/senken würdest.« Die Korrelation von Testosteron zu männlicher/weiblicher Energie ist nicht ganz genau, aber genau genug, um den Punkt zu treffen. Die Tatsache, dass ein hoher Testosteronspiegel nicht genau mit dem alten Konzept der Yang-Energie übereinstimmt, lässt sich daran erkennen, dass viele Frauen viel Yang und viele Männer viel Yin haben.

Laut der zeitgenössischen Wissenschaft korreliert Testosteron mit Selbstvertrauen, Gesundheit, sexueller Attraktivität und Erfolg, aber zu viel davon korreliert mit Aggression und Gewalt (und im weiteren Sinne mit Krieg).

Wenn du nachts in einem schlechten Teil der Stadt spazieren gehst, an einem Ort, an dem viele Menschen überfallen werden, und du jemanden auf dich zukommen siehst, was würde dich mehr beunruhigen: ein verheiratetes Paar, eine alleinstehende Frau oder einen alleinstehenden Mann? Wie die meisten Menschen hast du wahrscheinlich mit »einem einzelnen Mann« geantwortet. Frauen und Väter sind statistisch gesehen weitaus seltener kriminell oder gewalttätig. Die höchsten Kriminalitätsraten sind bei Teenagern und jungen Männern zu verzeichnen. Warum? Weil sie einen Überschuss an männlicher Energie haben. Um diese Energie von Gewalt abzulenken, müssten junge Männer Sport treiben. Ich bin sicher, dass in einer aufgeklärten Zivilisation internationale Konflikte und Kriege auf dem Sportplatz statt auf dem Schlachtfeld ausgetragen werden würden. Wenn deine Teenager-Kinder zu Aggressionen neigen, gib ihnen körperliche Aktivitäten.

Kürzlich fragte eine meiner Studentinnen: »Warum verliebe ich mich immer in solche Arschlöcher?« Sie meinte, dass jeder einzelne ihrer Freunde sie am Ende betrogen und verlassen hatte. Es ist eines der großen Klischees in der Geschichte der Menschheit, dass viele Frauen von Männern mit hohem Testosteronspiegel angezogen werden, aber dass diese weniger wahrscheinlich ihren Frauen treu bleiben, geschweige denn Kinder großziehen. Sie müsste sich daher Männer aussuchen, die nur ein bisschen »weicher« sind, oder versuchen »mitzumachen« und den energiereichen männlichen Freund zu beruhigen.

Ein junger männlicher Student von mir hatte Probleme mit seiner Frau, weil sie die gesamte Beziehung beherrschte. Sie hatte mehr »männliche« Energie als er. Ihre dominierende Art zeigte sich in vielen kleinen und einfachen Details des täglichen Lebens: Als sie ihn vor Familienmitgliedern verspottete, ihn jedes Mal auf den Kopf schlug, wenn er etwas »Falsches« sagte, wenn sie ihn ihre Handtasche tragen ließ, beim Einkaufen, als sie ihn beschimpfte, »kein Mann zu sein«, und so weiter. Die Lösung, die ihm half, war, ihm zu erklären, was ich in diesem Artikel erkläre: Sie war der »Mann« in der Beziehung, aber ihre hohen Yang-Energien machten sie aggressiv. Er musste aufhören zu akzeptieren, wie ein kleiner Junge in der Öffentlichkeit geschlagen zu werden, und seine eigenen männlichen Energien erhöhen. Er tat es und die Beziehung läuft jetzt reibungslos.

Zu viel Yang-Energie wird dich gewalttätig machen, aber nur ein paar Dosen mehr werden dir helfen, bei verschiedenen Unternehmungen erfolgreich zu sein. Mangel an Selbstvertrauen, Angst vor Entscheidungen und eine ganze Reihe von schüchternen Verhaltensweisen. Betrachte die Abbildung auf der nächsten Seite zum Beispiel:

Wenn ich Schüler mit zu viel Yin-Energie habe, die mehr materiellen Erfolg im Leben haben wollen, verschreibe ich normalerweise ein wenig körperliche Bewegung oder Fleisch- und Proteinessen oder sexuelle Erregung oder »harte« Musik oder ein paar tausend andere Dinge, die mehr Yang erzeugen. Wenn ich einen Schüler mit zu viel Yang-Energie habe und ihm helfen möchte, Spannungen und Ärger abzubauen, um mehr inneren Frieden und Mitgefühl zu finden, verschreibe ich sanfte Musik, mehr vegetarisches Essen und eine Vielzahl von Entspannungstechniken. Dies mag wie eine vereinfachte Sichtweise erscheinen, aber sie funktioniert. Manche Menschen brauchen mehr Weichheit, andere brauchen mehr Härte. Du kannst wie Wasser oder ein Stein sein. Natürlich gibt es andere Faktoren, die mit Erfolg oder Misserfolg verbunden sind - vor allem deine inneren Überzeugungen. Du kannst dir auch einfach männliche oder weibliche energiebezogene Dinge vorstellen, das würde bereits deine Schwingungen verändern. Wenn du dich seit Jahren in einem aggressiven Umfeld befindest, wirst du von einer Gemeinschaft leiser Menschen geheilt. Wenn du jahrelang in deiner Umgebung verwöhnt wurdest, wirst du von einer Community von Machern aufgeweckt. Was du dir vorstellst und mit wem du dich umgibst, prägt deinen Gesamtzustand.

Meiner Erfahrung nach ist der Idealzustand, wenn weibliche und männliche Energien ausgeglichen sind. Das heißt, du kannst entweder passiv oder aktiv, empfänglich oder durchsetzungsfähig, sanft oder stark, pflegend oder abenteuerlustig, fürsorglich oder selbstbewusst sein. Ein erleuchtetes Wesen kann alles sein und wird nicht durch Testosteronspiegel eingeschränkt, nicht durch die Wirkung von Hormonen und Chemikalien im Körper. Die undefinierte Natur des erleuchteten Selbst ermöglicht es einem, neue Selbstdefinitionen zu erstellen, wann immer die Situation dies erfordert. Der wichtige Punkt hierbei ist, den Unterschied zwischen männlicher und weiblicher Energie zu erkennen und sich dabei zu unterstützen, sie nach Bedarf zu reduzieren oder zu erhöhen.

Polarität und Leidenschaft von Energie

Fokussieren und loslassen. Einatmen und ausatmen. Arbeiten und entspannen. Sein und tun. Hart und weich. Geschlossen und offen. Unverändert und verändert. Tu es und tu es nicht. Das Bewusstsein ist flexibel und kann sich leicht verändern. Es versucht nicht, dies oder das zu sein, es kann beides sein. Du kannst leicht dieselbe Position einnehmen wie jemand anderes und du kannst leicht eine entgegengesetzte Position zu jemand anderem einnehmen. Viele Male, wenn ich gefragt wurde: »Fred, soll ich das ODER das tun?«, sagte ich: »Du kannst das UND das tun.« Zur gleichen Zeit oder zu verschiedenen Zeiten. Bewusst oder unbewusst.

Manche sagen: »Gegensätze ziehen sich an.« Andere sagen, Beziehungen funktionieren nur, wenn man viel gemeinsam hat. Auf den ersten Blick widersprechen sich diese beiden Vorstellungen. Sollte ich einen Partner wählen, mit dem ich viel gemeinsam habe, oder einen, der sich sehr von mir unterscheidet? Entgegengesetzte Energien erzeugen Leidenschaft und Spaß, können aber auch zu Spannungen zwischen Menschen führen. Gleich ausgerichtete Energien schaffen mehr Harmonie und Verständnis, aber manchmal fehlt das Feuer. Du löst das Dilemma, indem du weißt, dass beide Seiten wichtig sind, nicht die eine oder die andere wichtiger ist. Eine dauerhafte Beziehung kann nicht nur auf Leidenschaft beruhen. Sie wird schnell ausbrennen. Sie kann auch nicht nur auf Gemeinsamkeiten beruhen. Das wird langweilig. Ich würde vorschlagen, dass Partner viele gemeinsame Werte haben, aber dass ihre Energien unterschiedlich sind.

Die Elektrizität der Leidenschaft wird durch zwei verschiedene Energien erzeugt, die aufeinanderstoßen oder sich aneinander reiben. Im vorhergehenden Kapitel habe ich über männliche und weibliche Energien gesprochen, aber es können auch harte und weiche Energien sein, Energien aus zwei verschiedenen Kulturen, zwei verschiedenen Arbeitsbereichen, zwei verschiedenen sozialen Schichten, zwei verschiedenen Einstellungen - der

Kontrast ist aufregend. Wenn sich zwei Personen zu ähnlich sind, kann dies einige Zeit dauern, aber irgendwann wird der Kontrast nicht mehr ausreichen, um die Dinge dynamisch zu halten. Und wenn sie zu unterschiedlich sind, gibt es nicht genug Gemeinsamkeiten, um länger zusammen zu bleiben.

Daher sind sowohl Ausgewogenheit als auch Flexibilität wichtig. Beispielsweise kannst du entweder hart oder weich sein und bist nicht auf eine Rolle festgelegt. Du kannst konzentriert oder offen sein. Du kannst arbeiten oder dich entspannen. Viele bewusste Menschen neigen natürlich dazu, einen Kontrast zu erschaffen, wenn die Dinge auf die eine Seite eines Extrems gelangen. Wenn sich das Arbeitsumfeld zum Beispiel zu sehr entspannt, sind sie tendenziell fokussierter. Wenn das Arbeitsumfeld zu konzentriert wird, sind sie tendenziell entspannter. Wichtiger als die Energie, der Stil oder die Reaktionen, die du hast, ist die Fähigkeit, bewusst zu wechseln und flexibel zu sein. Ich könnte viele verschiedene Reaktionen auf jemanden haben, der mich kritisiert. Keine der vielen möglichen Antworten ist wichtiger als mein Energiezustand, während ich eine dieser Antworten abliefere, oder meine Fähigkeit, meinen Zustand zu verändern. Wenn sich jemand über das von mir geleistete Coaching ärgert, kann ich entweder sagen: »Okay, du kannst dein Geld zurückbekommen.« oder »Okay, lass uns weitermachen, bis du glücklich bist.« Welche dieser Antworten ist »richtig«? In einer flexiblen Denkweise geht es nicht darum, welche »richtig« ist. Jede dieser Antworten ist in Ordnung. Es geht mehr um deine Fähigkeit, eine dieser Antworten auszuwählen und damit einverstanden zu sein, anstatt nach einer »richtigen« Antwort zu suchen. Es geht um deinen inneren Zustand bei der Übermittlung der Antwort, nicht um die Antwort. Ein anderes Beispiel: Solltest du mehr oder weniger arbeiten? Wenn du verstanden hast, was bisher gesagt wurde, weißt du, dass dies eine bewusstseinsbegrenzende Frage ist. Nicht mehr zu arbeiten, ist in Ordnung. Mehr zu arbeiten, ist in Ordnung. In der Lage zu sein, die Art und Weise zu verändern, wie du jeden Tag arbeitest, ist ideal, wenn du mit mehr oder weniger zufrieden bist.

Nehmen wir als Beispiel die »harte« gegen die »weiche« Polarität: Ein harter Mann und eine weiche Frau kommen zusammen. Der harte-weich Kontrast schafft Leidenschaft. Aber dann, wenn sich der Mann verliebt, wird er weicher. Da die Frau bei der Arbeit mehr unter Druck steht, wird sie härter. Wenn sie mehr Zeit miteinander verbringen, synchronisieren sich ihre Energien auf natürliche Weise. Dann, mit der Zeit, passen ihre

Energien zusammen und ihre Leidenschaft wird für eine Weile verschwunden sein. Sie stützen sich also auf ihre Gemeinsamkeiten. Aber mit nur ein wenig Wissen über die Energiepolarität ist es möglich, die Aufregung der frühen Tage wieder aufleben zu lassen. Wenn zwei sehr unterschiedliche Komponenten kollidieren, entsteht eine Explosion und etwas Neues, das beide Polaritäten überschreitet, wird geboren. Andererseits kann zu viel Kontrast stressig werden und viel Aufmerksamkeit beanspruchen. In diesem Fall können Unterschiede »heruntergespielt« werden, um eine harmonischere Atmosphäre zu schaffen.

Energieflexibilität gilt auch für andere Bereiche. Ich habe die Notwendigkeit einer flexiblen Aufmerksamkeit hervorgehoben. Du kannst entweder die Aufmerksamkeit verstärken (erhärten), indem du dich ausschließlich auf eine Sache konzentrierst (dies macht dich mental stärker) oder deine Aufmerksamkeit weicher und offener machen, indem du dir vieler Dinge gleichzeitig bewusst wirst (dies macht dich mental ruhiger). Offene Aufmerksamkeit ist nicht mit verstreuter Aufmerksamkeit oder Multitasking zu verwechseln (bei dem versucht wird, viele Dinge auf einmal zu erfassen). Konzentrierte Aufmerksamkeit darf nicht mit starrer und angespannter Konzentration verwechselt werden. Es bedeutet, dass du dich auf alles einlassen kannst, was du tust. Während dies im Vergleich zu offener Aufmerksamkeit schwierig ist, ist es nicht so schwer, dass es Probleme verursachen würde. In der Gesellschaft gibt es ein Klischee, wonach Frauen mehr Aufgaben erledigen und Männer sich besser auf einen einzelnen Punkt konzentrieren können. Das Klischee ist zum Teil richtig, aber die sanfte Aufmerksamkeit ist eigentlich kein Multitasking im Sinne des Versuchs, alles auf einmal zu kontrollieren - das verbraucht Energie -, sondern sich des gesamten Kontexts bewusst zu sein. Die harte Energie dagegen taucht gezielt in etwas ein. Du - als bewusstes Wesen - solltest flexibel zwischen den verschiedenen Aufmerksamkeitsmodi wechseln können. Du kannst dies tun, indem du dir einfach bewusster darüber wirst, wie du deine Aufmerksamkeit einsetzt. Nicht nur, *worauf* du dich konzentrierst, sondern auch, *wie* du dich konzentrieren. Nicht nur, *was* du weißt, sondern auch, *wie* du weißt.

Erinnerst du dich, als du Fahrradfahren gelernt hast? Die meisten Menschen müssen sich zunächst mit dem Treten und dem Halten des Gleichgewichts befassen. Es würde ausreichen, die Aufmerksamkeit ohne Anspannung zu verstärken, aber wenn du Angst hast, wirst du dazu neigen, dich zu sehr zu versteifen, während du versuchst, das Gleichgewicht zu halten. Du wirst nichts in deiner Umgebung bemerken. Nicht deine Eltern, die dir helfen. Nicht die Sonne, die scheint. Nicht die anderen Kinder, die zuschauen. Wenn du jetzt ruhig bleiben könntest, während du deinen Fokus extrem »heranzoomst«, befindest du dich im harten und fokussierten Aufmerksamkeitsmodus, bist aber nicht starr. Es wird nur dann starr (und energieabbauend), wenn du dir Sorgen machst. Während du übst, öffnet sich deine Aufmerksamkeit allmählich. Möglicherweise wirst du auf den Rest des Fahrrads aufmerksam. Auf die Straße, den Geruch von Bäumen in der Luft. Dein Bewusstsein ist jetzt offen und das ist eine angenehme Erfahrung. Offene Aufmerksamkeit wird nur dann zu einem Energieverbrauch, wenn du dir Sorgen über diese anderen Dinge machst, die dir bewusst sind: Sorgen darüber, was die zuschauenden Kinder über dich denken, Sorgen über Unebenheiten auf der Straße. Konzentriert oder offen zu sein, kann sowohl stressig als auch anstrengend oder angenehm und anregend sein. Du kannst entweder hart oder weich sein, arbeiten oder entspannt, aufgeregt oder ruhig, aber jeder dieser Zustände kann entweder Energie verschwenden oder Energie erzeugen.

Übung: Hänge irgendwo eine Notiz mit der Frage »Wie bewusst bin ich?« auf oder stelle dir die Frage mehrmals im Laufe des Tages. Du wirst feststellen, dass deine Aufmerksamkeit in den meisten Fällen zu starr ist und du dich entspannen und ein wenig öffnen kannst. Aber manchmal wirst du feststellen, dass die Aufmerksamkeit zu unspezifisch ist und du dich ein wenig mehr konzentrieren kannst. Nehmen wir zum Beispiel an, du hast ein paar Kinder, die sich beschweren und weinen. Du fragst dich: "Wie bewusst bin ich mir dessen?" Du bemerkst sofort, dass du besorgt/starr bist und dich beruhigst. Die Spannung der Augenmuskeln lässt nach. Jetzt kannst du leichter mit den Kindern umgehen. Oder du bemerkst, wie du eine E-Mail von jemandem, die du erhalten hast, nur halbherzig beantwortest. Du fragst dich: „Wie bewusst bin ich mir dessen?“ und stellst fest, dass du dieser E-Mail nicht den Fokus gibst, den sie verdient. So steigerst du deine Aufmerksamkeit und investierst ein wenig mehr in sie.

Später siehst du deinen Partner. Wenn du dich auf der Herz-zu-Herz-Ebene verbinden möchtest, passe die Energie an, die er/sie hat. Wenn du Leidenschaft wecken willst, widersetze dich absichtlich der Energie, die er/sie hat (dies hat nichts damit zu tun, einen Kampf zu schüren, ich beziehe mich auf Energie, nicht notwendigerweise auf Dinge, die du sagst oder tust).

Erwarte nicht, dass du dich daran gewöhnst, indem du das einfach nur liest. Es kommt alles mit Übung und Erfahrung.

Ein flexibler Mensch sollte in der Lage sein, Energien wie Begehren oder Widerstand, Bewunderung oder Abneigung nach Belieben fließen zu lassen.

Das Bewundern negativer Dinge neutralisiert sie (von positiv nach negativ).

Bewundern von positiven Dingen stärkt sie (positiv zu positiv.)

Das Widerstehen gegen positive Dinge neutralisiert sie (von negativ nach positiv).

Sich negativen Dingen zu widersetzen, stärkt sie (von negativ zu negativ).

Einige Beispiele:

- Dein Geschäftspartner zankt und beschwert sich ständig. Du verbringst also einige Zeit damit, ihn zu bewundern, seine Werke zu bewundern, zu bewundern, was er sagt, verbal und nonverbal. Sein Widerstand löst sich auf. In diesem Fall hast du etwas Negatives bewundert und es hat sich aufgelöst.
- Du hast jemanden kennengelernt und bewunderst ihn wie verrückt. Aber dann, Jahre später, sind die Schmetterlinge verflogen und es fühlt sich wie abgestanden an. Also, wenn du deine Gefühle für den Partner neu entfachen möchtest, gehst du wieder zurück, um sie wie verrückt zu bewundern, suchst Dinge, um sie zu bewundern, Bewunderung Tag und Nacht fließt. In diesem Fall hast du etwas Positives bewundert und es hat zugenommen.
- Du bemerkst, dass du sexsüchtig bist. Du denkst die ganze Zeit an Sex. Also sende etwas Widerstand dagegen. Du denkst darüber nach, wie es dich langweilt, du magst es nicht, es verschwendet Energie, es ekelt dich an. Bald neutralisiert die wünschenswerte Energie etwas und reduziert deine Beschäftigung mit dem Thema. In diesem Fall hast du dich gegen etwas, das als positiv angesehen wird, gewehrt und eine Sucht ausgelöst.

Wenn du dich einer bestimmten Art von Person widersetzen, wird diese Person in deinem Leben weiterhin in verschiedenen Erscheinungsformen auftreten. Sobald du deine Beschäftigung mit dieser Person auflöst, wird sie nicht mehr auftauchen. Völliger »Nicht-Widerstand« entfernt dich von der Welt und bringt dich auf eine höhere Bewusstseinsebene. Aber wenn du in dieser Welt mitspielen willst, musst du hier und da etwas Reibung und Widerstand, etwas Konkurrenz aufrechterhalten.

Die meisten großen Institutionen der Welt könnten ohne einen Gegner nicht existieren. Sie haben Schwierigkeiten, ein Gefühl von Identität oder Energie aufrechtzuerhalten, ohne sich an einer Art »Feind« zu reiben. Auf einer mittleren Bewusstseinsebene ist das Fehlen von Wettbewerb, das Fehlen einer Herausforderung, das Fehlen eines »Feindes« tödlich. Höheres Bewusstsein kann ein Gefühl für sich selbst aufrechterhalten, ohne andere zu stürzen. In den unteren Regionen ist dies jedoch nicht der Fall. Du kannst dich also genauso gut daran gewöhnen. Jede mittelgroße Institution auf der Erde erschafft unbewusst ihren eigenen Feind (manche tun es bewusst). Du kannst sehen, wie eine Organisation, eine Religion, eine politische Partei, eine Gruppe, ein Kult oder was auch immer die »Bedrohung« von der »anderen Seite« ständig überspitzt, um ihre Existenz zu rechtfertigen. Politische Wahlen sind eines der besten Beispiele für dieses Spiel. Eine Partei lässt die andere Partei wie das ultimative Böse und sich selbst wie das ultimative Gute aussehen. Je übertriebener dies ist, desto schwächer sind die tatsächlichen Positionen. Die kleinsten Hunde bellen am lautesten. Diejenigen mit echter Kraft machen im Hintergrund überhaupt keinen Lärm. Sie brauchen keinen Gegner. Kein Drama. Keine Verleumdung. Sie können auch nicht angegriffen werden, weil sie niemand kennt.

Übertrage dies auf ein praktisches Alltagsniveau: Mit dem Ziel eines höheren Bewusstseins möchtest du Reibung, Konflikte und Widerstände reduzieren. Aber solange du auf der Erde lebst und mit der Energie dieses Planeten umgehen musst, wirst du nur ein wenig von der Fähigkeit anwenden wollen, Widerstand und Reibung zu erzeugen. Nicht als automatische, unbewusste Reaktion, sondern bewusst. Ein Meister der Realität befindet sich in einem Zustand höchster Flexibilität. Sie oder er kann weich oder hart, widerstandsfähig oder begehrenswert sein, bewundernd oder nachtragend, kühl oder heiß, aufwärts oder abwärts, links oder rechts, rücksichtsvoll oder ablehnend ... nach Belieben, spontan und den gegenwärtigen Situationen angemessen.

Forscher des Bewusstseins

»Ich lese nur Bücher über das Bewusstsein«, erzählen mir einige Leute. »Aber warum?«, frage ich normalerweise. »Alles ist Bewusstsein! Deshalb ist alles, was man erforscht, im Wesentlichen Bewusstsein.« Jede Realität offenbart ihre Magie, wenn man genau hinsieht. Egal, ob du dich mit Sport, Poesie, Geopolitik oder etwas anderem beschäftigst, du betrachtest das Bewusstsein in Aktion. Warum beschränkst du dich auf nur einen Aspekt von Allem, was soll das? Bewusstsein umfasst alles - alles, was man sehen, fühlen, tun und erfahren kann, ist Bewusstsein. Der Schöpfer davon ist das Bewusstsein. Der Erlebende davon ist das Bewusstsein. Vielleicht kannst du meine Begeisterung für das Bewusstsein spüren.

»Ich möchte dorthin gehen, wo es keine Grenzen gibt«, erzählen mir andere. »Aber warum?«, frage ich normalerweise. »Warum nicht an einen Ort gehen, der weder Grenzen noch Unbegrenztheiten, weder Limits noch Unlimitiertes hat?« Das Konzept der »Unbegrenztheit« ist immer noch insofern begrenzt, als es das Konzept der »Grenzen« in erster Linie dualistisch erzeugt.

»Seit ich Atheist geworden bin, fühle ich mich frei«, sagte mir kürzlich jemand. »Seit ich dieser religiösen Gruppe beigetreten bin, fühle ich mich frei«, sagte mir ein anderer. Diese Kommentare kamen mir komisch vor, weil mir diese Dinge in der gleichen Woche von zwei verschiedenen Leuten erzählt wurden. »Seit ich diese Kräuter nehme, geht es mir besser«, wurde mir gesagt. In diesen besonderen Fällen hatte das Gefühl für neue Freiheit wenig mit der neuen Philosophie oder den neuen Substanzen zu tun, sondern alles damit, das Bewusstsein zu verändern und altes Gepäck loszulassen. Wenn der Atheist Gott mit einem Haufen Schuld und Schmerz in Verbindung brachte, ist klar, warum er sich frei fühlte, als er das losließ. Und wenn der andere Atheismus mit existenzieller Leere in Verbindung brachte, ist klar, warum er sich frei fühlte, als er seine Religion gefunden hatte. Die eigentliche Freiheit besteht jedoch darin, in verschiedene Realitäten eintreten oder aus ihnen austreten zu können, etwas anzuhalten oder zu beginnen, sich zu bewegen oder still zu stehen, dies oder das zu sein und manchmal beides gleichzeitig.

»Ich möchte mich der Realität sicher fühlen«, sagte mir kürzlich jemand. »Aber warum?«, fragte ich. »Macht es nicht viel mehr Spaß, wenn einige Dinge ungewiss sind?«

»Ich möchte die Ungewissheit der Realität akzeptieren«, sagte mir kürzlich jemand. »Aber warum?«, fragte ich. »Gibt es dir nicht viel mehr Macht, wenn einige Dinge sicher sind?«

Der Geist genießt es, eine Reihe von Grenzen zu erschaffen, innerhalb derer er arbeiten kann. Das Bewusstsein kennt jedoch keine Grenzen. Seine undefinierbare Natur ermöglicht eine Vielzahl von Definitionen. Es liebt das Paradoxon und kann mühelos verschiedene Blickwinkel und Ebenen der Wahrheit einnehmen.

Lass alle Sorgen los und du hörst auf, ein Suchender zu sein. Du wirst dann ein Entdecker. Bewusstsein wird immer erschaffen und erforschen. Du wirst dann immer suchen, immer interessiert sein, immer lernen. Alles Belebte und Unbelebte wird zum Gegenstand der Faszination, zum Gegenstand der Bewusstseinsanwendung. Was passiert gerade in deiner Umgebung, ohne irgendwelche Sorgen um die Welt? Auf welchem Boden stehen deine Füße? Spürst du, was unter deinen Füßen ist? Was macht dein Körper? Was ist die Erde draußen? Wie ist sie entstanden? Aus welchem Material besteht der Boden, auf dem du stehst? Wie ist die Lufttemperatur und Konsistenz? Kannst du sehen, wie alles, was belebt und unbelebt ist, pulsiert und lebt? Kannst du fühlen, wie die Erde vibriert, und die Wellen der Energie in der Luft sehen? Bemerkst du die Leute um dich herum? Was sind ihre Geschichten? Welche Geschichten erschaffen sie in ihrem Kopf, die ihre Welt erschaffen? Wie lange kannst du die vorbeiziehenden Menschenmengen beobachten? Wie lange kannst du etwas beobachten? Welche sich wiederholenden Muster bemerkst du? Welche Verbindungen knüpfst du? Was riechst du? Geschmack? Berührung? Gefühl? Sehen? Hören? Was kannst du noch von dem, was gerade passiert, wahrnehmen? Kannst du Dinge bis zu ihrer Quelle zurückverfolgen? Kannst du mit dem interagieren, was gerade passiert? Welche Spiele werden gespielt? An welchen Spielen bist du beteiligt und nimmst du nicht teil? Es ist deine Wahl.

Dem Weltbewusstsein ist das alles egal. Es geht ihm nur darum zu berechnen, wie Unannehmlichkeiten vermieden werden können. Die Komfortzone der meisten Menschen jedoch erstreckt sich nicht über die eigenen vier Wände und das zugehörige Fernsehgerät hinaus.

Bewusstsein als Entdecker ist, wie ein Reisender zu sein. Das Bewusstsein als Schöpfer ist wie das eines Touristen. Ein Reisender sieht, was er sieht. Ein Tourist sieht, was er sehen will. Das Bewusstsein des Forschers ist unbegrenzt. Das Schöpferbewusstsein begrenzt die Häufigkeit auf eine bevorzugte Erfahrung. Beide Betriebsarten machen Spaß.

Gute Lehrer sind ein wenig gefährlich

Oft werde ich gefragt, wer meine Lehrer sind, und oft werden Bücher von verschiedenen Trainern zur Selbstentwicklung und spiritueller Gurus empfohlen. Ich danke ihnen höflich, aber die meiste Zeit interessiere ich mich nicht für zeitgenössische New Age- und Motivationslehrer. Warum?

Weil sie zu sicher, vorhersehbar, zu nett und zu langweilig sind. Einige meiner Lieblingslehrer – Jesus Christus, Buddha, Krishna, Castaneda zum Beispiel – versorgten die Komfortzonen der Menschen nicht. Sie waren manchmal radikal, überraschend, unangenehm, herausfordernd, verrückt. Wenn man über ihr Leben liest, bemerkt man, dass sie nicht immer die freundlichen, kuscheligen und entgegenkommenden Onkel waren, die sie in der Populärkultur darstellen.

Don Juan (Castaneda) führte, um die Rauchgewohnheit eines Schülers ohne Vorwarnung zu brechen, diesen für eine mehrtägige Wanderung in die Wüste, weit weg von der Zivilisation. Als er endlich in einer Stadt ankam, war er erschöpft und hungrig, aber frei von der Sucht. Leider würden die meisten Leute heutzutage wahrscheinlich ihren Lehrer verklagen, wenn er oder sie versuchen würde, so etwas durchzuziehen.

Richard Bandler (der Gründer von NLP) besuchte einmal eine psychiatrische Klinik, in der ein Mann behauptete, Jesus zu sein. Um ihn von dem Leiden zu heilen, begann Bandler, ein Kreuz zu bauen, um ihn daran festzunageln. Er inszenierte ein dramatisches Szenario direkt vor dem Patienten, einschließlich der Menschen, die ihn anfeuerten, ans Kreuz genagelt zu werden. Plötzlich wurde der Mensch von seiner Täuschung »geheilt« und gab schnell die Behauptung auf, Jesus zu sein. Ich habe noch nie einen zertifizierten NLP-Trainer der neuesten Generation gesehen, der auf so intensive Methoden zurückgegriffen hat. Stattdessen werden sie vor Gruppen von Komfortzonlern Vorlesungen auf einem Flipchart abhalten.

Jesus nannte seine Jünger regelmäßig »Dummköpfe« und »schwache Menschen mit geringem Glauben«. Einmal betrat er einen Tempel, in dem Kaufleute ihr Lager errichtet hatten, und warf sie mit Gewalt aus dem Tempel, wobei viele ihrer Güter zerstört wurden, um seinen Standpunkt darzulegen (einer von mehreren Punkten bestand darin, einen Tempel nicht zu entweihen, indem man ihn dadurch entweihte, dass man ihn in einen Markt verwandelt). Wenn ein moderner »spiritueller Lehrer« dies versuchen würde, würde er wahrscheinlich wegen zivilen Ungehorsams inhaftiert werden.

Es kann für ihn sehr beunruhigend sein, einen Schüler zu bitten, aus seinem Schlaf zu erwachen, aus seiner Hypnose zu erwachen, **unverschämte** und **mutige** Dinge mit seinem Leben zu tun. Wenn ich zu einem Vortrag von Deepak Chopra oder tausenden von ähnlichen modernen Geist-Seele-Körper-Lehrern gehe, bin ich in keiner Weise verunsichert. Das soll nicht heißen, dass diese Lehrer nicht großartig für ein anderes Segment der Gesellschaft sind, aber sie sind sicherlich keine Gefahr für den Status quo. Aber wenn du nur daran interessiert bist, den Status Quo beizubehalten, dann bist du nicht so sehr an **Veränderungen** interessiert.

Das Weltbewusstsein/Ego liebt es, in seiner Komfortzone zu wohnen, sich jederzeit wohl und bequem zu fühlen und intellektuell korrekt und überlegen zu sein. Diese Hybris zu brechen, kann höchst beunruhigend sein. Viele Menschen behaupten, dass sie sich entwickeln möchten, dass sie die Bewusstseinsebenen verbessern möchten, dass sie wesentlich mehr Erfolg im Leben haben möchten, aber wenn sie nur ein wenig getestet oder herausgefordert werden, wehren sie sich schnell und ziehen sich zurück, ohne wirklich so viel **Veränderung** zu wollen.

Als Lehrer, Heiler, Vermittler oder Trainer in irgendeinem Beruf ist es manchmal notwendig, das Unerwartete oder Radikale anzuwenden, um jemanden zu mehr Bewusstsein zu bewegen. Natürlich darf ein solches Verhalten nicht zur Norm werden, sonst wird es nur ein weiteres protziges Gimmick. Wenn sich jemand immer verrückt verhält, ist er nicht mehr verrückt. Das Hauptziel eines guten Lehrers sollte jedoch nicht darin bestehen, dass sich die Schüler wohlfühlen, sondern dass sie dabei unterstützt werden, ihre größten Ängste, Sorgen, Träume und Bestrebungen in den Griff zu bekommen. Wenn man sich zu wohlfühlt, verliert man das Interesse an der Entwicklung.

Negativität ausnutzen

Vor ungefähr fünfzehn Jahren gab es eine Phase, in der ein Haufen unerwünschter Anrufer mich zu Hause kontaktierte. Es war ein Punkt erreicht, an dem das Telefon mehrmals am Tag klingelte. Ich habe daraufhin meine eigene kostenpflichtige Telefonnummer eingerichtet, zu der ich alle Anrufe umgeleitet habe. Es erforderte ein wenig Recherche, aber ich schaffte es bald, alle von meiner Privatnummer auf diese Nummer umzuleiten. Es war in Ordnung, meine Privatnummer dafür zu verlieren, weil mich die für mich wichtigen Menschen auf meinem Handy anriefen, nicht mehr auf meinem Festnetz. Die Summe der monatlichen Anrufe brachte mir im ersten Monat einen Gewinn von 25 US-Dollar ein. Das ist natürlich nicht viel. Aber das Thema hatte sich von einer nervigen Unterbrechung zu einer völlig willkommenen geändert. Bald gab ich meine Nummer bei jeder Gelegenheit auf allen möglichen öffentlichen Fragebögen, Gewinnspielen, an Betrüger usw. weiter! Auf dem Höhepunkt machte ich monatlich rund 40 US-Dollar mit »unerwünschten« Telefonanrufen. Ich bin mir sicher, hätte ich dies als Karriere verfolgt, hätte es sicherlich eine Möglichkeit gegeben, tausende von Dollar pro Monat zu verdienen.

Es geht mir natürlich darum, eine der wichtigsten Lektionen der Reality Creation zu veranschaulichen: Dass du kein Opfer bist und dass du von allem »Negativen« Gebrauch machen kannst, das auf dich zukommt. Anstatt dich vom Negativen ausnutzen zu lassen, nutzt du das Negative aus.

Die »normale« Reaktion auf Belästigung durch Anrufer wäre wahrscheinlich ein »Warum ich?« oder »Ich habe es satt!« oder »Das ist unfair!« Dies sind die seit Generationen überlieferten Standard-Bewusstseinsmodi für Opfer an die nächste Generation. Ohne Opferbewusstsein sehen negative Ereignisse, Herausforderungen und Situationen anders aus. Sie sehen aus wie Möglichkeiten. Jedes »Problem« wird als Chance gesehen zu wachsen, zu lernen, Spaß zu haben oder Geld zu verdienen. Die Schlüsselfrage dieser Haltung ist:

»Wie kann es mir dienen?«

Vor Kurzem wurde ich am Flughafen in Tel Aviv durchsucht. Die israelischen Behörden stellten fest, dass mein Pass in nur wenigen Monaten Reisen in mehr als ein Dutzend Länder beinhaltete – was in ihren Augen verständlicherweise verdächtig war. Mein Reisepass wurde im Jahr 2014 ausgestellt und es gab Stempel darin von den USA, Deutschland, Polen, Großbritannien, Algerien, Marokko, Saudi-Arabien, Kuwait, Katar, Jordanien, Kanada, Italien und den Vereinigten Arabischen Emiraten. Nachdem ich meinen Reisepass vorgelegt hatte, wurde ich aus dem regulären Prüfprozess genommen und für eine Stunde vom Sicherheitspersonal eingesperrt. Sie verhörten mich und ließen mich meine Kleider ausziehen, um jeden Zentimeter meiner Kleidung auf Schießpulver, Geheimfächer oder was auch immer ihre vorsichtigen Gedanken suchten zu untersuchen.

Da ich kein Opfertyp bin, habe ich die ganze »Tortur« außerhalb der üblichen Flughafenroutine ein wenig genossen. Ich wurde für besondere Aufmerksamkeiten auserwählt und hatte das Privileg, mich eine ganze Stunde lang wie ein Geheimagent zu fühlen (oder was auch immer sie dachten, dass ich es wäre). Ich hatte die Gelegenheit, einen Einblick in die Befragungstechniken zu bekommen (eine der interessantesten war, als sich fünf Leute mit Schnellfeuerfragen auf mich gestürzt haben, um mich einzuschüchtern). Ich bekam einen kostenlosen Crashkurs in Flughafensicherheit! Ganz zu schweigen davon, dass die meisten dieser Agenten attraktive Frauen waren. Was für einen Opfertyp traumatisch gewesen wäre, der darüber in einem einsamen Internet-Talk-Forum gewütet und getobt hätte, hat mir Spaß gemacht. Warum? Da die Aufmerksamkeit nicht auf ein Problem gerichtet war wie den Druck, meinen Flug zu erwischen, oder die Angst, durchsucht zu werden, war die Aufmerksamkeit offen und frei. Das Sicherheitspersonal war für mich nicht hartnäckig und unheimlich, sondern wirkte amüsant und ahnungslos.

Ich habe einigen diese Geschichte erzählt und sie bestanden darauf, dass ich mit dem, was passiert war, nicht einverstanden sein solle. »Das tut mir ja so leid, Fred! Oh mein Gott, das ist wirklich schrecklich!«, aber ich sagte nur, es hätte mir Spaß gemacht. »Es tut mir so leid, dass du dies durchmachen musstest.« Hallo! Ich sagte, es sei interessant gewesen! Aber viele Menschen sind so voller Opfergedanken, dass sie sich nicht einmal vorstellen können, dass eine solche Erfahrung interessant sein könnte. Oder die Belästigung durch Anrufer zu einem Gewinn werden könnte. Oder Millionen von anderen Dingen, denen Menschen zum Opfer fallen. Die Praxis, die ich hier vorschlage, ist: Alles, was das Universum vor deine Haustür bringt, als Segen betrachten, denn nichts ist der höheren Bestimmung des Universums fremd.

Verstehe mich nicht falsch – ich bin nicht so naiv, die Nachteile oder die Negativität in Dingen nicht zu sehen. Alles hat Vor- und Nachteile. Jede Arbeit, Beziehung oder Situation hat Vor- und Nachteile. Lass dich nicht täuschen. Alles, was du für gut hältst, hat Nachteile. Alles, was du für schlecht hältst, hat Nachteile. **Ich sehe jedoch in allem zuerst den Vorteil**. Wenn etwas Schlimmes passiert, suche ich sofort nach dem Vorteil, der »Auszahlung«, dem offenen oder verborgenen Nutzen für mich selbst, andere oder das Leben im Allgemeinen. Probiere es aus und du wirst dich nicht nur viel besser fühlen, sondern auch von vermeintlich Negativem profitieren. Jemand vom Sicherheitspersonal des Flughafens, der mich festgenommen hatte, fand heraus, was ich eigentlich beruflich mache. Sie begannen daraufhin, sich dafür zu interessieren. Wir haben uns unterhalten. Sie haben meine Website auf ihren Handys mit einem Lesezeichen versehen. Ich kann sagen, dass ich einige von ihnen eines Tages in einem meiner Seminare sehen werde.

Menschliches Wellenreiten

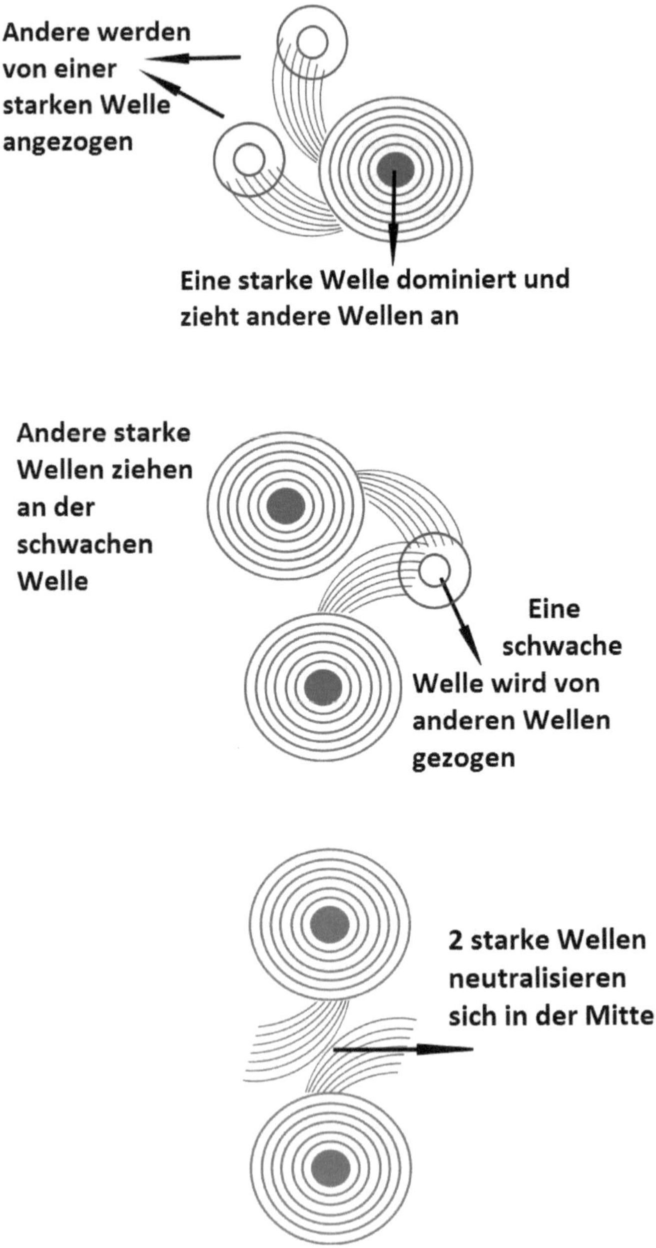

Menschliches Wellenreiten

Eine Übung aus meinen Seminaren sieht so aus: Zwei Leute sitzen sich gegenüber. Person A strahlt entweder die starke Emotion des Hasses oder die starke Emotion der Liebe gegenüber der anderen Person aus, ohne den Gesichtsausdruck zu verändern oder einen Hinweis auf ihre Gefühle zu geben. Person B muss »erraten« (fühlen!), um welche Emotion es sich handelt.

Während der Übung haben viele die Emotionen als »Wellen« bezeichnet. Sie sagen: »Ich fühlte eine Welle des Hasses« oder »eine Welle der Liebe«. Dies wird sowohl von Sendern als auch von Empfängern bemerkt. Meiner Meinung nach liegt das daran, dass Energie tatsächlich als Welle, nicht als gerade Linie, nicht als Kugel, nicht als Energietasche und nicht einmal unbedingt als Vibration übertragen wird. Wenn du jemandem eine starke Emotion sendest, kann er diese spüren. Es ist wie eine wellenförmige Auf- und Abbewegung, die sich normalerweise von deiner Brust oder deinem Solarplexus aus erstreckt. Du kannst auch die Wellenqualität der Energie bei der sexuellen Erregung spüren. Wenn du sehr bewusst bist, kannst du sogar die sexuellen Wellen deines Partners spüren.

Alles fließt in Wellen und Wogen von Energie. Wenn ich deine Persönlichkeit, deine Gefühle und Absichten betrachten will, stelle ich sie mir als Wellen vor, die von deinem Zentrum nach außen fließen und deine Umgebung und die Menschen darin beeinflussen. Ebenso haben andere Wellen einen gewissen Einfluss auf dich.

Wenn ich fest entschlossen bin, wirken sich die positiven oder negativen Wellen anderer Menschen so gut wie nicht auf mich aus. Dann ziehen sie meine dominante Welle entlang und folgen meiner Führung (siehe Bild 1). Zu anderen Zeiten habe ich keine besondere Absicht, keinen besonderen Fokus und treffe keine Entscheidungen. In einem solchen Zustand gehe ich einfach mit, was auch immer jemand anderes entscheidet. Meine Welle wird von anderen stärkeren Wellen mitgerissen (siehe Bild 1). Ein einfaches Beispiel: Wenn es mir egal ist, was ich heute tun soll, stimme ich einfach mit meinem Partner, Freund, Kunden, E-Mail-Postfach usw. überein. Das bedeutet, dass ich eine ziemlich schwache Welle habe und von den Wellen anderer Leute mitgerissen werde, wenn sie stärker sind. Daran ist nichts auszusetzen. Es macht mir Spaß loszulassen und andere die Richtung meiner Aufmerksamkeit und meines Handelns bestimmen zu lassen. Aber ich darf nicht zulassen, dass dies außer Kontrolle gerät. Wenn mir immer meine eigene Energie, Begeisterung, Leidenschaft, Initiative fehlt, kann es problematisch werden, wenn ich dann einfach von anderen dominanteren Wellen hin und her gefegt werde. Nachdem ich mein starkes Zentrum verloren habe, bestimmen andere Absichten mein »Schicksal«.

Manchmal kollidieren zwei fast gleich starke Persönlichkeiten oder Absichten. Wenn sie kompatibel sind und es keine Unsicherheit gibt oder keine Notwendigkeit besteht, die andere Welle niederzuschlagen, neutralisiert sich der Energiemix entweder gegenseitig oder er bildet eine dritte Welle, die eine Mischung aus den ersten beiden ist. Wenn Unsicherheiten oder inkompatible Absichten vorliegen, kann es zu Konflikten zwischen den beiden starken Wellen kommen, es sei denn, sie verlassen sich gegenseitig. Andernfalls werden sie eine starke Bindung eingehen, die sich als Liebesbeziehung, Geschäftsunternehmen oder etwas anderes ausdrücken kann.

Wir alle laufen herum, senden Bewusstseinseinheiten (Seele, Geist, Energie) aus und die Wellen, die wir aussenden (durch unser Sein, Fühlen, Sprechen, Denken und Handeln), wirken sich auf alles um uns herum aus. Unsere Kernidentität ist unsere Signaturwelle, die alle unsere Nebenwellen beeinflusst. Die zwei stärksten unserer »kleinen Wellen« sind unsere Überzeugungen über das Leben und unsere Absichten.

Dein Kerngeist ist keine Welle, sondern ein relativ stabiler Energieimpuls. Stelle dir das so vor: Wenn du einen Stein in den See fallen lässt, entstehen Wellen über Wellen. Dein Kerngeist ist der Stein. Deine Absichten sind mehrere kleinere Kieselsteine. Aus diesem Grund hat eine Veränderung Deiner Kernidentität eine größere Auswirkung als eine Veränderung Deiner Gedanken, Überzeugungen und Absichten. Aber anstatt wie ein Stein zu sein, ist deine Kernenergie eher wie ein Funksender, der ständig starke und schwache Wellen nach außen sendet. Starke und schwache Wellen sollten hier nicht mit »gut und schlecht« gleichgesetzt werden. Es ist nicht immer angebracht, starke und dominante Wellen auszusenden, insbesondere wenn du mit anderen interagierst. Anders ausgedrückt: Es gibt Zeiten, in denen man aktiv und aufgeschlossen ist, und Zeiten, in denen man passiv und entspannt ist. Wer die Realität gemeistert hat, kann jede Frequenz nach Belieben ausstrahlen, erhöhen oder verringern.

Eine der wichtigsten Erkenntnisse, die ein Mensch machen kann, ist, dass die größten Herausforderungen nicht von den Wellen anderer Menschen ausgehen, sondern von den eigenen. Ein Beispiel: Wenn deine Absichten (Kieselsteine) nicht zu deinem Kerngeist (Stein) passen, erzeugst du chaotische Wellen. Es ist so, als würde man das Auto mit angezogener Handbremse fahren oder ein Instrument spielen, das nicht zum Rest des Songs passt. Wenn du eine Übereinstimmung zwischen deiner Persönlichkeit, deinen Werten, deinen Überzeugungen und Gedanken, deinen Worten und Handlungen herstellst und diese kongruent machst, ist deine Welle stark und schön. Was du dann ausstrahlst, ist ohne Dissonanz.

Ehrlich gesagt, strahlt alles eine eigene Welle aus. Energiewellen werden von allem abgegeben, was existiert. Während nicht alles, was existiert, einen kreativen Kerngeist hat, hat alles sein eigenes rudimentäres Bewusstsein. Das Bewusstsein ist in der Lage, sich mit allem zu identifizieren. Es könnte tausende von Jahre als Fels existieren, dann den Fels verlassen und als Zelle, Wurm, Delphin, Alien, Roboter oder Maschine existieren. Ich denke nicht unbedingt, dass eine solche Inkarnation ein glückliches Leben wäre. Schließlich würde es nicht viel Bewusstsein erfordern, über tausende von Jahren ein Fels zu sein. Aber ich denke, es ist möglich. Ich denke, dass alles Energie hat, wenn nicht volles Bewusstsein.

Ich weiß, mein Auto hat Energie und vielleicht sogar eine Persönlichkeit. Vor Kurzem konnte es nicht gestartet werden. Ich ließ es zu einem Mechaniker abschleppen und er sagte mir, dass die Batterie und die Lichtmaschine kaputt seien und ich sie reparieren müsse. Anstatt es sofort zu reparieren, habe ich mich dazu entschlossen, eine zweite Meinung in einer anderen Werkstatt einzuholen. Ich ließ das Auto von einem Mechaniker starten, damit ich es zum anderen Geschäft fahren konnte. Auf dem Weg dorthin blieb ich am Straßenrand stehen, um mit dem Auto zu plaudern. Anstatt das Auto laufen zu lassen, schaltete ich es in vollem Vertrauen ab, damit ich es wieder starten konnte. Also fing ich an, das Auto zu streicheln und zu fragen, was an ihm falsch wäre. Ich sagte dem Auto, dass es mir gefällt und dass es zuverlässig ist und Spaß macht, es zu fahren. Dann habe ich den Zündschlüssel gedreht … und es sprang sofort an! Trotzdem fuhr ich für eine zweite Meinung in die andere Werkstatt. Der Typ dort untersuchte den Motor und sagte: »Warum glauben Sie, dass Batterie und Lichtmaschine kaputt sind? Es sieht gut aus für mich.« Ich bekam das Auto nach einer Stunde zurück und erfuhr, dass nichts daran kaputt war, Ende der Geschichte.

Diese Dinge sind in meinem Leben alltäglich. Ich habe dies erfolgreich mit Computern, Fernsehgeräten, Staubsaugern und sogar zur Wiederbelebung sterbender Pflanzen oder zur Reparatur defekter Verkehrszeichen durchgeführt. Was für die meisten Leute wie Fiktion klingt, ist für mich normal, weil ich glaube, dass alles Energie ist. Und wenn alles Energie ist, muss es eine Möglichkeit geben, mit ihr zu kommunizieren und sie zu harmonisieren.

Aber wenn du anfängst, mit deinem Auto zu sprechen, und es nicht funktioniert, warum könnte das so sein? Das liegt daran, dass deine Welle in dieser Hinsicht nicht so stark ist wie meine. Ich habe mich in den letzten achtundzwanzig Jahren daran gewöhnt, Dinge durch Absicht zu reparieren. Meine Welle bei solchen Probleme ist so stark geworden, dass nur ein einfacher Chat mit meinem Auto das Problem beheben kann. Wenn du ein guter Arzt bist, kann deine bloße Anwesenheit einen Patienten heilen. Wenn du Liebeskummer hast, werden deine Energiewellen des Verlusts sogar Haustiere dazu bringen, dich zu meiden.

Die Kunst, starke und schöne Wellen zu leben und zu produzieren, besteht darin, sich klar darüber zu werden, wer man ist und was man mag oder will und dies dann konsequent zu tun. Diese Konsequenz sollte nicht zu Inflexibilität und Sturheit führen. Eine Welle, die zu Eis wird, bricht leicht. Versuche nicht, externe Wellen zu kontrollieren, sondern den Kern der Wellen - dein inneres Selbst und das Bild, das du von dir selbst hast. Wenn jemand anderes eine schöne Welle anbietet, surfe eine Weile mit, aber verliere dich nicht darin. Du kannst jede Person, jedes Hobby oder jede Gruppe schätzen, ohne deinen eigenen inneren Kompass darüber zu verlieren. Am wichtigsten ist, dass du weißt, dass die Wellen, die du aussendest, der Art der Wellen entsprechen, die du zurückerhältst. Wenn du geliebt werden willst, liebe zuerst. Für das Bewusstsein.

Die Kraft des Paradoxons

Ist die Welt in guter oder in schlechter Verfassung? Die richtige Antwort ist beides gleichzeitig. Wenn du den aktuellen Zustand der Welt mit dem der Vergangenheit vergleichst, wirst du feststellen, dass wir in ausgezeichneter Verfassung sind. Wenn du den gegenwärtigen Zustand der Welt mit einer hypothetischen Zukunft dessen vergleichen, was möglich ist, siehst du, dass wir in einer schrecklichen Verfassung sind. Deine Antwort kann auch davon abhängen, welche Teile der Welt du betrachtest. Für einige ist die Welt in einem sehr schlechten Zustand und die Dinge können nur besser werden, für andere ist sie in einem sehr guten Zustand und die Dinge können nur schlechter werden (diese beiden Positionen korrelieren lose mit dem politischen Spektrum von links nach rechts).

Wenn du ein Unternehmen führst, möchte ich dich fragen: Haben deine Kunden »immer recht« oder gibt es Kunden, denen du nicht erlaubst, dir auf die Füße zu treten? Diese beiden Positionen mögen widersprüchlich und unvereinbar erscheinen, aber sie sind beide richtig. Es ist gut zu glauben, dass Kunden immer recht haben, und es ist auch gut zu glauben, dass ich nicht alle Kunden ertragen muss.

Wenn du in einer Beziehung bist, denkst du: »Du bist der Einzige und ich werde für immer bei dir bleiben.« Oder denkst du: »Ich habe immer andere Möglichkeiten, nur für den Fall, dass dies nicht funktioniert«? Wieder ist die Antwort, dass beide Einstellungen hilfreich sind. Es ist hilfreich, eine Beziehung zu 100 Prozent einzugehen, **als ob sie** »für immer« wäre, aber natürlich ist es auch gut, sich darüber im Klaren zu sein, dass man immer andere Möglichkeiten hat und jederzeit frei ist.

Für eine normale Bewusstseinsebene sind diese Paradoxien unvereinbar. Der Weltverstand glaubt, er müsse die eine oder andere Position wählen. Aber auf einer höheren Bewusstseinsebene, die die **Dualität überwindet**, können zwei vermeintlich widersprüchliche Positionen als wahr angesehen werden. Im Beispiel mit der Beziehung kannst du dich dann leicht fühlen und so verhalten, als wäre die Beziehung für immer, und gleichzeitig erkennen, dass du jederzeit von ihr zurücktreten kannst. Beide Positionen, die, in der man für immer bleibt, und die, in der es möglich ist, sofort zu gehen, fühlen sich vollkommen gut an. Das ist die große Flexibilität eines Geistes, der die Dualität überschritten hat. Diese Art von geschmeidigem, flüssigem und fließendem Verstand kann alle Kunden leicht als wertvoll ansehen und sie königlich behandeln und gleichzeitig den Kunden, die respektlos sind, »Nein« sagen. Die beiden Einstellungen klingen für den Weltgeist unvereinbar, aber der höhere Geist hat kein Problem damit, beide Standpunkte einzunehmen.

Daher ist die Welt in ausgezeichneter/schrecklicher Verfassung! Oder wie ich einmal in einem Artikel schrieb: Weißt du, wie gut/schlecht es dir geht? Einige Leute sind motivierter, wenn ich ihnen sage, dass es ihnen nicht gutgeht. Einige sind motivierter, wenn ich ihnen sage, dass es ihnen gutgeht. Dies hängt von früheren Erfahrungen und aktuellen Stimmungen ab. Dies kann auch von der Absicht abhängen. Wenn du dich besser fühlen möchtest, kannst du dich mit Menschen vergleichen, denen es schlechter geht. Wenn du dich verbessern möchtest, kannst du dich mit Menschen vergleichen, denen es besser geht. Die Tatsache bleibt, dass du gleichzeitig in guter Verfassung bist im Vergleich zur Hölle und in schlechter Verfassung im Vergleich zur Erleuchtung.

Die Kraft des Paradoxons besteht darin, dass ein Widerspruch dir helfen kann, einen Standpunkt jenseits der Dualität des Geistes einzunehmen und auf diese Weise auf einen tieferen, breiteren Aspekt deiner selbst zuzugreifen, der in vielen verschiedenen Welten lebt. Dieses Höhere Selbst lebt nicht in dieser **oder** jener Welt, sondern in dieser **und** jener Welt.

Die geheime Reality Creation Technik

Die geheime *Reality Creation Technik* soll dir helfen, mühelos gute Dinge in dein Leben zu ziehen. Ich habe diese Technik in meinen Reality Creation-Kursen der »höheren Ebene« verwendet, wollte sie jedoch außerhalb dieser Kurse nicht weitergeben. Warum die Geheimhaltung? Damit hätte ich »neues Material« für Fortgeschrittene und auch, weil die Technik etwas umstritten ist und Vorkenntnisse in der Meditation voraussetzt. Wenn du nicht in der Meditation erfahren bist, übe am besten meine normale »Reality Creation Technik«, die im gleichnamigen Buch beschrieben ist.

Einige andere Wörter für **Begierde**:

Wollen
Bindung
Brauchen
Sehnsucht
Fehlen

Einige andere Wörter für **Widerstand**:

Nicht mögen
Eine Abneigung haben
Wegdrücken
Hass
Verängstigt von

Die Skala zeigt den Grad der Begierde und des Widerstands. Der schattierte Bereich in der Mitte zeigt neutralere Zustände. Auf Level 1 und 2 von Begierde könnte man sagen, dass man etwas bevorzugt, während es auf Level 7 zu einer schmerzhaften Sehnsucht wird und auf Level 8 oder 9 wird Begierde zu einer ausgewachsenen Obsession, Sucht und Besessenheit. Auf Level 1 und 2 von Widerstand könnte man sagen, dass man etwas nicht bevorzugt, während es auf Level 7 völliger Hass wäre und Level 9 zutiefst verängstigt ist.

Begierde- / Widerstandstabelle

Das Bild zeigt eine Skala von **Begierde** auf der einen Seite bis **Widerstand** auf der anderen Seite.

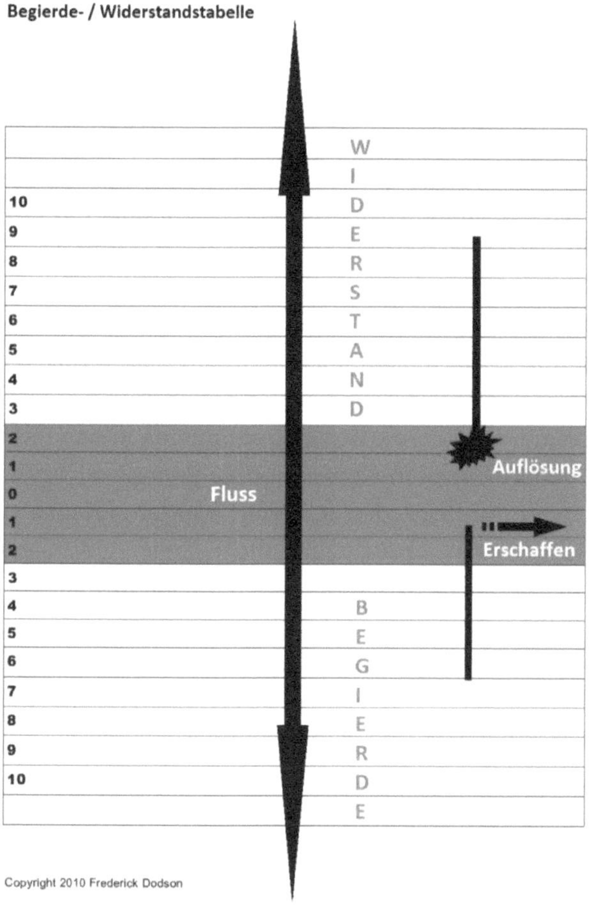

Je weiter du dich auf beiden Seiten in irgendeiner Frage befindest, desto mehr Probleme wirst du in deinem Leben haben. Dies ist eines der ersten Geheimnisse, die hier enthüllt werden. Die Buddha-artige Ruhe und der Frieden in der Mitte der Skala sind ein Zustand der Kraft und sowohl außer Kontrolle geratenes Verlangen bei 5, 6, 7, 8, 9, 10 als auch außer Kontrolle geratener Widerstand bei 5, 6. 7, 8, 9, 10 werden dein Leben ruinieren. Warum? Weil Verlangen Mangel impliziert und schafft. Jedes Mal, wenn du »Ich will« sagst, sagst du »Ich habe nicht«. Und so, wie du nicht gleichzeitig stehen und sitzen kannst, kannst du auch nicht gleichzeitig **wollen** und

haben. Dies gilt nicht für die mäßigeren Bedürfnisse auf den Ebenen 1 und 2, zum Beispiel »eine Tasse Kaffee wollen«. Diese Wünsche sind leichter zu erfüllen, da mit ihnen kein dramatisches Drücken oder Ziehen von Energie verbunden ist. Und in Bezug auf Widerstand konzentriert sich dein Geist auf die Sache, der du am meisten widerstehst, sodass du schließlich immer alles bekommst, dem du widerstehst. Die tragische Komödie des Lebens ist, dass alles, was du fürchtest und hasst, sich in deinem täglichen Leben ansammelt und auftaucht. Wenn du also Spinnen hasst, wäre das ein Widerstand der Stufe 7 und du kannst sicher sein, dass du nicht nur mehr Spinnen sehen wirst als andere, sondern dass sie immer ein Problem darstellen, wenn du sie siehst. Wenn deine Abneigung extrem ist, werden sie sogar wie von einem Energiemagneten angezogen. Dies gilt nicht für Abneigungen der Stufen 1 und 2 wie »Ich mag keinen Kaffee«. Kaffee nicht zu mögen, ist weiterhin kein Problem, niemand wird dich zwingen, Kaffee zu trinken.

Aus diesem Grund besteht eine der Hauptübungen in den fortgeschrittenen Stufen des Reality Creation-Kurses darin, »Energie zu neutralisieren«, indem Widerstände und Begierden reduziert werden. Erlaube dir, deinen Widerstand zu reduzieren, und du bist nicht länger mit Negativität beschäftigt. Erlaube dir, deine Begierden zu reduzieren, und du bist nicht mehr mit unerfüllten Wünschen beschäftigt. Das Ergebnis ist freie Aufmerksamkeit und freie Energie. Das wiederum eröffnet Räume für mehr Kraft, Produktivität und die Fähigkeit, das zu erschaffen, was du im Leben bevorzugst. Im Buddhismus und Hinduismus ist dieser Zustand als jenseits von Anhaftungen und Abneigungen, als Zustand von Gleichgewicht, Glückseligkeit, Frieden und Wahlfreiheit bekannt.

Das nächste Geheimnis, das ich gerne aufdecken würde, ist in den beiden Linien dargestellt, die ich der Zeichnung hinzugefügt habe: Eine zeigt einen Pfeil aus der Begierde heraus in die Neutral-Zone. die andere zeigt vom Widerstand in Neutralität.

Was dies bedeutet ist: *Widerstand, der in die neutrale Zone geführt wird, löst sich auf. Begierden, die in die neutrale Zone geführt werden, manifestieren sich.* Dies ist dann endlich die Offenbarung von »The Secret«, versprochen, aber nie das, was in der gleichnamigen populären Film- und Buchserie offenbart wird. Hier kommt das wahre Gesetz der Anziehung ins Spiel. Hier beginnt das wahre »du erschaffst deine eigene Realität«. Warum? Nichts mehr zu brauchen, bedeutet, dass du »bereits haben« ausstrahlst. Wenn du Millionär wärst, würdest du »Geld wollen«? Nicht sehr wahrscheinlich.

Der schattierte neutrale Bereich repräsentiert auch den als „Flow" bekannten Zustand. Ein Zustand, in den du entweder durch anhaltenden Fokus und kreative Produktivität gerätst oder indem du deine Beschäftigung mit Widerstand und Begierde aufgibst. Im Zustand des Flow-Gefühls ist es, als ob Dinge mühelos und auf magische Weise geschehen, erscheinen und klar werden.

Das mag zunächst wie ein Märchen klingen. Warum würden sich die guten Dinge manifestieren und die schlechten auflösen? Der Grund ist, dass das Leben oder das Universum **eine Energie** ist, eine Sache, nicht zwei. Es gibt eigentlich kein Licht und keine Dunkelheit, nur unterschiedliche Lichtdichten. Es gibt nur Licht. Es gibt nur Bewusstsein. Licht ist alles, was es gibt. Bewusstsein ist alles, was es gibt. Wenn das Bewusstsein etwas sieht, das es schätzt, wächst etwas. Wenn das Bewusstsein etwas sieht, das es nicht wertschätzt, verschwindet es. Anders ausgedrückt: Alle „Negativität" brennt im Licht des Bewusstseins weg, während alle „Positivität" im Licht wächst. Starre auf einen Dämon und der Dämon rennt weg. Starre auf einen Engel und der Engel gesellt sich zu dir.

Die Liste der Aversionen

Damit diese Technik funktioniert, ist es wichtig, dass du dich mit den verschiedenen Nuancen und Niveaus von Widerstand/Abneigung und Anhaftung/Begierde vertraut machst. Beginne mit dem Schreiben einer »Ablehnungsliste«. Das ist eine Liste von allem, was du nicht magst, verachtest, vermeidest, hasst, dem du widerstehen willst. Wenn du möchtest, kannst du mit Stufe 1 beginnen und dich auf die höchsten Widerstandsstufen vorarbeiten. Dies ist ein Beispiel dafür, wie die Liste von unten nach oben aussehen könnte:

Stinkende Socken
Schmutzige öffentliche Toiletten
Mein Ehepartner unterbricht mich bei der Arbeit
Babys weinen
Staus
Den Müll rausbringen
Langeweile
Das Wetter ist zu heiß
Das Wetter ist zu kalt
Verfall
Ermüden

Dumme Leute
Die Negativität bei der Arbeit
Die Negativität in den Nachrichten
Die Form meines Körpers
Geldmangel
Lügner
Lärm am frühen Morgen
Insekten
Unvorsichtige Menschen
Fanatische Leute
Demenz und Altern
Gewalt
Psychose

Die Liste kann kürzer oder länger sein, sogar deutlich länger. Es können ganz andere Elemente als diese Beispiele enthalten sein. Vielleicht hast du eine einzigartige Aversion, die niemand sonst hat (und du hast auch einen Widerstand, den jeder andere hat). Füge im Laufe der Zeit alles hinzu, was dir in den Sinn kommt. Du wirst im Alltag noch viel mehr Dinge bemerken, also stelle sicher, dass du alle hinzufügst. Sogar die subtilen Dinge wie deinen Nachbarn, der auf der Treppe knarrt, oder was auch immer, das dich im geringsten reagieren lässt. Du solltest auch ein Gefühl dafür bekommen, wo sich jedes Objekt auf der Skala im Vergleich zu anderen befindet. Manche Dinge haben mehr emotionale »Ladung«, andere weniger. Wenn ein Motiv stärker belastet ist, liegt es in der Regel höher auf der Widerstandsskala. (In einigen Ausnahmefällen ist der Widerstand so hoch, dass es überhaupt kein Gefühl gibt, nur Taubheitsgefühl. Es kann einige Übung erfordern, bis das Starre aufbricht und zu einer Emotion wird.) Wenn es etwas gibt, das sich immer wieder in deinen Kopf drängt, an das du denkst, während du die Zähne zusammenbeißt, befindet sich dieses Thema beispielsweise zumindest auf einem Widerstandslevel der Stufe 5. Level 1 bis 2 Widerstände sind kein Grund zur Sorge. Sie sind normal, natürlich und sogar gesund. Der Versuch, selbst diese loszuwerden, deutet auf ein Missverständnis dessen, worum es bei buddhistischem Gleichmut geht. Diese niedrigeren Widerstandsniveaus wirken sich nicht nachteilig auf dein Energiefeld aus.

Die Wunschliste

Der nächste Schritt besteht darin, eine Wunschliste mit Likes, Wünschen, Vorlieben, Sehnsüchten, Begierden, Anhängen usw. zu erstellen. Das folgende Beispiel zeigt von unten nach oben:

Schöne und klare Frühlingstage
Schokolade
Besseres Haarwachstum
Essen
Sauberkeit
Weite Freiflächen
Freiheit
Schöne Autos
Im Tennis gewinnen
Bestätigung von meinem Chef
Ruhige Orte
Geld/Einkommen
In einer besseren Nachbarschaft leben
Ein erfolgreiches Geschäft
Einen Seelenverwandten finden
Meine perfekte Berufung finden
Sex
Abenteuerliche Reise
Zigaretten
Hohe Energiezustände

Die Liste kann kürzer oder länger sein, sogar deutlich länger. Sie könnte ganz andere Gegenstände enthalten als die Beispiele, die ich gegeben habe. Füge hinzu, was im Laufe der Zeit auftaucht. Du wirst viele weitere Wünsche bemerken, die im Alltag klein und groß, spezifisch und unspezifisch sind. Erfasse alle auf deiner Liste. Diese Praxis allein wird deine Energie positiv verändern. Wenn du einige deiner oberflächlicheren Wünsche auflösst, wirst du schließlich tieferliegende, wesentlichere Wünsche entdecken, die du dann mit dieser Methode neutralisierst. Zum Beispiel ist nichts falsch daran, schöne Autos zu wollen. Aber sobald dieses Verlangen aufgelöst ist, könnte es ein tieferes, vertuschtes Verlangen aufdecken wie das Verlangen nach Anerkennung, Erneuerung oder Glamour.

Das Verlangen nach Zigaretten aufzulösen, offenbart zum Beispiel das tiefere Verlangen nach spirituellen Erfahrungen. Ich praktiziere die Technik seit über einem Jahrzehnt und muss sagen, dass es befreiend ist zu wissen, dass es keine Emotionen oder keine Zustände gibt, die dich beherrschen können.

Du bekommst nicht wirklich das, was du dir wünschst, trotz der Versprechen der Werbebranche, trotz der Motivationsredner, die dir das immer wieder sagen. Und in den seltenen Fällen, in denen du es mit viel Aufwand erreichst, ist es nicht erfüllend. Du fühlst dich nach dem Erhalt nicht ganz und vollständig. Das heißt aber nicht, dass ein starkes Verlangen völlig sinnlos und zwecklos ist. In Fällen, in denen du etwas stark gewollt hast, manifestiert sich die Erfüllung, sobald du sie endlich losgelassen hast, schneller und tiefer als erwartet. Das starke Verlangen, ein Gummiband zu dehnen und loszulassen, hat einen viel stärkeren positiven Effekt, als wäre das Verlangen von Anfang an sanft gewesen. Mit anderen Worten: Je weiter unten in der Hölle du warst, umso mehr wirst du dich über Erde und Himmel freuen. Das ist zumindest ein Vorteil des starken Verlangens. Aber solltest du im Allgemeinen und zu bestimmten Themen über längere Zeiträume in diesem Zustand bleiben, wird die Sehnsucht und das Fehlen schließlich zu Negativität und sehr unerwünschten Gefühlszuständen. Sie wird deinen Verstand dominieren, anstatt dass dein Verstand sie dominiert.

Neutralisieren der Energie

Es gibt viele Möglichkeiten, Abneigung und Anhaftung zu neutralisieren. Zum einen durch verschiedene Meditations- und Entspannungsmethoden. Die grundlegende Methode zum Loslassen besteht darin zu sehen, was du in deinem geistigen Auge ablehnst, und es zu akzeptieren. Du schließt also die Augen und rufst etwas auf, das du wegschieben wolltest. Zum Beispiel eine Person, die dich wütend macht. Wenn du diese Person siehst, kann Wut aufkommen. Aber beim Betrachten konfrontierst und begrüßt du auch, was immer da ist. Du löst allmählich deine Reaktion und beruhigst dich. Wenn du fortfährst, sinkt der bisherige Widerstand 5 allmählich auf 4, 3, 2, 1 und verschwindet dann vollständig. Sobald keine emotionale Ladung mehr vorhanden ist, kannst du das Bild einfach mit deinem geistigen Auge betrachten und es wird kein Ärger mehr aufsteigen. Du kannst Selbstabfragen wie »Könnte ich loslassen, um zu versuchen, dies zu ändern?« oder »Könnte ich loslassen, um zu versuchen, es zu ändern?« oder »Könnte ich loslassen, um zu widerstehen und einfach zuzulassen, was auch immer da ist?« Wenn du das Problem geistig betrachtest, ohne Reaktionen und Wertungen zu dem hinzuzufügen, was du siehst, wird es sich allmählich auflösen. Alles, was du mit deinem Bewusstseinslicht beleuchtest und das nicht gut für dich ist, löst sich auf. Die gleichen Prinzipien gelten für Dinge, die du begehrst. Wenn es eine Person gäbe, mit der du Sex haben möchtest, würdest du ein Bild davon haben, wie du Sex mit dieser Person hast, würdest aber den Wunschteil oder die Bedürftigkeit allmählich loslassen oder entspannen und dir stattdessen einfach vorstellen, bereits Sex zu haben oder, noch besser, schon gehabt zu haben. Dies sind die ziemlich bekannten Wege, um Probleme zu behandeln und einige der Widerstände und Wünsche freizusetzen.

Die *geheime Reality Creation-Technik* wendet eine Technik an, die intensiver und konfrontativer ist. Sie wandelt die Energie schneller um, indem sie das Verlangen auf die Dinge projiziert, denen du widerstehst, und den Widerstand auf die Dinge, die du wünschst. Der Energiefluss ist umgekehrt. Was du dringend willst, hasst du vorübergehend, und was du sicherlich nicht willst, verlangst du vorübergehend. Was passiert, wenn du das Verlangen auf etwas überträgst, dem du widerstehst, ist, dass es sich ziemlich schnell nach unten bewegt. Bei Widerstand 7 befindet sich etwas, du projizierst das Verlangen darauf und es geht innerhalb einer Minute auf 5, dann innerhalb einer weiteren Minute auf 3 und innerhalb von 5 Minuten auf Neutral zurück (einige Probleme, insbesondere die, die du seit Jahren mit dir herumträgst, werden etwas länger dauern). Dann hörst du auf. Du projizierst Widerstand auf etwas, das du willst, und dieser geht innerhalb weniger Minuten von 7 auf 1 zurück. Aber du müsstest die Übung abbrechen, sobald Neutral erreicht ist (0, 1 oder 2), sonst beginnst du, die Sachen zu mögen, die du vorher nicht mochtest, und beginnen, die Sachen anzulehnen, die du vorher mochtest.

Ein Beispiel: Angenommen, du bist abhängig von Zigaretten. Zigaretten wären dann ein Wunsch der Stufe 8, das heißt, du sehnst dich wirklich nach Nikotin, du sehnst dich danach, am Glimmstängel zu ziehen, du sehnst dich nach dem Geruch und dem Gefühl, das durch deinen Körper geht. Du beginnst, Widerstand dagegen zu leisten, indem du die Augen schließt und dir vorstellst, dass du Rauch hasst, Zigaretten verachtest, dass du von Zigarettenqualm angewidert bist, dass du keine schwarzen Lungen ertragen kannst und dass Raucherräume eine abschreckende Wirkung haben. Wenn du übst zu hassen, wegzuschieben, nicht zu mögen und keine Zigaretten zu wollen, wenn du übst, jemand zu sein, der Angst vor dem Rauchen oder eine echte Abneigung dagegen hat, wirst du spüren, wie sich die Energie zu verändern beginnt. Visualisiere, solange es erforderlich ist, um das Problem auf 7, 6, 5, 4, 3 und mindestens auf 2 zu reduzieren. Möglicherweise möchtest du eine Pause einlegen. Möglicherweise hast du das Gefühl, dass das Problem bei 5 liegt, und machst am nächsten Tag fort. Manchmal weiß man erst am nächsten Tag, wie weit man es geschafft hat, das Problem zu lösen. Vorübergehend mag es sich neutral anfühlen, aber du weißt es erst nach einer Pause.

Ein weiteres Beispiel: Nehmen wir an, du hast Angst vor Spinnen. Du hast eine Phobie, die auf der Skala ziemlich hoch ist, einen Widerstand der Stufe 9. Du würdest also eine Spinne visualisieren und dir vorstellen, jemand zu sein, der Spinnen mag, Spinnen will, der meint, Spinnen seien nett, pelzig, süß, kuschelig, liebenswert, lustig, tierisch, hilfsbereit, sehr klein, Haushaltsjuwelen, gut, weil sie das Haus von Insekten und Staub befreien, klug, freundlich, positiv und du akzeptierst sie nicht nur, sondern mehr noch, du genießt Spinnen, bist befreundet mit Spinnen, willst, dass sie über dich kriechen. Wenn das Problem wirklich eine Neun war, wirst du starke energetische Empfindungen in deinem Körper spüren. Dies sind Entladungen von Energie, die zuvor stecken geblieben sind. Wenn eine Abneigung wirklich stark ist wie bei einer Phobie, empfehle ich sehr, dass du es langsam angehst. Es ist ein ziemlich großer Schritt, wenn du deine Abneigung gegen Spinnen von 9 (verängstigt) auf 7 (ängstlich) gesenkt hast. Du kannst es dann später auf 5 (nicht mögen) und 3 (sehr wenig mögen) reduzieren und dich dann auf 2 (nicht bevorzugen) festlegen. Bei Bedarf kannst du diese Entwicklung auf Wochen und nicht auf Minuten erstrecken. Wenn etwas so hoch wie 8 oder 9 war, empfehle ich, dass du aufhörst, sobald es auf 2 gesunken ist. Der Versuch, es auf 1 oder 0 zu senken, ist zu viel und kann dein Gehirn auf eine Weise überwältigen, die sich nachteilig auf die Praxis der Realitätserstellung auswirkt. Dies liegt daran, dass einige der Dinge, die wir bei 8 oder 9 halten, von Natur aus ein negatives Energiefeld haben (im Gegensatz zur normalen menschlichen Erfahrung) und es unnatürlich wäre, sie auf 0 zu bringen. Um es klarer auszudrücken: Die Bewusstseinsstufe eines Massenmörders ist nicht unbedingt mit der der Menschheit vereinbar und wir sollen nicht beim Gedanken daran lächeln. Wir sollen uns bei dem Gedanken daran unwohl fühlen. Das bei 2 oder sogar 3 zu halten, ist also in Ordnung.

Im Wesentlichen besteht die Technik darin, etwas nicht nur zu akzeptieren, sondern es auch *ausgiebig zu genießen*. Akzeptanz heilt, Freude heilt noch stärker. Es bringt die Idee von »alles geschieht im Kopf« und »alles ist eine Frage der Vorstellungskraft« auf die nächste Ebene. Stelle dir also eine andere Sache vor, die du nicht magst, die dir in deinem Leben fehlt oder die du fürchtest. Lasse jetzt dieses Bild und Gefühl aufsteigen. Und lasse es weiter hochkommen. Und stelle dir vor, du möchtest, dass es noch weiter präsent wird, du würdest mehr davon lieben. Wenn du also Angst vor Armut hast, konzentriere dich darauf, stelle dir vor, dass du arm sein willst, süchtig danach bist und nicht genug davon bekommen kannst. Stelle dir vor, wie du es einsaugst, es einatmest, darin schwimmst, dch in dieser Energie verlierst, dich von ihr angezogen fühlst und habe eine Affinität dazu. Du möchtest mehr. Das wünscht du dir wirklich, wirklich, wirklich.

Schau, was passiert? Die Schwere hebt sich »auf wundersame Weise«, der Druck löst sich auf, die Energie wandelt sich. Die Übung bringt viele Menschen zum Lachen - ein sicherer Indikator dafür, dass sich ihre Haltung gegenüber dem »Problem« geändert hat. Sie lachen, weil sie sehen, wie leicht es ist, die eigene Meinung über etwas zu ändern, und lassen Sorgen, Furcht, Angst, Schwere, Trauer, Frustration und so weiter los. Stelle dir etwas vor, nach dem du dich sehnst. Gier ist ein Wunsch der Stufe 5+ und zeigt eine Überzeugung an, die besagt: »*Ich will, aber ich kann nicht*«. Es gibt einen Glauben an die Unfähigkeit, es zu haben. Fühle diese Gier für einen Moment und spüre das »Ich kann nicht«, das ihr innewohnt. Rufe das »Ich kann nicht« auf und entspanne es beim Ausatmen. Jetzt drehe die Energie um und stelle dir vor, jemand zu sein, der das nicht will, das nicht mag, es nicht aushält, eine Abneigung dagegen hat. Während du dich auf diesen Gegenstand konzentrierst, wehre dich dagegen. Versuche, Stress, Frustration, Wut, Angst, Trauer, Apathie, Schuldgefühle, Hass oder Scham zu entwickeln. Dies ist möglicherweise die erste Methode, die du jemals gelernt hast, die »negative« Emotionen positiv nutzt.

Schau, was passiert? Du fühlst dich leichter und weniger bedürftig. Und in dem Moment, in dem du weniger auf etwas angewiesen bist, läuft dir etwas hinterher, anstatt dass du dem hinterherrennen musst. Das ist die Magie dieser Technik.

Ein weiteres Geheimnis, das ich mit dir teilen kann (was nur ein Geheimnis war, weil du es vor dir selbst geheim gehalten hast), ist etwas, das du vielleicht selbst bemerkt hast: Das Verlangen ist im Widerstand enthalten und der Widerstand ist im Verlangen enthalten. Der Grund, warum es so selten auffällt, ist, dass wir die andere Seite der Medaille vor uns selbst verstecken. Ein unerfülltes Verlangen nach einem Partner ist also nicht nur ein Widerstand gegen das Alleinsein, sondern, so verrückt es auch klingen mag, ein Widerstand gegen das Haben eines Partners. Der Wunsch nach Freiheit ist nicht nur ein Widerstand gegen Beschränkung und Begrenzung, sondern auch eine tatsächliche Abneigung gegen Freiheit. Du wirst feststellen, dass du bereits heimlich Widerstand gegen deine Wünsche und den Wunsch in deinen Widerständen in dir trägst. Das klingt für die meisten unwahrscheinlich, wird aber während des Trainings deutlich. Bewusst sagst du, dass du dies und das willst - Geld, Sex, Erleuchtung und was auch immer. Aber wenn du wirklich bereit wärst, diese Dinge zu haben, würdest du sie haben. Unbewusst willst du diese Dinge nicht. Deshalb wünschst du sie - um sie in Schach zu halten, um sie fernzuhalten. Das bloße Begehren ist, als würde man sagen: »Ich bin vom Ganzen getrennt, ich bin von diesen Objekten getrennt.« Die Dinge, gegen die man sich wehrt, will man insgeheim, sonst würde man aufhören, sich ihnen zu widersetzen. Sich ihnen zu widersetzen, ist, als würde man sagen »Gib mir mehr davon«. Du rennst immer wieder gegen die Wand, anstatt dich auf angenehmere Dinge als diese Wand zu konzentrieren. Warum willst du diese unangenehmen Dinge? Ich weiß es nicht, aber es gibt immer einen geheimen Wert. Ein Opfer zu sein, zahlt sich für einige aus. Für andere ist es möglich, eine »Komfortzone der Vertrautheit« aufrechtzuerhalten. Die Gründe sind endlos. Betrachte diese beiden Fragen, um deine Überlegungen zu vertiefen:

1. Was ist etwas, von dem du vorgibst, es nicht zu wollen, aber von dem du zugeben kannst, es insgeheim zu wollen? Und welchen Nutzen könnte dieses »Problem« für dich haben?

2. Was ist etwas, bei dem du so tust, als wolltest du es, aber du kannst einräumen, dass du es nicht willst? Und welchen Nutzen könnte das nicht für dich haben?

Die Dinge, auf die in diesem Abschnitt Bezug genommen werden, berühren natürlich den Kern deiner Existenz und Realität. Für manche schockierend. Aber wäre das nicht etwas, von dem du erwartest, dass es tatsächlich von der »Reality Creation« diskutiert wird?

Dein nächster Schritt im Prozess ist der wichtigste. Gehe deine Widerstandsliste durch, beginne unten mit dem einfachen Teil und arbeite dich nach oben vor. Neutralisiere jeden Gegenstand oder ziehe jeden Gegenstand nach unten, indem du Freude, Widerstandslosigkeit und Begierde auf die Gegenstände projizierst. Gehe anschließend deine Wunschliste von unten nach oben durch und neutralisiere jeden Gegenstand, indem du Abneigung, Ablehnung und Hass auf ihn projizieren. Fahre nur so lange fort, bis sie sich neutralisieren, und nicht darüber hinaus (damit du nicht wirklich anfängst, zum Beispiel Eis zu hassen, damit du nicht wirklich anfängst, Mord zu lieben).

Einige werden eine Abneigung gegen die Übung selbst haben. »Liebender Mord? Auf keinen Fall. Das ist schrecklich.« Worauf ich antworte: Sich heimlich oder versehentlich auf diese Dinge zu konzentrieren, ist viel schädlicher. Jemand, der seine Mordgedanken unterdrückt, wird im wirklichen Leben schließlich zum Mörder. Das Gefühl der Schuld gepaart mit seinem Verlangen bildet einen energetischen Wirbel, der sich dreht und dreht und sich schließlich materialisiert. Du kannst diese Übung machen, weil sich eine Seele alles vorstellen kann. Sich etwas nicht vorstellen zu können, ist eine grobe Selbstbeschränkung, eine Ablehnung dessen, was im Universum geschieht. Jemand, der sein ganzes Leben damit verbringt, sich gegen vermeintliche Übeltäter stark zu machen, weil er selbst zum Opfer geworden ist, muss einige steckengebliebenen Emotionen loslassen. Ich kann nur empfehlen, dass er sie freigibt, damit er sich von seiner Beschäftigung mit Negativität befreien und mit seinem Leben weitermachen kann. Und genau das macht die geheime »Reality Creation«-Technik, dafür ist sie umstritten und das ist der Grund, warum ich sie und viele andere Dinge für mich behalte. Sich auf das Böse zu konzentrieren, löst das Böse nicht. Wenn es im Fernsehen gezeigt oder bekämpft wird, gewinnt es an Bedeutung und Energie. Energie fließt, wohin die Aufmerksamkeit geht. Schlimme Dinge passieren nicht zufällig. Aber versuche, diese Bewusstseinsstufe den Menschen näherzubringen und sie werden sehr wütend. Deshalb ist es oft am besten, es für sich zu behalten.

In jedem Fall solltest du, für den Nutzen dieser Technik, wenn du Probleme hast, die für dich sehr, sehr heikel sind, zumindest Akzeptanz erreichen, damit diese Probleme dein Bewusstseinsfeld nicht dominieren und du mit angenehmeren Aspekten des Lebens fortfahren kannst. Massenmord zum Beispiel repräsentiert, so schlimm er auch ist, 0,0000000001 Prozent dessen, was auf der Erde geschieht, und du bist nicht gezwungen, es so zu behandeln, als ob er 50 Prozent darstellen würde. Befreie deine Aufmerksamkeit von solchen Energiefeldern, sie sind nicht gut für dich. Innere Akzeptanz eines Völkermords, der bereits stattgefunden hat, bedeutet nicht, mit den Tätern einverstanden zu sein oder sie nicht zu bekämpfen. Innere Akzeptanz bedeutet, dass diese Menschen dein emotionales Energiefeld nicht kontrollieren. Wenn dich jemand missbraucht, schadest du ihm nicht, indem du negative Energie in dir hältst. Du tust dir nur selbst weh. Also lass es los.

Wenn du alle Elemente auf deinen Listen neutralisiert hast, lege die Übung beiseite und warte einige Tage oder Wochen. Nach einer solchen Ruhephase wirst du sehen, welche Energien noch vorhanden sind, und daran arbeiten, diese zu bereinigen. Grundsätzlich sind alle Phänomene, alle Gedanken und alle Emotionen wie sich drehende Energiewirbel. Was sie zum Drehen bringt, sind drei Komponenten: der Gedanke, der Beobachter dieses Gedankens und die Energie (Verlangen oder Widerstand). Ohne eine dieser Komponenten fällt der gesamte Wirbel auseinander.

Man kann alle Widerstände und Begierden auf diese Wesensmerkmale zurückführen:

1. Wunsch nach Aufmerksamkeit (Zustimmung, Anerkennung, Liebe) oder Widerstand gegen Liebesentzug (Kritik, Missbilligung, Nichtbeachtung)
2. Verlangen nach Sicherheit (Sicherheit, Komfort, Wissen, Gewissheit) oder Widerstand gegen Unsicherheit (Unsicherheit, Nichtwissen, Unbehagen)
3. Wunsch nach Kontrolle (Macht, Dominanz) oder Widerstand gegen Kontrollverlust
4. Wunsch nach Freiheit (Besonderheit, Trennung, Verschiedenheit, Verlassen) oder Widerstand gegen Zusammensein (Einheit, Gleichheit, Haft, Inhaftierung)
5. Wunsch nach Zusammengehörigkeit (Einheit, Gleichheit, Bleiben) oder Widerstand gegen Einsamkeit (Isolation, Freiheit)

Sobald du mit der Technik vertraut bist, kannst du jedes Problem, jeden Gedanken, jede Emotion, jeden Wunsch und jede Abneigung gegen eines dieser Elemente nachvollziehen. Dies kann den Freisetzungsprozess beschleunigen.

Über das Manifestieren neuer Realitäten

In der Regel manifestieren sich neue Realitäten in der Flow-Zone mühelos. In Frust- und Unruhezuständen ziehst du mit geringerer Wahrscheinlichkeit positive Ereignisse an. Das ist nur die Natur des Universums.

Viele Dinge, die in Flow-Zone passieren, geschehen ohne deine bewusste Absicht, einfach als Geschenke, angenehme Überraschungen. Das liegt daran, dass das Leben randvoll ist mit grenzenloser Energie und Fülle und indem du zuvor festsitzende Emotionen losgelassen hast, blockierst du nicht länger die Güter, die das Leben zu bieten hat. Die vorsätzlichen Absichten, die du äußerst, manifestieren sich leichter und schneller.

Manchmal lockt der Zustand des Friedens und des Glücks, zu dem diese Technik führt, in das Gefühl, keine Ziele, Erfolge oder Realitätsschöpfungen mehr zu benötigen. Als jemand, der in diesen Angelegenheiten sehr erfahren ist, empfehle ich, weltliche Ziele und Erfolge zu verfolgen, auf die du auf jeden Fall stolz sein kannst. Sie sind ein stabilisierender Faktor. Ohne irgendeine irdische Stabilisierung wirst du dich irgendwann vollständig ausbreiten und zu den Sternen hinaufdriften. Ich empfehle, darauf zu warten, bis du alt und bereit bist, dich von der Erde zu trennen.

KAPITEL SECHS
ENERGIE UND EINFLUSS

Alles ist Energie, aber Politik, Wirtschaft und Bildung geben vor, nichts davon zu wissen. Es ist albern, dass jeder weiß, dass sich gleiche Energien anziehen, aber niemand wagt, es auszusprechen.

Der Polizeibeamte sagt, jemand weise eine »Opfer-Tendenz« auf, um den Begriff »Energieanziehung« zu vermeiden.

Der Soziologe verwendet den Begriff »Broken Window Principle«, um den Begriff »Energieanziehung« zu vermeiden.

Der Pharmakologe sagt, es sei der »Placebo-Effekt«, um den Begriff »Energieanziehung« zu vermeiden.

Der Sportkommentator sagt: »Sie haben eine Siegesserie«, um den Begriff der »Energieanziehung« zu vermeiden.

Alles ist Energie. Du kannst die Atmosphäre um Menschen und Orten spüren, nicht wahr? Spürst du nicht, wenn dich jemand von hinten anstarrt? Spürst du nicht, wenn jemand an dich denkt? Kannst du sehen, wie bestimmte Gruppen und Orte Gleichgesinnte und Ereignisse anziehen? Wie hoch ist die Wahrscheinlichkeit eines Ereignisses in Gruppe A gegenüber Gruppe B? Wenn du einen Raum betrittst, in dem sich zwei gerade gestritten haben, kannst du es fühlen. Du sagst dir: »In diesem Raum herrscht eine schlechte Stimmung.« Wenn du meditierst, kannst du fühlen, dass du eine andere Energiefrequenz angesprochen hast. Wenn du zu einem Fußballspiel gehst, kannst du spüren, wie das Publikum seiner Mannschaft Energie gibt.

Und doch tut unsere Gesellschaft so, als sei es nicht so. Die Vorstellung, dass alles Energie ist, unsichtbare Energie, die zwischen uns fließt, wie Energie, die gleiche Energie anzieht, wird in Politik, Bildung, Wirtschaft oder anderen Bereichen, die behaupten, die Realität zu lehren oder sie darzustellen, nicht als Realität akzeptiert. Es wird in der Religion ein wenig angedeutet, aber immer nur ein bisschen. Es wird in der Physik ein wenig angedeutet, aber immer nur ein bisschen. Das ist wirklich seltsam, weil es die Grundlage für alles ist.

Zu wissen, wie Energie fließt, ist die Grundlage für Liebe, Geld, Gesundheit und Wohlbefinden im Leben. Alles Leiden kommt von Unwissenheit über Energie. Deshalb bin ich nicht gerne zur Schule gegangen – die grundlegendsten und wichtigsten Dinge wurden dort nicht unterrichtet. Liebe Lehrer, wie gehe ich mit der Energie der Liebe, der Energie des Geldes, der Energie des Geistes, der Energie des Lebens um? Das haben Sie in der Schule nicht gelehrt.

Wenn die Politiker wüssten, dass das Bashing der »anderen Seite« des politischen Spektrums der anderen Seite nicht schadet, sondern ihnen Energie gibt, sie nährt, ihnen Öffentlichkeit gibt und so weiter, würden sie damit aufhören. Sie würden aufhören, der anderen Seite schlechte Aspekte zuzuweisen und stattdessen ihre eigenen guten Aspekte hervorheben. Dann würden sie ihre Kampagne gewinnen.

Wenn die Sportmannschaften wüssten, dass die Energie ihrer Fans einen starken Einfluss auf ihre eigene Energie hat, würden sie ein besseres Verhältnis zu ihren Fans aufbauen. Und die Fans würden für sie ihr Spiel gewinnen.

Eine interessante Übung, die dein gesamtes Weltbild verändern wird, besteht darin, neue Schlagzeilen nicht als Tatsachenaussage, sondern als Versuche, Realität zu erschaffen, zu betrachten. Wenn du also die Überschrift liest »Microsoft ist nicht mehr in Mode« oder »Es gibt eine Krise in der Autoindustrie« können diese Aussagen aktuelle Fakten sein oder nicht, aber auf jeden Fall helfen sie dabei, die Realität zu erschaffen, von der sie sprechen. Jede Aussage ist eine Bestätigung. Die Macht des Wortes ist so groß, dass insbesondere Massenmedien eine wichtige Rolle bei der Gestaltung der Realität des Massenbewusstseins spielen.

Weil die Leute Action und Drama lieben und dafür bezahlen, suchen die Medien selten nach positiven Ereignissen, geschweige denn nach positiven Impulsen. Indem die Medien jedoch das Schlimmste des Schlimmsten näher betrachten und so tun, als wären rasende Wahnsinnige und Hassmacher repräsentativ für die Mehrheit der Welt, tragen sie dazu bei, Negativität und Leiden zu erzeugen. Um der Welt zu helfen, müssten sich die Medien auf mindestens 50/50 ausgleichen, anstatt zu 90 Prozent über das Negative zu berichten. Tragische Ereignisse passieren, aber sie sind nicht das einzige, was passiert. Es gibt viel Schönheit auf der Welt.

Die Welt ist immer noch ziemlich beschränkt, aber es ist meine Hoffnung und mein Traum, dass es zu meinen Lebzeiten noch zur Normalität wird, sich darauf zu verlassen, dass das Leben von Energie und Anziehungsfeldern beherrscht wird.

Emotionale Ansteckung und Energieübertragung

Freude ist ansteckend. Aber es ist natürlich nicht nur Freude – alle Emotionen und Zustände werden zwischen Menschen übertragen. Dein Ärger wird von anderen gespürt, auch wenn du versuchst, ihn zu verbergen. Wenn du durch die Stadt spazierst, wirst du möglicherweise die allgemeine Schwingung der Menschenmenge bemerken und dich nach deiner Rückkehr schläfrig fühlen. Du kannst spüren, ob dein Ehepartner gut gelaunt ist oder nicht, noch bevor du den Raum betrittst. Du könntest dies sogar fühlen, wenn du nicht anwesend wärst. Die meiste Kommunikation ist wirklich nonverbal, bevor man überhaupt ein Wort sagt. Sogar sexuelle Erregung ist ansteckend. Sei also am besten vorsichtig, wo und wann du das spürst. Wenn du sicher bist, dass dein Zustand auf alle Personen in deiner Umgebung und auf alle Personen, an die du denkst, übertragen wird, wirst du automatisch verantwortungsbewusster. Deine Emotionen sind nicht so privat, wie du denkst. Das Erhöhen oder zumindest Neutralisieren deines emotionalen Zustands kommt also nicht nur dir, sondern allen anderen zugute.

Wissenschaft und Psychologie sind sich dessen bewusst und nennen es sogar »emotionale Ansteckung« und haben dies in unzähligen Studien nachgewiesen. Leider dürfen moderne Akademiker nicht sagen, warum und wie dies geschieht – durch Schwingung, durch Energie! Du wirst hören: »Aufgrund der chemischen Reaktionen der Emotionen strahlt eine Person einen bestimmten Geruch aus und dieser Geruch wird von anderen Menschen aufgenommen.« Oder sie werden sagen: »Subtile körpersprachliche Signale werden kommuniziert und von anderen aufgenommen und auf diese Weise werden Emotionen übertragen.« Ich bin mit solchen Ideen offensichtlich nicht einverstanden. Während Emotionen die Körpersprache und den Körpergeruch beeinflussen, sind dies nicht die einzigen Dinge, die vor sich gehen (viel weniger, wenn Emotionen aus der Ferne und telepathisch übertragen werden). Ich bin mir aufgrund meiner Erfahrung als Coach und Dozent sicher: In den letzten zwanzig Jahren war es meine Aufgabe, die Schwingungen der Menschen zu verändern und das, wenn nötig, ohne Worte, Körpersprache oder Geruch. Ich habe ganze Räume voller Menschen erlebt, die aufgrund der Anwesenheit meiner oder einer anderen Person emotional bewegt waren. Ich habe gesehen, wie sie sich auf und ab bewegten. Wenn ich schlechte Laune habe, nerven meine Seminare, auch wenn ich das Beste tue, um es zu verbergen. Wenn ich gut gelaunt bin, gehen meine Seminare durch die Decke, egal was ich sage oder tue. Wie bereits erwähnt, hat das Sein mehr Einfluss als das Tun.

Ich habe jahrzehntelang leidenschaftlich damit experimentiert.

Als ich Anfang zwanzig war, nahm ich die U-Bahn und experimentierte mit »Einatmen« und hielt dann verschiedene Zustände und sah, wie die umliegenden Leute reagierten. Eine meiner Lieblingsübungen war es, mich mit der Energie des Humors aufzupumpen. Ich wollte Humor erreichen und meinen Körper damit füllen und stellte mir vor, den ganzen Humor des Universums einzuatmen (und versuchte, mir nichts beim Ausatmen vorzustellen, um die Energie im Körper zu halten). Ich machte einige Minuten weiter. Lustige Gedanken sollten mir in den Sinn kommen, aber das Experiment beinhaltete, nicht zu lachen, nicht zu lächeln, niemandem ein Zeichen dafür zu geben, wie ich mich fühlte. Ich wollte fast vor Vergnügen platzen und dabei ein ernstes Gesicht behalten. Dieses starke Ausstrahlen von Emotionen hatte immer eine bemerkenswerte Wirkung auf die Leute, die um mich herum saßen. Einige von ihnen fingen ohne ersichtlichen Grund an zu lächeln oder zu lachen, ihre Gesichter leuchteten auf, viele schauten zu mir herüber, weil sie spürten, dass »dort etwas passiert«.

Aufgrund des weitverbreiteten Bewusstseins für emotionale Ansteckung (obwohl diese in der Schule nicht vermittelt wird) fragen sich die Menschen oft, wie sie sich vor negativen Vibes schützen können. Meine Antwort auf diese Frage - die aus umfangreichen Selbstversuchen hervorgeht - ist, dass der beste Schutz darin besteht, den eigenen emotionalen Zustand zu heben, die eigenen Befürchtungen und Ängste, Ressentiments und Schweregefühle abzubauen. Sicher, du kannst dir eine schützende Aura um dich herum vorstellen, aber diese Methode ist schwächer, als einfach deinen eigenen Zustand während der gesamten Lebensspanne zu verbessern. Positive Zustände sind stärker als negative und neutralisieren alles, was auf dich zukommt. Wenn du rund um die Uhr mit Negativität bombardiert wirst, wird dich dies wahrscheinlich hinunterdrücken können. Aber wenn du auf der emotionalen Skala ein bisschen höher gehst, kann dich nichts stören, ablenken oder müde machen. Gar nichts. Eine gute Mischung aus dem Loslassen deiner eigenen inneren Dunkelheit und dem Verzicht auf zu viel Zeit in negativen und ängstlichen Umgebungen ist also mehr als genug Schutz. Eines Tages erreichst du einen Zustand, in dem kein Schutz erforderlich ist und der Zweck deiner Anwesenheit darin besteht, die Menschen in deiner Umgebung zu beruhigen.

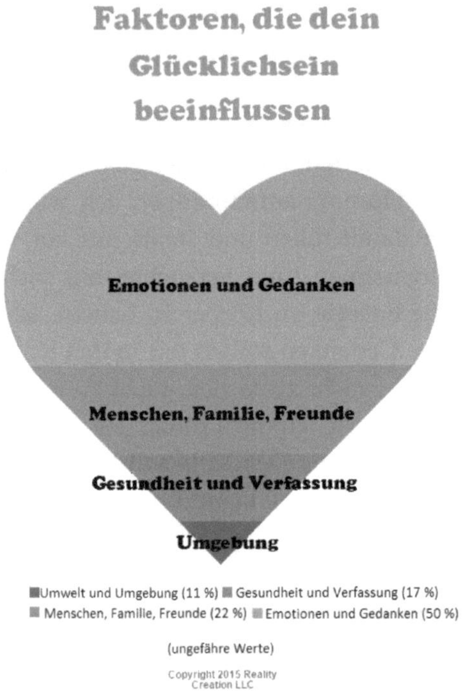

Der Hauptfaktor, der deinen Energiestatus beeinflusst, ist nicht die externe Welt, es ist deine innere Welt. Wenn du dich gut oder schlecht fühlst, wird diese alles, was du tust oder jeden, den du triffst, einfärben. Deinen inneren Status zu verbessern sollte immer deine erste Priorität sein. Aber das bedeutet nicht, dass externe Umstände gar keinen Einfluss hätten. Deine physische Verfassung, die Menschen, mit denen du dich umgibst und die Umwelt, Nachbarschaft oder das Land, in dem du lebst, haben einen geringeren, aber dennoch anwesenden Einfluss. Größtmögliches Glück entsteht, wenn du dich in dem inneren Status befindest, den du magst, und du dich zusammen mit Menschen, die du gern hast, an einem Ort befindest, der dir gefällt.

Spirituelle Osmose

»Spirituelle Osmose« ist das nonverbale Lernen, das in Gegenwart eines Lehrers oder als Mitglied einer Gruppe stattfindet. Die Gruppe oder der Lehrer kann alles sein: eine Matheklasse, ein Sporttrainer, ein Motorradclub, eine Bruderschaft, ein spiritueller Guru, eine Tanzklasse usw. Indem du in ihrer Gegenwart bist, findet ein Energietransfer statt, der über die schriftlichen und gesprochenen Lektionen hinausgeht. Wer ein Lehrer ist, was ein Lehrer lebt, was ein Lehrer demonstriert, was ein Lehrer teilweise empfindet, überträgt sich auf dich. Aus diesem Grund lernst du in einem tatsächlichen Workshop- oder Seminarumfeld viel schneller als im Internet, aus einem Buch oder von einer Aufnahme. Wenn du Mitglied einer Gruppierung bist, beginnst du, die Mentalität, Haltung und das Verhalten dieser Gruppe unbewusst zu assimilieren, auch wenn du nicht bewusst auf das achtest, was gesagt wird.

Der nonverbale Energietransfer wird von der Gesellschaft schlecht verstanden, da noch nicht vollständig anerkannt wurde, dass der Fluss unsichtbarer Energie die Hauptsache ist, die zwischen den Menschen stattfindet. Ob du einer Gruppe beitrittst oder diese verlässt, hängt davon ab, wie gut du dich in dieser bestimmten Gruppe fühlst. Gute Lehrer und Trainer wissen, dass es nicht ausreicht, bestimmte Lektionen und Kenntnisse zu vermitteln, sondern dass sie während des Unterrichts auch einen bestimmten Geistes- und Körperzustand repräsentieren müssen. Wenn meine eigene Schwingungsfrequenz, die ich ausstrahle, nicht gut ist, ist es egal, wie klug meine Worte sind. Wenn ich andererseits Positives ausstrahle, kann ich viele Fehler machen und die Leute werden trotzdem eine ganze Menge lernen.

Deine bloße Anwesenheit in einem Raum verändert den Zustand der Menschen in diesem Raum. Selbst wenn du nur die ganze Zeit dastehst und nichts sagst, wirkt sich deine Anwesenheit auf diesen Raum aus. Jedes Zusammentreffen von Menschen, dem du beiwohnst, beeinflusst deinen Gesamtzustand. Wähle daher deine Verbindungen und Verbände mit Bedacht aus.

Das Aurische Energiefeld, in dem du dich bewegst

Du bist möglicherweise nicht in der Lage, deine Lebensgeschichte in zehn Sekunden zu erzählen, aber die Leute können sie spüren, weil alles in deiner Aura gespeichert ist. Du gehst mit einem aurischen Energiefeld umher, einem weiten Umkreis um deinen physischen Körper, unsichtbar für das Auge, aber **sofort von allen wahrnehmbar**. Alles, was du jemals in deinem Leben getan, gedacht und erlebt hast, ist in dieser Aura gespeichert, und obwohl du niemandem dein gesamtes Leben erzählen kannst, kann derjenige durch deine Aura spüren, wer du bist. Wer du bist, kann nicht durch Worte, Make-up und wie du dich anziehst maskiert werden. Diese Dinge werden deine allgemeine Aura verbessern, aber sie können **dein Wesen** nicht verbergen.

Deine schlechte Laune und Negativität lässt du am besten los, sobald sie auftauchen, weil du sie nicht wirklich verstecken kannst. Wenn du dich zum Beispiel mit jemandem streitest oder mit ihm diskutierst und denkst: *Aber ich habe nichts Schlechtes zu ihm/ihr gesagt!*, kann es sein, dass du möglicherweise trotzdem etwas Schlechtes ausgestrahlt hast. Für die Augen und Ohren gibt es viele Geheimnisse, aber für deinen sechsten Sinn - deinen Energiesinn – ist **nichts ein Geheimnis**. Wie kann man dieses Feld heller, stärker, größer machen? Durch Liebe und Güte. Das Ausstrahlen von Feindseligkeit zieht einige echte Gefahren in dein Feld, etwa Krankheit und eine schlechte Finanzlage, Freundlichkeit zieht einige echte Segnungen an. Probleme sollten sofort angegangen werden, bevor sie ein Nest in deinem Aurafeld bauen. Solange du versuchst, ihnen zu entkommen, werden sie immer wieder in einem neuen Gewand zurückkehren. Also löse alles sofort und zuerst im Bewusstsein. Wenn du außerdem deine Verbindungen zu Verbänden, Organisationen und Personen unterbrichst, die zu viel Negativität fördern, wird dein Licht heller.

Das Erhöhen der eigenen Bewusstseinsebene gleicht die Negativität von Tausenden aus. Dann beeinflusst deine Anwesenheit in einem Flugzeug oder deine Absicht für einen sicheren Flug die Reise aller in diesem Flugzeug. Auf diese Weise bist du direkt für das Wohlergehen aller dort verantwortlich. Du bist in der Tat »der Hüter deines Bruders«. Achte darauf, wie sich das anfühlt, wenn du das nächste Mal auf einem Flughafen herumsitzt, vorausgesetzt, keiner der anderen, die herumsitzen, hat etwas mit dir zu tun. Wie in meinem Buch »Journeys in Spectral Consciousness« ausführlich beschrieben, strahlt ein gestörtes, düsteres, depressives oder absteigendes Aurafeld eine kalte Energie aus. Das ist eine Erkältung, die physisch gefühlt und **mit einem Thermometer gemessen** werden kann. Du kannst tatsächlich deine Hand ausstrecken und die Felder der Kälte fühlen. Wenn ein solches Energiefeld vorbeigeht, wird es kalt. Was Menschen mit solchen Energiefeldern brauchen, ist professionelle Hilfe und viel **Wärme** … in Form von liebevoller Güte. Wie bereits im vorgenannten Buch beschrieben, sind die unteren Bewusstseinszustände eigentlich kein Höllenfeuer und Schwefel, sondern Eis. Eis wäre ein besseres Symbol für die Hölle als Feuer. Diese Art von Hölle auf Erden ist ein Gefrieren von Gefühlen, eine Depression, eine Kontraktion, eine Herzenshärte. Deshalb ist es gut für dich, mit einem hellen, warmen, offenen und strahlend leuchtenden Aurafeld herumzulaufen, denn nur in diesem Zustand kannst du unzähligen Menschen helfen, ohne dass du mit ihnen sprechen, mit ihnen umgehen oder Zeit verbringen musst. Nur an jemandem vorbeizugehen, der leidet, und ein Lächeln oder nonverbale Gesundheitswünsche zur Verfügung zu stellen, kann seine gesamte Festgefahrenheit auflösen. In diesem Sinne kannst du **ein Engel für andere sein**. Sobald du über das Streben nach Liebe, Verständnis und Anerkennung hinausgegangen bist, beginnst du, Liebe zu geben.

Der Vorteil einer starken und hellen Aura ist, **dass man sich nicht länger vor Negativität schützen muss**. In Bezug auf das **Energieniveau** ist ein Schutz vor Negativität von 0 bis 470 erforderlich, der jedoch über diesen Zustand hinaus nicht mehr notwendig ist. Wo es keine Angst (Kälte), sondern nur Liebe (Wärme) gibt, gibt es keine Gefahr mehr, da kein wirklicher Schaden entstehen kann. Wenn du erkennst, dass du ein **Energiefeld** und kein Körper bist, fühlst du dich unbesiegbar - nicht physisch unbesiegbar, aber unbesiegbar als das, was du wirklich bist.

Wie auch im vorgenannten Buch beschrieben, kann die Wärme deines Energiefeldes so stark werden, dass sie auch physisch mit einem Thermometer gefühlt und gemessen werden kann. Diese Wärme ist anders als die normale Wärme, die der Körper abgibt. Es ist eine Wärme, die Erkältungen heilen kann, wie du vielleicht schon bemerkt hast, wenn du dich um deine Angehörigen gekümmert hast, die Erkältungen hatten.

Was kannst du mit diesem Wissen anfangen? Zum einen kannst du erkennen, dass das Sein noch wichtiger ist als dein Tun (sei es, bevor du es tust). Wenn du bei Menschen zu Besuch bist oder in einer Warteschlange stehst oder wenn du zu Hause sitzt oder Auto fährst, kannst du erkennen, dass das, was du bist (und daher ausstrahlst), wichtiger ist als das, was du tust. Anstatt dich zu fragen: »Sage ich das Richtige?«, überprüfe zuerst, was du bist. Anstatt dich zu fragen: »Was sollen wir *machen*?«, stelle dir vor, wer du *sein* wirst. Wenn du eine U-Bahn, einen Bahnhof oder einen Flughafen besucht oder wenn du zur Arbeit gehst, kannst du damit experimentieren. Die Menschen werden mehr auf dein Sein als auf dein Tun reagieren. Du strahlst an verschiedenen Tagen verschiedene Wesenszüge aus, auch wenn dein Tun, ein Ticket zu kaufen, in das Flugzeug einzusteigen usw., dasselbe bleibt. **Hier ist ein Geheimnis, das dein Leben verändern wird:** Sorge dich nicht darum, wie die Menschen dich sehen, sondern um dein Wohlergehen. Das wird deine Aura radikal verändern und deine Anwesenheit wird das ganze Flugzeug, den Zug und den Raum ausfüllen.

Augenkontakt und Energieaustausch

Menschen treffen sich, Energie wird ausgetauscht. Ein wenig wird ausgetauscht, wenn sie sich online treffen, viel wird ausgetauscht, wenn sie sich physisch treffen, und noch mehr, wenn es Augenkontakt gibt, der wirklich Seelenkontakt ist.

Es ist verrückt, dass solche Dinge in der Schule niemals unterrichtet werden, nur weil die Wissenschaft die Existenz von Lebenskraft / Energie / Aura/ Bewusstsein nicht akzeptiert. Jeder weiß instinktiv, dass Augenkontakt die meiste Energie (zusammen mit Berührung) austauscht und dass man am meisten fühlt, wenn man jemandem in die Augen schauen. Wir wissen auch, warum die Stadtbewohner Augenkontakt meiden: In überfüllten Gegenden ist er zu überwältigend. Landbevölkerung steht eher in Augenkontakt, weil nicht so viele Menschen in der Nähe sind.

Augenkontakt zu vermeiden, hat nur zwei Gründe: Du möchtest nicht gefühlt werden und du möchtest andere nicht fühlen.

Vermeide Augenkontakt, wenn du der Entdeckung oder dem »Lesen« deines emotionalen Zustands oder deiner Energie und dem emotionalen Zustand eines anderen Menschen aus dem Weg gehen möchtest. In einigen Fällen hat es auch mit einer Art kultureller Höflichkeit zu tun, anderen nicht den eigenen Status aufzuzwingen.

Anstatt Augenkontakt oder Mangel an Augenkontakt als »gut oder schlecht« zu betrachten, solltest du sie als etwas sehen, das unterschiedlichen Zwecken dient. Nehmen wir an, ich bin auf einer Versammlung oder Party und möchte »verborgen« bleiben – keine Gespräche führen, mich nicht unterhalten. In diesem Fall würde ich meinen Kopf und meine Augen leicht nach unten wenden, damit kein Augenkontakt hergestellt werden und niemand meine Stimmung lesen kann. Augenkontakt ist der Beginn der Verbindung und Kommunikation. Wer schüchtern ist und keine Lust auf Geselligkeit hat, meidet dies. Da deine Lebensenergie durch die Augen scheint, ist es eine großartige nonverbale Kommunikation, den Kopf zu heben, sich umzusehen und sich mit anderen Augen zu verbinden. Wenn du weißt, wie man mit den Augen spielt, musst du nicht einmal etwas sagen und wirst trotzdem als »guter Kommunikator« und »interessante Person« angesehen, auch wenn du den ganzen Abend nur ein paar Worte gesagt hast. Es lohnt sich, ein wenig Augenkommunikation zu üben, damit deine Augen lebendiger werden, wenn es die Gelegenheit erfordert. Es gibt hunderte von Dingen, die du nur mit deinen Augen »sagen« kannst. Ohne ein einziges Wort auszusprechen, können deine Augen sagen:

Ja
Nein
Das ist großartig!
Das ist seltsam
Neugierig
Spaß
Langeweile
Aufregung
Interesse
Ruhe
Barmherzigkeit
Gerissenheit
Arroganz
Staunen
und hunderte von Dingen mehr.

Kannst du dir die dazugehörigen Augen vorstellen, während du diese Worte liest? Wenn sich die Leute an dich erinnern, erinnern sie sich nicht nur an das, was du gesagt hast, sondern auch an den Ausdruck in deinem Gesicht. Eine Person mit ausdrucksstarken Augen wird als lebendiger und vertrauenswürdiger wahrgenommen.

Wenn man schlechte Laune hat, krank, wütend, ängstlich ist oder schlechte Absichten verfolgt, vermeidet man direkten Augenkontakt, da durch diesen Kontakt Energie übertragen wird.

Wenn die Polizei Verbrecher verhört, versucht der Verbrecher, seine Lügen zu maskieren, indem er absichtlich Augenkontakt hält, da dies ein Indikator für Ehrlichkeit ist. Dieser Augenkontakt wird jedoch oft zu einem Blenden oder Starren, wodurch die Lügen entlarvt werden. Der Grund, warum der Blick erstarrt, ist, dass der Lügner versucht, Augenkontakt gezielt zu halten, während er die Energie hält (nicht zulässt, dass sie auf den Vernehmer übertragen wird). Der Ehemann, der seinem Ehepartner untreu geworden ist, kommt nach Hause und wird von seiner Frau nach seinem Verbleib befragt. Dies lässt sich leicht feststellen, indem man beobachtet, ob er Augenkontakt meidet oder Augenkontakt hält. Superprofessionelle Lügner wissen, wie man natürlich aussehende Augenbewegungen vortäuscht (in diesem Fall kann nur die Intuition sie entlarven).

Um »Energie zu fühlen« ist ein häufiger Augenkontakt (nicht als Starren) vorzuziehen. Warum? Du fühlst mehr vom Leben. Wenn du die ganze Zeit über Augenkontakt meidest, isolierest du dich vom Fluss und Energieaustausch, den das Leben darstellt. Mit Blickkontakt schaffst du Vertrauen, Beziehung, Freundschaft, Humor, Freude – die ganze Reihe positiver Emotionen.

Wenn Augenkontakt so positiv ist, warum meiden ihn dann manche Kulturen und halten ihn für unhöflich? Wenn du jemals ein Buch über interkulturelles Verhalten gelesen hast, hast du gelernt, dass jede Kultur ein unterschiedliches Maß an »Nähe« (= Energieaustausch) aufweist, das als angemessen erachtet wird. Russen umarmen und küssen anscheinend gern völlig Fremde, während die Japaner nicht anfassen und schauen. Wenn du sorgfältig beobachtest, wie die Europäer begrüßen und im Gegensatz dazu die Amerikaner, wirst du sehen, dass die Europäer oft unbewusst den Kopf zum anderen neigen, zu ihm bewegen oder leicht nicken oder beugen, während die Amerikaner oft gerade stehen, darauf achten, sich nicht in die andere Richtung zu bewegen, während sie Hände schütteln. Dieser subtile Unterschied lässt die Europäer etwas höflicher erscheinen. Auf der anderen Seite lächeln die Amerikaner häufiger als die Europäer, was die Europäer etwas kälter erscheinen lässt.

Offensichtlich hat es einige Vorteile, die eigene Energie für sich zu halten und sich nicht mit jemandem zu »vermischen«. Der naheliegendste Grund ist: Nicht jeder hat eine so angenehme Energie. Ein weiterer Grund ist, dass Privatsphäre kostbar ist. Datenschutz ist in unserer Zeit so wichtig, weil die Welt voller invasiver Stalking-Clowns ist (erst gestern erfuhr ich, dass die Google Maps App auf meinem Smartphone meinen genauen Standort kannte, obwohl ich alle Ortungsdienste, GPS und Wi-Fi ausgeschaltet hatte).

Ein anderer Fall, in dem Augenkontakt nicht hilfreich ist, ist, wenn du nachdenken musst (zum Beispiel, um eine Art mathematisches Problem zu lösen oder eine Liste von Besorgungen zu schreiben). Externalisierte Aufmerksamkeit erhebt einen aus der Denkweise des Bewusstseins, sodass Augenkontakt das innere Denken erschwert. Zwei Liebende, die sich anstarren, haben sich von allen rationalen Gedanken gelöst.

Mit steigendem Bewusstseinsniveau des Planeten Erde wird es jedoch immer sicherer und angenehmer, sich zu verbinden, da die Energien der Menschen gesünder und freudiger werden. In einigen mediterranen und nahöstlichen Kulturen gibt es das Konzept des »bösen Blicks«. Dieses Konzept entstand genau deshalb, weil viel Energie durch die Augen übertragen wird. Während immer weniger Menschen andere mit Trotz, Neid, Hass,

Angst oder Bedürftigkeit ansehen, wird Augenkontakt und der wunderbare Energieaustausch immer häufiger.

Natürlich geht der Blickkontakt zwischen Lehrer und Schüler über Online-Kurse hinaus. Wenn du zum Beispiel darüber nachdenkst, eine Sprache online zu erlernen, tue es nicht. In Gegenwart eines echten Lehrers geht es so viel schneller, weil all die »subtilen Energien« durch die Augen übertragen werden.

Längerer Augenkontakt oder Blickkontakt wird normalerweise in Flirt- und Liebessituationen oder in spirituellen Übungskontexten und Schauspielschulen angewendet. Dies sind die Orte, an denen intensive Energie ausgetauscht wird. (Ein anderer Kontext könnte ein Pokerspiel und Casinos sein, wo ein erweiterter Blickkontakt hergestellt wird, um festzustellen, ob jemand blufft oder nicht.) Ob das Halten des Blicks sexuell oder spirituell ist, hängt davon ab, aus welchem Chakra die Absichten stammen. In einer Flirtsituation werden die Augenkontakte immer länger. Wenn du zu diesem Zeitpunkt immer noch fragst: »Ist er/sie interessiert?«, bist du ein Dummkopf. Natürlich ist er/sie interessiert, sonst würde der Augenkontakt nicht so lange dauern. In einem spirituellen Kontext kann man tatsächlich Liebe und Heilung über die Augen zum anderen senden und jemanden für eine lange Zeit in seinem Aufmerksamkeitsfeld halten (einem Menschen Raum geben). Du kannst auch verschiedene telepathische Informationen übertragen sowie die verschiedenen Identitäten (Vergangenheit, Gegenwart und Zukunft) einer Person anzeigen.

In extremen Situationen kann das Verstehen der Augenenergie eine Frage des Überlebens sein. Wenn du ein Kriegsgefangener wärest, würdest du zunächst den Augenkontakt mit deinen Entführern vermeiden und dann mit der Zeit die Häufigkeit des Augenkontakts langsam erhöhen. Ich werde dir nicht sagen, warum, das kannst du selbst herausfinden.

Wenn deine Beziehung immer schlechter wird, kannst du sie wieder verbessern, indem du den Augenkontakt erhöhst. Auch hier ist kein Detektiv erforderlich, um herauszufinden, warum.

Die Aufmerksamkeitsrichtung der meisten Menschen hängt davon ab, wohin die Augen gehen. Obwohl die Aufmerksamkeit unabhängig von den Augen ist (ich trainiere Menschen für viele nützliche Zwecke, mit ihrer Aufmerksamkeit unabhängig von den Augen zu reisen), ist sie bei den meisten Menschen verbunden. Wenn ihre Augen also zu einer bestimmten Person wandern, ist ihre Aufmerksamkeit auch da. In den Augen steckt so viel Kraft, dass die Leute sie für alle Arten von manipulativen Dingen nutzen: Menschen nervös machen, indem sie auf ihren Körper schauen, anstatt auf Gesichter, den Augenkontakt zurückziehen, um Uneinigkeit zu signalisieren, jemanden durch häufiges Hin- und Wegschauen verführen usw. Ich sage »usw.«, weil ich nicht auf alle manipulativen Möglichkeiten eingehen möchte, wie Augen verwendet werden können.

Das Fazit: Während es oft bequemer ist, Augenkontakt zu vermeiden, insbesondere wenn du keine Fremden treffen möchtest, trägt es zu deinem positiven Energiezustand bei, wenn du öfter hinsiehst und dich verbindest. Und vielleicht noch mehr schaust. Und vielleicht noch ein bisschen länger. In der Realität geht es hauptsächlich um den Energieaustausch zwischen den Energieeinheiten (Menschen). Je mehr du an diesem Austausch teilnimmst, umso wohlhabender wirst du.

Hier ist ein guter Trick, wenn du die Wahrnehmung von jemandem in Bezug auf sich selbst verbessern möchtest: Stelle dir vor, dass er besser ist als du und übertrage dieses positive mentale Bild auf ihn. Es wird durch deine Augen übertragen und du wirst diese Person in einer verbesserten Version erleben. Was, das haben sie dir in der Schule nicht beigebracht?

Emotionen intensivieren

Im Bild auf der nächsten Seite bietet die Blume auf der linken Seite eine schöne Karte, um mit verschiedenen Intensitätsstufen einer Emotion zu experimentieren. Als kraftvolle Übung zur Zustandsänderung lade ich dich ein, mit einer Emotion am äußeren Rand zu beginnen und dich dann in die Mitte jedes Zustands vorzuarbeiten. Wenn wir mit dem hellgrünen Blütenblatt beginnen, würde ich dich bitten zu fühlen, wie sich Akzeptanz anfühlt. Mach das jetzt gleich. Und dann verstärke dies, indem du zu »Vertrauen« wechselst. Und verstärke es noch mehr, indem du zur »Bewunderung« übergehst.

Die meisten werden diese Zustände tatsächlich durch Absicht erschaffen haben, indem sie sich nur an sie erinnern. So lässt sich schnell und einfach ein frischer Energiezustand herstellen.

Gehen wir nun zum dunkelgrünen Blütenblatt. Beginne mit einem leichten Gefühl der Besorgnis. Denke an etwas, worüber du besorgt bist. Und dann verstärke das, indem du dich der Angst zuwendest. Erzeuge Angst durch blanke Absichten oder denke an etwas, das du fürchtest. Und übertreibe es dann noch mehr, indem du in die Panik gehst. Diese Übung schadet dir nicht. Indem du absichtlich negative Emotionen erzeugst, kannst du etwas Kontrolle erlangen und damit umgehen. Was du absichtlich herstellen kannst, kannst du auch freigeben. Jede negative Emotion, die absichtlich hervorgerufen wird, geht irgendwann zu Ende. Wenn du in der Lage bist, starke Panik zu verspüren, musst du noch einige Aufgaben lösen, bis es sich nicht mehr so schrecklich anfühlt. Wenn du die Technik des richtigen Lösens anwendest, ist es an einem gewissen Punkt sehr schwierig, unter allen Umständen Angst zu empfinden.

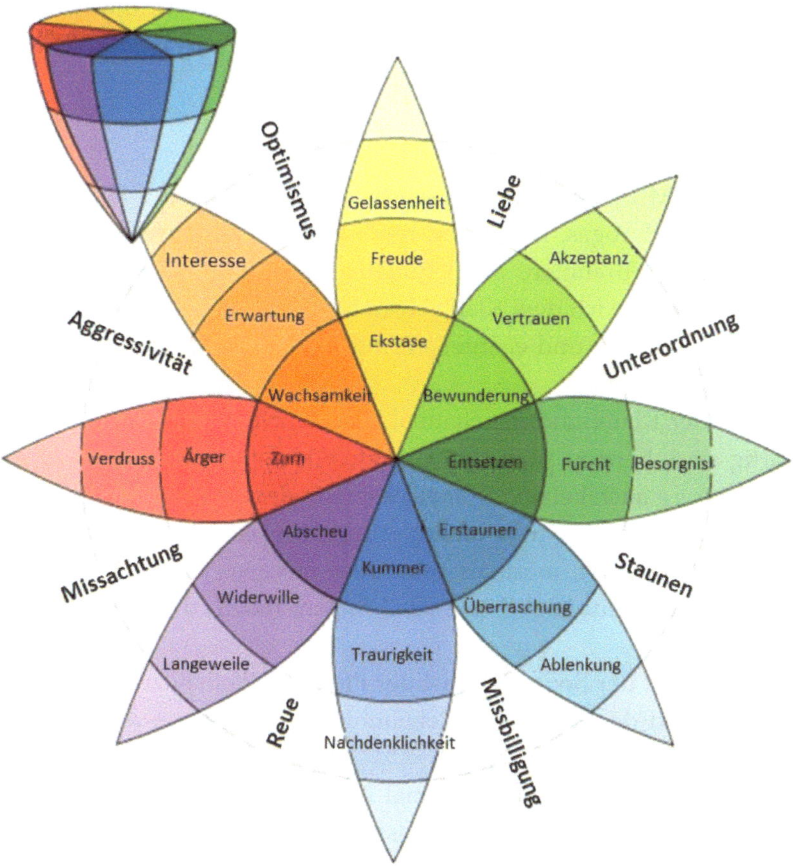

Bewege dich auf diese Weise durch die gesamte Blume. Es ist gut, mindestens eine Minute für jedes Blütenblatt zu verwenden, aber auch nur ein paar Sekunden können viel Spaß machen. Am meisten Freude macht es jedoch, von Stadium zu Stadium zu **wechseln**. Wenn du einmal die ganze Blume durchlaufen hast, fühlst du dich vielleicht etwas high, weil du verschiedene Realitäten durchlaufen und nun einen »Beobachter von außen«-Modus eingenommen hast, der sich jenseits aller Zustände befindet. Diese

Beobachterperspektive kann jeden Zustand erzeugen und wieder aufheben.

Du kannst diese Blume jederzeit verwenden, wenn du **mehr fühlen** möchtest. Wenn du das Gefühl hast, dass du Emotionen unterdrückst oder die Befreiung von einer Emotion brauchst, oder wenn du nicht so viel fühlst, bewegst du dich einfach durch die Blume, wie gerade beschrieben. Das sollte deinem Lebensimpuls wieder Schwung bringen. Genieße sowohl die negativen als auch die positiven Emotionen. Wenn du die negativen vollständig fühlst, lösen sie sich auf. Wenn du die positiven vollständig spürst, kannst du sie im täglichen Leben neu erschaffen.

Wie man OM rezitiert

Der Klang OM ist das Ursprungswort und der Klang des Hinduismus, Buddhismus und Yogas. Der Klang repräsentiert das Höchste, die Quelle von Allem, Gott, Brahman, das Ultimative. In meinem Buch »Levels of Energy« bescheinige ich dem Klang einen hohen Pegel. Das Singen hat eine sofortige beruhigende und energetisierende Wirkung auf deinen gesamten Körper und dein Sein.

Während der Klang und das Symbol in der hinduistischen Kultur allgegenwärtig sind, können auch Nicht-Hindus davon profitieren, es zu rezitieren. Du musst auch keinem Kult angehören oder ein tiefer Meditierender sein, um von seiner Schwingung zu profitieren. Wenn du ein Mensch bist, der morgens meditiert, morgens betet oder morgens trainiert, kannst du Abwechslung in deine tägliche Praxis bringen, indem du ab und zu OM ausprobierst.

»Der Körper ist der Bogen, OM ist der Pfeil, die Pfeilspitze ist der fokussierte Geist, und das ultimative Geheimnis ist das Ziel« – Aus den Upanishaden

Im Hinduismus wird OM manchmal A-U-M geschrieben, wobei A den Wachzustand darstellt, U den unbewussten Traumzustand und M den unbewussten Tiefschlafzustand. Der vierte Zustand ist der der Stille zwischen den Klängen, die das absolute Bewusstsein repräsentiert, das alle anderen Zustände durchdringt. Wenn du OM für eine Weile anwendest, wirst du feststellen, dass es mehr um die Stille zwischen OM als um das OM selbst geht.

Der beste Weg, OM zu rezitieren, ist, einen weichen und tiefen Atemzug zu nehmen und dann beim Ausatmen den Ton OOOOMMMM zu bilden (eine ähnliche Dauer an Zeit für das O und das M).

»Die Wiederholung des Klanges OM, zusammen mit einer tiefen Betrachtung der Bedeutung von dem, was es darstellt, bringt sowohl die Realisierung des individuellen Selbst und die Beseitigung von Hindernissen, die normalerweise diese Erkenntnis blockieren« – Patanjali Yoga Sutras

Das Verlassen der weinerlichen Welt der Nörgler

Vielleicht sitze ich in einem Flugzeug und staune über die brillante Tatsache, dass wir fliegen können, sehe fasziniert zu, wie unterschiedlich alle Menschen um mich herum sind, nehme mir eine Auszeit, um über meinen Tag zu meditieren, und stecke Kopfhörer für einige wohlige Klänge in mein iPhone ... und neben mir jammert jemand: »Wir stehen schon seit 15 Minuten auf der Landebahn, wann hebt dieses verdammte Flugzeug ab?« Ich könnte über die Wunder meines iPhones staunen, auf dem sich eine Bibliothek von Büchern, Hörbüchern, Videos, Textnachrichten befinden, und der Typ, der in einem anderen Gang sitzt, jammert vielleicht: »Fuck! Hier draußen gibt´s keine Verbindung. Die sollten mal besser ihre verdammte Reichweite verbessern!«

Du siehst, Menschen, die auf einem bestimmten Energieniveau stecken, werden *immer* etwas zum Jammern finden, selbst wenn sie von Großartigkeit umgeben sind. Nach meiner Erfahrung tun es diejenigen, die gute und legitime Gründe haben, sich zu beschweren, am wenigsten und diejenigen, die sich am häufigsten beschweren, haben die wenigsten Gründe, dafür. Da sitzen sie mit ihren iPads, iPhones, Vollverpflegung und bequemen Sitzen in einem Flugzeug und fliegen in nur sechs Stunden von London nach New York (eine Reise, die früher mehrere Monate gedauert hat und von zahlreichen Plagen und Krankheiten heimgesucht wurde) und sie jammern darüber, dass sie für 15 Minuten auf der Startbahn stehen oder dass vorübergehend keine Telefonverbindung besteht. Es scheint, je bequemer das Leben für einige ist, umso unzufriedener werden sie.

Beschwerden deuten in der Regel auf einen niedrigen Energielevel, Übersättigung und zu viel Externalisierung hin. Wenn du zu viel jammerst, ist es Zeit, Urlaub zu machen oder zumindest eine längere Pause einzulegen, in der du lernst, mit kleinen und einfachen Dingen glücklich zu sein. Beschwerden ziehen deine Energie oft noch mehr nach unten. Du fühlst dich erschöpft? Du hast dich vielleicht zu viel beschwert. Wenn du deinen Energiezustand aufbauen möchtest, versuche das Gegenteil von Beschwerde, die Wertschätzung. Wenn das Flugzeug zu lange auf der Startbahn ist, ist dies eine wunderbare Gelegenheit für genau diese Art von Ruhe, die so viele brauchen. Wenn deine Telefonverbindung vorübergehend unterbrochen ist, ist dies eine wunderbare Gelegenheit für genau diese Art von Ruhe, die so viele benötigen. Verlasse die Welt der Nörgler und Jammerer und betrete die Welt, die großartig, breitgefächert und wundervoll ist.

Wenn man auf der richtigen Wellenlänge ist, verehrt man keine Prominenten

Warum verehrt die Gesellschaft Berühmtheiten? Es ist, weil sie sich wie ein Leitstern verhalten. Prominente – die extrem Reichen, extrem Schönen, extrem Erfolgreichen und extrem Mächtigen – repräsentieren einen »Hochenergiezustand«. Der Ottonormal-verbraucher glaubt, dass sie über eine magische Kraft verfügen oder es ein besonderer Verdienst ist, durch den diese opulenten Ränge erreicht wurden. Man glaubt nicht nur, dass diese Menschen sich »auf der richtigen Wellenlänge« befinden, sondern auch, dass wenn man ihnen zusieht, ihnen folgt, sich in ihrer Nähe befindet und sie sogar berührt, ein Teil dieser Energie übertragen wird, und indem man sie kopiert und nachahmt, ein ähnlicher Status erreicht werden könnte.

Je weniger eine Person auf das Universum eingestellt ist, desto verrückter wird sie, wenn eine Berühmtheit in der Nähe ist. Das kann ein Ärgernis für den Star sein und hat zur Stalking- und Paparazzi-Kultur geführt. Du, lieber Leser, solltest immer wissen, dass du deine **eigene angeborene Kraft hast** und dass du dich jederzeit auf das Universum einstimmen kannst – sogar in deiner dunkelsten Stunde. Du benötigst nicht wirklich Energie, die du dir von Prominenten und Luxusartikeln abgeschaut hast. Du kannst dies durch Meditation, Bestätigung, Gebet, gezieltes Handeln, Sport, Kunst, Musik, Tanz, Gesang und zahlreiche andere Mittel tun. Du bist dann eingestimmt, fühlst dich hell, leicht und im Fluss und unaufhaltsam.

Also sind Prominente nun etwas Besonderes oder nicht? Ich würde vorschlagen, dass Prominente eher gewöhnlich sind, genau wie du und ich. Ein Teil ihres Erfolgs wird sicherlich durch Verdienste erlangt – auch solche, die möglicherweise aus früheren Leben stammen (karmischer Verdienst). Ein anderer Teil ihrer Energie wird jedoch von den Medien erzeugt – den Meistern der Wahrnehmungsmanipulation – und von der Wichtigkeit/Bedeutung/Aufmerksamkeit, die die Öffentlichkeit ihnen geschenkt hat. Ein Superstar hat also zuerst seine eigene Energie bereitgestellt, um ein bestimmtes Level zu erreichen. Und der Rest der Energie wurde von der Öffentlichkeit bereitgestellt. Daher können einige Prominente, wenn die Öffentlichkeit nicht mehr auf sie achtet, eine Art Niedergeschlagenheit oder

Depression empfinden, wenn sie zu sehr von diesem Rausch abhängig geworden sind. Wenn du diese Strahlen der Bewunderung und Aufmerksamkeit erhältst, entsteht ein beachtliches Hoch, bei dem sich der Körper und Geist elektrisiert fühlen und alles heller und bunter aussieht. Daher ist es die wichtigste Aufgabe der Prominenten, auf dem Boden zu bleiben und sich an ihre Wurzeln als normaler Mensch zu erinnern. Eine gute Einstellung lautet: »Das hat nichts mit mir zu tun, ich habe meine Anerkennung durch das Universums erhalten.« Eine solche Einstellung umgeht das Ego und man kann nicht verletzt werden, wenn die öffentliche Aufmerksamkeit nachlässt. Die Berühmtheit benötigt dann nicht so viele künstliche Energiequellen (Drogen, Arzneimittel, Alkohol, Randalieren in Hotelzimmern).

Natürlich ist es wahr, dass die Nähe zu Prominenten dir vorübergehend etwas Energie geben kann. Mit wem auch immer wir »rumhängen«, beeinflusst unser eigenes Energiefeld durch spirituelle Osmose. Aber vieles von dem, was wir für das Promi-Leben halten, ist sicherlich eine Projektion unserer eigenen inneren Wünsche. Glamour selbst ist eigentlich eine auf Aura basierende Energieform, die die Wahrnehmung verzerrt und den Eindruck erweckt, dass es für jemanden oder etwas mehr gibt, als es wirklich gibt. Die Glamour-Energie umgibt bestimmte Menschen und Luxusgüter und verleiht ihnen einen subtilen und unbewusst wahrgenommenen Glanz, der unsere Wünsche anspricht. Wenn du das Innenleben dieser Energieform verstehst, kannst du jemanden dazu bringen, fünf Millionen für ein Auto zu bezahlen, dessen Herstellung nur zehntausend kostet. Oder, wie ich Verkäufern sage, wenn ich sie coache: »Du musst deinen Produktpreis nicht senken, wenn du die **Bedeutung** dieses Produkts änderst.«

Trotz all dieser Kultur der Verehrung von Prominenten und der meist illusorisch Superreichen kann man immer noch ihre Energie oder ihre wahrgenommene Energie nutzen. Du kannst dies tun, indem du das beobachten, was du als Höhepunkt betrachtest, und Inspiration daraus für deine eigenen Bemühungen gewinnen. Sich auf den **Gipfel** auszurichten - das Beste vom Besten vom Besten in allen Bereichen des Lebens - ist eigentlich eine gesunde Sache, weil du mehr danach strebst, der Gott-Aspekt zu sein, der du bist. Das Schöne und Erfolgreiche zu bewundern, zieht dich an. Achte nur darauf, dass du nicht zu weit in die Verehrung von Prominenten und materiellen Dingen eintauchst, sondern dich daran erinnerst, dass du selbst auf ewig ein einzigartiger leuchtender Stern bist. Sobald deine Seele nach dem Tod aufsteigt, merkst du, dass all diese materiellen Gegenstände - so schön sie auch sind - wertlos sind, weil du sie nicht mitnehmen kannst.

Gleichzeitig merkt man, was wirklich wertvoll ist, nämlich was man mitnehmen kann: deine schönen Erinnerungen und Gefühle und die Bindungen an andere Seelen, die du im Laufe deines Lebens geschaffen hast.

Die Energie deines Rings, Armbandes, Halskette, etc.

Seit jeher tragen die Menschen gerne Ringe, Halsketten, Armbänder, Schlüsselanhänger, Kristalle, Edelsteine, Ohrringe, religiöse Symbole oder tragen spezielle Münzen und Zeichen bei sich. Meiner Ansicht nach ist dies nicht nur ein Modestatement oder ein Statussymbol, sondern es geht darum, psycho-spirituelle Energie zu speichern und sich daran zu erinnern, wer du gewählt hast zu sein. Das Unterbewusstsein denkt nicht in Worten oder Zahlen, sondern in Bildern und Symbolen.

Wenn du einem Objekt Bedeutung und Wichtigkeit zuschreibst, lädst du es mit Energie auf, einer Art übernatürlicher Flüssigkeit, die man nicht sehen, aber fühlen kann. Wenn du dann dieses Symbol um deinen Hals, an deinem Arm oder an einer anderen Stelle deines Körpers trägst, sammelt es im Laufe der Zeit mehr von deiner persönlichen Energie. Deshalb ist es keine so gute Idee, gebrauchte Gegenstände zu tragen. Sogar gebrauchte Kleidung ist mit der Energie des Vorbesitzers angefüllt und sollte nicht wirklich getragen werden, es sei denn, diese Person war auf einer hohen Bewusstseinsstufe oder du reinigst die Kleidung bewusst von der alten. Wie kann man von alter Energie reinigen? Halte sie unter kühles Wasser, während du die Energie visualisierst, die aus ihr abfließt, und führe Reinigungs- und Kehrbewegungen mit deinen Händen durch. Das mag für manche Menschen seltsam aussehen, aber das liegt nur daran, dass sie weder die Energiestränge in einer Sache noch die Energie, die aus ihren Händen kommt, sehen können.

All dies klingt ein wenig esoterisch und ich möchte keinen Aberglauben auslösen – die Energie von Objekten ist nicht so stark, aber sie spielt eine Rolle für deinen Gesamtenergiezustand. Nehmen wir an, es gibt ein Schmuckstück oder ein Symbol, das du magst. Wenn es dir gefällt, dann hast du es bereits mit Sinn (und damit Energie) aufgeladen. Wenn du es trägst, wird es noch stärker aufgeladen. Wenn Momente hoher positiver Emotionen auftreten, berührst oder küsst du es. Dies lädt es noch mehr auf. Wenn ich mir Sportspiele ansehe, kann ich sehen, wie Spieler Tore erzielen, ihre Kette herausnehmen und sie küssen. Millionen von Menschen jubeln, fühlen sich wie Könige der Welt und küssen den Gegenstand, der an ihrer Halskette hängt. In diesem speziellen Moment findet eine emotionale Verankerung statt. Die Erinnerung an dieses Ereignisses wird im Objekt gespeichert oder verankert. Jedes Mal, wenn man das Objekt wiedersieht, berührt oder küsst, wird man an diese einzigartigen Momente erinnert.

Wir sehen auch, dass viele Trainer von Sportmannschaften in Bezug auf ihre Kleidung abergläubisch sind und dasselbe Hemd, denselben Mantel oder dieselbe Krawatte tragen, solange es eine Siegesserie gibt, so als würde ein Wechsel der Kleidung diese Siegesserie aufhalten. Weißt du was? Sie liegen nicht ganz falsch. Jeder Gegenstand, jedes Kleidungsstück ist mit bestimmten Erinnerungen verbunden. Wenn diese Erinnerungen sehr positiv sind, werden sie durch erneutes Tragen wieder in diesen Geisteszustand versetzt.

Ich benutze nicht viele Gegenstände, aber ich besitze ein paar »Glücksbringer«, die ich für besondere Anlässe einsetze, um mich an bestimmte positive Einstellungen, Überzeugungen und Identitäten zu erinnern, die ich gewählt habe. Zum Beispiel trage ich einen bestimmten Schlüsselanhänger mit einem mystischen Symbol als Erinnerung daran, dass ich meine Schlüssel immer behalten werde. Als ich jünger war, hatte ich die schlechte Angewohnheit, Schlüssel zu verlieren. Aber seit ich meinen mystischen Schlüsselanhänger habe, habe ich sie nie wieder verloren und werde es auch nicht. Durch die symbolische Geste, den Schlüsselanhänger zu kaufen und anzubringen, habe ich den Glauben verankert, dass ich meine Schlüssel immer behalten werde. Ich habe ein Wohlstandssymbol in meiner Brieftasche versteckt. Und für einige Ereignisse könnte ich bestimmte Halsketten tragen. Weil ich nicht jeden Tag oder sogar jeden Monat Halsketten benutze, bekommen sie die Kraft, mich an all die positiven Überzeugungen zu erinnern, mit denen ich sie verbinde. Das einfache Umlegen einer Halskette kann also meinen gesamten emotionalen Zustand und meine Einstellung sofort ändern, je nachdem, ob mein Verstand die Halskette mit Schutz, Mitgefühl, Lust oder einer anderen erforderlichen Eigenschaft in Verbindung gebracht hat.

Aber werde nicht zu abhängig von externen Objekten. Ich habe diese Dinge einmal einer Schülerin beigebracht und ungefähr ein Jahr später schrieb sie mir und sagte, sie sei besorgt, weil sie ihren besonderen Ring verloren habe und ohne ihn nicht zu einem wichtigen Treffen gehen wolle. Das war albern und zeigt, wie Bewusstseins- und Energiearbeit zu Aberglauben werden kann, wenn sie missverstanden wird. Es ist alles im Kopf und eine einfache Visualisierungssitzung hat ihren Zustand leicht positiv verändert. Der Ring war nur eine Abkürzung zu diesem Zustand, sodass sie ihn sich nicht die ganze Zeit vorstellen musste. **Er ist eine Verknüpfung, keine Quelle.** Aber wenn der Ring weg wäre, könnte sie diesen Zustand genauso gut ohne den Ring erschaffen. Als Meister deiner Realität solltest du in der Lage sein, deinen Zustand ohne Anker, Krücken oder Gegenstände zu ändern. Viele werden es jedoch leichter finden, ihren inneren Zustand zu ändern, wenn sie irgendeine Art von äußerer Erinnerung haben, dies zu tun. Wir setzen sie ein, weil die Herausforderung nicht darin besteht, zu wissen, wer du sein möchtest, sondern um dich in der Hektik des Alltags daran zu erinnern.

Wie Menschen Energien austauschen

Die Menschen sind ganze Sphären von Energie, nicht nur physische Fleischstücke. Als solches tauschen wir täglich Energie aus. Hier ist eine unvollständige Liste, wie wir Energie mit anderen austauschen, von niedriger bis hoher Intensität:

- Körperlich in der Nähe sein
- Konversation
- Blickkontakt
- Handschlag
- Umarmen
- Küssen
- Sex

Hier ist eine Liste der verschiedenen Arten von Begrüßungen und dem Energieaustausch von niedriger zu hoher Intensität:

- Namaste-Begrüßung
- Verbeugen
- »Gib mir fünf«
- Handschlag
- Umarmen
- Küssen

Treffen sich zwei Menschen mit guter Energie, ist ein Energieaustausch wünschenswert. Es ist jedoch nicht immer wünschenswert, weil wir nicht immer in guter Energie sind. Einige gehen davon aus, dass das Umarmen von Menschen allgemein positiv ist. Aber wenn die inneren Turbulenzen eines Menschen schwerwiegend sind, möchtest du ihn nicht unbedingt umarmen. Es sei denn, dein eigenes **Energieniveau** ist so gut, dass du immun gegen negative Energie bist. Oder es sei denn, **du möchtest ihre Energie auf dich nehmen, um ihnen zu helfen**. Du bist also bei einer Beerdigung und erlaubst jemandem, der trauert, dich zu umarmen. Deine Anwesenheit und Fürsorge werden dazu beitragen, dass er seine trauernde Energie freisetzt. Ich habe festgestellt, dass es keinen Energieverlust geben wird, wenn du die trauernde Person liebst, die du umarmst. **Liebe macht dich wirklich immun gegen Trauer, Angst, Wut und andere unruhige Gefühle.** Wenn du jedoch einen Menschen nicht magst und ihn in die Arme nimmst, kommt es zu einem Energietransfer, der dich danach müder werden lässt. Es ist nicht die Trauerenergie selbst, sondern es ist der Widerstand gegen die Person, die Energie verbraucht. Wenn du dein Leben nach dem Motto »Liebe alle, diene allen« lebst, kannst du jedem ohne Energieverlust die Hand schütteln und ihn umarmen und jede Verbindung, die du herstellst, ist ein Energiegewinn für beide Seiten.

In einem kürzlich durchgeführten Seminar habe ich mehr als hundert Studenten die Hand geschüttelt. Für mich war das aber kein Problem, denn sowohl ich als auch die Schüler hatten im Allgemeinen eine »gute Energie«. Wenn ich in der Innenstadt das Gleiche mit einer Gruppe von Fremden machen müsste, wäre ich wahrscheinlich etwas müde und hätte eine Dusche nötig. In Indien wird man ohne Berührung mit dem Gruß »Namaste« begrüßt. In Japan benutzen sie eine Verbeugung. Dies sind »sichere« Grüße, die keinen großen Austausch erfordern. Der Vorteil ist, dass keine negative Energie übertragen wird. Der Nachteil ist, dass Absichten verborgen bleiben. Berührung überträgt deine Energie und damit einige deiner und der anderen Absichten (Menschen, die ihre Absichten verbergen wollen, berühren sich nie). Daher verwenden wir Handshakes, um Vertrauenswürdigkeit und Verbindung anzuzeigen. Der Handshake selbst kann eine Verbindung herstellen, die vorher nicht da war.

Solange du dich nicht in guter Energie befindest (und dabei weitgehend immun gegen Negativität bist), solltest du wählerisch gegenüber den Menschen sein, mit denen du regelmäßig Sex hast oder mit denen du in Verbindung stehst. Sex ist eine der ultimativen Möglichkeiten, um bereit zu sein, Energien vollständig zu mischen. Natürlich macht der Energieeinfluss von anderen nur einen Bruchteil unseres gesamten Energiezustands aus (vielleicht 15 Prozent) und übertrifft nicht den Einfluss deiner eigenen Gedanken und Emotionen, deiner Ernährung und deines Sports, deines Lebensstils und deiner Entscheidungen. Während es also gut ist, sich des Energieaustauschs mit anderen bewusst zu sein, gibt es keinen Grund, dessen Bedeutung bis zu dem Punkt zu übertreiben, an dem du anfängst, andere für negative Energie verantwortlich zu machen. Wenn du energielos bist, haben andere vielleicht etwas damit zu tun, aber deine eigenen Gedanken, Etiketten und Entscheidungen haben viel mehr damit zu tun.

Sollte es vorkommen, dass du »negative Schwingungen« von anderen wahrnimmst, ist das Händewaschen oder Duschen eine gute Möglichkeit, sich selbst zu reinigen. Beim Duschen wird nicht nur die Haut gereinigt, sondern es kommt auch zu Vibrationen (mehr als beim Baden, bei dem die abgewaschene Energie in der Wanne verweilt). Deshalb verspüren wir nach einer mittelmäßigen Liebesbeziehung den Drang zu duschen und nach einer guten Liebesbeziehung möchten wir eine Weile nicht duschen. Deshalb duschen wir lieber nicht, wenn wir uns richtig gut fühlen, um die Energie zu erhalten, und wenn wir erschöpft sind, fühlt sich eine Dusche so erfrischend an.

Einige schlagen vor, sich mit visualisierter Energie um den eigenen Körper herum und dergleichen »abzuschirmen«. Das funktioniert auch. Aber ich bevorzuge die Methode, das eigene Energieniveau zu erhöhen, weil du dann eine Frequenz einnimmst, in der du einfach überhaupt nicht der Negativität anderer ausgesetzt bist. Von diesem Ort aus ist kein Schutz erforderlich.

Wie du dich noch weiter immunisieren kannst

Solange wir auf der Erde leben, sind wir von positiver, neutraler und negativer Energie umgeben. Natürlich werden wir auch von Menschen beeinflusst, ohne sie zu berühren. Wir sind beeinflusst von der unsichtbaren Energie, die sie ausstrahlen, durch ihre Stimmungen. Wir waren alle schon einmal in der Gegenwart von Menschen, bei denen sich der Raum so dicht und schwer anfühlte, dass wir einfach so schnell wie möglich hinaus wollten. Und wir waren auch in der Gegenwart von Menschen, bei denen wir so lange wie möglich bleiben wollten.

Die übliche Herangehensweise an negative Energie sind Kampf oder Flucht. Diese scheinen genetisch fest in unser Nervensystem eingebunden zu sein.

Unsere »normale« Reaktion ist es, entweder Gewalt gegen sie zu üben, sie zu bekämpfen (um auf ihr Niveau abzusteigen) oder zu entkommen und uns von ihr zu entfernen (um sie dadurch nicht zu lösen, sondern sie lediglich zu verschieben). Wenn wir nicht wissen, ob wir kämpfen oder fliehen sollen, erstarren wir. Ein erstarrter Zustand verursacht viele verschiedene Probleme, einschließlich der Unfähigkeit, sich richtig zu artikulieren, der Unfähigkeit, sich zu entspannen, der Unfähigkeit, sich zu lieben, der Unfähigkeit, sich zu konzentrieren und vieler anderer Nachteile.

Wenn wirklich ernsthafte Bedrohungen vorliegen, ist Kampf oder Flucht sinnvoll. Aber die meisten Ereignisse, denen wir im modernen Alltag begegnen, sind nicht so gefährlich. Kampf oder Flucht ist oft unnötig und dennoch reagieren wir auf viele harmlose Ereignisse, als ob die Dinge eine Frage von Leben und Tod wären. Es ist nicht hilfreich, auf Negativität oder empfundene Negativität von Menschen zu reagieren, als würde man lebensgefährliche Tiger im Dschungel abwehren.

Jeder, der an psycho-spiritueller Reifung interessiert ist, wird üben, Kampf- oder Flucht-Reaktionen zu reduzieren und andere Wege im Umgang mit Negativität zu entwickeln. Also wiederhole ich: Der beste Weg, sich gegen Bedrohungen, Angriffe und Negativität zu immunisieren, besteht darin, die eigene Bewusstseins- oder Stimmungsstufe zu erhöhen. Das Ausstrahlen von Liebe zum Beispiel wird die Härte und Grausamkeit anderer Menschen zum Schmelzen bringen und es dir nicht erlauben, Misshandlungen ausgesetzt zu sein. **Wenn du dich bewusst dafür entscheidest**, dass du keinem bestimmten negativen Einfluss der Umgebung ausgesetzt bist, wirst du dies nicht tun. Es ist nicht die beste Idee, sich jedes Mal zu entfernen, wenn es schwierig wird. Es ist eine gute Idee, sich zu entfernen, wenn du dich müde, krank oder abgelenkt fühlst. Aber wenn du positiv und fit bist, ist negativer Einfluss eine großartige Gelegenheit, innere Ruhe zu üben.

Du kannst rennen, dich verstecken, kämpfen, versuchen, dich zu schützen, eine Mauer um dich zu bauen, Geschäfte zu machen und Bestechungsgelder zu zahlen, aber am Ende lässt der negative Einfluss nur nach, wenn du dein eigenes Level auf einen Punkt steigerst, an dem du nicht mehr solche Einflüsse in dein Leben ziehst. Jeder Akt der Güte und des Wohlwollens macht dich sofort immun gegen schlechte Energie. Deine Selbstidentifikation kann dich auch immun machen. Aus diesem Grund sind Polizeibeamte statistisch gesehen selten Opfer von Diebstahl, Ärzte werden selten krank (obwohl sie von Kranken umgeben sind), Fahrradfahrer leiden selten unter Übergewicht usw.

Der Schlüssel liegt in der Reduzierung deiner Reaktion auf den ersten Impuls. Denke an eine Zeit zurück, in der du von jemandem scharf kritisiert wurdest. Beachte, wie dein erster Impuls gewesen ist, die Person entweder anzugreifen (zu kämpfen) oder wegzugehen (zu fliehen). Beide Optionen sind für die angebotene Gelegenheit blind. Manche Kritik ist berechtigt, andere nicht. Das Beste wäre, deine automatische innere Reaktion zu bemerken, aber nicht darauf zu reagieren. Bleibe sitzen und bei der Person, anstatt wegzugehen, und ruhig zu bleiben, anstatt zurückzuschießen. Du könntest zuerst den Kritiker anerkennen und Luft holen. Dann könnest du antworten oder nicht, aber wenn du antwortest, wird es viel stärker und nicht so starr sein. Was geschieht dann? Du kommst aus dem Gespräch heraus und fühlst dich besser, anstatt an Energie zu verlieren. **Das ganze Leben ist ein Spiel der Energien** und wenn du willst, hast du die volle Kontrolle über deine Reaktionen und Entscheidungen.

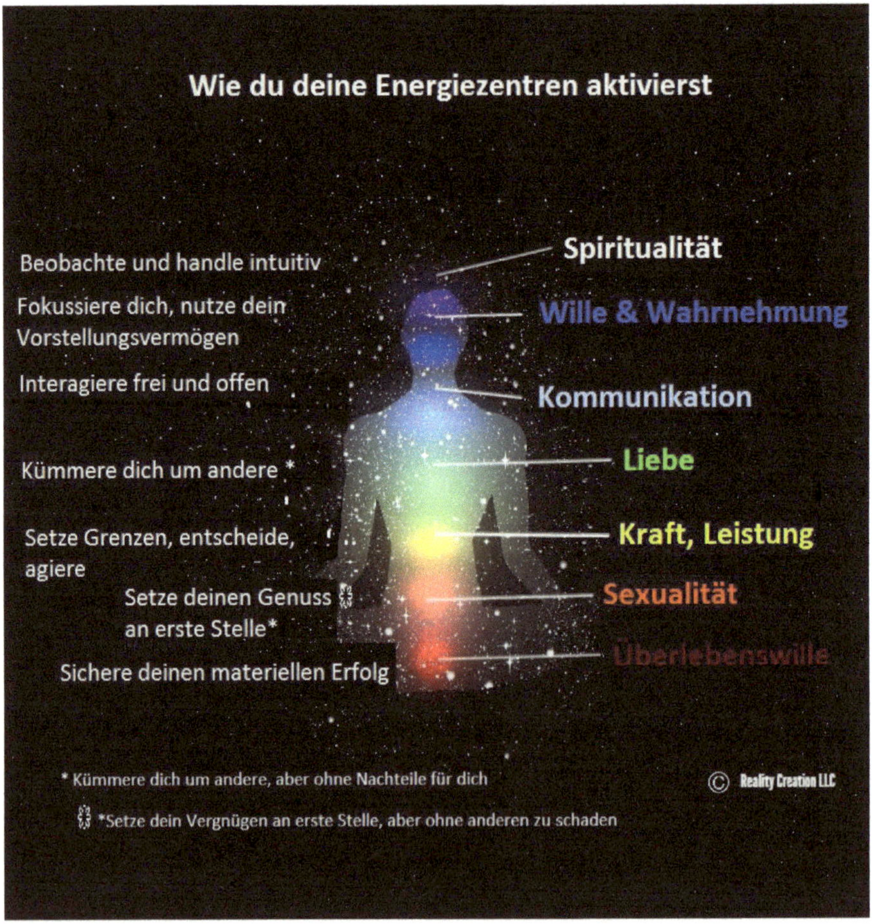

Zugang finden zu alten Erinnerungen: deinen und anderen

Ich saß mit Freudentränen am Flughafen. Zehn Minuten zuvor hatte ich einfach nur am Flughafen gesessen. Ich sitze viel an Flughäfen und das kann eintönig werden, also habe ich nach einer Möglichkeit gesucht, meinen Standardzustand zu verbessern. Wie bereits gesagt, ist der Zugriff auf gute Erinnerungen eine Möglichkeit, schnell »nach oben« zu kommen.

Meine Zeit, in der ich Popmusik hörte, lag zwischen 1986 und 1990 im Alter von 12 bis 16 Jahren (ab 16 Jahren emanzipierte sich der Teenager von der Kindheit, indem er unpopuläre Musik hörte). Also habe ich mit dem Smartphone die 100 beliebtesten Songs dieser Jahre durchsucht und dann auf YouTube nach Songs gesucht, an die ich mich erinnerte. Es ist wahr, dass die guten alten Lieder Jahrzehnte später für reife Ohren nicht ganz so gut klingen. Aber sie brachten in dem Moment alle Arten von schönen Erinnerungen hervor, die ich völlig vergessen hatte. Sie brachten mich schneller in Kontakt mit dem inneren Teenager, als es irgendein Therapeut hätte erreichen können. Das Sitzen in dieser Wartehalle ging von einem banalen Ding zu einer völligen Verjüngung über, als all diese Emotionen hereinkamen.

Es ist auch interessant zu sehen, wie die meisten dieser »Superstars« nach ein oder zwei Hits nie wieder gehört wurden. Man bekommt ein meditatives Gefühl für die Temporärität aller Dinge. Ich denke, dass von den 300 Künstlern in diesen Charts heute nur noch etwa zehn Musik machen und nur noch etwa drei populär sind. Als ich einige dieser ehemaligen Stars googelte, sah ich, dass viele wieder zu einem normalen Leben zurückgekehrt waren, einige machten immer noch Musik (aber ohne großes Publikum) und einige kluge hatten sich in andere Bereiche gewagt und waren dort erfolgreich. Ich nenne sie »klug«, weil ich weiß, dass es nicht wirklich der Plan der meisten Seelen auf der Erde ist, ihr ganzes Leben lang den gleichen Job zu machen oder zu versuchen, an altem Ruhm festzuhalten. In einer Sache erfolgreich zu sein, ist großartig, aber wie wäre es, wenn du in einer ganz anderen Sache erfolgreich sein könntest? Das hält die Dinge jung und aufregend.

Alte Songs, die du in jüngeren Jahren gehört hast, geben dir direkten Zugang zu deinem geistigen Aktenschrank und den darin gespeicherten Erinnerungen – und im weiteren Sinne zu allen Emotionen, die mit dieser Zeit verbunden sind.

Wenn dein Opa immer wieder von »guten alten Zeiten« spricht, versucht er, seinen gegenwärtigen Zustand zu ändern. Wenn er zu oft auf sie verweist, liegt es daran, dass seine heutigen Tage nicht viel Gutes zu bieten haben. Aber sie könnten es, wenn er tiefer auf seine gute Stimmung eingin-ge und sie in das Hier-Jetzt umsetzte (anstatt zu glauben, dass diese Zeiten längst vorbei wären).

Ein weiterer unerforschter Aspekt des Bewusstseins ist, dass es nicht nur auf die eigenen Erinnerungen und die Zeitachse zugreifen kann, sondern auch auf die von anderen. Dies hat etwas mit dem zu tun, was ich über Psychometrie gesagt habe. Wenn du beispielsweise in ein Museum gehen und die Energie und Vergangenheit verschiedener Objekte lesen kannst, wird der Museumsbesuch viel aufregender. Ich habe kürzlich ein uriges kleines Fischrestaurant besucht. Durch ein Bild an der Wand erfuhr ich, dass vor seinem Tod immer ein berühmter Sänger dorthin gekommen war. Ich habe immer gedacht: *Na und? Wen interessiert das? Warum ist es wichtig, dass „Mr. So-und-so" seinen Hintern auf diesen Stühlen geparkt hat? Hat das eine Konsequenz für mein Leben?* Aber heute sehe ich das etwas anders, weil in diesem Moment meine Energie mit der Energie von »Mr. So-und-So« in Verbindung stand und ich mich an einige der Szenen »erinnern« konnte, die er in diesem Restaurant erlebt hatte. Und es fühlte sich großartig an.

Es ist nicht so weit hergeholt, wenn man bedenkt, was Bewusstsein ist. Es ist ohne Raum oder Zeit. Das heißt, es kann auf alles zugreifen. Es gibt ein individuelles Bewusstsein und ein universelles Bewusstsein (die beide ewig sind). Das universelle Bewusstsein kann auf die Erinnerungen jedes einzelnen Bewusstseins zugreifen. Ich denke, es ist einfacher für mich, weil ich mein ganzes Leben lang »Identitätswechsel« praktiziert habe.

Lasse mich dir ein Beispiel geben, wie du dich mit dem Bewusstsein einer anderen Person identifizieren und dabei einige ihrer Erinnerungen aufgreifen kannst, die nicht in ihrem »privaten« Ordner (unterbewusst) abgelegt sind.

Schaue dir diesen Bildausschnitt an:

Und nun schaue dir dasselbe Bild aus einem leicht abgeänderten Blickwinkel und im Kontext an:

Bei welchem Foto fühlst du dich mit dem Energiefeld der Frau verbundener?

Im zweiten natürlich. Das zweite ist mehr, wie die tatsächliche Person – die Schauspielerin – die Szene erlebte. Das erste ist, wie ihr Charakter die Szene erlebte. Wenn du dich jetzt noch stärker mit der Frau identifizieren wolltest, müsste es aus der Sicht dessen, was sie gesehen hat, ein drittes Bild geben. Sie sah anscheinend Kamera-Assistentinnen, eine Kamera, eine weitere Schauspielerin und Dreharbeiten. Sie hat sich wahrscheinlich nicht von außen gesehen. Während du dir also vorstellst, sie zu sein, solltest du ein Gefühl dafür bekommen, was hier und da passiert ist. Dieses Bewusstsein greift auf diese »Dateien« zu. Und weißt du, was faszinierend ist? Möglicherweise kannst du auf Dinge zugreifen, an die sich die echte Schauspielerin nicht mehr erinnert.

Bewusstsein erfordert jedoch eine »sanfte Berührung«. Das bedeutet, dass solche Dinge nicht gut funktionieren, wenn du die Absicht hast, Informationen auszuspionieren oder zu erhalten, auf die du keinen Anspruch hast. Es dient dazu, dich in andere hineinzuversetzen, spielerisch zu sein und deinen Energiezustand zu verändern. Es macht Spaß und ist lustig, plötzlich mit deiner Aufmerksamkeit an einen Ort zu gehen, an dem du noch nie zuvor warst. Es macht dich kreativ, energiegeladen und flexibler (anstatt starr und auf das beschränkt, an das sich dein eigener Verstand erinnert).

Wenn du dich erinnern möchtest, an was sich eine Person, ein Ort, ein Gegenstand oder eine Sache »erinnert«, dann identifiziere dich damit. Transportiere deinen Standpunkt zum Standpunkt dieser Person oder dieses Objekts. SEI dieses Objekt oder SEI diese Person. Wenn du dich daran erinnern möchtest, was sie zu einer bestimmten Zeit erlebt haben, anstatt die heutige Version von ihnen zu sein, solltest du ihre frühere Version sein.

Fünf ungewöhnliche Wege, deinen Energielevel anzuheben

Dies sind fünf ungewöhnliche Möglichkeiten, um dein Gesamtenergieniveau zu erhöhen. Alle haben sich über Jahre bewährt. Was sie alle gemeinsam haben: DU initiierst einen WECHSEL.

1. Anders gehen

Wenn du dein Schritttempo beschleunigst, erhältst du mehr Energie. Wenn du langsamer gehst, wirst du entspannter. Es gibt viele Arten des Gehens, aber nur das Ändern der Art und Weise, wie du gehst, ändert dein Gefühl. Du kannst mit mehr Sprungkraft gehen, um dich beschwingt zu fühlen, um aufrecht zu gehen, um dich sicher zu fühlen usw. In jedem Fall ist es nicht notwendig, jeden Tag unbewusst genau gleich zu sein.

2. Rezitieren der Intention

Kontinuierliches Singen oder Rezitieren ruft einen Zustand der Trance hervor. Ein Zustand der Trance ist ein Portal zum Unterbewusstsein. Du kannst dies also mit deinen persönlichen Absichten oder Affirmationen kombinieren. Du rezitierst eine Absicht und wiederholst sie, bis du eine Idee für die nächste Absicht hast, die du dem Lied hinzufügen möchtest. Der Zweck des Wiederholens besteht darin, keine Pause im Rezitieren zu machen, sodass daraus ein Gesang wird. Ein Student von mir, der vor Kurzem ein großes Projekt bekommen wollte, sang dies: »Wir haben eine Vereiiiiiiinbaaaaaaaarung erreiiiiiiicht ... Heuuuuuuteeeee ist ein schöööööööner Tag ... Die Vereiiiiiiiiinbarung wird heute geschlossen, zum bestmöglichen Nuuuuuuutzen für beide Parteien ... Jaaaaa ... Wir haben alle Bedingungen geklärt ... aaaaaalle Bedingungen sind jeeeeetzt vereinbart ...... Ich bin so froh, dass es geklaaaaaaappt hat ...« Du hast das Bild vor Augen. Er fuhr eine halbe Stunde so fort, bis er sich deutlich »verändert« fühlte. Es erübrigt sich zu erwähnen, dass der Deal am selben Tag erfolgreich abgeschlossen wurde.

3. Wohlmeinendes Unheil

Mit Unheil meine ich nicht Böswilligkeit oder Ärger, nur um Aufmerksamkeit zu erregen oder bemerkt zu werden. Ich spreche von wohlmeinendem Unheil, um die Leute zum Lächeln zu bringen oder sich zu entspannen. Leicht schelmische Menschen haben eine »spirituelle Qualität« oder Aura, sie sind nicht vollständig »an die Gesellschaft angepasst«, einer Gehirnwäsche unterzogen, um schüchtern, übermäßig ernst oder streng zu sein. Sie mögen Verspieltheit, sie können frech, humorvoll, überraschend und unerwartet sein und ab und zu auf diese Eigenschaften zurückgreifen. Ihre Konversation muss nicht immer dem »geeigneten« Skript entsprechen. Ich nenne diese besondere Eigenschaft »wohlmeinendes Unheil«, weil man bei der Suche nach Synonymen für »Unheil« negativ assoziierte Wörter wie »böse«, »Teufelei«, »Vandalismus«, »Sabotage« und »Fehlverhalten« erhält. Das meine ich eigentlich nicht mit »Unheil«. Ich meine einen kreativen und kindlichen Geist, der bei anderen extrovertiert ist.

4. Ein Akt des Mutes

Ein Akt des Mutes oder das Zugehen auf etwas, vor dem du Angst hattest, führt zu einer dauerhaften Energieverschiebung nach oben. Wie ich in meinen Seminaren zum Thema »Energielevel« erläutere, ist Mut das Tor zu insgesamt höheren Energieleveln. Mut ist nicht immer die Abwesenheit von Angst, er schreitet trotz Angst voran.

Wenn eine dieser Methoden bei dir Anklang findet, machen sie zu deinem energiewandelnden Begleiter.

Weitere Methoden zum Ändern deiner Energie findest du in meinem Buch »Levels of Energy«.

Wie man sich vor der negativen Energie von Menschenmengen schützt

Ich kenne einige Leute, die versuchen, Menschenmassen zu vermeiden und die sich nach ihrem Aufenthalt in einer solchen ausgelaugt fühlen. Diese Menschen haben ein gesteigertes Gefühl für Empathie und Bewusstsein und mögen es nicht, sich mit Massen von Menschen auf Flughäfen, in Einkaufszentren, in Schwimmbädern, in der Stadt, in Clubs oder Restaurants zu vermischen. Die Energie solcher Orte ist, wenn sie überfüllt sind, chaotisch, ohne Zusammenhalt, ohne gemeinsamen Zweck oder Ausrichtung und normalerweise ohne Fokus oder erhöhte Freude (du fühlst dich auf einem überfüllten Seminar, Konzert oder Spielplatz, auf dem zumindest eine gemeinsame Absicht geteilt wird, ein wenig besser). Die meisten atmen erleichtert auf, wenn sie den überfüllten Raum verlassen. Der offensichtliche Grund dafür ist, dass es sich nicht so gut anfühlt, von Millionen unterschiedlicher widersprüchlicher Gedanken und Gefühle umgeben zu sein. Auch wenn dein Bewusstsein nicht alle diese Energien wahrnimmt, nimmt dein Wesen alles auf, was um dich herum geschieht. Gleichzeitig nimmt es den Schmerz des Kindes auf, das gerade von seinem Fahrrad gefallen ist, die Mutter, die besorgt ist, den Verkäufer, der möchte, dass du dich für eine Kreditkarte anmeldest, den Passanten, der das Gefühl hat, zu viel gegessen zu haben, und Millionen anderer nicht zusammenhängender Eindrücke. Wir genießen die Gesellschaft von Menschen bis zu einem gewissen Punkt, aber über diesen Punkt hinaus wird es zuviel. Deshalb leben empathische Typen in der Regel nicht in Ballungsräumen mit hoher Dichte.

Erweitertes Bewusstsein mag keine Beschränkung und Enge. Es bevorzugt dünn besiedelte Gebiete. In Gebäuden zieht es hohe Decken niedrigen vor. Es bevorzugt geräumige Autos gegenüber kleinen. Das Ausmaß der Enge spiegelt den Bewusstseinszustand eines Bereichs wider. Es wird selten in Gewässer gelangen, in denen tausend Menschen gleichzeitig baden, weil es dort nicht mit jedem Menschen Energien vermischen will.

Die naheliegende Lösung ist, nicht zu oft in Mengen zu gehen und Orte der Ruhe und Schönheit zu suchen. Andererseits macht es auch keinen Spaß, eine Position zu erreichen, in der man Leben und Menschen aus dem Weg geht und in der es zu viel wird, um damit umzugehen. Isolation und Einsamkeit ist das andere Extrem. Eine bessere Lösung besteht darin, einen sichtbaren Schutzschild oder Licht mit der festen Absicht zu kombinieren, in Menschenmassen frisch und energetisch sauber zu bleiben. Manchmal stelle ich mir vor, *wie ich eine Spirale aus strahlendem Licht um meinen Körper wickle und dann sage ich mir, dass ich frisch und glücklich aus der Menge hervorgehen werde.* Diese Absicht allein reduziert den negativen Effekt von Menschenmassen erheblich. Wenn du emotional stark bist, must du keine mittleren bis niedrigen Energien meiden. Du kannst mit allem umgehen, was auf dich zukommt. Wir kennen viele spirituelle Meister, die sich in fernen Bergen, Dörfern und Klöstern isolieren. Bei einem höheren Energieniveau ist eine solche Isolierung jedoch nicht erforderlich.

Eine noch bessere Lösung ist, ruhig, bewusst und freundlich zu allen Menschen und Dingen zu bleiben, anstatt auf jedes kleine Ereignis zu reagieren. *Das Ausstrahlen von Wohlwollen ist das stärkste »Schutzschild«, das es gibt.* Du kannst herumlaufen, um Menschen und Orte mit Interesse und Anerkennung zu betrachten, und überall ein *Nicken, Zwinkern und Lächeln* austeilen. Du erhältst diese Energie zurück. Was dich am meisten erschöpft, ist nicht die negative Energie selbst, sondern deine widerstandsfähige Vermeidung und Beschwerde darüber. Die Hauptbelastung für dich sind deine eigenen Gedanken und Einstellungen, nicht externe Personen und Dinge. Darüber hinaus kannst du mit ein wenig Kreativität die Absicht haben, Menschenmengen zu deinem eigenen Beobachtungs- und Lernvorteil zu nutzen.

Wenn du alle drei Werkzeuge kombinierst, wirst du dich nie wieder von Menschenmassen ausgelaugt fühlen:

1. Gehe nicht jeden Tag in die Menge.
2. Stelle dir eine schützende Aura um dich herum vor und beabsichtigen, kraftvoll zu bleiben.
3. Gehe mit Freundlichkeit und Ruhe durch die Welt.

Selbst auf privater Ebene tendieren bewusste Menschen dazu, ihren persönlichen »Raum« zu schützen und nicht gedrängt zu werden oder »überfüllt« zu sein, weder in ihrem physischen Bereich noch im geistig kontrollierten. Mit anderen Worten: Ob du ein Teenager, eine Mutter, ein Großvater oder sonst jemand bist, du solltest dein eigenes privates Zimmer haben, in das du dich zurückziehen kannst, wenn du in dich gehen und Ablenkungen entkommen möchten.

Wie beim Schutz deines Raumes geht es auch darum, deine Zeit zu schützen. Genau wie dein Raum kann deine Zeit zu voll werden. Lasse dir zwischen den einzelnen Abschnitten deines Tages etwas Zeit, um ein Gefühl der inneren Ausdehnung zu bekommen. Und erlaube anderen nicht, deine Zeit zu bestimmen. An diesem Punkt meines Lebens erhalte ich täglich ungefähr zwanzig geschäftliche E-Mails, fünf weitere E-Mails von Lesern und zwanzig weitere verschiedene Sachen. Mit bis zu fünfundvierzig E-Mails pro Tag, manchmal sogar achtzig oder einhundert, von denen die meisten keinen Nutzen für mich oder die Menschen, die mir nahestehen, haben, kümmere ich mich nicht mehr um die Beantwortung vieler von ihnen (es sei denn, sie sind geschäftlich). Dies ist ein Beispiel dafür, wie ich meine Zeit schütze. Ich empfehle dir, auch deine zu schützen.

Wenn du dein Energiefeld und Bewusstsein überfüllen willst, sollte es mit deinen Visionen und Wünschen aus tiefstem Herzen überfüllt sein, nicht mit allen möglichen äußeren Einflüssen. Wenn du einen Punkt erreichst, an dem weder deine Zeit noch dein Raum mit hunderten von Einflüssen überfüllt ist, wird dein Geist leer und du fühlst Frieden. Dann kannst du ihn mit den Visionen füllen, die du als Realität erschaffen möchtest, und dann manifestieren sie sich am einfachsten.

Mit den Augen eines Kindes sehen

Kinder fühlen sich energetischer und glücklicher als Erwachsene, weil sie die Welt sehen mit:

Scheu
Staunen
Erstaunen
Verehrung
Bewunderung
Ehrfurcht
Wundern
Faszination
Neugierde
Lebendigkeit
Wachsamkeit
Interesse

Im Erwachsenenalter nimmt diese Art der Wahrnehmung tendenziell ab ... und damit auch die Freude und Aufregung. Warum? Weil wir das alles schon mehrmals gelernt, gesehen und erlebt haben (oder so denken wir) und die Welt nicht mehr neu zu sein scheint. Wenn du zum ersten Mal eine grüne Landschaft siehst, wirst du möglicherweise von der Schönheit überwältigt. Wenn du jedoch immer wieder grüne Landschaften siehst, wirst du desensibilisiert und betrachtest das Grün nicht länger als ungewöhnlich. Du hältst es für selbstverständlich.

Als Erwachsene bekommen wir nur dann ein Gefühl für diesen Zustand, wenn wir uns verlieben. In diesen Momenten sind wir unendlich geduldig, unser Bewusstsein ist voll im Hier und Jetzt und wir bewundern unseren Partner. Infolgedessen fühlen wir uns die ganze Zeit warm und voller Energie. Diese Phase wird als »Tragen einer rosafarbenen Brille« bezeichnet, da sie normalerweise nach einigen Monaten verblasst, sobald wir auch die Nachteile dieses Partners sehen. Was aber tatsächlich passiert, ist, dass wir - in diesen Zeiten - voll präsent sind.

Je trüber deine Sinne sind, umso mehr Unterhaltung und äußere Reize sind erforderlich, um präsent zu werden.

Auf der untersten Ebene des Bewusstseins hilft keine Menge Unterhaltung dabei, sich lebendig und präsent zu fühlen. Auf einer mittleren Bewusstseinsebene braucht man Filme, Reisen, neue Orte, neue Menschen, schöne Dinge und schöne Menschen, um präsent zu werden und sich lebendig zu fühlen. Bei einem hohen Maß an Bewusstsein und Energie braucht man nichts, um sich lebendig und präsent zu fühlen. Man könnte den ganzen Tag auf eine weiße Wand starren und sich trotzdem gut fühlen.

Der Idealzustand eines Menschen besteht darin, die Anwesenheit, Unschuld und Lebendigkeit eines Kindes mit der Erfahrung und dem Wissen eines Erwachsenen zu verbinden.

Der Schlüssel, um diesen Zustand wiederzuerlangen, besteht darin, aufzuhören herumzulaufen und davon auszugehen, dass du dies und das „bereits weißt" und „bereits gesehen" und „bereits getan" hast. Zum Beispiel: Selbst wenn du 10.000 Mal in einem Büro warst und deine Gedanken 10.000 Mal davon aufgezeichnet haben, ist es möglich, das Büro wie zum ersten Mal zu erleben. Wie? Indem du dein Bewusstsein entspannst und dein Zeitgefühl und deine Geduld erweiterst. Indem du deine Umgebung genauer untersuchst. Indem du erkennst, dass es mehr zu sehen gibt, als du dir vorstellen kannst oder deine langweiligen Erwartungen an den Ort voraussagen. Nur weil du damit rechnest, dass das Büro das gleiche ist wie die letzten 10.000 Male, scheint nichts Neues und Frisches zu passieren. Sicher, es wäre einfacher, das erhöhte Interesse an der Anwesenheit eines erstaunlich schönen Mannes/einer erstaunlich schönen Frau zu spüren. Aber auf einer höheren Bewusstseinsebene kann man alles farbenfroher sehen. Der Trick ist, nicht aus dem Kopf und den 10.000 Aufnahmen des Büros zu sehen, sondern als ob du zum ersten Mal sehen würdest.

Wenn du seit zehn Jahren mit demselben Partner in einer Beziehung bist, kann es schwierig erscheinen, diesen erneut und ohne all das Gepäck und die Informationen aus der Vergangenheit zu erleben. Aber wenn du noch zehn Jahre mit diesem Partner Spaß haben willst, musst du mit ihm präsent sein, und das bedeutet, dass du die gesamte Vergangenheit, die du mit ihm hast, loslassen und wie am ersten Tag mit ihm zusammen sein musst. Was wäre, wenn du ihn zum ersten Mal treffen würdest? Kannst du dir das vorstellen? Und wie aufregend wäre das?

Der Zustand, auf den ich mich beziehe, entsteht durch eine tiefe Entspannung im JETZT, ohne schläfrig zu werden. Er kommt durch eine volle Wachsamkeit zustande, ohne angespannt zu sein. Entspannt, aber wach, tust du so, als würdest du Dinge zum ersten Mal erleben und beabsichtigen, sie tiefer zu erleben, mit dem gegenwärtigen Moment zu atmen und sie vom Herzen anstatt vom Verstand aus wahrzunehmen. Es gibt viele Aspekte von dir, aus deren Warte du »wahrnehmen« kannst. Du kannst von deiner Seele, deinem Herzen und deinem Körper aus wahrnehmen. Du kannst die allgemeine Atmosphäre eines Ortes oder einer Person wahrnehmen, anstatt dich immer wieder auf dieselben Dinge zu konzentrieren. Die Art und Weise, wie Dinge sind, ist nicht die Art und Weise, wie Dinge wirklich sind. Nur die Art und Weise, wie du dich konzentrierst, bestimmt, was du erlebst. Ein Beispiel zu diesem Büro oder diesem Partner: Du musst dich nicht immer auf seine Stimme konzentrieren und der Computerbildschirm im Büro muss nicht immer der Mittelpunkt deines Bewusstseins sein. Was ist im Büro und mit dem Partner, den du bisher noch nicht bemerkt hast ... auch nach zehn Jahren? Wenn du eine andere Version von dir wärst, welche Dinge würdest du bemerken? Was könnte ein Geheimagent über dein Büro herausfinden? Was könnte ein Feng Shui-Experte sehen? Was könnte ein Chef bemerken? Was könnte ein Außerirdischer feststellen? Wenn du dein Gefühl dafür verändern kannst, wer du bist, gibt es unendlich viele Möglichkeiten, die Welt zu erleben und darüber zu lernen.

KAPITEL SIEBEN
SELBSTHEILUNG UND GESUNDHEIT VON INNEN

In diesem Kapitel wird alles behandelt, von leichten Problemen wie einer Erkältung bis hin zu stärkeren Problemen wie Krebs, und wie die Lehren von »Reality Creation« angewendet werden und zu deren Heilung beitragen können. Der Ratschlag hier ist kein Ersatz für professionelle medizinische Hilfe, er soll diese unterstützen.

Liste von Erkrankungen und ihren spirituellen Wurzeln

Aus Gründen der Wahrung des Urheberrechts von Louise Hay habe ich diesen Abschnitt des Buches entfernt. In den Jahrzehnten, seit Louise Hay ihr Buch »Heal Your Body« veröffentlichte, war es eine nützliche Quelle für diejenigen, die nach einer Korrelation zwischen verschiedenen Schmerzen und Krankheiten sowie Denk- und Glaubensmustern suchen. Ich empfehle dir dringend, die Liste der Krankheiten im Internet nachzuschlagen. Es kann durch Eingabe von »Ursachen der Symptome Louise Hay« in einer der wichtigsten Suchmaschinen gefunden werden.

Die spirituelle Ursache und Heilung für Depressionen

Dieser Abschnitt untersucht die Ursache und Heilung von Depressionen ganzheitlicher, anstatt nur davon auszugehen, dass sie durch ein »chemisches Ungleichgewicht« verursacht werden. Depression kann ein Zustand von Müdigkeit, Apathie, Lethargie, Taubheit, Dunkelheit des Geistes, Schlummer, Lustlosigkeit und Erschöpfung sein, oft in erweiterter Form. Was es schwierig macht, sie zu heilen, ist, dass man wenig Interesse oder Energie hat, um die Aktivitäten zu tun, die sie heilen würden. Du könntest einer wirklich depressiven Person vorschlagen: »Tue X! Das wird es heilen!« Das Problem ist jedoch, dass sie möglicherweise nicht die Motivation verspürt, »X« zu tun. Körperliche Aktivität und Bewegung lindern letztendlich Depressionen. Die meisten depressiven Menschen werden sich jedoch nicht dazu bringen, diese Bewegung durchzuführen.

Das folgende Bild zeigt ineffektive und effektive Behandlungen bei Depressionen, »ein Jahr danach«. Es wurde dem Bericht einer medizinischen Forschungsstelle namens »CureTogether« entnommen. Die Forschung zeigt, dass es zwar zahlreiche populäre Behandlungen und Pillen gibt, die einfach nicht sehr gut zu wirken scheinen, aber dass es auch viele Dinge gibt, die gut funktioniert haben, darunter Musiktherapie, Kunsttherapie, Meditation, Massagen, Atemarbeit, Sport, EMDR, Neurofeedback, Tai Chi, Selbsthilfegruppen, Xanax, Sertralin, Venlaxafin, Mirtazapin, Shiatsu und viele andere.

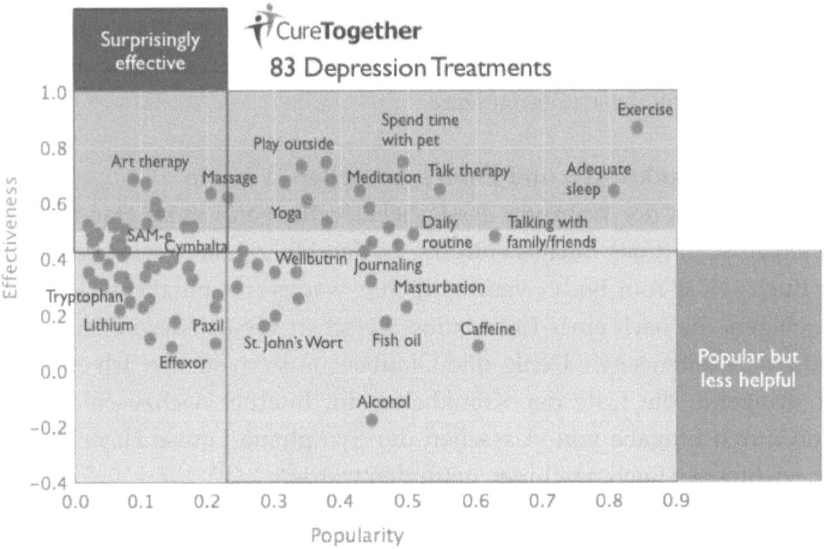

(Abbildung »83 Depression Treatments« von CureTogether. »CureTogether« ist mittlerweile ein Teil von »23andMe. Eine überarbeitete Grafik ist auf derer Webseite zu finden:
https://blog.23andme.com/health-traits/what-patients-say-works-for-depression/)

Dass die **körperliche Betätigung** ganz oben steht, wundert mich nicht. Ich habe lange Zeit gelehrt, dass die Zustände von Angst und Depression eine Art bewegungslose Lähmung sind und das beste Heilmittel für sie Bewegung, Handeln, Tun ist (anstatt darauf zu warten, dass man sich danach fühlt, bevor man in Aktion tritt). Wenn du an Depressionen oder vorübergehenden Depressionen leidest, zeigt dir die obige Liste, dass höchstwahrscheinlich nicht alle möglichen Heilmittel untersucht wurden und nicht alle

Optionen ausgeschöpft sind. Depressionen deuten darauf hin, dass viel mehr liebevolle Pflege deines Körpers und Geistes erforderlich ist.

Es überrascht nicht, dass bewusstseinsbasierte Techniken wie Meditation, Gesprächstherapie und die Liebe eines Haustiers ebenfalls einen hohen Stellenwert einnehmen. Die grundlegende Erkenntnis, die die meisten Menschen, insbesondere die Depressiven, noch nicht gemacht haben, ist, dass Wohlbefinden nicht primär mit Raum (Ort) und Zeit verbunden ist, sondern mit dem, wo sich der Geist oder die Aufmerksamkeit befinden. Um sich niedergeschlagen zu fühlen, muss man seine **Aufmerksamkeit** für eine bestimmte Zeitspanne auf bestimmte Dinge richten. Um sich optimistischer zu fühlen, musst du deine Aufmerksamkeit für eine bestimmte Zeitspanne auf bestimmte Dinge richten. Ich hatte viele Schüler, bei denen eine Diagnose und eine Selbstdiagnose »depressiv« gestellt wurde und es war wirklich interessant zu beobachten, wie sie ihre Aufmerksamkeit und Fantasie einsetzten, um zu wirklich dunklen Geschichten des Geistes vorzudringen, wie sie jede Art von Konzentration, Denken oder Handeln vermieden, das ihren Zustand sogar leicht angehoben hätte. Einige sind an einem Punkt, wo sie Hilfe von außen benötigen, um aus der dunklen Höhle zu klettern. Aber die meisten Formen der Depression sind nicht so schwerwiegend und können mit etwas Liebe zu sich selbst geheilt werden, eine langsame und stetige Verschiebung der Aufmerksamkeit auf angenehmere Dinge, die auch die Liste der Mittel oben zeigt.

Depressionen können eine Reihe von Dingen für eine Reihe von Menschen bedeuten, aber für jeden, der behauptet, Depressionen zu haben, bedeutet dies, dass er sich auf einer niedrigeren Ebene niedergeschlagen, erschöpft, schwer, müde und apathisch fühlt, als dies über längere Zeiträume hinnehmbar ist.

Depression ist, wie alle anderen Dinge, körperlich, geistig und seelisch bedingt. Wenn wir sie als das eine oder das andere betrachten, werden uns mögliche Ansätze für ihre Heilung verwehrt. Sie kann auf der physischen Ebene mit unausgewogener Gehirnchemie, schlechter Ernährung oder einer schlechten Umwelt zu tun haben. Psychisch kann es mit negativen Überzeugungen und traumatischen Ereignissen zusammenhängen. Spirituell kann es damit zu tun haben, dass man nicht dem Weg seines Herzens und seiner Freude folgt.

Was alle drei gemeinsam haben, **ist jedoch nicht das schlechte Gefühl, das wir als »Depression« bezeichnen, das Problem, sondern das, worauf es hinweist.** Dies ist eine wichtige Unterscheidung, da wir als Menschen oft das Gefühl dafür verantwortlich machen, das Problem zu sein, wenn es einfach der Körper ist, der versucht, auf die Ursache hinzuweisen. Versuche nicht, das Barometer zu heilen. Suche stattdessen nach dem, was dieses Gefühl auslöst. Wenn du zum Beispiel in schlimmen Umständen lebst, dann ist es als eine Antwort auf diesen Zustand angemessen, sich »ganz unten« zu fühlen. Oder willst du dich angesichts des Grauens hocherfreut und frei fühlen? Wahrscheinlich nicht. Ergreife stattdessen Maßnahmen, um dich von solchen Umständen zu befreien. Es ist dann einfacher, den niedrigen Zustand loszulassen. Gleiches gilt für mentale Phänomene: Wenn du weiterhin negativ denkst, solltest du dich negativ fühlen - es ist sehr angebracht, dass du dich so fühlst. Das negative Gefühl hört nur dann auf, wenn du aufhörst, Aufmerksamkeit in negatives Denken zu investieren.

Sobald diese Chemikalien oder Gedanken oder Umstände geändert sind, ist es nur eine Frage von Minuten, um Depressionen zu lösen. Wenn sie überhaupt bleiben, dann nur, weil du sie »de-presst«, das heißt, sie hinabdrückst, anstatt sie aufkommen zu lassen.

Wunderbare Gruppenheilungen

Ich habe viele »wundersame Heilungen« in Gruppenaufstellungen erlebt. Wenn drei, vier, fünf, sechs, sieben oder mehr **liebende** Menschen zusammenkommen, um eine Person zu heilen, scheint ihre Anwesenheit ein übergeordnetes Energiefeld und einen Raum aufzubauen, in dem sich eine schnelle Heilung entwickeln kann. Dies sind einige wundersame Gruppenheilungen, die ich persönlich miterlebt habe:

❖ Als Kind war ich 1984 Zeuge mehrerer religiöser Gebete, um Kranke und Verzweifelte zu heilen. Ich sah, wie gebrochene Gliedmaßen zusammenwuchsen, schwere Krankheiten heilten und alle möglichen Probleme innerhalb relativ kurzer Zeit weggespült wurden. Schon als Kind meinte ich nicht, dass solche Vorfälle »ungewöhnlich« sind, und nahm es einfach als selbstverständlich hin. Rückblickend verstehe ich, dass die gerichtete Gruppenenergie das Heilmittel war.

❖ 1995: Ich nahm an einem großen Sensibilisierungskurs für Gruppen mit 250 Teilnehmern teil. Bei einer der Übungen saß eine Person in der Mitte, während acht Personen in einem Kreis um diese Person saßen und Liebe ausstrahlten. Die Person in der Mitte des Kreises sollte ihr größtes Problem spielen und ausleben. In dieser Übung habe ich mehrere Heilungen gesehen. Ein zweiundzwanzigjähriges Mädchen heilte ihre Bulimie vor neun Zeugen. Sie verließ den Kreis und hatte nie wieder ein

Problem mit dem Essen. Ein Mann, der sein Problem so intensiv darstellte, dass es aussah, als hätte er einen Exorzismus, heilte eine Hauterkrankung. Die Hautausschläge, die er seit einem Jahrzehnt hatten, gingen innerhalb von drei Tagen nach der Sitzung zurück. Dieses und viele andere Ereignisse schreibe ich dem bewusst liebenden Bewusstsein einer Gruppensituation zu.

- Im Jahr 2002 führte ich während eines »Reality Creation«-Gruppenkurses eine Gruppenübung durch, bei der jemand in der Mitte eines Kreises stand und mitteilte, was er an den anderen Teilnehmern der Gruppe schätzte, während die Gruppe der Person in der Mitte des Kreises Feedback dazu gab, was sie an ihm/ihr schätzte. Die Übung beinhaltete auch das extrovertierte Betrachten anderer Menschen aus »den Augen der Seele«. Infolge dieser Sitzung verbesserte sich das Sehvermögen eines Teilnehmers auf ein Niveau, bei dem er keine Brille mehr benötigte. Ich schreibe dieses wundersame Ereignis der Wertschätzung der Gruppe und dem extrovertierten Fokus auf diesen Tag zu. (Hinweis: Wundersame Ereignisse lassen sich normalerweise nicht wiederholen, wenn man die Übung lediglich kopiert, da die Kraft nicht in dem liegt, was man sehen kann – der Übung –, sondern im unsichtbaren Bereich.
- 2007 lud ein Psychiater eine Gruppe spiritueller Menschen in sein Privathaus ein, um an einer therapeutischen Sitzung mit einem psychisch kranken Patienten teilzunehmen. Wir waren sieben Leute im Raum und nahmen an den Sitzungen teil. Unsere Hauptaufgabe war es, anwesend zu sein, aber wir durften auch ein paar Fragen stellen. Es dauerte nur drei Sitzungen (ich hatte an der zweiten und dritten teilgenommen), um eine dauerhafte Heilung der Geisteskrankheit zu erreichen.

Dies waren vier Beispiele von vielen dutzenden von Gruppenheilungen, die ich in Augenschein genommen habe. Sie bilden die Grundlage für meinen Glauben an »Energiefelder«, »Attraktorfelder« und das Unsichtbare sowie für meine Vision, dass die Wissenschaft eines Tages die unsichtbare Seite der Realität ernster nehmen wird.

Wenn du, lieber Leser, Heilung von etwas benötigst, empfehle ich dir, dies in einer Gemeinschaft, Familie oder Gruppe zu versuchen, von der jedes Mitglied eine Heilungsabsicht in deine Richtung ausstrahlt.

Kann man aufhören zu altern und das Leben verlängern?

Kann man das Altern stoppen oder verlangsamen? Wahrscheinlich. Aber ich bin nicht davon überzeugt, dass es wünschenswert ist. Nach meinem Verständnis genießt es eine Seele, sich in vielen Leben zu inkarnieren und wieder zu inkarnieren, auch in denselben, und all seine Aspekte zu erleben - Kindheit, Jugend, mittleres Alter und Alter. Vielen, die den Jungbrunnen suchen, fehlt der Blick für die Vergünstigungen und Vorteile des Alters und des Sterbens. Der Tod ermöglicht der Seele, den Körper und den Planeten für einen »Neuanfang« in einer anderen Form des Daseins zu verlassen. Und das ist aufregend! Das Verlängern dieses Lebens kann mit der Angst vor dem Jenseits oder der falschen Vorstellung verbunden sein, dass dieses Leben das einzige oder das wichtigste ist.

Trotzdem gibt es immer noch Möglichkeiten, jünger und stärker auszusehen und einen Teil der Vitalität bis ins hohe Alter zu bewahren. Eine Möglichkeit, dies zu tun, besteht darin, sich auf eine jüngere Version deiner selbst einzustimmen. Erinnere dich an dein ideales Alter, ein jüngeres Alter. Identifiziere dich mit diesem jüngeren Ich, visualisiere, fühle und sieh durch seine Augen. Wenn du diese Frequenz beibehalten kannst, aktivierst du diese Realität erneut und verlangsamst den Alterungsprozess. Überlegungen zum Altern wie »krank werden«, »senil«, »energielos« sind nur einschränkende Überzeugungen. Es gibt viele Beispiele für ein gealtertes, voll produktives und freudiges Leben. Clint Eastwood zum Beispiel begann erst im Alter von siebzig Jahren, sein wahres kreatives Selbst auszudrücken. Im Jahr 2018 wurde er 88 und ist erfolgreicher als je zuvor. Tina Turners Karriere begann mit 60 Jahren.

Was Menschen im negativen Sinne »alt werden« lässt, ist, dass sie dem Altern widersprechen, es aufgeben, Ziele oder Visionen zu haben, und einfach nur herumsitzen, um vor sich hin zu vegetieren. Was sie durch das physische Erscheinungsbild schneller altern lässt, ist, dass sie das Interesse verlieren oder sich um den Erhalt eines gewissen Aussehens kümmern. Eine Kombination aus positiver Schwingung (zum Beispiel durch das Erinnern an jugendlichere Tage) und dem Erreichen von Zielen sowie der Pflege deines Körpers und deines Aussehens wird den Alterungsprozess mit Sicherheit verlangsamen.

Die Kraft, Mutlosigkeit zu überwinden

Entmutigung ist ein Gefühl der Enttäuschung, das Gefühl, aufgeben zu wollen. Du hast den Mut gezeigt, etwas Neues zu beginnen, du hast dir vorgenommen, etwas zu ändern, du hast mit kindlichem Eifer begonnen. Und dann setzt das »echte Leben« ein und es treten Schwierigkeiten auf, als ob sie deine Entschlossenheit prüfen würden. Worte des Zweifels und der Entmutigung kommen aus dem immer vorsichtigen Verstand, aber sie werden auch von außen an dich herangetragen. »Es gut meinende« Freunde warnen dich, »realistisch« zu bleiben. Oder du hast immer wieder etwas ausprobiert und hast immer noch wenig Erfolg.

Das Mittel gegen die Entmutigung ist die Entspannung, gefolgt von ihrem genauen Gegenteil, der geballten Aktion. Du entspannst zuerst deine Anstrengungen, setzt dich hin, wirst ruhig, um einen Überblick zu gewinnen und die Situation aus der Vogelperspektive zu betrachten.

Du hörst auf zu arbeiten und machst einen Spaziergang oder fährst in den Urlaub oder machst ein Nickerchen oder hängst eine Weile einfach ab. Lasse los. In deinen Momenten der Ruhe lässt du die Bedeutung dessen los, was auch immer es war, worüber du entmutigt wurdest. Und wenn du dich entspannst, verwandelt sich Fixiertheit in Offenheit. Nachdem du durch Entspannung wieder zu Kräften gekommen bist, kannst du jetzt massiv handeln. Nicht irgendeine Aktion, sondern eine ausgerichtete Aktion. Bei einer ausgerichteten Aktion musst du die Idee definieren, für die du eine Aktion ausführen möchtest, und anschließend alle diese Aktionen aufschreiben. Schreiben festigt deine neue Absicht. Du ergreifst massiv positive Maßnahmen gegen das, wovon du entmutigt wurdest. »Massiv« bedeutet nicht, dass es nur ein oder zwei Dinge sind, sondern 5, 10, 15 oder mehr Aktionen.

Es folgen einige Beispiele für Aktionslisten, die Coaching-Studenten von einem Zustand der Entmutigung in einen **Zustand des Mutes** zurückversetzt haben.

Beispiel 1: »Ursache« der Entmutigung: Mein Freund hat mich verlassen.

Handlungen zur Selbstermutigung:

- Lasse meine Haare machen
- Kaufe mir etwas Neues zum Anziehen
- Gehe diese Woche dreimal zum Training
- Treffe mich mit drei Freunden, die ich vernachlässigt habe
- Mache eine Dankbarkeitsmeditation über meinen Ex-Freund
- Schreibe zehn Dinge auf, die ich an mir mag
- Übertreffe mich bei der Arbeit

Ergebnis: Die Person bewegt sich von einem Zustand der Entmutigung zur Ermutigung.

Beispiel 2: »Ursache« der Entmutigung: Ich habe eine wirklich unangenehme E-Mail von einem Kunden erhalten, mit dem ich mich gut verstanden habe. Er wird auch seinen Auftrag zurückziehen.

Handlungen zur Selbstermutigung:

- ❖ Schreibe zehn anregende E-Mails an verschiedene Personen und Kunden
- ❖ Entschuldige mich bei diesem Kunden und erhalte möglicherweise eine Rücknahme der Entscheidung - alles in guter Stimmung
- ❖ Begrüße oder lächle heute fünf Menschen auf der Straße an
- ❖ Verbessere mein Produkt / meine Dienstleistung diese Woche
- ❖ Mache jemandem ein besonderes Geschenk
- ❖ Liefere anderen Kunden viel mehr als erwartet

Ergebnis: Die Person wechselt von einem Zustand der Entmutigung in einen Zustand der Ermutigung.

Beispiel 3: »Grund zur Entmutigung«: Ich habe die Pilotenprüfung erneut nicht bestanden. Ich bin bereit aufzugeben.

Handlungen zur Selbstermutigung:

- ❖ Ich spreche mit drei erfolgreichen Piloten
- ❖ Alle Fragen auflisten, bei denen ich versagt habe, und die richtigen Antworten nachschlagen
- ❖ Wende den »Reality Creation« Kurs an, um meinen Erfolg voranzutreiben
- ❖ Lese das inspirierende Buch über das Fliegen
- ❖ Spreche mit jemand anderem, der zweimal durchgefallen ist, und es dann beim dritten Mal geschafft hat
- ❖ Melde mich für die nächste Prüfung an, diesmal mit größter Sicherheit, dass ich es schaffen werde
- ❖ Höre auf, davon zu sprechen, gescheitert zu sein

Die aufgeführten Aktionen sind nur Beispiele, aber du verstehst das System. Lasse dich nicht entmutigen. Meine gesamte Aufgabe als Coach ist es, Menschen dabei zu helfen, das Energieniveau des Mutes zu erreichen, das für eine lebensfrohe Erfahrung mindestens erforderlich ist.

Unfälle sind kein Zufall

Eines Tages im Jahr 2015 bin ich mit meinem Mountainbike auf einen richtigen Berg gefahren. Es war der erste sonnige Frühlingstag und ich wollte ihn nutzen. Als ich einen Waldweg voller Stöcke und Steine entlangfuhr, verfing sich das Rad meines Fahrrads in einem Ast und schleuderte meinen Körper über das Fahrrad auf den Boden. Ich lag ein paar Minuten mit stechendem Schmerz da und war mir nicht sicher, ob mein Brustkorb gebrochen oder nur verstaucht war. Ich konnte mich nicht viel bewegen. Und kein Zeichen von menschlichem Leben in Sicht. Nur ich, der Wald, die Vögel und der Schmerz.

Ich habe mit vielen Menschen gesprochen, die darauf bestehen, dass solche Unfälle willkürliche Zufälle sind, unfaire Unterbrechungen, die ohne Vorwarnung eintreten. Ich bin mir nicht sicher, ob ich dem zustimmen kann. Zumindest in den meisten Fällen nicht. Mein Fahrrad war kaputt und ich hatte genug Zeit, um über meinen Unfall nachzudenken, als ich zu Fuß den Berg hinunterhumpelte (mein Knie war ebenfalls verletzt). Was ich sah, war, dass die Stunden vor meinem Unfall voller »Un-Bewusstsein« gewesen waren. Der Unfall war wie ein Weckruf. Erstens habe ich meine Mountainbike-Tour an einem sonnigen Tag nicht wirklich genossen, sondern nur die Bewegungen durchlaufen. Die Motivation, dorthin zu fahren, kam nicht von Herzen, sondern von der Idee, was man tun sollte, wenn das Wetter besser wird. Außerdem war ich schon einmal auf diesem Berg gewesen und hatte einen Weg gewählt, den ich schon einmal gewählt hatte. Dieser Weg führt zu einer umzäunten Sackgasse. Ich hatte das vergessen und den gleichen Fehler gemacht, als ich diesen Sackgasse-Pfad wieder gewählt hatte. Und obwohl das Gelände uneben war, hielt ich eine Flasche Wasser in einer Hand. Im unwegsamen Gelände ist es am besten, beide Hände am Lenker zu halten. Ein weiteres Beispiel für »Un-Bewusstsein« war, dass ich den Ast auf dem Weg kommen sah und alles, was ich tun musste, war, die Wasserflasche loszulassen - und ich hätte ihn umgehen können. Aber ich habe es nicht getan. Es ist also leicht zu erkennen, wie diese **Ansammlung von »Un-Bewusstsein«** zu Unachtsamkeit führte und den Unfall ermöglichte.

Positiv zu vermerken ist, dass ich einige der mentalen Techniken, die ich gerne unterrichte, erneut testen konnte. Als ich wieder auf der Straße ankam, versuchte ich verschiedene Dinge, um das Fahrrad wieder zum Laufen zu bringen. Das Problem war, dass die Bremse am Rad klebte. Nachdem keiner meiner Versuche erfolgreich war, ließ ich los und sagte nur: »Lass das Fahrrad wieder funktionieren, danke.« Dann stieg ich auf das Fahrrad und fuhr los, »als ob« es in Ordnung wäre. Es hat immer noch nicht funktioniert, also stieg ich ab und ging ein wenig. Nach ein paar Minuten löste sich die Bremse auf mysteriöse Weise vom Rad und das Fahrrad funktionierte wieder.

Ich erinnerte mich an die Wichtigkeit des »Handelns als ob« und entschied dann, dass ich mich nicht so verhalten sollte, als ob meine Rippen gebrochen wären, sondern als ob sie nur verstaucht wären. Natürlich hätte ich so tun können, als wäre der Unfall nie passiert, aber wenn man bereits große Schmerzen hat, ist es keine gute Idee, die Glaubwürdigkeit deines Glaubenssystems zu stärken. Also hielt ich den Gedanken »meine Rippen sind verstaucht« und benahm mich dementsprechend, indem ich Fahrrad fuhr, mir beim ersten Anzeichen von Geschäften in einem Dorf eine Flasche Wasser holte und die Landschaft genoss. Mit der Zeit ließen die Schmerzen nach und kehrten nur zurück, wenn ich plötzliche Bewegungen machte. Einige Tage später waren die Schmerzen fast vollständig verschwunden, wenn ich mich bewegte. Wenn du ein Skeptiker bist, kannst du jetzt sagen: »Nun, das liegt daran, dass sie nicht wirklich gebrochen waren.« Aber wer weiß? Ich erlaubte meinem Verstand nicht, dorthin zu gehen, also erlaubte ich meinem Verstand nicht, gebrochene Rippen zu erzeugen. So sehe ich das, denn der Aufprall auf die Steine war ziemlich stark und der Schmerz so, dass ich mich zuerst nicht bewegen konnte. Ich lag wie gelähmt da, bis ich mich wieder beruhigt hatte. Nur zwei Stunden später war alles wieder ziemlich gut und zwei Tage später fast geheilt.

Wenn du dich in einer ähnlichen Situation befindst, denke einfach daran, dass es am wichtigsten ist, sich zu beruhigen. Die Leute scheinen zu denken, dass Sorge die richtige Antwort ist, aber Sorge hat in einer solchen Situation keinen Sinn. Was soll die Sorge bewirken? Die Zukunft ist noch nicht geschrieben, du schreibst sie im Hier und Jetzt, und wenn du deinen inneren Zustand etwas kontrollieren kannst, ohne dir zu viele Sorgen zu machen, schreibst du eine andere Zukunft.

Wie man Schmerz mit Verstand und Geist auflöst

Die meisten Schmerzen beginnen als eine rein mentale/emotionale Schöpfung, bevor sie sich physisch manifestieren. Daher können frühe Schmerzstadien sowie sogenannte »Phantomschmerzen« (Schmerzen, bei denen Ärzte keine offensichtliche Ursache finden können) durch Verstand und Geist gelöst werden. Mit etwas standhaftem Eintauchen ist es sogar möglich, Schmerzen, die sich bereits physisch manifestiert haben, umzukehren oder zu heilen.

Die am einfachsten zu heilenden Schmerzen sind »psychosomatisch« und erfordern keine Medikamente. Du erkennst diese Art von Schmerz, weil er in Verbindung mit Angst, Stress oder festgefahrenen Emotionen entsteht. Etwas schwieriger (wenn auch nicht unmöglich) ist der körperlich manifeste Schmerz, der auch dann auftritt, wenn du entspannt und klar bist - zum Beispiel Zahnschmerzen. In vielen Fällen wäre eine normale medizinische Behandlung der »Weg des geringsten Widerstands«. Aber auch dann kannst die Empfindungen mental beruhigen, bis du einen Arzt oder Zahnarzt aufsuchen kannst. Manchmal ist es der »Weg der geringsten Anstrengung«, einfach ein Schmerzmittel zu nehmen, und manchmal ist es vorzuziehen zu versuchen, seine spirituelle Meisterschaft in der »Schmerzlinderung« zu beweisen.

Dennoch ist es eine sehr nützliche Fähigkeit zu wissen, wie man Schmerzen mental lindert, um das Selbstvertrauen zu verbessern. Du wirst dann in der Regel weniger Schmerzen und Krankheiten haben, weil du ihnen erlaubst, sich aufzulösen, bevor sie sich aufbauen. Eine interessante Randnotiz: Wenn du dich auf einer höheren Bewusstseinsebene befindst, spürst oder bemerkst du Schmerzen nicht so akut, selbst wenn sie vorhanden sind. Wenn du mit neuen Schuhen auf eine Wanderung gehst und dein Bewusstseinsniveau niedrig oder mittel ist, wirst du jeden Schritt akut spüren und dich häufig darüber beschweren. Aber wenn du in guter Stimmung bist, kann der Schmerz dort sein, aber er ist kaum zu spüren. Auf einer hohen geistigen Bewusstseinsebene war ich manchmal von Blasen an meinen Füßen überrascht, weil ich mir keiner Beschwerden bewusst war.

Bei frischen und neuen Schmerzen, die du noch nie zuvor verspürt hast, wie zum Beispiel einem Stich im Knie beim Gehen oder einem leichten Magenkrampf oder etwas anderem, das du normalerweise nicht spürst, ist es die beste erste Reaktion, überhaupt keine Reaktion zu haben, so zu tun, »als ob« es nicht da wäre. Auf diese Weise kommt und geht der Schmerz von selbst wieder. Es wird kein Widerstand und keine »Geschichte« aufgebaut und er wird wahrscheinlich nie wieder auftauchen. Eines der Probleme des Geistes ist, dass er es liebt zu zoomen, sich darauf zu konzentrieren und dem Widerstand zu leisten, was sich unangenehm anfühlt. Meine Gewohnheit in den letzten Jahrzehnten war es, einfach in meinem Tagesablauf weiterzumachen, als ob es keine Schmerzen gäbe. Ich kann zum Beispiel laufen und ein scharfer Schmerz tritt in meinem Fuß auf. Anstatt anzuhalten und meinen Fuß zu untersuchen oder nach einer Apotheke zu suchen, gehe ich einfach weiter, als ob nichts passieren würde. In neun von zehn

Fällen löst dies tatsächlich den Schmerz auf. Er lässt von selbst nach. Warum? Weil viele Schmerzen nur Wellen von Energie sind, die durchfließen, so wie Wellen durch einen Fluss fließen. Nur durch die Reaktion anzuhalten und die Energie zu untersuchen, darf diese Energie nicht passieren, als wäre ein Damm errichtet worden.

Was andere Schmerzen betrifft, insbesondere wiederkehrende und vertraute, bedeutet das Auflösen – du hast es erraten -, dass du fokussieren und den Widerstand loslassen musst. Alles, was ich als Coach unterrichte, beinhaltet das Fokussieren und Loslassen des Widerstands. So funktioniert es: Du setzt dich mit der Absicht hin, den Schmerz vollständig zu besitzen und loszulassen. Dann konzentrierst du dich auf den Teil des Körpers, in dem sich der Schmerz befindet. Danach konzentrierst du dich mehr auf den Kern des Schmerzes. Lasse deine Etikettierung los, lasse sogar los, dass du es als »Schmerz« bezeichnest, und zoome einfach in die Mitte der Empfindung. Fühle und erlebe sie, umarme sie voll und ganz. Atme damit und lass sie sich voll entfalten. Besitze sie vollständig, als ob du ein wenig Freude daran hättest, sie zu erschaffen. Wenn du zum Kern des Schmerzes gehst, wirst du bemerken, dass er seinen Stich verliert. Warum das? Der größte Teil des Schmerzes entsteht tatsächlich durch deinen Widerstand, nicht durch die Energieempfindung selbst. Du kannst diese Übung so weit führen, dass der Schmerz »ausläuft« und sich auflöst. Während dieses Prozesses kann sich die Welle mehrmals verschlechtern und verbessern – der Schmerz lässt nach und kommt wieder, wie bei Wellen. Bleibe liebevoll dabei, bis er nachlässt.

Wenn dies nicht ausreicht, wechsele deine Aufmerksamkeit zwischen dem Schmerz und einem Teil deines Körpers hin und her, der vollkommen gesund ist. Wenn dein linkes Knie schmerzt, würdest du zuerst in dein linkes Knie gehen und dann, nach einer Minute oder länger, die Aufmerksamkeit für eine Minute oder länger auf das rechte, gesunde Knie lenken. Du bewegst dich dann wiederholt zwischen den beiden hin und her, bis der Schmerz nachlässt. Das Hin- und Herbewegen der Aufmerksamkeit imitiert die absichtliche Entstehung des Schmerzes (während er hineingeht) und das Loslassen des Schmerzes (während er sich in einen schmerzfreien Bereich bewegt). Dieser multiperspektivische Ansatz hat in meiner Arbeit mit Menschen einige wirklich fantastische Ergebnisse hervorgebracht.

Es gibt wirklich hunderte von Methoden, die behaupten, dass du verschiedene Schmerzen, Beschwerden, Kopfschmerzen und Störungen heilen kannst, aber kaum eine davon beinhaltet die reinste Form der Schmerzlinderung: deinen eigenen Geist und deine eigene Seele. Die Entwicklung dieser Fähigkeit erspart dir viel Zeit und Geld für zahlreiche Methoden und Behandlungen.

Mit der Kraft des Geistes Erkältungen abwenden

An einem kalten Wintertag spürte ich eine Erkältung herannahen. Mein Hals begann anzuschwellen und zu schmerzen, mein Kopf fühlte sich trocken an und schmerzte, meine Nase fing an zu laufen und ich bekam Husten. Nachdem ich ein paar Monate zuvor schon einmal eine Erkältung gehabt hatte, dachte ich: *Oh nein, nicht schon wieder. Dafür habe ich momentan wirklich keine Zeit.* Ich hatte lange Zeit keine Meditation oder Affirmation über Erkältungen gemacht, weil es das letzte Mal, als ich es versuchte, nicht funktioniert hatte. Aber nur, weil es beim letzten Mal nicht funktioniert hatte, warum sollte es diesmal nicht funktionieren? Als ich durch die Stadt ging, um ein paar Einkäufe zu erledigen, wurde ich schwach und mir wurde schwindelig. Ich blieb eine Minute stehen und atmete ein paar Mal tief durch. *Wenn das funktioniert, kann ich später darüber bloggen,* dachte ich. Und es hat funktioniert! Nur ein paar Stunden später hatte ich keine Symptome der Grippe oder auch nur einer leichten Erkältung mehr. Es war alles weg. Ich benutzte die Affirmation/Beschwörung: »Ich fühle mich völlig klar und gesund«, gefolgt von einem tiefen Atemzug. Das volle Atmen nach einer Absichtserklärung verleiht den neuen Gedanken mehr Gewicht. Ich wiederholte die Aussage zehnmal, während ich am Straßenrand stand. Ich ging dann ein paar Minuten und machte noch ein paar Wiederholungen. Nach weiteren 30 Minuten machte ich noch ein paar feste und entschlossene Wiederholungen und ließ dann los. Ich bin froh, dass ich das getan habe, weil eine Erkältung in der Regel mehrere Tage kommt, bleibt und dann wieder geht. Warum hatte es dieses Mal funktioniert und nicht das letzte Mal? Das weiß ich nicht. Alles, was ich weiß, ist, dass vergangene Misserfolge dich nicht davon abhalten dürfen, Dinge erneut zu versuchen. Erkältungen und Schnupfen sind nicht nur körperlich, sie haben auch eine starke psychologische und emotionale stressbedingte Komponente. Als ich den Stress ein- und ausatmete, verschwand die Anspannung in meinem Körper und mit ihr all die ernsten Symptome, die ich erst ein paar Stunden zuvor erlebt hatte.

Erschöpfung überwinden

Erschöpfung, Lustlosigkeit, Müdigkeit und Entkräftung sind übliche Zustände in unserer Gesellschaft. Die Leute werden leicht müde. Die Schwelle für das, was sie ertragen können, ist niedrig. Sie fallen ein oder werden schon bei der geringsten Arbeit müde. Sie fühlen sich bei den kleinsten Konflikten oder verwirrenden Daten überfordert. Sie fühlen sich gelangweilt und schwer, auch wenn sich um sie herum etwas Interessantes oder Aufregendes abspielt. Die Ursachen für Müdigkeit sind chemisch/ ernährungsphysiologisch, psychisch und spirituell. Nicht nur eine der drei. Wenn du zum Beispiel an einem »Chronischen Müdigkeitssyndrom« leidest, bleiben dir alle möglichen Heilungswege offen, nicht nur einer. Für einige wird eine körperliche Behandlung funktionieren, für andere wird eine psychologische Behandlung funktionieren, und für wieder andere wird es spiritueller sein müssen.

Der chemische Ansatz könnte eine Ernährungsumstellung beinhalten, die deinem Körper mehrere Monate Zeit lässt, sich auf solche Veränderungen einzustellen.

Die psycho-spirituelle Herangehensweise ist wie folgt: Erschöpfung und Unfähigkeit, sich zu konzentrieren oder zu genießen, sind eng verbunden mit … du hast es erraten … Widerstand. Genauer gesagt, unbewusster Widerstand. Unterbewusster Widerstand ist, wenn du etwas so lange unterdrückt hast, dass du nicht einmal mehr weißt, dass du es tust. Auf diese Weise erstellst du dann verschiedene Schichten des Unterbewusstseins, Schichten der Unterdrückung. Nehmen wir zum Beispiel an, du verachtest bestimmte Personen aus irgendeinem Grund. Da es zu mühsam wird, diese Menschen immer wieder zu verachten, drängst du die Vorstellung in dein Unterbewusstsein (ignorierst sie, anstatt sie emotional zu klären und loszulassen). Jetzt scheint sie »weg« zu sein und du scheinst »frei« davon zu sein, aber sie ist in Wahrheit nicht weg. Sie arbeitet auf einer unterbewussten Ebene deines Bewusstseins und verbraucht deine Energie, ohne dass du es überhaupt merkst. Du kannst also einfach weitermachen und dich plötzlich erschöpft fühlen und nicht wissen, warum das so ist.

Wenn du dich im Urlaub besonders müde fühlst, dann weißt du, dass du einige Schichten von »Sachen« hast, die du verarbeiten oder durchdenken musst. Dies liegt daran, dass diese Schichten hochkommen, sobald du dich ein wenig entspannst. Und wenn du viel unterdrückt hast, wirst du das als Müdigkeit empfinden.

Wir werden so müde von Dingen, dass wir sie einfach in unser Unterbewusstsein drücken, anstatt uns mit ihnen zu konfrontieren, die Energie im Körper aufsteigen zu lassen und loszulassen. Wenn emotionale Schmerzen vorhanden sind, möchtest du natürlich nicht die ganze Zeit damit herumhängen, um sie entweder zu unterdrücken oder loszulassen. Ich empfehle, sie loszulassen. Andernfalls müssen sie zu einem anderen Zeitpunkt losgelassen werden. Wenn nicht, arbeiten sie unterbewusst weiter und werden als Müdigkeit empfunden. Wenn du an Erschöpfungszuständen leidest, solltest du auf jeden Fall den medizinischen und konventionellen Weg gehen, aber auch stunden- und wochenlang emotionales Loslassen, Energiefreisetzung und andere meditative Methoden nutzen.

Wenn du mehr über die wesentlichen Energien lernst, auf denen das Leben und die Realität basieren, wirst du endlich einen Punkt erreichen, an dem dich nichts mehr erschöpft. Es wird keinen Jetlag geben, keine Müdigkeit von der Arbeit, keine Müdigkeit vom Verkehr, keine Müdigkeit von den Gegnern ... Nichts.

Am Morgen frisch und voller Energie sein

Fühlst du dich morgens lustlos, schwer, träge, müde, benommen, groggy, erschöpft? Fragst du dich: »Warum bin ich noch erschöpft, nachdem ich die ganze Nacht geschlafen habe?«

Die Art und Weise, wie du einen neuen Tag beginnst, bestimmt so ziemlich deinen gesamten Zustand für den Rest des Tages. Wie du den Tag beginnst, bestimmt daher einen Großteil deines Lebens. Ich unterschreibe die holographische Sicht des Universums: »Die Art, wie du eine Sache tust, ist die Art, wie du alles tust.«

Sich müde und erschöpft zu fühlen, ist ein Indikator dafür, dass deine Energie- oder Lebensumstände nicht in Einklang sind. Das Problem ist nicht komplexer. Energie zu haben, ist ein Indikator dafür, dass du mit dem Lebenszweck deiner Seele in Einklang stehst. Energie zu verlieren, ist ein Indikator dafür, dass du nicht mit dem Lebenszweck deiner Seele in Einklang stehst. Ich weiß, dass dies wahr ist, weil ich Phasen der Erschöpfung, Schwere und Müdigkeit durchgemacht habe, ebenso wie ich Phasen großer Begeisterung und unaufhaltsamer Kraft erlebt habe.

Wenn du ein Morgenmuffel bist oder die Tendenz hast, länger als nötig zu schlafen, kann dies darauf hinweisen, dass du vor etwas im Leben davonläufst. Du willst dich nicht mit etwas auseinandersetzen, also schaltest du ab und gehst einfach schlafen. Wenn dies die Ursache für die Schwere ist, musst du dich mit dem auseinandersetzen, vor dem du davonläufst. Es kann einige Tage dauern, bis sich die von dir unterdrückten emotionalen Schmerzen gelöst haben. Je mehr Energie du unterdrückst, desto müder wirst du natürlich. Müdigkeit ist nur eine Folge des Niederdrückens von Energie. Sobald du anfängst, das Leben anzunehmen, Dinge anzunehmen, Menschen anzunehmen, anstatt sie wegzuschieben, steigt deine Energie wieder an. Wenn du bereits von kleineren Zwischenfälle erschöpft bist, ist es Zeit, sich mental, emotional und körperlich zu verbessern.

Eine andere Sache, die dich morgens aus dem Bett bringt, ist, ein Ziel zu haben. Wenn du dich auf etwas freust, wirst du mit Energie versorgt. Wenn du in jemanden verliebt warst oder dich auf einen neuen Job oder eine Urlaubsreise gefreut hast, hattest du morgens keinerlei Probleme aufzustehen.

Deine ernährungsphysiologische und chemische Aufnahme spielt ebenfalls eine Rolle. Nicht so sehr wie deine Gefühle, aber wenn du dich jeden Tag nach schwerem Essen sehnst und es dir zubereiten, eine Packung Zigaretten rauchst und jeden Tag pharmazeutische Substanzen einnimmst, kannst du nicht unbedingt erwarten, dass die Energie in deinem Körper frei fließt, weil du nicht zulässt, dass sie auf natürliche Weise fließt.

In der Summe:

1. Befreie festsitzende Emotionen/Widerstände
2. Freue dich auf etwas
3. Sei nett zu deinem Körper

Höre in 60 Minuten mit Leichtigkeit mit dem Rauchen auf

Lese diesen Abschnitt erst, wenn du dich entschlossen hast, mit dem Rauchen sofort und endgültig aufzuhören.

Ich war zwanzig Jahre lang von Zigaretten und Nikotinkaugummi abhängig und hatte nur kurze Pausen. Ich sagte mir immer wieder Unsinn wie: »Rauchen ist nicht schlecht für mich, weil mein inneres Glaubenssystem mich gesund hält. Ich habe mich für das Rauchen entschieden, ich rauche bewusst, damit es mir nicht schadet. Rauchen ist spirituell. Die amerikanischen Ureinwohner taten es aus spirituellen Gründen. Mein Urgroßvater war Kettenraucher und wurde 100 Jahre alt.« Solche Ideen werden sicherlich die negativen Auswirkungen des Rauchens verringern, aber sie können die Tatsache nicht verbergen, dass es eine Substanzabhängigkeit und damit eine **Versklavung** von einem externen Objekt gibt. Mit jeder Zigarette, die du anzündest, bekräftigst du: »**Erleichterung kommt von außerhalb meiner selbst, nicht von innerhalb.**«

Wenn das Rauchen keine wahrgenommene Erleichterung schaffen würde, würdest du nicht rauchen. Tatsächlich schafft die Nikotininhalation in Verbindung mit dem tieferen Atemmuster beim Rauchen eine Art Erleichterung, bei der du keine innere Leere mehr spüren musst. Wann immer du unsicher bist, wann immer du zu viel Energie fühlst, wann immer du zu wenig Energie fühlst, wann immer du gelangweilt bist, wann immer du hungrig wirst, wann immer du inspiriert wirst ... Anstatt es zu erfahren, kannst du gehen und eine Zigarette rauchen. Wenn es in deinem Leben unbearbeitete Spannungen gibt, sind Zigaretten eine wunderbare Möglichkeit, die Unebenheiten zu glätten, weil sie anscheinend große **Erleichterung** und einen »glättenden« Effekt erzeugen. Was ist der »glättende« Effekt? Hier werden deine Spannungen und Gefühle wie von einer großen Decke überlagert und du fühlst nichts mehr - eine Art Flachheit. Aber du fühlst dich lieber »flach« als angespannt. Im Laufe der Zeit verlieren Zigaretten jedoch ihre Wirkung und schaffen nicht mehr die gewünschte Erleichterung. Von nun an rauchst du nur, weil du es gewohnt bist zu rauchen.

Ich hatte vor Kurzem eine Coaching-Sitzung, in der eine Studentin mich immer wieder fragte: »Ja, aber wie kann ich zulassen, dass mein Glück mehr von innen kommt?« Wir diskutierten darüber, dass sie ihr Glück von einem Ehemann abhängig macht, der in ihrem Leben ist, abhängig von einem neuen Job, abhängig von einem neuen Wohnort. Ich schlug vor, dass sie sich erlaubt, unabhängig von äußeren Umständen glücklich zu sein. Immer wieder fragte sie mich: »Wie kann ich das machen?« Sie ging dann nach draußen und zündete sich eine Zigarette an. Dabei bekräftigte sie immer wieder, dass Glück (in diesem Fall in Form von Erleichterung) von außen kommt, nicht von innen.

Ich wies sie sanft auf den Widerspruch hin. Ich glaube nicht, dass sie die Verbindung hergestellt oder »bekommen« hat. Nikotin ist eine starke Droge und meine Botschaft an sie war nicht erwünscht. Sie stellte ihr Rauchen nicht infrage, sondern fragte immer wieder: »Wie kann ich unabhängiger von äußeren Umständen werden?« Es ist lustig, wie die Antworten auf die größten Fragen der Menschen oft direkt vor ihrer Nase liegen. In diesem Fall lag die Antwort buchstäblich als brennender Stängel vor ihrer Nase.

Die Raucherentwöhnung hat viele Vorteile, aber eine der am meisten übersehenen ist die Tatsache, dass du wieder unabhängig davon bist, dass dein Zustand und deine Gefühle durch Substanzen von außen hervorgerufen werden. Menschen, die mit dem Rauchen aufhören, bekommen endlich ein Gefühl dafür, was sie unter einer Nebelschicht verborgen haben. Dies kann für eine Weile schmerzhaft sein, aber wenn sie sich durch Schichten von Widerstand bewegt haben, kommen sie auf der anderen Seite heraus und fühlen sich frei und gestärkt.

Du kannst tatsächlich aufhören zu rauchen, nicht in 30 Tagen, zehn Tagen, zwei Tagen, sondern **heute**.

Du brauchst keine Methode, keinen Arzt, kein Buch, keinen Workshop, keine CD, keine Informationen, keinen Blog, keinen Coach usw. Du kannst dies **kostenlos** tun.

Und so empörend es auch klingen mag: Du kannst den Vorgang tatsächlich **genießen**.

Wie? Alles, was von dir verlangt wird, ist zu verstehen, wie du sofort und mit Leichtigkeit aufhören kannst, indem du diese Seite liest. Bevor du weiterliest, stelle sicher, dass du von ganzem Herzen beabsichtigst, heute mit dem Rauchen aufzuhören

»Ich werde mit dem Rauchen aufhören, egal wie stark mein Verstand es romantisiert.«

Bist du bereit?

Erstens, du hörst nicht auf zu rauchen, sondern fängst an zu leben und am Leben zu sein. Der Grund, warum dies innerhalb der nächsten 60 Minuten möglich ist, ist, dass alles im Kopf ist. Alles davon. Der Grund, warum du weiter geraucht hast, ist, dass du heimlich der Meinung bist, dass die Vorteile des Rauchens die Nachteile überwiegen. So einfach ist das. Und all diese Idioten, die dir sagen wollen, du sollst mit dem Rauchen aufhören und dich vor dem Rauchen warnen, verstehen nicht, dass dein Verstand und dein Unterbewusstsein das Rauchen mit etwas Positivem assoziiert und das Aufhören mit etwas Negativem. In diesem Zustand ist es unmöglich, mit Leichtigkeit mit dem Rauchen aufzuhören.

Die Vorteile des Rauchens

Da alles im Kopf ist, hilft dir nur ein genauer Blick in deinen Kopf, um schnell und einfach aufzuhören. Also bitte, wenn du es willst, schreibe alle Vorteile auf – gute Sachen, positive Dinge –, die du mit dem Rauchen in Verbindung bringst. Tue dies auf einem separaten Blatt Papier, bevor du weiterliest. Mach es jetzt.

Wenn du diese Übung richtig gemacht hast, hat sie möglicherweise den Drang zu rauchen ausgelöst. Das ist okay. Rauche während dieser Übung so viel, wie du möchtest. Wenn du die Übung nicht gemacht und stattdessen direkt weitergelesen hast, hast du nicht wirklich den Drang, schnell und einfach mit dem Rauchen aufzuhören. Um deinetwillen: Gehe zurück und mache die Übung. Wenn du siehst, welche Vorteile du mit dem Rauchen in Verbindung bringst, erhöhst du deine Toleranz und dein Verständnis für das Rauchen sowie deine Toleranz und dein Verständnis für dich selbst. Wenn du aufhörst, dich wegen des Rauchens zu bestrafen, ist es einfacher, mit dem Rauchen aufzuhören. Vielleicht rauchst du, weil du denkst, dass es entspannend ist oder weil es deiner Konzentration hilft oder Freunde »erschafft« oder weil es auf coole Weise rebellisch ist oder weil es nach dem Essen gut ist oder weil es eigentlich nicht wirklich ungesund ist oder weil es dich an Friedenpfeifen erinnert. Oder vielleicht glaubst du an abwegigere Dinge wie Rauch, der böse Geister vertreibt, oder das Rauchen, das die Parkinson-Krankheit verhindert, oder andere der 100.000 Gedanken, die man über die Vorteile des Rauchens haben könnte.

Die Nachteile des Nichtrauchens

Schreibe als Nächstes auf dieses separate Blatt Papier die Nachteile des Nichtrauchens. Gib zu, warum du dir heimlich überlegt hast, mit dem Rauchen aufzuhören und nicht zu rauchen. Was sind die Nachteile? Dass dir eine sexy Stimme fehlen wird? Dass du dich erschöpft fühlen wirst? Dass du den Fokus verlieren könntest? Dass du zunehmen wirst? Mit welchen Überzeugungen hast du dich programmiert? Schreibe so viele auf, wie dir in den Sinn kommen.

Nachdem du die Vorteile des Rauchens und die Nachteile des Nichtrauchens aufgeschrieben hast, hast du jetzt die Hauptursachen für deine Gewohnheit direkt vor dir. Alle Abhängigkeiten unterliegen den Schmerz- und Lustprinzipien und du rauchst so lange weiter, wie das Rauchen mehr Lust als Schmerz in deinem Kopf verursacht. Natürlich ist keiner dieser Gründe real, sie sind alle in deinem Kopf, von dir und anderen erfunden. Komplett von dir erfunden. Weil du diese erfundenen Konzepte immer und immer und immer und immer und immer und immer wieder wiederholt hast, erscheinen sie real und fühlen sich real an. Raucherentwöhnung fühlt sich auch sehr ernst und sehr real an.

Betrachte dich und deine Gedanken für einen Moment einfach mit ein wenig Mitgefühl. Damit sich deine Programmierung nach und nach umkehrt, musst du mehr Nachteile des Rauchens als Vorteile entwickeln und fühlen und du musst mehr Vorteile für die Rauchfreiheit als Nachteile fühlen.

Beginnen wir diesen Prozess einfach vorsichtig ...

Die Nachteile des Rauchens

Notiere dir, erinnere dich und erfinde so viele Nachteile des Rauchens, wie du dir vorstellen kannst. Du kannst so lange schreiben, bis es nicht mehr geht. Was sind die vielen Nachteile, von denen du weißt und über die die Gesellschaft spricht? Schwarze Lunge? Morgens husten? Kopfschmerzen? Nikotin-Überdosis? Spannung? Nebelhaftigkeit des Geistes? Krebs? Verstopfte Blutgefäße? Ein Sklave einer künstlichen Substanz sein? Ärger mit anderen? Geld verschwenden? Schreibe so viele auf, wie dir in den Sinn kommen.

Die Vorteile des Nichtrauchens

Schreibe nun die Vorteile des Nichtrauchens auf. Was auch immer dir in den Sinn kommt. Frisch riechende Kleidung. Ein freier und gesunder Körper. Mehr Energie. Mehr Selbstwertgefühl. Trotz schwieriger Umstände ein Ziel erreicht zu haben. Ein neues Leben. Geld sparen. Sauberkeit. Verjüngung. Schreibe auf, was dir in den Sinn kommt und definitiv mehr, als du bisher geschrieben hast.

Hier, bitteschön. Wenn du dich auf pro Rauchen und gegen Nichtrauchen konzentrierst, bleibst du auf die Sucht fixiert. Wenn du dich auf gegen Rauchen und pro Nichtrauchen konzentrierst, wirst du von der Gewohnheit befreit. Ich empfehle dir, dich stärker auf die beiden letzteren zu konzentrieren, indem du die Augen schließt und zuerst die Nachteile des Rauchens visualisierst (visualisiere, bis du dich wirklich krank fühlst!) Und dann die Vorteile des Nichtrauchens (visualisiere, bis du dich wirklich gut fühlst!). Dadurch wird sichergestellt, dass die neue Sichtweise zumindest ein wenig geübt wird (nachdem die andere Sichtweise über einen langen Zeitraum hinweg geübt worden ist). Stelle vor dem Lesen sicher, dass du diese Visualisierung/Imagination mindestens zehn Minuten lang ausprobierst.

Die Entscheidung

Was kommt als nächstes? Wenn du dich ein wenig umgepolt hast, ist alles, was bleibt, die Entscheidung, ein Nichtraucher zu sein. Es ist kein Ziel.

Es ist kein Wunsch. Es ist kein Verlangen. Es ist kein Plan. Es ist keine Methode. Es ist keine Therapie. Es ist eine Entscheidung. Eine feste Entscheidung setzt alles außer Kraft. Leute, die dir gesagt haben, dass du es nicht allein mit Willenskraft schaffen kannst, haben dich angelogen. Natürlich kannst du es allein durch Willenskraft schaffen; natürlich kannst du es allein durch Entscheidung tun. Ich und viele andere Leute haben es so gemacht. Eine Entscheidung besagt, dass etwas so ist und dann ist es so. Und wenn du einmal eine Entscheidung getroffen hast, blickst du nie mehr zurück. Du entscheidest: »Ich bin jetzt ein Nichtraucher.« Das sagst du. Und dann schaust du nie wieder zurück. Niemals. Du entfernst alle Feuerzeuge und Aschenbecher. Wenn du der Meinung bist, dass du nicht so hart im Nehmen bist, hole dir zwei Wochen lang einen Nikotinersatz (wie Nikotinkaugummi). Es kann für manche eine nützliche Krücke sein. Ich kann es nicht wirklich empfehlen, aber das ist immer noch besser, als wieder auf Zigaretten zurückzugreifen. Stelle sicher, dass du deine Entscheidung nach zwei Wochen erneut bestätigst, und entferne auch den Ersatz oder das Kaugummi. Wenn nötig, kannst du dich über die kommenden Tage und Wochen hinweg regelmäßig an deine neue Entscheidung erinnern, indem du Folgendes wiederholst: »Ich bin jetzt Nichtraucher.« Du kannst auch eine Erinnerungsformel verwenden, zum Beispiel »Ich erlaube es mir, mit Leichtigkeit ein Nichtraucher zu sein.« Das äußerst du immer wieder als irreversible und unwiderrufliche Entscheidung.

Die innere Einstellung einer irreversiblen Entscheidung ist ungefähr so: »Es ist mir egal, ob mein Hintern abfällt, es ist mir egal, ob der Himmel explodiert, ich bin jetzt ein Nichtraucher und werde nie wieder zurückblicken. Das ist eine 100-prozentige Tatsache.« Das ist eigentlich alles, was benötigt wird. Wenn du diese Art von Selbstvertrauen und innerer Kraft hast, brauchst du keine Methoden oder Pläne – du bist stärker als die physische Trägheit, stärker als das Unterbewusstsein, stärker als die Mehrheit der Gesellschaft. Und es ist eine großartige und schöne Erfahrung, sich selbst zu beweisen, dass auch du diese entscheidende Kraft hast. Mache es also nicht komplizierter als nötig - beende es einfach.

Die verbleibende Energie einer Abtreibung heilen

Hier ist noch eines der Dinge, über die niemand sprechen oder die niemand unterrichten möchte. Aufgrund meiner relativ großen Vertrautheit mit den Bereichen vor und nach dem Leben bin ich zu dem Schluss gekommen, dass man Abtreibung in den meisten Fällen nach Möglichkeit vermeiden sollte. Wenn du dich trotzdem zu einer Abtreibung entschließt, solltest du dich gründlich reinigen und die Seele befreien, die sich als dein Kind inkarnieren wollte. Nachdem ich die fünf oder sechs Weltreligionen studiert habe und selbst in diesen Bereichen gereist bin, passiert meiner Meinung nach Folgendes:

Die Seele – das ist das Energie- und Bewusstseinsfeld eines einzigartigen Individuums – strömt eifrig, liebevoll und aufgeregt herein, um geboren zu werden. Vom Standpunkt vor dem Leben aus ist das Leben auf der Erde ziemlich ansprechend, ob du es glaubst oder nicht. Die Seele ist von Anfang an anwesend. Bis zum dritten Monat geht es mehrmals in den Körper hinein und aus ihm heraus und sie kann auch um das Erdreich fliegen und den Ort erkunden. Ja, ich glaube, dass in deinen ersten Schwangerschaftsmonaten eine glückliche Seele um dein Haus fliegt. Vielleicht hast du schon einmal die besondere Leichtigkeit bemerkt, die ein Haushalt annimmt, wenn eine Frau schwanger ist.

Etwa im dritten Monat, manchmal im vierten, verbindet sich die Seele vollständiger mit dem Körper und verbringt mehr Zeit damit, ihn kennenzulernen und zu verwenden sowie den Körper der Mutter und die allgemeine familiäre Umgebung zu erkunden. Von diesem Punkt an ist diese Abtreibung, die als Spätabtreibung bezeichnet wird, noch weniger ratsam.

Seelen werden von einem höheren Reich mit der Annahme weggeschickt, dass sie geboren werden. Wenn dies abgebrochen wird, neigen sie dazu, zwischen den Welten zu stecken, da sie weder auf der Erde noch im höheren Bereich sind. Tatsächlich stecken sie auf einer Astralebene fest, zu der sie nicht wirklich gehören. Je später die Abtreibung, umso wahrscheinlicher wird es, dass die Seele stecken bleibt. Einige wenige von ihnen sind, wenn die Schwangerschaft sehr früh abgebrochen wird, beispielsweise in den ersten Tagen oder spätestens in den ersten Wochen, noch nicht mit der dichten Erdkugel synchronisiert und können bis zu ihrem Ursprungsort zurückkehren und es erneut versuchen. Der Rest der Seelen bleibt einfach in einer Ebene der Realität stecken, die an die Erde grenzt.

Dies hat unerwünschte Auswirkungen sowohl auf das Kind als auch auf die Mutter und dann auf den Vater. Wenn du daher als Mutter oder Vater in die Abtreibung verwickelt warst, kannst du durch eine spirituelle Reinigung des Ereignisses etwas Lebensenergie zurückgewinnen. Wenn du dies nicht tust, ist deine Lebensenergie möglicherweise nicht so hoch wie vor dem Ereignis.

Dies ist ein Verfahren, das du anwenden kannst.

1. Schließe deine Augen und richte deine Aufmerksamkeit auf das Kind/die Seele, das/die abgetrieben wurde. Mache dir ein Bild davon, in welchem Raum oder Zustand sie sich befinden könnte. Sage ihr ruhig: »Hallo. Ich bin deine leibliche Mutter. Es tut mir sehr leid, was passiert ist. Als ich Abtreibung vornehmen ließ, wusste ich nicht, was ich jetzt weiß. Ich liebe dich. Ich möchte die Quelle, die dich erschaffen hat, um Vergebung bitten, und ich möchte dich auch um Vergebung bitten. Ich möchte, dass du von dem Zustand befreit wirst, in dem du dich befindest, damit du wieder zu dieser Quelle aufsteigen kannst (projizierende Bilder der aufsteigenden Seele können hilfreich sein). Wenn es irgendetwas gibt, das ich für dich auf dieser Erde tun kann, um es wiedergutzumachen, sende mir eine Nachricht in meinem Nachttraum. Bitte ruhe in Frieden, meine Liebe.« (Je mehr Liebe und Fürsorge du hier erzeugst, umso besser.)

2. Konzentriere dich auf dich selbst und die Zeit der Abtreibung. »Es tut mir leid für meinen Fehler. Ich wusste nicht, was ich jetzt weiß. Ich möchte, dass alle Energie und Rückstände in Bezug auf dieses Ereignis von meinem Geist, meinem Körper und meinem Wesen gereinigt werden. Ich bitte um Vergebung. Ich werde in Frieden weitergehen.«

Du kannst die Wörter und Praktiken dieses Verfahrens ändern, solange die Absicht gleich bleibt. Wenn du in den Methoden des Loslassens firm bist und diese bevorzugst, wende sie an. Wenn du dich für religiöse Prozesse interessierst, wende diese an. Dieser Prozess sollte keine Einschränkung sein, sondern nur eine allgemeine Richtlinie.

Wiederhole den Vorgang an aufeinanderfolgenden Tagen, bis du eine echte Entspannung und eine Steigerung deiner Lebensenergie verspürst. Unterhalte dich nicht mit »Geistführern« oder anderen Wesen, die behaupten, an den Vorgängen beteiligt zu sein. Behalte dies zwischen dir und der Seele, die abgetrieben wurde.

Sport auf verschiedenen Bewusstseinsebenen

Sport und körperliche Entwicklung bilden eine gute Grundlage für die geistige und seelische Entwicklung. Mit einem gesunden Körper, in dem man sich wohlfühlt, ist es viel einfacher, sich psychisch wohlzufühlen.

In diesem Abschnitt habe ich die Lebensenergie verschiedener sportlicher Aktivitäten anhand von Muskeln getestet. Die Ergebnisse stimmen noch immer mit denen überein, die ich vor Jahren in meinem Buch »Levels of Energy« veröffentlicht habe. Eigentlich sind die meisten von ihnen für uns offensichtlich, aber es ist gut, sie zu testen, nur um sicherzugehen. Ich habe keine umfassende Liste erstellt, sondern nur repräsentative Beispiele herangezogen, aus denen du die Stufen deiner bevorzugten Sportarten ableiten kannst.

Ich möchte daran erinnern, dass diese Ebenen nicht »gut gegen schlecht« anzeigen, sondern was in verschiedenen Phasen angemessen ist. Zum Beispiel kann ich wöchentlich im Fitnessstudio trainieren, obwohl das nicht eine Aktivität »hohen Bewusstseins« ist. Aber Training ist gut für die körperliche Gesundheit und das angemessene Maß, um mein körperliches Erscheinungsbild zu verbessern. Ich mache kein Ballett, obwohl es sich um eine Aktivität von »hohem Bewusstsein« handelt, da es nicht meinen inneren Neigungen entspricht. Um eine aussagekräftige Messung zu erhalten, ist es von Vorteil, während des Muskeltests persönliche Vorurteile und Vorlieben beiseite zu stellen.

Diese erste Grafik zeigt die Farben, die in der nachfolgenden Level-Pyramide verwendet werden, und die Balkengrafik zeigt die Beliebtheit solcher Sportarten auf dem Planeten Erde:

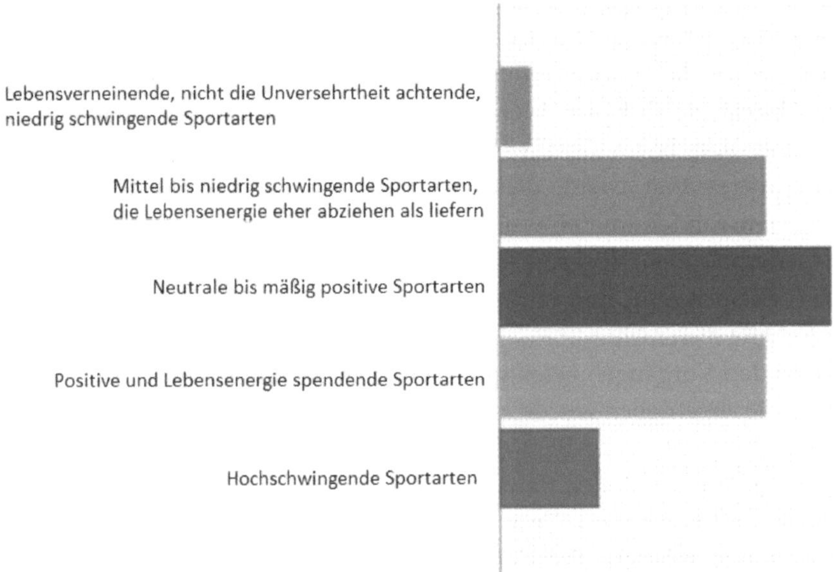

Und dies ist die Level-Tabelle mit jeweils ein paar Sportbeispielen:

Auf einer Energieskala von 1 bis 1000 würde der Sport im ersten Bereich die Stufen 0 bis 100 haben. Die Teilnahme an Spielmanipulationen, Doping, Hundekampf- oder Gladiatorenspielen (»Death-as-Entertainment«-Spielen) würde aufgrund mangelnder Integrität zu einer Bewusstseinsverschlechterung führen.

Die zweite Klammer entspricht den Stufen 100 bis 200 für Aktivitäten mit mittlerer bis niedriger Schwingung. Obwohl solche Aktivitäten manchmal großen Spaß machen können, halten sie sich aufgrund ihrer Missachtung des Lebens und ihrer Befriedigung des Drangs des niederen Geistes zu zerstören, zu entweihen und gewalttätig zu sein, in Grenzen.

Die dritte Klammer steht für Aktivitäten mit mäßig positiver Energie der Stufen 200 bis 300. Die meisten dieser Aktivitäten machen großen Spaß und sind körperlich von Vorteil. Dein spirituelles Potenzial ist jedoch hierbei nur mittelgroß. Ich habe die Gründe nicht auf Herz und Nieren geprüft, aber man kann sie erraten/sich denken.

Die vierte Klammer repräsentiert den Bereich 300 bis 400. Aktivitäten auf dieser Ebene haben einen messbaren und offensichtlichen Nutzen, nicht nur für den Körper, sondern auch für die Psyche.

Die fünfte Klammer ist die 400 bis 500-Reihe mit Effekten, die über das bloße physische und geistige hinausgehen. Bei »Tennis« bin ich mir nicht ganz sicher, warum es so hoch angesiedelt ist (ich habe es dreimal getestet), aber die anderen sind mir ziemlich klar. Zum Beispiel erfordert Showtanzen nicht nur das Metabewusstsein, um Team-Synchronität zu erzeugen, sondern auch enormen Fokus, Kreativität und Flow.

Die letzte Klammer repräsentiert die Ebene 500 bis 600 und die Spitze der Pyramide 700, für die ich keinen Sport gefunden habe. Der Grund dafür ist wahrscheinlich, dass dies nicht-physische Bereiche sind.

Die spirituelle Antwort auf Krebs

Was erzähle ich Leuten, die auf mich zukommen, weil sie Krebs haben oder einen geliebten Menschen mit Krebs haben? Ich sage ihnen, dass jede Krankheit gleichzeitig **physisch, mental und spirituell** ist und dass sie alle diese Wege untersuchen sollen. Sie sollten sich über **alle** drei Aspekte informieren und herausfinden, a) welche Ärzte und Experten bei der Behandlung von Krebs erfolgreich waren und b) welche Menschen von der Heilung ihres Krebses mit spirituellen Mitteln berichten und all diese Methoden nachahmen. Dies ist die einfachste Antwort, die ich geben kann, und ich habe keinen zusätzlichen Rat. Natürlich gibt es keine Garantien und wir müssen alle früher oder später unseren physischen Körper verlassen, aber einige werden die Herausforderung annehmen und ihr Leben verlängern wollen.

Ich bin kein Experte, aber ich kann vom Umgang mit krebskranken Trainern nur sagen, dass viele von ihnen überarbeitet zu sein scheinen. Ich spreche gerne von Arbeit als Tugend, aber auch, dass Belastung und Anstrengung niemals zu Überanstrengung führen dürfen. Überbeanspruche ein Gummiband und es zerreißt. Der Körper reagiert genauso auf schlechte Gewohnheiten, die sich seit Jahren oder sogar Jahrzehnten aufgebaut haben. Eine schwere Krankheit zu bekommen, ist die Art und Weise, wie der Körper sagt, dass es Zeit ist, alles zu überdenken, was du zu wissen glaubst und was du tust. Solch eine schwere Krankheit erfordert ein tiefes und gründliches Hinsehen, Hinterfragen des eigenen Lebens und Glaubens und Aufräumen nach bestem Wissen.

Natürlich haben nicht alle Menschen mit Krebs ein ungesundes oder gestresstes Leben geführt. Manchmal passiert es einfach und wir wissen nicht, warum. Vielleicht ist es karmisch. In jedem Fall würde der dreifache Pfad ungefähr so aussehen:

1. Körperlich

Der physische Weg besteht darin, zu Ärzten zu gehen und sich von mehreren beraten zu lassen, nicht nur von einem. Vergewissere dich vor dem Besuch, dass sie Experten auf ihrem Gebiet sind und einen professionellen Eindruck machen und wissen, wovon sie sprechen. Befolge nicht die Ratschläge der vielen New Age-Anhänger und religiösen Fanatiker, die empfehlen, keine Ärzte aufzusuchen (und halte dich noch weiter von denen fern, die eine Heilung »garantieren«). Da jede Krankheit einen physischen Aspekt hat, kann sie auf der physischen Ebene geheilt werden. Verlasse dich jedoch nicht nur auf einen Arzt oder medizinischen Weg, sondern untersuche eine Reihe von Ansätzen. Frage, was du von verschiedenen Behandlungen erwarten kannst und welche Ergebnisse andere erzielt haben. Recherchiere auch im Internet.

2. Geistig

Schreibe alle deine Überzeugungen, Bedenken, Ressentiments, Probleme auf und arbeite daran, sie zu lösen und deinen Denkprozess zu verbessern. Mache eine große Bestandsaufnahme der Inhalte deines Geistes, hole alles aus deinem System heraus und arbeite daran, diese loszulassen und diese alten und veralteten Ideen durch neue zu ersetzen. Wenn du dir nicht sicher bist, wie du dies tun sollst, sieh dir beispielsweise die »Reality Creation«-Lehre oder den »The Bliss Course« an. Gib auf, in jeder Hinsicht stur zu sein, und betrachte die Dinge mit frischen und neuen Augen.

3. Spirituell

Übe das regelmäßige Gebet zu einer höheren Quelle, indem du um Heilung bittest oder in die richtigen Richtungen geleitet wirst. Wenn du Krebs hast, wird empfohlen, jeden Tag zu beten. Erkenne auch, dass du ein karmisches Wesen bist und dass du ein Geist bist, kein Körper. Wenn dein Körper verschwindet, ist immer noch ein Ich da, das sich dessen bewusst ist. Was du wirklich bist, kann nicht zerstört werden, kann nicht sterben, kann nicht krank werden. Finde Trost in dem, von dem viele von uns wissen, dass es eine Tatsache ist.

Dadurch, dass du mit den besten geistigen, mentalen und physischen Fähigkeiten ausgestattet bist, erhöht sich deine Chance auf Verbesserung der körperlichen Situation. Denjenigen, die an Krebs leiden und dieses Buch gefunden haben, wünsche ich alles Gute und dass dein Körper Erleichterung und Heilung findet. Solltest du diese Heilung nicht finden, dann wünsche ich dir einen ruhigen und sicheren Übergang ins Jenseits und dass der Rest deiner Zeit hier in Liebe und Würde verbracht wird.

Die psychologische Heilung von Schlaflosigkeit

Schlaflosigkeit führt zu einer starken Beeinträchtigung der Lebensqualität. Aber zum Glück kann es ziemlich leicht geheilt werden. Tiefer und erholsamer Schlaf allein kann zahlreiche Beschwerden und Probleme beheben und heilen. Schlaf ist der Rückstellknopf für Körper und Geist, und du verdienst tiefen und glückseligen Schlaf. Nach meiner Erfahrung sind die meisten Fälle von Schlaflosigkeit geistig und körperlich bedingt. Wenn du unter Schlaflosigkeit leidest, hast du inzwischen herausgefunden, dass es mit dem vollständigen Loslassen zusammenhängt, und dem Vertrauen darauf, dass du dich „fallenlassen" kannst. Es ist ein Hinweis auf einen unruhigen Geist, einen angespannten Körper, hohen selbstinduzierten Stress und Druck auf sich selbst und in einigen Fällen auf »schlechte Schwingungen« in deinem Haus oder Schlafzimmer.

Um sicherzustellen, dass deine Schlaflosigkeit »geheilt« wird, ist es am besten, alle möglichen Bereiche anzusprechen - physisch, mental, spirituell, ökologisch. Wenn du unter etwas leidest, empfehle ich immer, keine Verbesserungsquelle auszuschließen: traditionell, medizinisch, spirituell, alternativ, alt, neu, religiös, wissenschaftlich ... Was auch immer funktioniert!

Ich habe einen schrittweisen Prozess geschrieben, in dem sich deine Schlaflosigkeit in einem der Schritte auflösen kann. Du probierst zuerst Schritt 1 für ein paar Tage/Nächte aus und fährst dann mit Schritt 2 fort, wenn das Problem nicht behoben oder gelöst wurde. Aber solange eine Technik Verbesserungen schafft, bleibt man dabei, bis sich die Dinge nicht mehr verbessern.

1. Die Umkehrung von Verlangen/Widerstand

Ich habe diesen Teil der Umkehr-Psychologie erfolgreich bei einer Reihe von Schlaflosigkeiten angewendet, weshalb es meine erste Wahl ist. Als Mensch, der unter Schlaflosigkeit leidet, wünschst du dir wahrscheinlich Schlaf und wehrst dich nachts gegen das Wachbleiben und möglicherweise auch gegen erschöpfte Wachheit. In dieser Übung geht es darum, diese Energieflüsse umzukehren, als ob du Wachheit in der Nacht wünschst und dem Schlaf widerstehen möchtest (eine geführte Version davon finden Sie im »Reality Creation Supercourse«). Stelle dir Verlangen und Widerstand als Energiestrahlen vor: Verlangen ist ein trennender Strahl, der etwas wegdrückt, und Widerstand ist ein klebriger Energiestrahl, der etwas in deine Richtung zieht.

Du beginnst damit, dich an den Schlaf zu erinnern oder ihn dir vorzustellen. Beachte, wie du ihn dir automatisch wünschst. Und widersetze dich dann absichtlich. Während du dir den Schlaf vorstellst, projizierst du einen Strahl der Abneigung, des Hasses, des Ekels und der negativen Assoziation auf den Schlaf, als ob du nicht schlafen wolltest, dir wünschen würdest, Schlaf vermeiden zu können, den Schlaf ganz loswerden wollen. Während du dies tust, wirst du einige interessante Zustandsänderungen in deinem Körper und Geist bemerken. Tue dies für ein oder zwei Minuten. Dann stelle dir Wachheit bei Nacht vor. Beachte, dass du dich automatisch dagegen wehrst. Aber dann, während du dir Wachheit vorstellst, projizierst du einen Strahl des Verlangens, der Sehnsucht und des Herbeisehnens darauf, als wolltest du wirklich aufwachen, wachbleiben, wachsein, tagsüber erschöpft sein usw. Du wirst einige interessante Dinge bemerken wie Zustandsänderungen in deinem Körper und Geist. Tue dies für ein oder zwei Minuten. Anschließend wiederholst du die Übung ein oder zwei Mal oder bis du das Gefühl hast, dass es dir wirklich egal ist, ob du aufwachst oder schläfst, und dann lässt du es sacken. Diese Übung nutzt die Kraft deiner Vorstellungskraft, um gewohnheitsmäßige Gedanken und emotionale Muster neu zu konditionieren. Und es macht Spaß!

In vielen Fällen von Schlaflosigkeit wird dieser kleine Trick das Problem lösen. Es mag sein, dass du in den ersten Tagen immer noch nicht so schläfst, wie die Gesellschaft meint, dass man »schlafen sollte«, aber es wird dir nicht mehr so viel ausmachen. Du kannst feststellen, dass du deine Wachzeit angenehmer nutzt. Aber da es nicht mehr so wichtig ist, lässt du deinen Körper rechtzeitig zu seinem natürlichen biologischen Rhythmus (Nachtschlaf, Tagesschlaf) zurückkehren. Oder es kann sein, dass die Technik sofort wirkt und du während der Übung einschläfst und acht Stunden später aufwachst!

2. Dein Leben aufräumen

Es hat sich immer noch nichts geändert und du hast immer noch Schlafstörungen? In diesem Fall könnte es an der Zeit sein, dein Leben aufzuräumen. Schreibe auf:

a) Fehler, die du gemacht hast und die du immer wieder wiederholst

b) Unvollendete Geschäfte, die du verschoben hast

c) Geheimnisse, die du behalten hast und die dich in Verlegenheit bringen würden, wenn du sie teiltest

d) Stress und Überforderung

e) Unerfüllte Wünsche, die dir in den Sinn gekommen sind

f) Alles, womit sich deine Aufmerksamkeit beschäftigt hat

Nachdem du diese geschrieben hast, hast du deine »Liste der inneren Turbulenzen«. Das ist das Zeug, das in deinem Kopf herumläuft. Wenn du versuchst, es zu unterdrücken oder ins Unterbewusstsein oder in den Hinterkopf zu schieben, verursacht dies die Art von Spannung, die mit der Zeit zu Schlaflosigkeit führen kann. Wenn du nun deine »Aufräumliste« hast, schreibe ein oder zwei Sätze zu jedem Punkt, wie du a) damit umgehen b) es abbrechen, c) es loslassen, d) es bereinigen, e) es delegieren, f) es fallenlassen, g) es beenden willst. Und gib dein Bestes, um die Kontrolle über deine Aufmerksamkeit wiederzugewinnen. Wenn du die Kontrolle über deine Aufmerksamkeit wiedererlangt, erlangst du die Kontrolle über dein Leben. Manche Menschen schlafen jeden Abend tief und fest, weil sie vergessen haben, jemals schlaflos zu sein, oder weil sie vergessen haben, diese Übungen zu machen.

3. Der Teufel steckt in den Details

Hast du nach den Schritten 1 und 2 immer noch mit Schlaflosigkeit zu kämpfen? In diesem Fall hast du möglicherweise eines dieser Details des richtigen Schlafens verpasst. Sie liegen auf der Hand, aber vielleicht hast du deshalb eines von ihnen verpasst. Wenn ja, behebe es.

- Zu viel Koffein (Kaffee, Cola, bestimmte Tees).
- Eine sehr alte (und daher unsaubere) Matratze (oder Kissen und Decken)
- Stress/emotionale Belastung wegen der Zeit und des Weckers (werde sie los, wenn sie dich stören).
- Eine negative Arbeitsatmosphäre (Kündige diesen Job! Glaubst du nicht daran, dass du kündigen kannst? Lerne »Reality Creation«.)
- Negative Energien im Haus (einen Weg finden, eine spirituelle Hausreinigung durchzuführen).
- Bewegungsmangel (Menschen, die in ihrem Geist unruhig sind, sind körperlich nicht aktiv genug.) Die Stille kommt zu denen, die aktiv sind.
- Unregelmäßiges Atmen (Lerne, bewusster zu atmen. Jede Emotion auf der Skala ist mit einer bestimmten Art von Atmung verbunden. Atme wie die erholte Person, die du gerne sein würdest.
- Nickerchen (offensichtlich sollten Schlaflose kein Nickerchen am Tag machen.
- Das Bett ist zum Schlafen gedacht (konditioniere dich selbst dahingehend, dass du nichts anderes tust, als im Bett zu schlafen ... zum Beispiel kein Fernseher oder Essen im Bett).

4. Unterbrechung von Mustern

Du hast noch keine Verbesserung erlebt? Das ist wirklich schwer vorstellbar, aber in Ordnung. Dann müssen wir ein bisschen radikal werden. Wir werden deine Konditionierung aufheben und dann ein gesundes Schlafmuster von Grund auf neu aufbauen. Sich selbst niederzumachen, sich selbst zu beschimpfen und durch die Schlaflosigkeit hindurchzukämpfen ist das, was die unangenehme nächtliche Wachheit erzeugt. Es ist wirklich zu viel Nachdenken. Es ist die Unfähigkeit, sich zu konzentrieren, die Unfähigkeit, eine Sache nach der anderen zu tun, die Unfähigkeit, langsamer zu werden.

»Wenn du sie nicht besiegen kannst, schließe dich ihnen an.«

Eine Möglichkeit, das Muster des Schlafmangels zu durchbrechen, besteht darin, sich dessen selbst zu berauben. Wie lange kannst du ohne Schlaf auskommen? Oder könntest du jeden Tag früher aufwachen und trotzdem davon ausgehen, dass du im Alltag gut funktionierst? Wie wäre es mit zehn Minuten früher am Tag? Einigen »Schlaflosen«, die diese einfache Technik für ein paar Wochen aufrechterhalten haben, hat sie geholfen, ihr Problem zu überwinden. Des Schlafs am Morgen beraubt, bekommt der Körper dann den Schlaf in der Nacht, den er braucht.

Ein weiterer radikaler Musterbrecher lautet wie folgt: Erstelle eine »Aufschubliste« von Dingen, die du verschoben hast, oder von Besorgungen und Aufgaben, die überhaupt keinen Spaß machen. Bewahre die Liste neben deinem Bett auf. Schaue dir jedes Mal, wenn du nachts aufwachst, die Liste an und fange damit an, an einem der Punkte auf der Liste zu arbeiten. Du solltest nicht länger als eine halbe Stunde wach im Bett liegen, da dies den Glauben weckt, dass »Schlaflosigkeit schlimm ist«. Wenn du dich zu lange im Bett gewälzt hast, stehe auf. Wenn du die Zeit, in der du wach bist, für deine To-Do-Liste nutzt, ist sie nicht nur nützlich, sondern du kannst dich auch darauf programmieren, dass der Schlaf angenehmer sein kann als unangenehme Besorgungen.

Nachdem alte Muster aufgebrochen wurden, bauen die folgenden Techniken gesunde wieder auf. Stelle dir vor, du wärst wieder ein Baby und trainiertest dich darin, gute Gewohnheiten anzunehmen.

Herunterkommen. Eine »gute Angewohnheit« ist es, etwa 30 bis 60 Minuten vor dem Zubettgehen zu entspannen. Nein, nicht mit Alkohol, das ist ein falsches Entspannungsmittel, sondern indem man das Licht dimmt, vielleicht ein Bad nimmt, ein Buch liest oder etwas anderes, das weniger Lärm, weniger Helligkeit und weniger Aktivität mit sich bringt.

Fokussiertechnik. Eine gute Technik ist es, über ein Szenario nachzudenken, es zu visualisieren oder sich darauf zu konzentrieren und sich darin zu verlieren. Bevor du es bemerkst, wirst du eingeschlafen sein.

Entspannen ist kein »Tun«. Normalerweise wachst du nachts kurz auf und gehst dann einfach wieder schlafen. Aber mit Schlaflosigkeit beschäftigt zu sein, erhöht die Anspannung und du bleibst wach. »Es ist in Ordnung aufzuwachen.« Diese Einstellung erleichtert es dir, wieder einzuschlafen. Entspannung ist kein Tun, sondern Loslassen. Lass den Gedanken los, dass du etwas tun musst. Lass diesen Gedanken einfach fallen. Lass los und versuche wieder einzuschlafen. Lasse die Gedanken los, dass es nicht gut ist aufzuwachen. Lasse jeden dieser Gedanken und jeden anderen los, der nachts aufkommt. Lasse den Gedanken los, dass du eine gewisse Menge Schlaf benötigst. (Techniken zum authentischen Loslassen von Gedanken werden in »The Bliss Course« vermittelt.)

Erfolg im Wachleben entsteht durch Anstrengung/Konzentration, aber nachts gilt genau das Gegenteil: Anstrengung loslassen, Konzentration loslassen. Es gibt nichts zu erreichen oder zu meistern oder zu versuchen. Das Schlafen geschieht ganz von alleine, nicht wegen dir, sondern trotz dir.

Wir haben viele interne Dinge durchlaufen, um dir den Schlaf zu erleichtern. Es ist unwahrscheinlich, dass du bis jetzt noch keine Besserung erlebt hast. Wenn doch, übe diese Maßnahmen einfach weiter, bis das Problem behoben ist.

Wenn du sicher bist, dass du keine Verbesserung erlebt hast, solltest du externe und professionelle Hilfe in Anspruch nehmen. Die Hilfe, die du in Anspruch nimmst, sollte nachweislich Schlaflosigkeit heilen.

Süße Träume und gute Nacht!

Heilende Hände

Du kannst Menschen helfen, indem du ihre Schmerzen und Leiden mit deinen Händen linderst. Deine Hände übertragen Energie und unterstützen die Person, die versucht, Linderung zu erreichen. Das erste Mal bemerkte ich, dass dies im Alter von 22 Jahren bei mir geschah, als ich jemandem, der lange Zeit unter Kopfschmerzen gelitten hatte, die Hände auf den Kopf legte. Die Kopfschmerzen der Person traten nie wieder auf und sie lief überall herum und lobte mich als »Wunderheiler«. Ich versuchte ihr zu sagen, dass sie auch eine »Wunderheilerin« ist, aber sie wollte nichts davon wissen.

Ich benutze die Technik immer noch ab und zu in einigen meiner Kurse. Es funktioniert nicht immer – man kann niemanden zwingen zu heilen. Aber sieben von zehn mal hat es eine positive Wirkung und fünf von zehn mal geht diese Wirkung über die vorübergehende hinaus.

Wie bei allen »paranormalen Fähigkeiten« denke ich nicht, dass sie mein Verdienst sind. Ich schreibe sie höheren Energien zu. Es ist nicht »ich«, der es tut, sondern höhere Kräfte, die »durch mich arbeiten«. Du kannst heilende Hände auf alles anwenden, von Menstruationsbeschwerden bis hin zu negativen Emotionen. Um dies in den richtigen Kontext zu stellen: Wenn du jemandem die Hände auflegst, bedeutet dies nicht, dass du die Quelle der Heilung bist. Es fügt lediglich zusätzliche Energie hinzu, während jemand dabei ist, etwas loszulassen.

Tue dies nur mit Liebe und ohne weitere Absichten. Wenn du der Kraft der Berührung Energie hinzufügen möchtest, kannst du dir vorstellen, dass sie mit dem Ausatmen in den Menschen fließt. Manchmal summe ich auch ein Geräusch in den schmerzenden Bereich, um die Schwingung zu verstärken.

Heilende Hände sind weder ein Ersatz für die richtige emotionale Verarbeitung durch die Person noch ein Ersatz für Medikamente oder konventionelle Behandlungen. Aber sie werden zusätzliche Energie hinzufügen und manchmal kann ein bisschen zusätzliche Liebe von außen einer Person helfen, den Schmerz zu überwinden und Erleichterung zu erlangen.

Mit dem Körper sprechen

Du kannst dich mit deinem Körper unterhalten und er wird antworten. Wenn du erkennst, dass du nicht der Körper, sondern sein Bewahrer bist, kannst du mit ihm sprechen, um verschiedene Probleme zu heilen. Ich bin mir sicher, dass irgendwo jemand die Auswirkungen gemessen hat. Ich habe es nicht, aber ich habe es in meiner Coaching-Arbeit oft erlebt. Zwei aktuelle Beispiele:

Ein Student hatte, solange er sich erinnern konnte, mit Übergewicht zu kämpfen, also verschrieb ich ihm eine kohlenhydratarme Diät und körperliche Bewegung. Zwei Monate später funktionierte es, aber nicht so schnell, wie wir es uns erhofft hatten. Also sagte ich, er solle es mit Körpergesprächen versuchen. Er sollte Gespräche über Freundlichkeit und Wertschätzung mit seinem Körper führen, besonders dann, wenn er negative innere Gespräche darüber bemerkte. Das erste, was ihm auffiel, war, dass er dutzende Male am Tag einen negativen inneren Dialog über seinen Körper führte. Kein Wunder, dass seine Besserung so langsam war. Basierend auf der Idee des »Body-Talks« erfand er die folgende Methode: Jedes Mal, wenn er einen negativen Punkt an seinem Aussehen oder Körper bemerkte, rieb er sich den Bauch und sagte: »Meine Verdauung ist großartig, also nehme ich ab.« Er rieb sich sogar im Rhythmus der Worte den Bauch. Es war letzte Woche, dass er mir sein »Nachher-Bild« (basierend auf einem »Vorher-Bild«) geben sollte. Es war dann endlich so, dass er rasante Fortschritte gemacht hatte und dies auch weiterhin tut.

Ein weiteres gutes Beispiel war eine fehlerhafte Laseroperation. Dies geschah innerhalb eines einmonatigen E-Mail-Coaching-Programms und es standen nur noch zwei Wochen für das Coaching zur Verfügung. Die Operation war furchtbar schief gelaufen und die Studentin hatte jetzt Kratzer und Flecken im Gesicht, von denen der behandelnde Arzt behauptete: »Sie sind unmöglich wegzubekommen.« Deshalb haben wir eine Reihe von Sofortmaßnahmen ergriffen, um die Situation durch die Kraft von Geist und Verstand alleine zu beheben. Eine der von uns angewendeten Maßnahmen waren Körpergespräche. Ich bat sie, auf besondere Weise mit den verletzten Teilen zu sprechen und bestimmte aufgezeichnete Meditationen durchzuführen. Ich sagte ihr, dass ich schon oft Wunder gesehen und darüber geschrieben habe, warum sollte hier kein Wunder geschehen? Schließlich sollte die Kraft, die alle Dinge hervorgebracht hat, in der Lage sein, die Schäden an ihrem Gesicht rückgängig zu machen. Wir entschieden, vorher und nachher Bilder zu machen. Innerhalb von zwei Wochen hatten wir einen Fortschritt von vier Bilderreihen, von denen jede Verbesserungen gegenüber dem letzten aufwies. Die Flecken und Kratzer sind nun verschwunden und es sind nur noch leicht gespannte Hautreste übrig geblieben, die mit normalen Cremes entfernt werden können.

Beispiele wie diese sind für mich die beste Inspiration, um meine Arbeit fortzusetzen, denn sie zeigen immer wieder, dass man etwas erreichen kann, wenn man im tiefsten Innern davon überzeugt ist.

Schmerz überwinden

Schmerzen zeigen an, dass man an seine Grenzen stößt. Es ist aber auch eine Chance für Wachstum. Jedes Mal, wenn du Schmerzen überwindest, anstatt sie zu unterdrücken, wächst du. Du wirst dann größer als der Schmerz, anstatt immer kleiner zu werden.

Es wird allgemein angenommen, dass Schmerz eine unangenehme Reaktion auf äußere Reize und Verletzungen ist. Du wirst mit einem Messer verletzt und deine Nerven senden ein Signal an das Gehirn, das als Schmerz übersetzt wird. Der medizinischen Berufe und die pharmazeutische Industrie gehen von dieser uralten Annahme aus. Ihr Hauptaugenmerk liegt auf der Reparatur der Körperverletzung. Und obwohl dies oft den Schmerz löst, ist es nicht die ganze Geschichte dahinter. Schmerz wird nicht nur extern, sondern auch intern, im Bewusstsein oder im Verstand, erzeugt. Dies zeigt sich zum Beispiel in einer Hypnose, bei der eine Person in Trance oder tiefer Entspannung getroffen oder mit Nadeln in die Finger gestochen werden kann und diese nicht spürt. Dies zeigt sich auch beim Phänomen der »Phantomschmerzen«: Die meisten Amputierten spüren immer noch Schmerzen in den entfernten Gliedmaßen. Beispielsweise kann die Person noch lange nach einer Beinamputation Schmerzen im Knie verspüren. Wissenschaftler sagen nun, dass dies daran läge, dass »Schmerzen im Gehirn entstehen«. Das ist ein bisschen näher an der Wahrheit, aber meiner Meinung nach entsteht Schmerz im individuellen Bewusstseinsfeld. Viele Schmerzen und ihre zugrunde liegenden emotionalen Probleme können tatsächlich durch Tiefenentspannung und Bewusstseinstechniken gelöst werden, die die Aufmerksamkeit aufheben. Laut Analysten hat die Schmerzmittelindustrie mit all ihren Pillen und Tränken einen Wert von ungefähr 50 Milliarden US-Dollar. Diese Zahl würde stark sinken, wenn die Menschen lernen würden, ihren eigenen Schmerz oder die zugrunde liegenden Schmerzgefühle aufzulösen, bevor der Schmerz auftritt. Ein weiterer Beweis dafür, dass Schmerzen nicht nur objektiv sind, besteht darin, dass verschiedene Menschen ein unterschiedliches Maß an Schmerzempfindlichkeit aufweisen. Es ist zum Beispiel eine merkwürdige Tatsache, dass rothaarige Menschen schmerzempfindlicher sind als dunkelhaarige. Bei Sportwettkämpfen erleiden viele Sportler schwere Verletzungen, verspüren aber erst nach Spielende Schmerzen. Auf dem Schlachtfeld erleiden viele verwundete Soldaten Verletzungen und verspüren keine Schmerzen, bis sie nach Hause zurückkehren. Solche Beispiele zeigen deutlich den Zusammenhang zwischen Geisteszustand und Schmerzempfindlichkeit. In ähnlicher Weise maskieren viele von uns emotionalen Schmerz, indem sie »beschäftigt bleiben«. Das funktioniert, bis wir einen Tag frei haben und uns ausruhen, dann kommt unser wahrer innerer Zustand ans Licht. Schließlich beweist der sogenannte »Placebo-Effekt« zweifelsfrei, dass Schmerzen durchaus subjektiv sein können. Eine Person bekommt eine wirkstofflose »Pille«, um Schmerzen zu lindern, und die Schmerzen verschwinden. Nicht wegen der Qualität der Pille, sondern wegen der Bedeutung, die der Verstand dieser Pille und der anschließenden Entspannung zugeschrieben hat. In dem Moment, in dem jemand das Placebo schluckt, entspannen sich seine Muskeln und seine Aufmerksamkeit verschwindet, anstatt sich darauf zu konzentrieren, dem Schmerz zu widerstehen.

Nach meiner persönlichen Erfahrung als Trainer können die meisten körperlichen Schmerzen gelöst werden, indem zuerst der zugrunde liegende emotionale Schmerz aufgelöst wird. Ich habe dies erfolgreich mit Studenten gemacht, die unter Migräne, Allergien, Hautproblemen, Rückenschmerzen, Darmproblemen, Knieschmerzen, Nackenschmerzen, Hüftschmerzen, Fußschmerzen und vielem mehr litten. In den meisten Fällen wurden sie durch unverarbeitete Emotionen verursacht. Durch das Unterrichten eines Schülers über neue Möglichkeiten der Tiefenentspannung kamen emotionale Schmerzen zur Befreiung und schließlich verschwanden physische Schmerzen. Ich übe dies nicht mit Schmerzen, die auf bereits eingetretene körperliche Schäden wie Verletzungen und Zahnschmerzen hinweisen. Aber auch in diesen Fällen können zusätzliche Entspannungstechniken den Schmerz erheblich lindern, bis er medizinisch behandelt wird.

Die Hauptursache für Schmerzen oder verstärkten Schmerz sind nach meiner Erfahrung aufgeladene Emotionen, in Flaschen gefüllte Emotionen, Kindheitstraumata und insbesondere der Widerstand gegen diese Erfahrungen. Es sind nicht die Emotionen selbst, die das Problem sind, sondern der persönliche Widerstand, sie zu fühlen, eine Art von sehr stark eingeengter Konzentration. Dieser innere Widerstand wird zuerst durch Ignorieren der Emotionen, Ablenken, Unterdrücken und Überdecken mit Essen, Sex, Drogen und Alkohol ausgelöst. Später werden die ungefühlten Gefühle durch Verspannungen der Muskeln, Zähneknirschen und enge Konzentration auf nur kleine Aspekte des Lebens überdeckt, während alles ignoriert wird, was Unbehagen verursachen könnte. Schließlich manifestiert sich diese Unterdrückung nach langer Zeit als körperlicher Schmerz oder Krankheit.

In den meisten Fällen hilft es, die Aufmerksamkeit auf eine andere Stelle zu konzentrieren und sie auf etwas Gutes, Lustiges oder Schönes zu richten, um die Schmerzen zu lindern. In manchen Fällen kann dies auch eine dauerhafte Lösung sein. Aber wo die Emotionen so groß sind, dass sie im Unterbewusstsein gespeichert wurden, wird die Aufmerksamkeit an anderer Stelle nur vorübergehend gelindert. Wenn du dich das nächste Mal ausruhst, treten die emotionalen Schmerzen erneut auf. Man könnte sagen, dass viele Menschen ein Leben führen, in dem sie sich von Ablenkung zu Ablenkung hangeln, ohne jemals den zugrunde liegenden emotionalen Schmerz zu lösen, der sie dazu zwingt, sich selbst abzulenken. Je stärker etwas oder jemand dein Interesse hat, umso weniger Schmerzen wirst du spüren. Wenn du ein aufregendes Spiel spielst oder mit einer faszinierenden Person sprichst, wirst du dich in dieser Zeit weniger unwohl fühlen. Aber deine Freude an dieser Person oder an diesem Spiel würde zunehmen, wenn du von Anfang an keine Schmerzen hättest. Du würdest auch nicht von einer anderen Person, einem Ort oder einer Sache abhängig werden, um Erleichterung zu finden. Viele Menschen haben sich so lange von Schmerzen abgelenkt, dass sie nicht einmal wissen, dass sie Energie verschwenden, wenn sie sich dagegen wehren. Sobald sie lernen, ihre schweren Emotionen aufzulösen, gewinnen sie eine neue Leichtigkeit und Freiheit, die sie in vielen Jahren oder Jahrzehnten oft nicht gespürt haben.

Vor einigen Jahrzehnten hatte Aspirin eine Anzeige auf den Straßen, in der stand: »*Nichts ist besser als Aspirin.*« Ich habe dieses Sprichwort immer wörtlich genommen: »NICHTS ist besser als Aspirin.« Mit anderen Worten: Nichts zu tun, sich auf nichts zu fixieren, nichts zu sein, ist besser als Aspirin zu nehmen. Ich bin sicher, dass dies nicht die Absicht der Werbetreibenden ist, aber es funktioniert am besten.

»Was soll ich mit diesem emotionalen Schmerz machen, Fred?«

»Nichts«, antworte ich manchmal. Nichts damit zu tun, ist die ultimative Form des Nicht-Widerstands. »Durchlassen« ist eine andere Art, dies zu sagen.

»Oh, also sollte ich es einfach ignorieren?«, fragen dann viele.

»Nein. Ignorieren *ist* etwas. Ich meine buchstäblich nichts.«

»Oh, also sollte ich es nicht ignorieren, sondern mich nur darauf konzentrieren?«

»Nein. Es ist wieder etwas Besonderes, sich darauf zu konzentrieren. Könntest du es einfach so sein lassen, wie du die Wolken sein lässt? Du willst die Wolken nicht ignorieren. Du möchtest dich nicht auf die Wolken konzentrieren. Du lässt sie einfach durch. Die Wolken verschwinden von alleine. Der Schmerz verschwindet schließlich in einem größeren Ozean des Bewusstseins. Es sei denn natürlich, du fixierst und widerstehst.«

Wie in meinem »Aufmerksamkeitstraining« gelehrt, kann die Flexibilität der Aufmerksamkeit jede Art von Schmerz lindern. Du solltest die Fähigkeit haben, Schmerzen im Körper zu lokalisieren, dir ihrer Grenzen bewusst zu sein (wo sie sind und wo nicht), in die Mitte des Schmerzes zu gehen und ihn vollständig zu fühlen, aber auch dein Bewusstsein zu öffnen und empfindungsfähig zu werden für den Raum um den Schmerz, die allgemeine Umgebung oder sogar das gesamte Universum als Ganzes. Ein Beispiel: Du siehst möglicherweise einen Ziegelstein in der Wand. Dann erweiterst du dein Bewusstsein und bemerkst viele andere Steine. Wenn du es noch weiter verbreiterst, bemerkst du, dass die Ziegel ein Haus bilden. Wenn du es noch weiter ausbaust, ist das Haus nur eines von vielen auf der Straße. Du fixierst dich nicht mehr auf den einzelnen Baustein. Wenn du dies mit Schmerzen tust, indem du sie in einen größeren Kontext stellst, reduzierst du sie. Das wiederholte Einzoomen und Herauszoomen kann den Schmerz lindern. Eine andere Möglichkeit, dies zu tun, ist, den Schmerz zu vergrößern, bis du eingetaucht bist, und dann etwas ganz anderes zu vergrößern, bis du darin eingetaucht bist (sei es ein Objekt, eine Geschichte oder eine andere Person) und zwischen diesen beiden Modi hin und her schwenkst, bis der Schmerz verschwindet. Sobald du den Schmerz ohne Widerstand oder Fixierung vollständig spüren kannst, löst er sich von selbst auf. Es ist nicht »du löst ihn auf«, er geht von alleine wie Wolken, die vorbeiziehen. Was danach übrig bleibt, ist ein neues Gefühl von Freiheit und Leichtigkeit, weil die Energie nicht unterdrückt, sondern freigesetzt wurde. Während du diese Übungen machst, ist es wichtig, sich nicht zu sehr anzustrengen. Zu starkes Bemühen ist Widerstand. Es gibt alle Arten von subtilen Widerstandsschichten, die du möglicherweise durcharbeiten musst, bevor du dich vollständig in einem Zustand des offenen Bewusstseins befindest.

Manche Menschen sind skeptisch gegenüber absichtlich herbeigeführten negativen Emotionen und Schmerzen. Sie fragen: »Aber Fred, würde das Fühlen solcher Emotionen nicht zur Folge haben, dass solche Dinge mehr Negativität und Schmerz in mein Leben ziehen? Soll ich mich nicht besser fühlen?« Worauf ich antworte: »Unterbewusst festgehaltene negative Emotionen und Schmerzen haben viel mehr Kontrolle über dein Leben als die, die du besitzt, als die, die du bewusst fühlst. Nur das, was du unbewusst ausstrahlst, dominiert dich. Du sollst auch nicht wie besessen sein, wenn du nach Schmerz und Negativität suchst. Das Auflösen von Schmerzen ist nur dann sinnvoll, wenn bereits Schmerzen vorliegen. Ja, natürlich solltest du Phasen haben, in denen du den Schmerz ausgleichst und absichtlich gute Gefühle verspürst. Aber es ist viel einfacher, das zu tun, wenn du nicht länger unterdrückst.«

Sobald du feststellst, dass du etwas Kontrolle über Schmerzen hast und diese überwinden kannst, verringert sich deine Abhängigkeit von externen Unterdrückungsmitteln und deine Gesamtenergie und Lebensfreude nehmen zu.

Freisetzer für Drogensucht

Warnung: Die hierin enthaltenen Verfahren funktionieren nur für diejenigen, die es ernst meinen. Es wird nicht für Personen empfohlen, die möglicherweise nicht dafür bereit sind.

Einführung

Willkommen beim »Drug-Releaser«-Prozess. Ich gratuliere dir zu deiner Absicht, dich von deiner Drogensucht zu befreien. Ich empfehle dir, so viele Menschen wie möglich miteinzubeziehen: Freunde, Familienangehörige, Sozialarbeiter, Therapeuten – wen auch immer du über deine Absichten informierst und um Hilfe bittest, wird dir dabei helfen. Möglicherweise wirst du feststellen, dass du manchmal nicht über den Antrieb oder die Energie verfügst, um dieses Verfahren anzuwenden. In diesem Fall kannst du jemanden bitten, dir bei der Anwendung zu helfen. Wenn du ganz allein und ohne die Hilfe anderer bist, bitte zumindest um die Hilfe deines höheren Selbst, Gottes, inneren Trainers, Schutzengels, mentalen Mentors oder was auch immer du kannst, um einen zusätzlichen Schub an Selbstvertrauen und Energie zu erlangen. Du kannst jede Hilfe gebrauchen, die du bekommen kannst.

Drogenkonsum ist die Suche nach spiritueller Erleuchtung. Du erlebst eine Zustandsänderung, deshalb nimmst du Drogen. Du hast dich an Drogen gewöhnt, weil du glaubst, dass sich Drogen gut anfühlen, und es sich schlecht anfühlt, wenn du sie nicht einnimmst. Du bist jedoch ambivalent, weil du auch erfahren hast, dass sich das Einnehmen von Drogen schlecht anfühlt und sich das Nichteinnehmen gut anfühlt. Was auch immer der Fall sein mag, deine Aufmerksamkeit ist gefangen, denn es dreht sich jeden Tag um Drogen. Jeder Mensch ist abhängig von irgendetwas. Ein wichtiger Schritt zur wahren Erleuchtung ist, überhaupt kein Sklave der Aufmerksamkeit zu sein. Aber 99 Prozent der Welt hat seine Aufmerksamkeit immer und immer wieder auf dasselbe gerichtet. Für meine Nachbarin ist es Fernsehen. Sie hat ihren Fernseher den ganzen Tag laufen. Sie ist wie ein Gemüse und sie fängt langsam an zu verfaulen. Alles, von dem du glaubst, dass du es brauchst, um dich wohlzufühlen, versklavt dich. So einfach ist das wirklich. Das Lustige ist, dass diese Dinge nach einer Weile keine wirkliche Erfüllung mehr bringen. Auf diese Weise kannst du feststellen, dass sie in erster Linie nicht real waren.

Was sorgt immer für Erfüllung? Was funktioniert immer? Was verbessert immer deinen Zustand? Dies werden wir in diesem Abschnitt untersuchen. Wir werden auch untersuchen, wie man ohne Drogen high werden kann. Wenn ich dir nicht beibringen kann, wie du ohne Drogen high wirst, wirst du nicht aufhören, Drogen zu nehmen. Im Folgenden werde ich dir genau sagen, was zu tun ist. Mach es einfach. Du musst deine Drogen noch nicht absetzen. Du kannst sie weiterhin einnehmen. Mache mit diesem Abschnitt weiter und du verlierst auf natürliche Weise das Interesse am Drogenkonsum.

Die vier Aspekte jeder Drogenabhängigkeit

Egal, ob du dir dessen bewusst bist oder nicht, jede Drogensucht besteht aus vier Seiten, die sozusagen »das Konstrukt zusammenhalten«. Sie sind in folgenden Konzepten zusammengefasst:

1. Drogenkonsum = gut (Wunsch)
2. Keine Drogen nehmen = schlecht (Resistenz)
3. Drogenkonsum = schlecht (Resistenz)
4. Keine Drogen nehmen = gut (Wunsch)

Um diese bereits existierenden Gedanken bewusster zu machen, möchte ich dich bitten, die Gründe aufzuschreiben, warum die Einnahme der Drogen, die du konsumierst, gut ist. Sei ehrlich zu dir selbst. (Als ich jünger war, habe ich jede erdenkliche Droge ausprobiert und mir dutzende Gründe ausgedacht, warum ich sie liebte.) Danach schreibe auf, warum du denkst, Drogen zu nehmen, sei schlecht. Es gibt auch einen Teil von dir, der der Meinung ist, dass es nicht gut ist. Dieser Teil ist, wie alle vier Teile, von der Gesellschaft, Freunden und Eltern indoktriniert. Danach schreibe ein oder zwei Absätze darüber, warum es gut ist oder wäre, keine Drogen zu nehmen und aufzuhören, und warum es dann auch wiederum schlecht wäre. Tue das, bevor du weiterliest. Wenn du nicht die Energie hast, diese Übungen zu machen, lasse dir von jemandem helfen.

Diese widersprüchlichen Gedanken, die jeder Mensch zu diesem Thema hegt, erzeugen ein »Push-Pull-Energiefeld«, einen ambivalenten Zustand, der eine mentale und emotionale Blockade erzeugt. Letztendlich fühlst du dich schlecht (schuldig), wenn du Drogen nimmst, und du fühlst dich schlecht (niedrig), wenn du keine Drogen nimmst. So oder so sieht das Leben düster aus.

Während dieses Prozesses werden wir all diese widersprüchlichen Energien freisetzen.

Der Ersatz

Eine starke Gewohnheit zu brechen, ist einfacher, wenn du einen starken Ersatz hast. Dafür gibt es drei Gründe. Erstens hinterlässt jede Offenlegung oder Auflösung eines Problems ein Vakuum, das gefüllt werden möchte. Zweitens, wenn du nichts Neues findest, worauf sich dein Fokus konzentrieren kann, wird standardmäßig der alte verwendet. Der dritte Grund ist, dass es Körper und Geist leichter fällt, sich an allmähliche Veränderungen anzupassen als an radikale. Einen Ersatz zu haben, bevor du mit dem Suchtverhalten aufhörst, kann deine Erfolgschancen erheblich erhöhen. Wenn du starker Raucher bist, ist es möglicherweise eine gute Idee, die Zigaretten zuerst durch Nikotinkaugummi und dann durch normalen Kaugummi zu ersetzen. Wenn du ein Heroinsüchtiger wärest, könnte dein anfänglicher Ersatz Methadon und später vielleicht Zigaretten sein. Dies mag seltsam klingen, weil du ein Medikament durch ein anderes ersetzt, aber Heroin kann so stark abhängig machen, dass manche Menschen etwas Stärkeres als Orangensaft oder Kaugummi benötigen, um es loszuwerden. Später, wenn du das Heroin vollständig überwunden hast, kannst du anfangen, Zigaretten zu nehmen. Dies sind natürlich nur Beispiele, um den Wert einer allmählichen Veränderung aufzuzeigen. Denke über Substitute nach, die du in deiner drogenfreien Zeit verwenden wirst.

Selbstdefinition

Obwohl ich eine allmähliche Veränderung empfehle, habe ich auch viele Ergebnisse mit plötzlichen und radikalen Veränderungen erlebt. Ich selbst hörte plötzlich auf zu rauchen. Ein Kunde von mir ließ Kokain in wenigen Sekunden fallen und kehrte nie wieder dorthin zurück. Eine Möglichkeit, dies zu tun, besteht darin, deine alte Definition von Wer-du-bist zu verwerfen. Ich hatte seit meinem 15. Lebensjahr jeden Tag mehr als eine Schachtel Zigaretten geraucht und zwanzig Jahre später gab ich es trotz mentaler, emotionaler und körperlicher Gewöhnung radikal auf, indem ich mir sagte: »Ich bin kein Raucher und ich war es nie.« Ich gab vor, nie geraucht zu haben, nie ein Raucher gewesen zu sein. Als die Leute versuchten, meine alte Realität zu bestätigen, indem sie sagten: »Hey, du hörst mit dem Rauchen auf!«, tat ich so, als wüsste ich nicht, wovon sie sprechen. »Mit dem Rauchen aufhören? Nein, ich war noch nie Raucher.« Ich habe einfach das ganze Konzept und die Bedeutung aus meinem Kopf gelöscht. Ich habe alle Aschenbecher und Feuerzeuge weggeworfen. Ich empfahl das gleiche dem Klienten, der mit Kokain aufhörte. Er hatte zwei Jahre lang wöchentlich Kokain genommen und es begann sich zu zeigen: Sein Gesicht sah erschöpft aus und sein Blick auf die Welt war paranoid. Also sagte ich zu ihm: »Könntest du die Version von dir sein, die niemals auf Drogen steht? Das würde bedeuten, dass du nichts überwinden musst, weil du nie Kokain eingenommen hast.« Bei dieser Person hat es funktioniert. Er traf eine Entscheidung und schaute nie zurück. Es kann wirklich so einfach sein, wenn man in der Lage ist, sich mental so zu verstellen. Aber egal, ob du dich radikal oder allmählich veränderst, deine Selbstdefinition sollte so sein, dass du aufhörst, dich selbst als Drogenkonsument, als Kiffer oder was auch immer damit verbunden ist, zu bezeichnen.

Konfrontieren

In dieser Übung möchte ich, dass du eine Liste über Folgendes erstellst:

a) Welche Medikamente wurden eingenommen?

b) Wann und wie lange wurden sie eingenommen?

c) Wie oft hast du Erleichterung verspürt, als du sie eingenommen hast? (Verwende bei Bedarf einen Taschenrechner, um eine ungefähre Angabe zu erhalten. Tue dies aus, auch wenn es nicht sinnvoll erscheint.)

Beispiel:

Marihuana / Haschisch 2002 bis 2011, 15 mal pro Woche. Erleichterung: 8.000 Mal.

LSD: 2008 bis 2010: 5 mal im Jahr. Erleichterung: Niemals.

Kokain: 2009 bis 2011: Ca. wöchentlich. Erleichterung: 120 Mal.

Zigaretten: 2000 bis 2011: 30 mal am Tag. Erleichterung: 1.800.000 Mal.

Mentale Verarbeitung

Das Folgende ist eine Liste von Elementen, auf die du dich konzentrieren, die du dir merken, an die du dich erinnern oder die du dir vorstellen kannst. Erlaube, umarme oder begrüße beim Erinnern einfach alle Gedanken, Emotionen, körperlichen Empfindungen oder Erinnerungen, die entstehen. Unterdrücke nichts. Die Drogensucht verdeckt eine Menge emotionaler Schäden und deine Aufgabe ist es, all diese Dinge aus dem Unterbewusstsein und dem Halbbewusstsein herauskommen zu lassen. Auf diese

Weise darf man loslassen, diese Dinge verflüchtigen sich. Konzentriere dich einfach auf jede Sache oder rufe sie für 20 bis 60 Sekunden auf. Nicht länger. Lass deine Aufmerksamkeit nicht auf irgendeinem Gegenstand festsitzen oder verliere dich in seiner Geschichte. Akzeptiere alles, was du siehst, und lasse die Aufmerksamkeit los, wenn du zum nächsten Element wechselt.

Drogen nehmen.

Drogen wollen.

Ich will keine Drogen.

Drogen von jemandem bekommen.

Drogen von jemandem kaufen.

Jemandem Drogen geben.

Jemandem Drogen verkaufen.

Ein Gefühl des Verlustes im Zusammenhang mit dem Erhalten, Geben oder Nehmen von Drogen.

Ein Gefühl der Zufriedenheit, das mit dem Nehmen, Geben oder Erhalten von Drogen verbunden ist.

Taubheitsgefühl im Zusammenhang mit Drogen oder Drogenmangel.

Ein Schmerz, der mit Drogen verbunden ist oder ihnen fehlt.

Schmerzen im Zusammenhang mit Drogen oder Drogenmangel.

Eine Angst, die damit verbunden ist, Drogen zu haben oder zu vermissen.

Eine Einstellung, die mit Drogen oder Drogenmangel verbunden ist.

Erinnere dich an eine Zeit, als du frei von diesem Thema warst oder dich auf etwas ganz anderes konzentriert hast.

Eine Emotion im Zusammenhang mit Drogen oder Drogenmangel.

Ein Zwang im Zusammenhang mit Drogen oder Drogenmangel.

Schmerzen im Zusammenhang mit Drogen oder Drogenmangel.

Verlangen nach Drogen oder nach Drogenmangel.

Eine Begeisterung oder Erleichterung im Zusammenhang mit Drogen oder Drogenmangel.

Ein Unbehagen im Zusammenhang mit Drogen oder Drogenmangel.

Ein nicht näher beschriebenes Gefühl, wenn man Drogen hat oder diese fehlen.

Müdigkeit im Zusammenhang mit Drogen oder Drogenmangel.

Eine Entfremdung im Zusammenhang mit Drogen oder Drogenmangel.

Ein mit Drogen verbundener oder fehlender Druck.

Jede Emotion, unterdrückte Emotion oder unterdrückte negative Erinnerung, die mit Drogen verbunden ist oder bei ihnen fehlt.

Wiederhole diesen Vorgang mindestens fünfmal, wenn nicht öfter. Ziel ist es, nicht mehr viele Reaktionen oder Assoziationen zu haben, wenn ein Gegenstand angesprochen wird. Dies bedeutet, dass keine Etikettierung und kein Widerstand mehr stattfinden und dieser Punkt »entladen« und befreit ist. Die Erinnerungen laufen nicht mehr automatisch ab, du spürst emotionale Erleichterung und kannst spüren, warum du Drogen genommen hast.

Erweckung des Willens

Das Problem, mit dem du konfrontiert bist, ist ein Problem des Willens. Kontrollierst du dich selbst oder kontrolliert dich eine Droge? Bist du ein Meister deines Schicksals oder ein Sklave einer Substanz? Die meisten Menschen auf diesem Planeten sind Sklaven der einen oder anderen Sache, in unterschiedlichem Maße. Was zählt, ist das Ausmaß der Sklaverei, in die du dich begeben hast. Betrachte es als bedürftig, armselig und lächerlich, von irgendeiner Substanz abhängig zu sein. Sieh dich als wertvoller an, als besser als das, als wertvoll genug, um dich zu entscheiden, dich davon zu lösen. Du musst die Entscheidung treffen, dass du davon loskommst, egal was passiert. Auch wenn dein Hintern dabei abfällt, bist du entschlossen durchzuhalten. Egal, ob es mühelos und einfach ist oder ob es schwierig ist oder ob es unglaublich schwierig ist, du wirst es schaffen. Du musst diese Entscheidung treffen, damit dies das Wertvollste ist, was du in diesem Stadium deines Lebens tun kannst. Wenn du dies erreichst, welche anderen Dinge könntest du erreichen? Das Erreichen dieses Ziels setzt natürlich die Information »Ich beherrsche meine Realität« in deinem Gehirn fest, wodurch es einfacher wird, so viele andere Dinge zu erreichen. Sobald du diese Entscheidung getroffen hast, bleibe dabei, auch wenn du zitterst, bebst und dich übergibst. So demonstrierst du die Kraft des menschlichen Willens.

Nachdem du dich von der Droge verabschiedet hast, überlege: Du hast ursprünglich Drogen genommen, weil du einen besseren Zustand suchtest. Das bedeutet, dass dein Zustand immer noch instabil ist und du irgendwo Glück finden musst. Wenn du dies nicht tust, wirst du nur von etwas anderem abhängig, um glücklich zu sein. Sobald du von der Droge befreit bist, was mehrere Wochen Entzug benötigt, beginnst du, deinen Geist, Körper und deine Seele zu erforschen. Finde heraus, wer du bist. Finde heraus, was dir Freude macht. Finde heraus, wie du Emotionen integrieren (anstatt sie zu unterdrücken) kannst. Lege dir einen neuen Freundeskreis zu. Wenn du keinen Job hattest, besorge dir einen Job. Etwas Wertvolles zu tun zu haben, hält deinen Verstand davon ab, dein Leben mit Negativität zu verschlingen.

Ich wünsche dir alles Gute. Wiederhole die einzelnen Punkte und Prozesse dieses Dokuments **und du wirst endlich frei sein.**

KAPITEL ACHT GEWICHTSVERLUST UND DAS GESETZ DER ANZIEHUNG

Das Gesetz der Anziehung und Diät

»Reality Creation«-Coaching lehrt, **dass du durch eine Diät übergewichtig wirst.** Experten für Ernährung, Diät und Gewicht gehen davon aus, dass eine Diät der Weg ist, um das Idealgewicht aufrechtzuerhalten. Dieser Glaube wird ohne Frage als gegeben vorausgesetzt. Das einzig Kontroverse daran ist, welche Diät die richtige ist. Aber wenn du dir die Erfahrungen aus dem wirklichen Leben ansiehst, wirst du feststellen, dass diejenigen, die Diät halten, normalerweise mit ihrem Gewicht zu kämpfen haben. Nun kannst du sagen: »Natürlich! Deshalb sind sie auf Diät. Ihr Kampf mit dem Gewicht hat dazu geführt, dass sie Diät machen!« Aber ich sage, dass ihre Diät dazu geführt hat, dass sie noch mehr mit dem Gewicht zu kämpfen haben. Ich sage, **wenn du ein nach einer Diät lebender Mensch wirst, wirst du für den Rest deines Lebens mit dem Gewicht kämpfen.** Ich denke, dies ist eine »empörende« Aussage, aber wenn du die realen und langfristigen Erfahrungen der Menschen so sorgfältig wie ich betrachtest, wirst du vielleicht auch feststellen, dass sie wahr sind. **Wenn du übergewichtig bist, dann hat dir irgendwo auf deinem Weg jemand gesagt, dass du weiterhin auf Essen und Gewicht achten musst, und du hast dir diesen Glauben zugelegt.**

Das Land mit den meisten Büchern über Diäten hat auch die meisten fettleibigen Menschen. Man könnte meinen, dass Fettleibigkeit all diese Bücher verursacht hat, aber ich behaupte, dass all diese Bücher auch Fettleibigkeit verursacht haben. Aus dem »Reality Creation«-Coaching weiß ich, dass **Ursache und Wirkung** keine Einbahnstraße sind. Adipositas führt dazu, dass Bücher über Diäten erscheinen und Bücher über Diäten bekräftigen den Zustand und führen folglich wieder zu mehr Adipositas. Dies ist wiederum das Prinzip der **Anziehung**, durch das du immer mehr von dem bekommst, worauf du dich konzentrierst.

Eine Diät bewirkt mehr Gewichtszunahme, weil sie **Widerstand** ausdrückt. Eine meiner Kernlehren ist, dass das, dem du dich widersetzt, bestehen bleibt. Dies gilt insbesondere für Lebensmittel. Wenn du eine Diät hältst, musst zum Essen »Nein« sagen, zu Süßigkeiten »Nein«, zum Hunger »Nein«. Dies funktioniert für eine Weile gut, aber mit der Zeit lenkt es deine Aufmerksamkeit immer mehr auf die Dinge, zu denen du »Nein« sagst. Unbewusst und nach dem Gesetz der Anziehung sagst du bei allem, zu dem du »Nein« sagst, tatsächlich »Ja«, weil du die Aufmerksamkeit darauf lenken. Wenn man in einem Raum sitzt, in dem es einige Snacks und einige schöne Gemälde gibt, würde sich jeder ohne Diät lebende Mensch entweder auf die Snacks, die Gemälde oder etwas anderes konzentrieren, aber der Diät haltende Mensch würde sich auf subtile Weise auf die Snacks konzentrieren, weil er so viel Wert auf das Thema Essen gelegt hat. Daher werden immer mehr Willenskraft und Energie benötigt, um dem zu widerstehen, was als „Versuchung" angesehen wird. Für einen Nicht-Diätetiker ist es einfacher, ein gutes Gewicht zu halten, da er nicht mit Essen beschäftigt ist. Der Diäter ist in der bizarren Situation, Energie zu benötigen, um dem Essen zu widerstehen, und dann mehr Nahrung zu benötigen, um diese Energie zu erhalten.

Wenn du Diäten betrachtest, kannst du sehen, wie eine Diät zuerst funktioniert, solange du dich an die Regeln hältst, die von der jeweiligen Diät vorgegeben werden, sei es die TLC-Diät, die Atkins-Diät, Weight Watchers, die DASH-Diät oder eine der anderen Tausend Diäten da draußen. Das Problem ist, **dass die meisten dieser Diäten nicht über lange Zeiträume konstant gehalten werden können.** Bei einigen dieser Methoden musst du selbst überwachen, was du isst und wie viele Kalorien Lebensmittel täglich enthalten. Ich kenne niemanden, der den Willen hat, das für den Rest seines Lebens aufrechtzuerhalten. Sobald du aufhörst, dich selbst zu überwachen, kehrt dein Gewicht nicht nur zu dem zurück, was es zuvor war, sondern ist oft viel höher als zuvor, da sich im Laufe der Zeit unterdrückte Energie angesammelt hat. Dies enthält auch einen kleinen Hinweis darauf, wie eine effektivere Ernährung aussehen könnte: Wenn du dich für eine Methode zur Selbstüberwachung entschieden hast, die für den Rest deines Lebens einfach beizubehalten ist, kannst du das Idealgewicht beibehalten. Wenn du dein **Gewicht über einen langen Zeitraum schrittweise in sehr kleinen Schritten verbessern** möchtest, kannst du das Idealgewicht ohne Probleme halten. Schneller Gewichtsverlust und radikale Veränderung sind nicht gut, weil sie den Körper der Energie berauben. Und da der »Körper nie vergisst«, zahlt er sich durch zusätzliches Gewicht aus. So hast du bereits das erste Geheimnis der psycho-spirituellen Gewichtsabnahme erlernt: **Über mehrere Monate nur sehr langsam abnehmen.** Auf diese Weise programmierst du eine neue Schwingungsfrequenz in deinen Körper, ohne dein System zu überfordern. Du gewöhnst dich leichter an ein besseres Gewicht. Und du musst dir keine Sorgen über Gewichtsschwankungen machen, weil du dir viel Zeit gelassen hast. Du löst den Druck (den Widerstand).

Ein weiteres Problem bei Diäten ist, dass externe Regeln dein inneres Gefühl außer Kraft setzen, wann du genug gegessen hast. Der Körper ist perfekt gerüstet, um dir zu sagen, wann du mit dem Essen beginnen und aufhören sollst. Aber bei all den Diäten und all den Zeitplänen und Regeln geht dieser innere Sinn verloren. Und in dem Moment, in dem du gegen deine eigenen Regeln verstößt, bleibst du ohne Führung, einschließlich des intuitiven und physischen Gefühls, das du so lange verdrängt hast. Nach Diäten lebende Menschen sitzen in der Regel ihr ganzes Leben lang in einem **Fahrstuhl**, wobei ihr Gewicht ständig steigt und sinkt. Sie berauben sich und verweigern sich das Essen, das sie wollen, und bekommen später eine Gegenreaktion, wenn das **Pendel der Polarität** zur anderen Seite schwingt und sie ihre Kühlschränke plündern. Menschen, die auf Diät leben, haben ihre eigene innere Quelle aufgegeben und verlassen sich auf die äußere Realität, um sie anzuleiten. Sie essen also nicht, weil sie hungrig sind, sondern weil es Zeit fürs Abendessen ist. Oder sie weigern sich zu essen, nicht weil sie keinen Hunger haben, sondern weil der Ernährungsplan sie dazu auffordert. Das Befolgen externer Regeln ist nur für Personen erforderlich, die ihre Verbindung zur inneren Quelle verloren haben. Daher habe ich gerade das zweite Geheimnis der Aufrechterhaltung des Idealgewichts mit dir geteilt. Und das ist: **Äußerliche Regel-Auferlegung einstellen, alle Diäten einstellen, alle Regeln einstellen.**

Höre auf dein Herz, wenn es mit dir spricht. Fühle deinen Körper und spüre, was er braucht und was nicht. Beachte auch, dass es einen großen Unterschied zwischen Hunger und Verlangen gibt. Heißhunger auf Lebensmittel beruht auf innerer Leere oder emotionalen Problemen, die mit emotionalen Freisetzungstechniken angegangen werden sollten. Menschen, die ihre Gefühle herauslassen, haben es viel leichter, ohne großen Aufwand das Idealgewicht zu halten. Wenn du solch ein Verlangen verspürst, empfehle ich dir, eines von zwei Dingen zu tun: Entweder setzt du dich hin und atmest ein / fühlst in dich hinein. **Das bedeutet, deine Aufmerksamkeit auf die Bereiche des Körpers zu lenken, in denen du dich sehnst, und diese bewusst zu fühlen und zu entspannen.** Du wirst fühlen, wie emotionale Aufladung direkt hinter diesem Verlangen lauert. Diese emotionalen Belastungen lösen sich durch das Fühlen. Andererseits ist Hunger eine natürliche Funktion des Körpers, die nicht unterdrückt oder außer Kraft gesetzt werden sollte. Hunger besteht nicht auf Süßigkeiten oder einer überhöhten Menge an Kohlenhydraten (verringere deine Kohlenhydrat- Aufnahme nach 18 Uhr, wenn möglich. Nach 18 Uhr wird der Körper schlapp und benötigt nicht so viele Kohlenhydrate). Echter Hunger ist auch mit anderen Lebensmitteln als Süßigkeiten zufrieden.

Die andere Methode, mit Heißhunger umzugehen, besteht darin, sich zu sagen: **»Okay, ich werde Süßigkeiten (oder was auch immer du dir wünschst) essen, aber etwas später.«** Dies ist das dritte Geheimnis des psycho-spirituellen Gewichtsverlusts. Mit der Art und Weise, wie dieser Gedanke formuliert ist, übst du weder ein starkes Verlangen aus (»Ich werde jetzt Süßigkeiten essen!«) Noch Widerstand/Ablehnung (»Ich werde überhaupt keine Süßigkeiten essen!«). Du sagst »Ja« zu Süßigkeiten, aber »etwas später, wenn ich sie dann noch haben will«. Indem du zu Süßigkeiten »Ja« sagst, verleitest du den Verstand dazu, keinen Widerstand zu leisten. Während er sich vorstellt, Süßigkeiten zu essen, entspannt er bereits einen Teil seines Verlangens. Du hast etwas, auf das man sich freuen kann, um ihn ruhig zu halten. Wenn du es ernst meinst damit, Gewicht zu verlieren, musst du dich darauf einstellen, nicht mit »Ja« oder »Nein« zu denken, sondern mit »Ja, später«. **Die Verzögerung der Befriedigung wirkt besser als die Verweigerung der Befriedigung.** Ablehnung wird mit Sicherheit nach hinten losgehen. Dies ist der Hauptgrund, warum Mensch in einer Diät mit jedem Jahrzehnt immer dicker werden.

Um die ersten drei Prinzipien zu wiederholen:

1. Ziel ist es, über einen langen Zeitraum hinweg langsam, realistisch und schrittweise abzunehmen.
2. Gib Diät, Widerstand und Essen nach äußerenäußeren Maßstäben auf.
3. Anstatt zu Heißhungern »Ja« oder »Nein« zu sagen, sage »Ja, später«.

Das vierte Prinzip der Gewichtsabnahme ist Selbstachtung oder Liebe. Der Zyklus des Scheiterns für auf Diät lebende Menschen sieht normalerweise ungefähr so aus:

a) Keine Süßigkeiten essen.

b) Hält die Absicht mit äußerster Willenskraft aufrecht.

c) Hat einen Rückfall und isst Süßigkeiten.

d) Wegen dieses einen Rückfalls sagt er »Ach, was zur Hölle soll's« und isst noch mehr.

e) Gibt die Absicht gänzlich auf.

Die beiden gemachten Fehler sind in a) und d). Der erste Fehler in a) besteht darin, eine auf Widerstand basierende Absicht oder ein Ziel zu formulieren. »Ich werde keine Süßigkeiten essen« ist ein Widerstandsziel, der nur mit viel Willenskraft/Energie aufrecht erhalten werden kann.

Der zweite Fehler d) beruht auf mangelnder Selbstachtung. Leute, die sich selbst respektieren, sagen: »Okay, ich hatte einen Rückfall, aber das ist in Ordnung. Ich verzeihe mir. Nun zurück zu meiner Absicht.« Menschen, die sich selbst nicht respektieren, machen sich wegen eines Rückfalls nieder. Wenn sie das tun, verlieren sie mehr Energie und geben dann ganz auf. Ein Rückfall kann entweder eine Erinnerung an das Ziel oder ein Grund zum Aufgeben sein. Es ist deine Wahl. Hier ist ein besserer Weg, um das Ganze zu machen:

a) Beabsichtige, über einen langen Zeitraum ohne Diät oder übermäßige Anstrengung »okay« zu sein.

b) Übe ein wenig Selbstbeherrschung und Bewusstsein, aber übertreibe es nicht.

c) Überlege, wie du auf Rückfälle und Versuchungen **reagieren** möchtest (anstatt die Absicht zu haben, nie mehr Süßigkeiten zu essen, visualisierst du, wie du reagierst und dich in bestimmten Situationen verhalten möchtest).

d) Wenn ein Rückfall auftritt, verzeihe dir und genieße das Essen. Fahre mit deiner Absicht nach dem Rückfall fort.

e) Anstatt radikal und schnell zum Besseren und dann zum Schlechten zu wechseln, genieße die Früchte eines langfristigen Engagements.

Ein weiterer Grund für die langfristige Perspektive ist, dass du lernst, **dich selbst so zu lieben, wie du bist**. Du musst dich akzeptieren, anstatt dich zu zwingen, wie die Menschen auf den Titelseiten von Zeitschriften auszusehen. Es ist gut, gut aussehende Vorbilder zu haben, solange dies nicht zu Selbstkritik führt, wenn du diese Standards nicht sofort erfüllen kannst. Dick zu sein, bedeutet nicht unbedingt, dass du schwach bist. Es bedeutet in erster Linie, dass du nicht verstehst, wie das Gesetz der Anziehung funktioniert. Das Gesetz der Anziehung, wie es in Filmen wie »The Secret« und zahlreichen Bestsellern gelehrt wird, wird so weit verwässert, dass es unehrlich ist. Das Gesetz der Anziehung funktioniert folgendermaßen: Wenn du **schon schlank bist**, ist es viel einfacher, das Gewicht zu halten. Aber wenn du nicht schlank bist, musst du viel bewusste Anstrengung in diese Sache investieren. Dies schließt das ein, was hier bereits besprochen wurde, kann aber auch Körperbewegung, Training oder Sport umfassen. Während du trainierst, baust du einen stärkeren Glauben auf. Jede körperliche Handlung baut Glauben auf. Auf diese Weise wird es einfacher, sich vorzustellen, dass du abnimmst, und sich selbst zu respektieren. Gehe also nicht davon aus, dass du mühelos wie das Postermädchen werden musst. Das ist ein unrealistisches Ziel und bereitet dir sicher Enttäuschung und eine Gewichtszunahme.

Hier eine Zusammenfassung der Lektionen 4 bis 6:

1. Respektiere dich selbst und lasse Rückfälle nicht zum Aufgeben werden.

2. Lege keine unrealistischen Ziele fest, sondern bestimmte Absichten oder Visualisierungen, wie du in bestimmten Situationen reagieren willst (zum Beispiel auf einer Party mit vielen Snacks oder bei einem Rückfall).

3. Füge der Mischung körperliche Bewegung und die Freude hinzu, ein körperliches Wesen zu sein. Aber nochmal: Übertreibe es nicht, das wird nur das Gegenteil bewirken. Wähle ein Programm, dem du jahrelang folgen kannst, nicht ein Programm, das so schwierig ist, dass du es nur für ein paar Wochen befolgst.

Mit Widerstand kann man nicht gewinnen. Alles, was den Widerstand verringert und den Glauben stärkt, ist hilfreich. Zu hohe Ziele, Diäten, Überanstrengung, fehlende Vergebung sich selbst gegenüber, die Einhaltung äußerer Regeln, die Unterdrückung von Emotionen sowie die Verweigerung der Befriedigung (anstatt der Verzögerung der Befriedigung) führen zu Widerstand. Schrittweise Verbesserung, realistische Ziele, keine externen Regeln und Diäten, Selbstachtung, der inneren Stimme folgen und ein wenig Selbstkontrolle und körperliche Aktivität sowie emotionale Reinigung machen frei und bringen dich zurück in den für Menschen normalen Flow, der sich von Anfang an keine Sorgen um Nahrung und Gewicht machen muss.

Ein Weg, wie ich schnell abgenommen habe

Ich habe einmal viele Monate am Computer gearbeitet, Bücher geschrieben, Musik produziert und gegessen. Nachdem ich mein Gewicht aus den Augen verloren und es mit einem Gefühl von halbbewusster Schuld vermischt hatte, explodierte mein Umfang. Ich war sehr übergewichtig geworden und musste 15 Kilogramm abnehmen. Ich bin wie folgt vorgegangen:

1. Die Entscheidung

Jede richtige »Reality Creation« beginnt mit einer Entscheidung. Eine Entscheidung ist eine Willenserklärung, dass etwas A und nicht B oder C ist. Man bekennt sich zu Pfad A, ohne Vorbehalt, Zweifel oder Ablenkung. Das ist Wille und Bereitschaft. Also entschied ich, dass Übergewicht eine großartige Gelegenheit ist, »Reality Creation« zu demonstrieren und dass ich mein Ziel erreichen würde, dieses Gewicht zu verlieren, **egal was passiert**. Die Disziplin, fokussiert zu bleiben, was auch immer geschieht, war schon immer das Geheimnis meines Erfolgs und wird es immer sein. Wer sagt, dass das nicht funktioniert, füttert dich mit falschen Informationen. Entscheide dich und halte dich dann daran.

2. Nimm dir eine Auszeit, um den Körper zu spüren

Anstatt sofort zu essen, wenn du hungrig bist, solltest du im Laufe des Tages Auszeiten nehmen, um deinen inneren Widerstand loszulassen und einfach zu spüren, was da wirklich ist. Dies gilt für alle Lebensbereiche, nicht nur für das Essen. Du wirst sehen, dass »Hunger« tatsächlich ein Gefühl des Widerstands in deinem Körper oder Energiefeld ist. Und wenn du eine kurze Pause einlegst und dich hinsetzt oder hinlegst und dabei den Widerstand löst, verschwindet normalerweise das Hungergefühl. Wenn du dich wieder dahingehend umkonditionieren kannst zu essen, wenn du nicht hungrig bist, und nicht zu essen, wenn du hungrig bist, hast du dieses Gewohnheitsmuster für das weitere Leben vollständig durchbrochen. Wenn dir das zu schwerfällt, ignoriere diesen Schritt. Ob du es glaubst oder nicht, die meisten Menschen sind nicht einmal bereit, fünf Minuten am Tag stillzusitzen. Viel Glück diesen Menschen Bewusstsein beizubringen. Grundsätzlich sind alle Probleme - einschließlich des Gewichts - eine Frage des Bewusstseins.

3. Genieße die Idealgewicht-Version von dir

Dies ist der schwierigste Teil von allen. Wie kannst du dir vorstellen, ein ideales Gewicht zu haben oder schlank zu sein, wenn du ständig mit deinem Fett, Rundungen, Bauch, schwerem Essen usw. konfrontiert bist? Nun, du musst einen Weg finden, dies zu tun, denn wenn du dir weiter ansiehst, was ist, bekommst du immer mehr von dem, was ist. Entweder findest du eine Möglichkeit, vorzugeben, schlank zu sein, oder dich schlank vorzustellen oder dich schlank zu fühlen oder du musst nur einen der folgenden Schritte ausführen.

4. Proteine und Gemüse einarbeiten, Zucker und Kohlenhydrate aufgeben

Da viele Menschen glauben, dass sie der Körper sind und viel zu sehr mit dem Körper identifiziert sind, werden sie nicht in der Lage sein, sich schlank zu visualisieren. Wenn du nicht in der Lage bist, die oben genannten Praktiken zu befolgen, musst du Zucker und Kohlenhydrate für eine Weile vollständig weglassen und nur Proteine und Gemüse essen. Proteine sind Dinge wie Fisch, Fleisch, Eier, fettfreier Joghurt. Die Möglichkeit, einige Monate mit dem Essen von Zucker und Kohlenhydraten aufzuhören, ist nur eine Frage der mentalen Disziplin. Wenn du dein Verlangen nicht unter Kontrolle hast, empfehle ich dir, die **»Secret Reality Creation Technik«** anzuwenden, um Widerstand und Verlangen zu lindern. Wenn du auf diese Weise essen möchtest, trinke viel Wasser und Tee - mindestens vier Liter.

5. Gründe für Bewegung

Alle reden darüber, wie Menschen sich »bewegen müssen«, »trainieren müssen«, »Sport treiben müssen«, um Gewicht zu verlieren. Aber wenn die Menschen keinen Grund zum Bewegen finden, keine Freude am Bewegen haben, keine Zeit für Sport haben oder es irgendwie nicht zu ihrem normalen täglichen Lebensstil passt, werden sie sich nicht bewegen. Viele laufen gerne, aber die meisten laufen nicht jeden Tag gerne. Du kannst dieses Problem lösen, indem du Spaß am Gehen hast: Lade einfach die besten Hörbücher, Reden, Gespräche, Musik und Meditationen, die du dir vorstellen kannst, auf einen MP3-Player. Jetzt kannst du Laufen mit Lernen kombinieren! Und das ist nur ein Beispiel. **Das Bewegen sollte nicht aus einem Gefühl der Schuld an zu viel Essen heraus erfolgen, sondern aus dem Vergnügen, körperlich zu sein.**

Ich habe ziemlich mühelos eine Menge Gewicht verloren. Es hat ein halbes Jahr gedauert, bis all diese Pfunde weg waren, aber der Prozess selbst war kaum zu bemerken, da ich hauptsächlich mit interessanteren Dingen beschäftigt war. Wenn du ohne Widerstand das Leben fließen lässt, sind die meisten Sachen ziemlich mühelos.

Wie körperliches Training spirituell von Nutzen ist

Der Körper ist der Tempel der Seele, der dir bei der Geburt anvertraut wurde. Ehrgeizige Menschen sind aufgrund der Energie und Belastbarkeit, über die sie verfügen, an körperlichem Training und Sport interessiert. Du wirst feststellen, dass diejenigen, die Sport treiben, schwerer zu deprimieren sind, schwerer kleinzukriegen sind, schwerer negativ zu beeinflussen sind. Körperliche Bewegung und Depression sind nicht leicht zu vereinbaren. In »The Bliss Course« wollen wir festgefahrene Gedanken- und Emotionsmuster lösen. Viele davon sind in den **Muskeln** des Körpers gespeichert. Wenn Muskeln in Bewegung sind, hilft dies bei der Freisetzung festsitzender Energien. Wenn Sport in dir widerstrebende Gefühle hervorruft, dann ist dies ein Widerstand, der dich davon abhält, viele andere Dinge im Leben zu genießen, nicht nur Sport. Mit körperlicher Bewegung kann man den Widerstand und die Erschöpfung überwinden und auf der anderen Seite frei, stark und bereit herauskommen.

Ganz zu schweigen davon, dass ein angenehmes äußeres Erscheinungsbild einen gewissen Nutzen für die Welt hat. Es gibt viele soziale Experimente der Wissenschaft, die zweifelsfrei belegen, dass Menschen, die angenehm aussehen, höhere Chancen haben, Arbeit zu finden, Freunde zu finden und Geschäfte abzuschließen. Wenn du sagst: »Beurteile ein Buch nicht nach seinem Einband, innere Qualitäten sind wichtiger«, vergisst du möglicherweise, dass das Äußere ein Spiegelbild des Inneren ist.

Ich schlage jedoch nicht vor, von Aussehen und Fitness besessen zu sein. Genauso wie es nicht gut ist, das äußere Selbst zu vernachlässigen, ist es genauso schlecht, das innere Selbst zu vernachlässigen, indem man sich nur um das äußere kümmert. Körperliche Aktivität ist ein Mittel, um deine Körperlichkeit auszudrücken und das Leben zu feiern, anstatt es in Ablehnung und Flucht zu verbringen.

Sport wird leichter mit dem Training. Und einfacher. Und einfacher. Und eines Tages macht es so viel Spaß, dass es zu einer Art Sucht wird. Das Einzige, was Sport, Aktivität oder Arbeit erschwert, ist, es nicht zu tun. Je mehr du tust, umso einfacher wird es. Tatsächlich ist »Schwierigkeit« oft ein subjektives Etikett, das aus Widerstand gewachsen ist. Entferne das Etikett »schwierig« und es ist einfach.

Es ist auch interessant zu bemerken, dass »Training im Fitnessstudio« möglicherweise nicht die richtige Sportart für dich ist. Wenn ich Sport erwähne, sagen manche: »Ich trainiere nicht gern im Fitnessstudio«, als wäre dies die einzige Sportart, die es gibt. Es gibt viele, viele unterhaltsame Trainingsmöglichkeiten, die nichts mit dem Fitnessstudio zu tun haben. Persönlich mag ich Tennis und Windsurfen am meisten.

Wie man Fettleibigkeit langsam, aber sicher heilt

Eines der am weitesten verbreiteten modernen Probleme ist die Fettleibigkeit. Nicht nur Übergewicht, sondern auch Fettleibigkeit. Dieser Artikel ist für dich gedacht, wenn du übergewichtig bist und eine gesunde und effektive Möglichkeit suchst, deine Schwere loszuwerden, wieder in Form zu kommen und deine Würde wiederzugewinnen.

Meine eigenen Kämpfe mit dem Gewicht

Meine eigene Erfahrung mit Übergewicht: Mein Glaube in der Vergangenheit war, dass ich normalerweise jeden Winter zunehme. Wenn es draußen kalt wird, wird mehr Energie verbrannt und ich neige dazu, mehr zu essen. Im Alter von 33 Jahren habe ich es übertrieben und wurde für ein Jahr offiziell fettleibig.

Dies ist ein weniger schmeichelhaftes Bild von mir zu dieser Zeit:

Und hier ein Foto von mir ein Jahr später, mit 34:

Ich poste diese Bilder, damit du verstehst, dass eine recht schnelle Änderung möglich ist. Nun, es wäre ein Happy End, wenn ich dir sagen würde, dass mein schlankes Aussehen so geblieben ist. Aber es war nicht so. Ich habe jahrelang auf und ab »gependelt« und mache es immer noch ein bisschen. Aber ich wurde nie wieder so übergewichtig wie im Alter von 33 Jahren und werde es auch nie wieder tun. Im Winter werde ich vielleicht molliger, aber es überschreitet nie eine bestimmte Gürtellänge. Ich werde jetzt erklären, wie ich von »33 und fett« auf »34 und schlank« gewechselt bin, warum ich im Laufe der Jahre weiter trainiert habe und was ich an der emotionalen Seite bemerkt habe, die mich davon abhält, jemals wieder zu Übergewicht zurückzukehren.

Positives Denken vs. Verleugnung

Mit 33 wusste ich nicht einmal, wie ich aussah. Ich war in **Verleugnung**, ich hätte es mir nicht einmal angesehen. Ich hatte ein positiveres Bild von mir … oberflächlich. In Wirklichkeit hatte ich ein negatives Selbstbild, das ich unterdrückte (nicht betrachtete) und ein positives Selbstbild, das ich darüberlegte. Ein Positiv auf ein Negativ zu setzen, funktioniert nicht. Nur ein positives Selbstbild zu bewahren und sich selbst so zu sehen, wie du es möchtest, funktioniert. Aber es funktioniert nicht, wenn du die Realität unterdrückst und leugnest. Das berühmteste Beispiel dafür ist Oprah Winfrey, die lange Zeit sagte, sie habe durch »die Kraft des positiven Denkens« und das Gesetz der Anziehung an Gewicht verloren. Ein Jahr später nahm sie wieder zu. Und dann hat sie es wieder verloren. Und wieder zugenommen usw. Das dauerte ungefähr zwanzig Jahre und sie behauptete immer, es wäre »positive Visualisierung«, die ihr geholfen habe. Der Grund, warum es ihr auf lange Sicht nie geholfen hat, ist, dass sie ein positives Bild über ein negatives gelegt hat, genau wie ich.

Als ich die Bilder von mir zum ersten Mal »fett« sah, war es ein Erwachen für mich. »Das bin ich? Ich kann es nicht glauben! Schmeiß′ die Fotos weg!«, sagte ich. »Ein ›Reality Creation‹-Coach kann nicht so aussehen!« Das erste, was ich tat, war, das »Fettbild« an meinem Kühlschrank aufzuhängen. Dies war eine negative Motivation, die mich jedes Mal abschreckte, wenn ich unbewusst zum Kühlschrank ging. **Wie dem auch sei, du erschaffst die Realität, an die du am häufigsten denkst.** Es würde also nicht funktionieren, wenn ich nur mein dickes Bild aufhängen würde. Ich würde mich programmieren, um dieses Bild im Hinterkopf zu behalten. Also habe ich ein Bild von mir schlank neben meinem Schreibtisch aufgehängt, wo ich es jeden Tag sehen konnte.

Langsame und sanfte Neuprogrammierung

Alle Getränke und Limonaden (einschließlich »Diät-Limonaden«) wurden durch Wasser ersetzt. Dazu musste neu definiert werden, was Wasser für mich bedeutet. Meine mentale Assoziation mit Wasser war »langweilig«, »geschmacklos«, »unansehnlich«. Die neue mentale Programmierung jedes Mal, wenn ich an Wasser dachte, war »lebensspendend«, »frisch«, »lecker«, »wunderbar«, »pflegend«, »gesund«, »sauber«, »klar«, »rein«,

»himmlisch«. Es ist gut, ein bisschen zu übertreiben und gesundes Zeug »himmlisch« zu machen. Ich verbrachte drei Monate ohne Kohlenhydrate (kein Brot, keine Spaghetti, keine Kartoffeln usw.) und Zucker. Ich habe viel Fisch und Eier gegessen. Dann machte ich noch drei Monate weiter damit, nach 18 Uhr ohne Kohlenhydrate oder Zucker auszukommen. Danach bin ich wieder zu Kohlenhydraten übergegangen, aber ich habe noch nie so viel gegessen wie damals. Ich hörte auch abends auf zu naschen. Ich konnte fühlen, wie meine Verdauung abends einschlief, und wenn ich dann aß, lag das Essen die ganze Nacht schwer im Bauch. Wenn ich meine Zähne früh putzen würde, würde ich sowieso nicht mehr danach essen wollen. Ich machte es mir zur Gewohnheit, mich jeden Tag zu bewegen. Ich erinnere mich, dass ich damals mit meiner Freundin einige Städtetrips gemacht habe, bei denen wir auf Mietwagen oder U-Bahnen verzichtet haben. Manhattan, Prag, Rom und Amsterdam wurden zu Fuß erkundet. Es war ein tolles Gefühl, neue Klamotten und Gürtel kaufen zu müssen, weil alles zu locker wurde.

Das fasst ziemlich genau zusammen, wie ich in einem Jahr von fett zu schlank geworden bin. Ich möchte darauf hinweisen, dass ich, abgesehen davon, dass ich drei Monate lang auf Kohlenhydrate verzichtet habe, **meine Nahrungsaufnahme nicht überprüft und mein Gewicht nicht jeden Tag auf einer Waage überwacht habe.** Warum? Weil »Über-Kontrolle» über längere Zeiträume nicht tragbar ist. Es funktioniert für eine kurze Zeit, aber ich bin für den Rest meines Lebens in diesem Körper. Um nicht zu schnell abzunehmen und dann wieder schnell zuzunehmen und noch dicker zu werden (ein Phänomen, das bei Übergewichtigen bekannt ist), entschloss ich mich, langsam Gewicht zu verlieren, und gab mir ein ganzes Jahr Zeit. Wenn du fettleibig bist, empfehle ich dir dringend, dich auf lange Sicht auf dieses Thema einzulassen. Gib dir selbst ein Jahr oder sogar mehrere Jahre. Es wird Höhen und Tiefen geben, das ist natürlich, aber du möchtest von Jahr zu Jahr ein bisschen mehr Gewicht verlieren. Du möchtest den Körper an eine neue Form gewöhnen.

Wenn das alles nach Anstrengung klingt, dann ist es so. Aber mit den Jahren wird der Aufwand immer geringer. Sobald du dich an eine bestimmte Form **gewöhnt** hast, hilft dir dein Geist automatisch, diese zu bewahren. Mein Aufwand heute ist viel geringer als damals, als ich 33 war (ich bin jetzt 43 Jahre alt). Der Glaube »mit dem Alter wird es schwieriger« ist genau das - ein Glaube. Du musst bereit sein, solche Überzeugungen loszulassen, weil sie deinen Fortschritt sabotieren können. Ein weiterer typischer, weit verbreiteter Glaube ist: »Es ist leicht, Gewicht zuzunehmen, und es ist schwierig, es zu verlieren.« Ich habe hoch angesehene Experten, Psychologen und spirituelle Lehrer gesehen, die diesen Glauben mit äußerster Gewissheit zum Ausdruck brachten. Dieser Glaube muss umgekehrt werden. Jedes Mal, wenn der Glaube in dir oder von außen auftaucht, denke: **"Es ist leicht, Gewicht zu verlieren, und schwer, es zuzunehmen."**

Wenn du sehr fettleibig bist, sagen wir, doppelt so übergewichtig wie ich mit 33 Jahren, empfehle ich dir eine Entgiftung. Wenn du dreimal so übergewichtig bist, solltest du ärztliche Hilfe in Anspruch nehmen. Wenn sich etwas bereits so stark physisch manifestiert hat, sollten physische Methoden (nicht nur Mind-Methoden) zu deinem Programm hinzugefügt werden. Surfe im Internet und informiere dich über die medizinischen Methoden, um Hilfe zu erhalten. Wenn du die feste Entscheidung getroffen hast, deinen Körper zurückzugewinnen, bist du auch bereit zu recherchieren und zu tun, was nötig ist. Eine gute Bestätigung (ein Satz, den du immer wieder wiederholen, um dich für eine neue Realität zu programmieren) in dieser Hinsicht lautet: »Ich tue alles, um meinen Körper zurückzugewinnen und schlank zu werden.« Du erinnerst dich mindestens einmal pro Woche an dieses Ziel. Warum? Bei starker Adipositas ist es viel einfacher, einfach abzurutschen und sich alten Gewohnheiten hinzugeben.

Neues Selbstbild vs. schiere Willenskraft

Willenskraft allein reicht nicht aus, wenn du übergewichtig bist. Du musst dein negatives Selbstbild loswerden und es durch ein positives ersetzen, ähnlich wie ich es mit diesen Bildern gemacht habe. Es würde aber auch so funktionieren:

Stell dir vor, du bist fett.

Nun stell dir vor, du bist schlank.

Wechsele mehrmals zwischen diesen beiden Bildern hin und her. Dies ist eine fünfminütige Meditation. Sieh, ob du dich dazu bringen kannst, das zu tun. Du wechselst zwischen den beiden, bis dein Unterbewusstsein und dein Körper den Unterschied wirklich gelernt haben. Dann beendest du die Übung mit dem neuen schlanken Selbstbild.

Der Effekt? Du musst dein negatives Selbstbild nicht immer mit Willenskraft besiegen. Dann wird deine Willenskraft effektiver.

Die Leute denken, dass die Übergewichtigen »faul« sind. Faulheit mag ein Teil davon sein, aber sie kommt von dem Versuch, das Zwecklose und

Sinnlose zu versuchen: der Versuch, ein negatives Selbstbild zu besiegen. Kein Wunder also, dass du faul wirst. Es ist unmöglich, negative Selbstüberzeugungen durch Handeln zu überwinden.

Erwäge, diese Selbstbildübung einmal pro Woche durchzuführen. Oder mindestens einmal im Monat.

Nahrung als Energie- und Komfortersatz

Eine allgemeine Einstellung, die ich hilfreich fand, ist das einfache Wissen, dass »zu viel von irgendetwas« nicht angenehm ist und dass tatsächliche Zurückhaltung die Dinge angenehmer machen kann. Sobald du ein positives Selbstbild hast, wird das Üben von Zurückhaltung viel einfacher und erfordert keine massive Willenskraft. Zu viel von etwas mindert die Wertschätzung. Dies gilt mit Sicherheit für Süßigkeiten, Lebensmittel, Sex, Filme, Internet, Unterhaltung und viele andere Dinge. Deine eigene Zurückhaltung wird also zu mehr Glück und Energie führen. Überessen ist das Ergebnis des Versuchs, Energie aus Lebensmitteln zu gewinnen. »Energie« kann hier bedeuten, dass du versuchst den Komfort, die Sicherheit und die Entspannung zu erlangen, derer dich andere beraubt haben (um die du dich tatsächlich selbst beraubt hast). **Bestimmte Zucker und Kohlenhydrate sowie Nikotin und Alkohol blockieren vorübergehend Gefühle der Einsamkeit, Sinnlosigkeit, Langeweile, Selbstkritik, Anspannung, Angst und Mangel.** Mit 33 Jahren hatte ich viele Gefühle von »Sinnlosigkeit«. Ich hatte schon so viel erreicht und hatte überhaupt keine Ziele. Dies ist normalerweise eine gute Sache, aber mein Verstand hatte daraus eine schlechte Sache gemacht, die als »Sinnlosigkeit« oder »Apathie« bezeichnet wurde. Ein Großteil der Fettleibigkeit wird durch Angst vor Armut ausgelöst. Das Unterbewusstsein hat Angst, sozusagen zu verhungern, und sammelt so einen Vorrat an Nahrungsmitteln im Magen. Aber mein persönliches Übergewicht war nicht armutsbedingt, sondern wohlstandsbedingt: selbstgefällig und ziellos.

Teste das nächste Mal, wenn du »hungrig« bist, ob du wirklich hungrig bist oder ob du versuchst, einen emotionalen Zustand zu vertuschen. Wenn du nur essen würdest, wenn du wirklich hungrig bist, und nicht essen würdest, wenn du nicht hungrig bist, müsstest du dir nie wieder um irgendeine Art von Diät oder Selbstkontrolle Sorgen machen. Fühle und atme einfach in deinen Bauch oder in deine Brust, bevor du den Kühlschrank öffnest. Lass die Emotionen los, die da sind. Dann, wenn du immer noch hungrig bist, schlage zu. Aber in vielen Fällen wirst du feststellen, es war eine Emotion, die dich antreibt, kein wirklicher Hunger. Du isst nur sinnlos, wenn du dich niedergeschlagen fühlst. Erinnerst du dich daran, jemals zu viel gegessen zu haben, wenn du glücklich warst? **Und hat dich das sinnlose Essen jemals befriedigt?** Erinnere dich daran. Denk darüber nach. Fühlst du dich nach einer Essattacke frisch und voller Energie oder verzweifelt? Fühlst du dich leicht und sorglos oder aufgebläht? Hast du dich jemals besser gefühlt, nachdem du zu einem Fast Food-Laden gegangen bist? Ich impliziere hier nichts, ich bitte dich nur nachzudenken und zu untersuchen.

Bewusstsein übertrumpft Essen und Bewegung

Dies nur auf Nahrung und Bewegung zurückzuführen, wäre ein Fehler. Es ist ein ganzer Lebensstil, eine allgemeine Einstellung, ein allgemeines Bewusstsein. Hier ist eine Liste der negativen Überzeugungen, die übergewichtige Menschen im Allgemeinen vertreten, und der positiven Überzeugungen, durch die sie ersetzt werden können. Die meisten dieser Überzeugungen habe ich in jahrelanger Coaching-Arbeit gesammelt.

»Ich kaufe ein, was immer ich will.« – »Ich habe neue Einkaufsgewohnheiten und kaufe nur das, was für den Körper gut ist, damit ich die anderen Dinge nicht so leicht zu Hause zur Hand habe.«

»Es entspannt mich, mich nur hinzusetzen und fernzusehen und etwas zu essen.« – »Es entspannt mich, meine Augen zu schließen und bewusst zu atmen.«

»Mein Leben mit meinem Partner/ Kindern/ Mitarbeitern/ Verwandten/ usw. ist in emotional anstrengend.« – »Alle meine Verbindungen und Beziehungen sind harmlos, reibungslos und inspirierend.«

»Ich schlafe nicht genug.« – »Ich schlafe gut und wache ausgeruht und voller Energie auf.«

»Es ist nur ein kleiner Snack, was soll's … « – »Was ich jetzt wirklich möchte, ist etwas Liebe.«

»Ich bin sehr sensibel. Wenn ich verletzt werde, neige ich dazu, zu viel zu essen.« – »Ich bin belastbar und zäh. Was auch immer es ist, ich kann es mit Leichtigkeit handhaben.«

»Ich werde ungeduldig und nervös, wenn ich nicht sofort das bekomme, was ich will.«

»Nach dem Essen fühle ich mich schuldig.« – »Vor dem Essen, beim Essen und nach dem Essen geht es mir gut.«

»Ich bin wertlos.« – »Ich fordere meinen Körper zurück und schätze den Wert des Lebens und entdecke meine Talente.«

»Es war ein harter Arbeitstag. Ich habe es verdient, viel zu essen.« – »Ich werde meinen Arbeitstag mit einer Dusche wegspülen.«

»Training ist eine anstrengende und Kopfschmerzen verursachende Belastung.« – »Training ist großartig, um Spannungen abzubauen und mich zu einer besseren Version von mir selbst umzugestalten.«

»Dies erfordert so viel Willenskraft.« – »Es ist ziemlich mühelos.«

»Wenn andere essen, fühle ich mich auch gezwungen zu essen.« – »Andere mögen essen, aber ich muss nicht.«

»Mir ist langweilig, also esse ich.«

»Meine Triebe kontrollieren mich.« – »Ich kontrolliere meine Realität.«

»Wenn ich etwas fühle, muss ich danach handeln.« – »Meine Gefühle dominieren nicht meinen Willen. Ich bin der Boss hier.«

»Sag mir nicht, wie ich leben soll, ich kann essen, was ich will, wann immer ich will!!!!!« – »Ich bin ein voll für mich selbst verantwortlicher Erwachsener.«

»Ich brauche ...« – »Ich bevorzuge ...«

»Das Problem ist genetisch bedingt.« – »Ich bin voll verantwortlich.«

»Süßigkeiten sind köstlich. Sie sind unwiderstehlich.« – »Süßigkeiten sind nicht so gut. Atmen - das ist unwiderstehlich.«

»Ich kann den Zustand nicht aushalten, in dem ich mich befinde. Es ist unerträglich. Ich muss etwas essen.« – »Ich lerne, meine Erfahrung so sein zu lassen, wie sie ist.«

»Es ist leicht, Gewicht zuzunehmen, es ist schwierig, es zu verlieren.« – »Es ist leicht, Gewicht zu verlieren, es ist schwierig, es zuzunehmen.«

»Ich übertreibe heute wieder. Es spielt also keine Rolle mehr, ich kann weiter essen.« – »Ich übertreibe heute. Ich vergebe mir.«

»Ich kann an einem anderen Tag bewusst essen. Ich fange morgen mit einer Diät an.« – »Ich bin heute bewusst.«

»Mein Ehepartner ist fett. Wenn ich Gewicht verliere, kann ich nicht mehr mit ihm / ihr mithalten.« – »Da ich einen athletischeren Körper habe, fühlt sich mein Ehepartner dazu inspiriert, mir zu folgen.«

»Es ist falsch zu versuchen, Dinge zu kontrollieren. Ich sollte einfach loslassen und essen, was ich will.« – »Ich kann Heißhunger loslassen, wenn ich ihn entdecke.«

»Wenn es draußen kalt wird, nehme ich zu. Es ist normal.« – »Wenn es draußen kalt wird, wird mehr Fett verbrannt. Also ist es normal, dann abzunehmen.« (Dies ist der Glaube, an dem ich bis vor Kurzem festgehalten habe ... bis ich ihn einfach fallen ließ.)

Das Arbeiten an deinem Glauben steht über dem Kontrollieren deiner Nahrungsmittel und übung. Die Kontrolle über Ernährung und Bewegung ist wichtig, aber nicht das Entscheidende. Wenn deine Überzeugungen nicht mit dem übereinstimmen, was du erleben möchtest, hilft dir keine Nahrungskontrolle oder Bewegung auf lange Sicht. Aber wenn du zuerst deine Überzeugungen in Einklang bringst, werden die Kontrolle über das Essen und die Bewegung angenehmer und natürlicher.

Also, was du Schritt für Schritt tust, ist:

1. Wenn du sehr übergewichtig bist, wende dich an einen Arzt oder einen erfahrenen Kraftsportler.

2. Schreibe eine Liste negativer Überzeugungen über Ernährung, Gewicht, Bewegung, Körper usw. auf. Schreibe außerdem positive Überzeugungen auf, die du stattdessen haben möchtest. Schaue dir einen Glaubenssatz an und lasse ihn dir ein paar Mal durch den Kopf gehen. Denke ein paar Mal darüber nach. Dann lasse die positiven Gedanken ein paar Mal durch deinen Kopf gehen. Fahre dann mit dem nächsten Glaubenssatz fort.

3. Führe den oben beschriebenen Prozess in Bezug auf dein Selbstbild durch.

4. Und JETZT kannst du aus diesem neuen inneren Zustand heraus entscheiden, neue Ernährungs- und Bewegungsgewohnheiten zu entwickeln sind.

5. Gib dir ein ganzes Jahr Zeit, um dich neu zu formen. Keine Woche oder zwei, nicht einmal ein oder zwei Monate. Erlaube ein paar Höhen und Tiefen. Nur weil dein Gewicht vielleicht wieder gestiegen ist, heißt das noch lange nicht, dass der Prozess beendet ist. Dies ist Teil des Prozesses. Es ist wie ein Test, um festzustellen, ob du noch auf dem Weg bist. Wenn du zurückfällst oder zurückgleitest, ist dies kein Grund zum Beenden, sondern ein Grund fortzufahren.

Wenn du dennoch Hilfe von außen benötigst, helfen dir die **Enlightment Technik** und das **Visualisierungstraining** beim Erstellen neuer, positiver Selbstbilder und beim Entfernen unbewusster Blockaden. Wenn du weiterhin Unterstützung benötigst, wende dich an »Reality Creation« Coaching. Einen Trainer zu haben, kann sehr motivierend sein.

Leichtigkeit durch Fasten erleben

Ich habe kürzlich eine Fastenkur gemacht, bei der keine Lebensmittel (nur Wasser, Tee und Saft) aufgenommen werden. Mein Ziel beim Fasten war es, die Nahrungssucht zu brechen und die Leichtigkeit wieder zu erleben. Es ist eine Abkehr von »Ich bin der Körper« zu »Ich bin der Geist«. Wenn das Essen den ganzen Tag über meine Aufmerksamkeit einnimmt und ich mich vor der Kamera wie aufgebläht und übergewichtig aussehe (was kürzlich passiert ist, nachdem ich vor einer Gruppe von Menschen unterrichtet habe), ist das Fasten der schnellste Weg, um einen Ausgleich zu schaffen. Fasten ist eine wunderbare Unterbrechung der Routine, eine Unterbrechung der Gewohnheit, ein Kontrast zum »normalen Selbst«, eine Möglichkeit, »das Leben zurückzugewinnen« und eine weitere Gelegenheit, »die Kraft der Zurückhaltung« zu genießen.

Ich habe auch eine Internet-Diät gemacht. Vor nicht allzu langer Zeit habe ich die Verwaltung vieler meiner E-Mails einem Assistenten übertragen. Mit bis zu 100 E-Mails pro Tag habe ich meinem Assistenten kürzlich ein weiteres E-Mail-Konto zur Verwaltung zugewiesen. Für ein paar Wochen schaltete ich den Computer nur für ein paar Coaching-E-Mails, kleinere Website-Korrekturen und einige Artikel auf meiner Website ein. Ansonsten verbrachte ich den größten Teil meiner Zeit draußen. Das Internet-Fasten erhöhte mein allgemeines Bewusstsein und meine innere Klarheit. Fasten vom Essen bringt Klarheit auf die nächsthöhere Stufe.

Ich fastete zwei Wochen. Die ersten drei Tage gelten allgemein als »schwierig«. Ich stimme nicht zu. Nichts zu essen, war eigentlich eine Erleichterung, keine Belastung. Nachdem ich mich ein Leben lang vollgestopft hatte, war es ein großartiges Gefühl, einfach mit dem Essen aufzuhören. Ich hatte den Glauben geschaffen, dass es eher eine Erleichterung als ein Problem sein würde, und den Tag nach meinem Glauben erlebt. Am späten Nachmittag des ersten Tages, als mein Körper bemerkte, dass es kein Frühstück oder Mittagessen geben würde, bekam er leichte Kopfschmerzen. Indem ich »nichts mit den Kopfschmerzen zu tun« hatte und es einfach zuließ, mich von meiner Arbeit abzulenken, blieben die Kopfschmerzen nur gering und verschwanden nach einigen Stunden und kehrten nicht zurück.

Am zweiten Tag wachte ich mit einem klaren und angenehmen Gefühl auf. Alle Geschichten von »Leiden in den ersten Tagen« haben sich für mich nicht erfüllt. Normalerweise können tief sitzende Probleme und Emotionen hochkommen, die durch das Essen maskiert wurden, wenn man einer Gewohnheit nicht nachgibt. Meine Erfahrung war jedoch, dass ich bereits viele »tiefer liegende Probleme« gelöst habe, von denen keine übrig geblieben sind. Das war eine erfreuliche Entdeckung. In den ersten beiden Tagen gab es einige Momente der »Distanzierung« und der Zurückhaltung, sich körperlich zu betätigen, aber diese vergingen. Es gab auch eine erhöhte Empfindlichkeit gegenüber dem Geruch von Lebensmitteln. Ich war seit vielen Jahren nicht mehr so darauf eingestellt zu riechen.

Am dritten Tag fühlte ich mich bereits sehr leicht und »high«, hatte noch mehr Energie und Kraft als sonst. Nur die Abkehr von der Gewohnheit des Frühstücks, Mittag- und Abendessens ist ein langer, langer Weg, bis der Geist sich dafür öffnet. Menschen, die ohnehin schon regelmäßig fasten, müssen möglicherweise eine andere Technik finden, um einen ähnlichen Hochzustand zu erleben. Eine Lehre der spirituellen Expansion ist es herauszufinden, worauf deine Aufmerksamkeit gerichtet ist, und diese dann für einige Zeit loszulassen. Das Faszinierende ist, dass wir glauben, dass unsere Sucht »uns Energie gibt«, aber das Gegenteil ist der Fall. Früher war ich Raucher, weil ich dachte, dass Zigaretten Energie liefern, aber als ich aufhörte zu rauchen, hatte ich viel mehr Energie. Ebenso hörte ich auf zu essen und während ich in den ersten beiden Tagen weniger Energie hatte, war der dritte Tag voller Energie.

Sobald die zwei Wochen des Fastens vorbei sind, kann innerhalb dieser körperlichen Leere ein neues Selbst erschaffen werden. Das Essen sollte nur sehr langsam und allmählich wieder aufgenommen werden und nie wieder in der Menge, wie es zuvor getan wurde. Ebenso sollte die Priorisierung von Aktivitäten im Internet nach dem Internet-Fasten in der Regel noch strenger erfolgen. Nichts davon ist wirklich »schwierig« oder erfordert extreme Disziplin. Wenn es keinen inneren Widerstand gibt, sind die Dinge einfach.

Haftungsausschluss: Bevor du dich zum Fasten entschließt, informiere dich bitte über die verschiedenen Methoden des gesunden Fastens.

Die 4 Niveaus des Essens

Ebene 1: Essen für das Vergnügen
Unreif & impulsiv
Maximierung des Vergnügens
Minimierung des Schmerzes
Unmittelbare Belohnung
Industriell bearbeitete Lebensmittel
wie Kekse, Eiscreme, Bonbons
Exzessiver Konsum von Alkohol, Kaffee oder Schokolade
Emotionales Essen als Antwort auf Stress

Ebene 2: Essen für Energie
Der Blutzuckerspiegle bestimmt die Nahrungsauswahl
Nahrungsauswahl, um den Hunger zu stillen
Burger und Burritos gehören zur allgemeinen Auswahl
Qualität ist nicht wirklich ein Auswahlkriterium
Hochgradig säurefördernd allergieerzeugend & verstopfend
Ohne Beachtung des ökologischen Einflusses
der Nahrungsauswahl

Ebene 3: Essen zur Genesung
Unausweichlicher Effekt der Ebenen 1 & 2
Diät (z. B. Atkins, Zone, Weight Watchers, Ornish,
Rohkost, Kombinationen)
Positive Effekte der Diät verschwinden möglicherweise
Reiferes Verhalten als auf Ebene 1 & 2, kann aber
ermüdend, wertend und bedarfsgetrieben werden

Ebene 4: Essen für die Gesundheit
Lebenslanges Lernen der optimalen Ernährung
Ähnlich zu Ebene 3, erlaubt aber persönliche Auswahl
Wähle aus gesunden, organischen Nahrungsmitteln
und iss in Maßen
Sorgfalt bei der Zubereitung und Präsentation
Die Nahrung wird als Instrument der persönlichen
Heilung & mit der Gemeinschaft geteilt verstanden
und wertgeschätzt

Wie man das Essen spirituell macht

In diesem Abschnitt wird untersucht, wie du dein Essen zum Wohle deiner Gesundheit und deines Wohlbefindens vergeistigen und die weltweite Fettleibigkeit stoppen kannst.

Eines der Ziele des Lebens ist es, vom Tierbewusstsein zum spirituellen Bewusstsein aufzusteigen (siehe ***Journeys in Spectral Consciousness***). Deshalb essen wir nicht wie Tiere vom Boden, sondern von Tellern auf Tischen. Wir essen nicht mit unseren Händen, sondern mit Gabeln und Messern. Wenn jemand stirbt, vergeistigen wir das Ereignis, indem wir ein Begräbnis abhalten, anstatt den Körper auf dem Boden verrotten zu lassen. Wir streben auch danach, Sex nicht nur wie Tiere zu haben, die einen anderen nur als einen Körper betrachten, sondern mit der spirituellen Komponente der Wertschätzung dem anderen gegenüber.

Durch die Spiritualisierung deines Essens wird das Energieniveau sowohl des Essens selbst als auch des Ereignisses erhöht. Dies habe ich in **Muskeltests** gemessen. Ob du dein Essen alleine vor dem Fernseher und aus einer Pizzaschachtel zu dir nimmst oder es isst, gefolgt von einem Gebet oder Segenswörtern mit Freunden oder der Familie, spielt eine große Rolle dabei, in welchem Zustand du dich nach dem Essen befindest. Durch die Verwendung von Mahlzeiten, um mit Freunden und der Familie in Kontakt zu sein, wird der Fokus des Essens von der bloßen körperlichen Handlung auf eine spirituellere Ebene verlagert. Studien haben gezeigt, dass Kinder, die mit einem täglichen Essensritual mit der Familie aufwachsen, bessere Schulnoten haben als Kinder, die ohne solche Gewohnheiten aufwachsen. **Zahlreiche Studien haben auch gezeigt, dass Fettleibigkeit mit unbewusstem Essen verbunden ist.** Das heißt, ohne eine angemessene Umgebung, ohne Freunde, ohne Segen, ohne Bewusstsein für das Essen. Wenn du eine ritualisierte Zeit für eine Mahlzeit einplanst, anstatt zu jeder Tageszeit willkürlich zu essen, kann dies zu einer Gewichtszunahme führen. Wenn man sein Essen nicht segnet, ist es in der Regel weniger verdaulich.

Bevor ich es vergesse: Senke deinen Kopf nicht zum Essen, sondern hebe das Essen an deinen Kopf. Das eine symbolisiert das Hinuntergehen zum Physischen, das andere das Heraufbringen des Physischen (Nahrung) zum Spirituellen (Kopf). Die Gabel oder der Teller werden an den Mund herangeführt, nicht der Mund an den Teller.

Warum wird in der Regel vor dem Essen im Gebet gedankt, nicht danach? Sollte man sich nach Erhalt nicht bedanken? Es ist in Ordnung, nach dem Essen zu danken, aber der Grund, warum die meisten Leute vor dem Essen danken, ist das Erlernen des Prinzips »**Danke, bevor du empfängst**«. Dieser Grundsatz gilt für alles im Leben. Wenn du etwas erhalten möchtest, bedanke dich dafür, als hättest du es bereits erhalten.

Als Amerikaner musste ich selbst die Vorzüge des bewussten Kochens und bewussten Essens von den Franzosen und Italienern lernen. Ich habe immer noch nicht die Geduld, einen größeren Teil meines Tages damit zu verbringen, Mahlzeiten zuzubereiten, stundenlang bei Verwandten zu sitzen und dann all das Geschirr abzuwaschen. Aber das allerwenigste, was unsere Internet- und TV-Generation tun kann, wäre, **den Bildschirm beim Essen abzuschalten und einen Segen zu sprechen, bevor man anfängt.** Obwohl lebensmittelbewusste Kulturen viel essen, ist Fettleibigkeit in diesen Ländern kein großes Problem. Fettleibigkeit ist ein Hauptproblem in den USA, wo eine Kultur des unbewussten Essens, des einsamen Essens, des Bildschirmessens und der Völlerei auf tierischer Ebene an der Tagesordnung ist. Das Stoppen von Fettleibigkeit bedeutet dann nicht nur, den Glukosespiegel zu senken, sondern auch den Akt des Essens selbst zu vergeistigen.

KAPITEL NEUN
DEIN EINZIGARTIGES LEBEN UND DEINE MISSION

Ein Leben auf der Erde zu führen, ist ein seltenes Privileg. Es ist eine Gelegenheit, solche Fähigkeiten wie Entscheidung, Liebe und Überwindung von Herausforderungen in einer fremden Umgebung zu üben. Was für eine unerschrockene Bande von Abenteurern die Menschen doch sind!

Du hast dich aus einem bestimmten Grund und mit einem für dich einzigartigen Zweck auf der Erde inkarniert, mit einer Reihe von Absichten und Talenten, die **nur du** der Welt geben kannst.

Dein Lebenszweck offenbart sich normalerweise im Laufe eines Lebens. Du lernst dies und das und viele Jahre später siehst du, wie nützlich alles, was du getan hast, für den Gesamtplan deiner Seele ist. Als du jünger warst, hast du möglicherweise Jobs erledigt, die dir nicht gefallen haben, aber du wirst später sehen, wie die dort erlernten Fähigkeiten zu den Anforderungen passen, die du später benötigst.

Wenn du dir nicht sicher bist, welchen Zweck dein Leben hat, schaue, was sich richtig anfühlt. Was fühlt sich für dich stimmig an? Was kommt mühelos zu dir? In welchen Dingen bist du besser als in anderen? **Unterstreiche diese Aspekte**. Du kannst mehrere Lebensziele haben. Möglicherweise hast du sogar mehrere Karrieren. Wenn du bei einer Art von Karriere erfolgreich sein kannst, kannst du auch bei anderen erfolgreich sein. Dein Lebensplan kann das Festhalten an einer Karriere beinhalten oder nicht.

Ein Mensch wird absichtlich mit Amnesie geboren. Du kannst dich nicht erinnern, was vor diesem Leben passiert ist. Du kannst dich nicht an dein Leben als Seele erinnern. Diese Amnesie hat einen guten Grund - damit du dich auf dein Leben konzentrieren kannst. Ansonsten wäre es, als würde man mehrere Fernsehgeräte gleichzeitig betrachten - verwirrend und überwältigend. Aber es gibt eine Möglichkeit, einen Blick auf die Seelensphäre zu erhaschen, es gibt eine Möglichkeit, ein wenig zu »schummeln« und die Seelenebene und die Absichten, die du hattest, bevor du hierher kamst, aufzudecken. Hier ist eine Technik, die du ausprobieren kannst. Es geht darum, den Energiezustand der Seele nachzuahmen oder zu kopieren.

Wenn du diesen Status simulieren kannst, kannst du Informationen aus diesem Bereich abrufen.

1. Lege dich hin und entspanne dich tief, während du wach bleibst.

2. Wenn du einmal tief entspannt bist, entwickele Glücksgefühle und ein Hochgefühl. Im Vergleich zum Erden-Selbst befindet sich die Seele in einem Zustand der Glückseligkeit und Hochstimmung. Kombiniere deine tiefe Entspannung mit Hochgefühlen. Tue dies auf irgendeine Weise, die für dich funktioniert, mit Hilfe von Vorstellungskraft, Entspannung und Absicht.

3. Lasse abschließend alle Gedanken und Vorstellungen frei. Denke nicht absichtlich darüber nach. Erlaube ein »weißes Blatt«. Und dann warte ab, welche Gedankenblitze oder Bilder spontan durch deinen Zustand entstehen. Welche Gedanken zieht dein Zustand an? Übe, in diesem hohen Zustand zu bleiben und Ideen zu erhalten.

4. Was auch immer diese Ideen sind, schreibe sie nach deiner Sitzung auf. Einige scheinen auf den ersten Blick nicht sinnvoll zu sein, schreibe diese auch auf. Alles wird eines Tages Sinn machen. Überprüfe, ob die empfangenen Bilder Hinweise auf mögliche Aktionen enthalten. Wenn dies der Fall ist und diese Aktion machbar und positiv ist, solltest du diese Aktion nach besten Kräften durchführen, unabhängig davon, ob sie in deinen aktuellen Lebensstil passt oder nicht. Wenn du den Bildern folgst, die in einem hohen Zustand empfangen wurden, kommst du direkt mit dem Pfad in Kontakt, den dein Höheres Selbst entworfen hat.

Wenn du das Leben mit den Augen der Seele und nicht mit den Augen des Aufzeichnungs- und Wiedergabegeräts betrachtest, das als »Verstand« bezeichnet wird, ist es wirklich einfach herauszufinden, wozu du hierher gekommen bist, um herauszufinden, was dein Lebenszweck und deine Mission ist. Die Frage ist, ob du auf das reagierst, was du nun weißt. Hier ist ein kleines Geheimnis:

Die Arbeit, die du sogar kostenlos erledigen würdest, ist die richtige für dich.

Jetzt weißt du es. Und doch habe ich tausenden von Menschen diese grundlegende Wahrheit gesagt und nur eine Handvoll hat den Rat tatsächlich in vollem Umfang genutzt. Was ist es, wozu du dich nicht »motivieren« musst? Was möchtest du gerne den ganzen Tag machen? Was möchtest du immer wieder tun? Jemand hat mich kürzlich zu einem Vortrag vor einer Gruppe eingeladen. Bevor er mir überhaupt sagen konnte, wie viel Geld ich bekommen würde, sagte ich: »Sicher! Ich bin dabei!« Das Geld war mir egal. Er wusste nicht, dass ich es auch kostenlos getan hätte. Weil ich es LIEBE, das zu tun. Es macht Spaß. Das ist für mich selbstverständlich. Es ist das, wofür ich geboren wurde, warum ich auf diesen Planeten gekommen bin. Es ist der Plan und Zweck meiner Seele. Wird dieser Job dich finanziell absichern? Ja, wird er. Es liegt in der Natur dieser Jobs, dich abzusichern, aber nur, wenn du diesem Job vertraust, wenn du deiner Liebe und Freude vertraust. Wenn du dem folgst, aber nicht vertraust, wirst du es nicht schaffen. Der Weg, dies zu tun, ist »paradoxerweise«, nicht an Geld zu denken und das Ziel nicht zum wichtigsten Ziel zu machen, sondern zur Reise. Es geht um die Reise. Wenn du ein Athlet bist, geht es in deinem Wesen nicht nur um die Meisterschaften am Jahresende, sondern auch um den Rest des Jahres. Wenn du Maler bist, geht es in deinem Sein nicht nur um die Ausstellung in wenigen Monaten, sondern um deine Malerei in der Einsamkeit bis dahin. Wenn du Schriftsteller bist, geht es nicht hauptsächlich darum, veröffentlicht zu werden, sondern um die Freude am Schreiben. Wenn du ein Coach bist, geht es nicht darum, Geld zu verdienen, sondern um die Kunst des Coachings. Wenn du ein Sänger bist, geht es in Zukunft nicht um den Moment des Ruhmes, sondern darum, den Akt des Singens zu lieben. Es ist gut, Ziele zu haben, aber das ist nicht der Ort, an dem die Freude ist. **Wenn du vor dem Ziel nicht glücklich sein kannst, wirst du nicht fröhlich sein, wenn du das Ziel erreichst.** Übe und arbeite also nicht nur »für das Ziel«, sondern übe und arbeite für heute.

1. Finde heraus, was dir so gut gefällt, dass du diese Arbeit auch kostenlos machen würdest.
2. Finde heraus, wie du einen Job daraus machen kannst, wie du etwas daraus machen kannst, das auch für andere wertvoll ist.
3. Sobald das Ziel definiert ist, konzentriere dich auf die Reise selbst.

Für dich als Mensch gibt es einen allgemeinen Lebenszweck: Aufsteigen in Bewusstseinsebenen und einen höheren Platz im Jenseits. Das ist das Ziel aller. Und dann gibt es für dich individuell einen Zweck, wie er von der Seele / dem Höheren Selbst geplant wurde. Ich kann dir nicht sagen, was dieser Zweck ist, aber ich kann immer wieder die richtigen Fragen stellen, bis du ein vages oder klares Gefühl dafür bekommst:

Welche Arbeit machst du so gerne, dass du sie auch kostenlos machen würdest? Und gibt es eine Möglichkeit, davon zu leben?

Welche Dinge haben dein gesamtes Leben lang dein Interesse geweckt?

Was sind ein paar Dinge, die für deine Person einzigartig oder fast einzigartig sind? Was könnten einige Dinge sein, die nur du zur Welt beitragen kannst?

Was würdest du tun, wenn du wüsstest, dass du nicht scheitern kannst?

Was sind die Dinge, die du tust, wenn du dich in einem guten Zustand von Körper und Geist befindest?

Einfach ausgedrückt: Finde deine einzigartigen Talente und verwandele sie in etwas, das du der Welt gibst und ausdrückst.

Hier ist noch eine andere Technik, mit der du mit dem Zweck deines Lebens und der Absicht oder Mission, mit der du auf diesen Planeten gekommen bist, in Kontakt treten kannst. Nimm ein Blatt Papier und einen Stift und betitele dein Blatt: »Was ist mein Lebenszweck?«

Dann fang einfach an, frei zu schreiben. Überdenke es nicht, analysiere nichts, schreibe einfach und assoziiere frei, schreibe, was dir in den Sinn kommt. Höre nicht nach einem Absatz auf, schreibe einfach weiter und sammele Ideen. Einige ergeben möglicherweise einen Sinn, andere ergeben möglicherweise keinen Sinn, es spielt keine Rolle.

Schreibe, bis du Tränen in den Augen hast. Tränen sind ein Indikator, dass du eine tiefere Wahrheit berührt hast. Untersuche, welche Idee deine Augen mit Tränen erfüllt hat. Diese Idee hängt mit deinem Lebenszweck zusammen. Du kannst die Übung jetzt beenden oder weiter schreiben, wenn du der Meinung bist, dass mehr zu lernen ist. Wenn es keine Tränen oder keine innere Bewegung gab, dann setze diese Erkundung zu einem anderen Zeitpunkt fort, wenn du offener bist.

Ich habe dir drei einfache Techniken beigebracht, um mit etwas in Berührung zu kommen, das sich unter einer Schicht Amnesie verbirgt. Das erste war, in einen höheren Zustand zu gelangen und dann zu sehen, welche Gedanken auftauchen, und sie aufzuschreiben. Das zweite war, die Arbeit zu erledigen, die du auch kostenlos erledigen würdest – aber bitte trotzdem um Geld dafür. Der dritte bestand darin, über deine Lebensaufgabe zu schreiben, bis dir die Tränen in die Augen treten.

Wenn du diese drei Techniken übst, um deinen Lebenszweck zu finden, zeigt sich dies von selbst. Sei bereit, die Ideen des Egos von dem, was du tun sollst, loszulassen. Der Sinn des Lebens ist ein Sinnesleben.

Übrigens: Wenn du nach alledem deinen Lebenszweck immer noch nicht finden kannst, **schaffe** einen, der dich inspiriert.

Das zweckbestimmte Leben

Was auch immer du bist, sei eine gute Version davon.

»Was ist der Sinn des Lebens?« – »Was ist mein Sinn im Leben?«

Ich würde sagen, dass du deinen Sinn definieren kannst. Woher kommt die Idee, dass man etwas finden muss? Wenn du es definierst, ist es so, als würdest du einen Kompass einstellen, der deinem Leben eine Richtung gibt.

Was möchtest du als Lebensinhalt haben? Welchen Sinn soll dein Leben haben? Ein Leben ohne Sinn ist wie ein Auto ohne Motor. Aus gutem Grund funktioniert das Leben mit einem Ziel besser. Schwierigkeiten verschwinden, wenn du **eine Mission, ein Projekt oder eine Vision** hast, der du dich widmen möchtest. Du verlierst das Interesse an kontinuierlicher »Unterhaltung«, weil du nicht länger auf das Erscheinen von etwas Besserem wartest. Wenn du jeden Tag auf »Unterhaltung« zurückgreifst, hat dein Leben keinen Sinn. Wenn du deine Mission auf der Grundlage deiner Werte und Prinzipien definierst, erhält dein Leben einen Sinn und eine Struktur. Ein Schiff, das keinen Zweck hat, wird auch kein Ziel haben und sinnlos hin und her fahren, bis es schließlich auf Sand läuft.

Einige Beispiele für Zwecke, die man selbst definieren könnte:

»Mein Ziel ist es, jeden Tag dem höchsten Ziel zu dienen.«

»Mein Ziel ist es, ein Unternehmen aufzubauen, das Futurismus und Bewusstseinsstudien kombiniert.«

»Mein Ziel ist es, das Fitnessstudio, das ich besitze, auf die nächste Ebene zu bringen.«

»Mein Ziel ist es, meinen Kindern zu dienen.«

»Mein Ziel ist es, ein Heilmittel für Behinderungen zu erforschen.«

»Mein Ziel ist es, meine Umgebung in eine aufgeklärte Gesellschaft zu verwandeln.«

»Mein Ziel ist es, den Planeten Mars zu erkunden.«

»Mein Ziel ist es, der beste Fechter in meinem Land zu werden.«

Wenn du deinen Zweck definierst, solltest du inspirierendes, emotional aktivierendes Vokabular verwenden. Wenn deine Vision nicht hell genug ist, wirst du nicht die Leidenschaft finden, dem nachzugehen, was du willst. Leidenschaft entsteht im Kopf durch gewagte und aufregende Visionen. Zweifel, dass deine Vision wahr werden könnte, sollten dich nicht daran hindern, einen positiven Zweck zu definieren. Ich empfehle, dass du dich bemühst, die/der »Beste« auf deinem Gebiet zu sein. Auch wenn du nicht im faktisch messbaren Sinne der »Beste« wirst, sendet das Streben nach der Spitze mehr Aufmerksamkeit in das, was du tust.

Vielen Menschen fehlt eigentlich der Sinn. Sogar in Industrieländern gibt es vieles, was ich als »versteckte Arbeitslosigkeit« bezeichne. Dies ist der Fall, wenn Menschen nur beschäftigt werden, um einen Job zu haben, dieser Job aber nicht wirklich gebraucht wird und keinen nützlichen Zweck hat. Eines von tausenden von Beispielen dafür: In Mautstationen auf Autobahnen wird eigentlich kein Personal benötigt. Das Ganze kann automatisch erledigt werden, indem ein Ticket aus einem Slot gezogen wird. Aber um »Arbeitsplätze zu schaffen«, stellt die Regierung eine Person in das Häuschen, die das Geld sammelt und das Ticket austeilt. Und wenn diese Position nicht als eine Art Zen-ähnliche Meditationspraxis verwendet wird, ist sie für den menschlichen Geist tatsächlich erniedrigend. Dies ist nur eine von Millionen sinnloser und herzloser »Jobs«. Die Regierung ist der Ansicht, dass sie den Menschen einen Gefallen tun, indem sie für sie »Beschäftigung« finden. Den Mitarbeitern geht es gut, weil sie einen »Job« haben. Das innere Fundament dieser Art von Gesellschaft ist die falsche Überzeugung, dass finanzielle Stabilität nur durch »Beschäftigung« (und nicht durch emotionale und Einstellungstransformation) erreicht werden kann.

Ich erinnere mich an meine jungen Tage in einem Laden, der in der Regel leicht überfüllt war. Es gab Tage, an denen möglicherweise viele Stunden vergingen, ohne dass ein Kunde den Laden betrat. Das Gefühl, meine Zeit zu verschwenden und keinen Sinn zu haben, machte mich viel müder als tatsächliche harte Arbeit. Ich habe den Chef oft gefragt: »Könnten Sie mir etwas zu tun geben? Soll ich das Lager sortieren oder die Böden staubsaugen?« Er sagte: »Nein, das ist in Ihrem Vertrag nicht vorgesehen.« Also setzte ich mich hin und begann zu meditieren und er sagte: »Steh auf! Arbeite etwas! Oder tue zumindest so als ob!« Ich denke, hier habe ich gelernt, dass ein Mensch nur dann wirklich glücklich ist, wenn er

a) friedlich im Hier-Jetzt ruht oder

b) auf einen bestimmten Zweck ausgerichtet ist.

Der Fokus kann eine externe oder eine interne Aufgabe sein. Alle Angestellten in diesem Laden waren mit einer Ausnahme unglücklich. Diese Person schuf einen inneren Zweck, den ganzen Tag höflich und lustig zu sein. Er verwickelte mich und Kollegen und Kunden in Gespräche und hatte ein Lächeln im Gesicht, obwohl es nichts zu tun gab. Er war immer präsent und eifrig. Dank seiner guten Stimmung fand er bald einen besseren Job, wo seine gute Laune tatsächlich auf ein Publikum traf. Gute Energie sucht ein Publikum, einen Kanal, durch den sie fließen kann. Mit anderen Worten, wenn es einen Mangel an Sinn in deinem Leben gibt, wird dies deine Energie verlangsamen. Aber wenn du diese Energie von innen erzeugen kannst, wird sich bald ein Zweck zeigen, in den du sie einfließen lassen kannst, auch wenn es keinen unmittelbaren Zweck gibt. Die Natur verabscheut ein Vakuum.

Die Energie eines Menschen will entwickelt, ausgedrückt und in verschiedene Bestrebungen investiert werden. Die Energie mag eine Struktur oder einen Kontext, durch den sie fließen kann. Prinzipien und Werte bilden eine mentale Struktur oder Pipeline, durch die deine Energie fließen kann. Wenn du nicht über ein paar feste Prinzipien, Werte und Ziele verfügst, ist es, als ob man Wasser (Energie) hätte, ohne die Hilfsmittel zu besitzen (Eimer, Wasserhähne, Schläuche), um das Wasser zu transportieren. Was sind deine Werte, Bedürfnisse oder Grundbedürfnisse, wenn wir schon dabei sind? Einige Beispiele:

Ehrlichkeit
Erfahrung
Abenteuer
Freiheit
Stabilität & Sicherheit
Liebe
Wissen
Familie
Unabhängigkeit
Spiritualität
Selbstausdruck
Mut
Bewusstsein
Fürsorge & Einfühlungsvermögen
Leistung

Es gibt hunderte mehr. Definiere drei Bereiche, die für dich am wichtigsten sind und die du in den nächsten Monaten entwickeln möchtest. Du kannst deine wahren Werte auch anhand des von dir gewählten Lebenszwecks bestimmen. Oder du definierst deine Werte und erschaffst daraus einen Lebenszweck. Und aus deinem Lebenszweck heraus erschaffst du deine Ziele und Absichten. Wenn dein größter Wert und Bedarf beispielsweise »Sicherheit und Stabilität« ist, kannst du dich für eine Beschäftigung entscheiden. Wenn dein größter Wert »Freiheit und Abenteuer« ist, wirst du dich mit größerer Wahrscheinlichkeit für eine selbstständige Tätigkeit entscheiden.

Der Sinn dieses Abschnitts ist es, dich dazu zu bringen, tiefer darüber nachzudenken, worum es in deinem Leben geht. Worum es in deinem Leben geht, zeigt sich jeden Tag darin, was du tust und was nicht, was du bist und was nicht. Zusammenfassend:

1. Was sind deine drei wichtigsten Werte oder Bedürfnisse?
2. Was ist dein Lebenszweck, wie er von dir und für den Moment definiert wurde?

Es ist wichtiger, überhaupt einen Zweck oder eine Mission zu haben, als eine bestimmte Mission zu wählen. Die Leute hängen oft in der Angst fest, den »falschen« Weg zu wählen. Wenn du dir ein Schiff auf See vorstellst, wirst du leicht erkennen, dass es wichtiger ist, überhaupt einen Weg zu haben, als den spezifischen Pfad. Ein Schiff, das nicht gesteuert wird, wird in die Irre geleitet. Ein Schiff mit einem Kapitän, der weiß, was er tut oder zumindest zu wissen scheint, was er tut, bietet sich und anderen nicht nur mehr Komfort, sondern auch die Möglichkeit, neues Land zu entdecken.

ÜBER DEN AUTOR

Frederick E. Dodson wurde 1974 in den USA geboren. Er liebt es, das Leben aus vielen verschiedenen Blickwinkeln zu betrachten und spirituelles Wissen in die Praxis des Alltags umzusetzen, anstatt der »9 to 5«-Routine eines »festen Arbeitsplatzes« zu folgen. In seinen Zwanzigern schrieb und veröffentlichte er 15 Bücher und hielt viele hundert Workshops, Vorträge und Seminare zum Thema »Reality Creation« ab. In letzter Zeit hat er sich jedoch etwas vom Unterrichten zurückgezogen und führt nur einen Kurs pro Jahr durch. Er hat angefangen, »Freude zu erleben« höher zu bewerten als »andere zu lehren«. Warum? Weil jeder seine eigene Version der Wahrheit hat und der Zweck seines Lebens nicht darin besteht, andere dazu zu bringen, ihm zuzustimmen, sondern Spaß zu haben. Seine Lieblingsbeschäftigungen in der Zwischenzeit sind Tauchen, Surfen im Internet, Schreiben, Sammeln von Filmen, Reisen und luzides Träumen.

Wenn Ihnen dieses Buch gefallen hat und Sie mehr erfahren möchten, besuchen Sie seine Website unter www.realitycreation.org.

Novitäten 2019/2020 bei FRANZIUS

Sachbücher und Ratgeber

»Enneagramm und Hochsensibilität – Die neun Persönlichkeitstypen und ihr Entwicklungspotential«
Von Dr. Marianne Skarics, ISBN 978-3-96050-170-1

»Increase your energy: Mehr Gesundheit, Erfolg und Glück«
Deutsche Erstausgabe des Titels »Increase your energy«
Von Frederick Dodson, ISBN 978-3-96050-136-7

»Magnetic Wealth Attraction - Werde ein Magnet für Wohlstand, Überfluss und Fülle«
Deutsche Erstausgabe des Titels » Magnetic Wealth Attraction «
Von Frederick Dodson, ISBN 978-3-96050-180-0

»Eine glückliche Seelen in zwei Körpern – Dualseele 2.0«
Von Petra Liermann, ISBN 978-3-96050-178-7

Romane

»Reise zum inneren Avatar«
Spiritueller Roman von Mirjam Wyser, ISBN 978-3-96050-176-3

»Die Heimsuchungen der Familie Bell – Teil 1«
Historischer Krimi von Christiane Kromp, ISBN 978-3-96050-174-9

»Mörderische Psychospiele – Zwischen Bremen und der Nordsee«
Regionalkrimi von Sabine Bruns, ISBN 978-3-96050-172-5

»28 m² – Die Probandenstudie«
Thriller von Perry Payne, ISBN 978-3-96050-168-8

»Getaway – Auf der Flucht vor der Vergangenheit«
Thriller von Timothy Whiter, ISBN 978-3-96050-164-0

»Redric«
Young-Adult Thriller von Jenny Rubus, ISBN 978-3-96050-160-2

»Tödliche Ruhr«
Kriminalroman von Ralf Weißkamp, ISBN 978-3-96050-152-7

»S.A.M. – Mord zwischen den Zeilen«
Roman von Teresa Nagengast, ISBN 978-3-96050-156-5

»Barackenkinder«
Roman nach einer wahren Begebenheit
Von Marion Schinhofen, ISBN 978-3-96050-158-9

»Blowing Across«
Science-Fiction von Christine Keller, ISBN 978-3-96050-154-1

»Das Spanische Schwert«
Kriminalroman mit historischem Bezug von Neal Skye & Cherry Loster, ISBN 978-3-96050-147-3

»Ein Stück Süden für Dich«
Kreta-Roman von Sigrid Wohlgemuth, ISBN 978-3-96050-150-3

»Jagdbare Tiere«
Mystery-Thriller von Ronja Potstawa, ISBN 978-3-96050-145-9

»Auf leeren Seiten«
Mystery-Thriller von Melanie Bottke, ISBN 978-3-96050-143-5

<u>Kinder- und Jugendbücher</u>

»Acello und das verborgene Reich der Magie«
Band 4 der »Acello«-Reihe
Von Mirjam Wyser, ISBN 978-3-96050-162-6

»Die Kristallkinder und das fliegende Auto«
Band 3 der »Kristallkinder«-Reihe
Von Mirjam Wyser, ISBN 978-3-96050-166-4